INTRODUCTION OF INDUSTRIAL ECONOMICS

现代产业经济学导论

唐晓华◎主　编
王伟光◎副主编

经济管理出版社
ECONOMY & MANAGEMENT PUBLISHING HOUSE

图书在版编目（CIP）数据

现代产业经济学导论/唐晓华主编. —北京：经济管理出版社，2011.3（2017.12重印）

ISBN 978-7-5096-0558-5

Ⅰ.①现… Ⅱ.①唐… Ⅲ.①产业经济学—研究 Ⅳ.①F062.9

中国版本图书馆 CIP 数据核字（2011）第 025898 号

出版发行：**经济管理出版社**

北京市海淀区北蜂窝 8 号中雅大厦 11 层

电话：(010)51915602　　　　邮编：100038

印刷：北京九州迅驰传媒文化有限公司　　　经销：新华书店

组稿编辑：张永美　　　　　　　　责任编辑：张永美

责任印制：杨国强　　　　　　　　责任校对：超　凡

720mm×1000mm/16　　　　　　19.75 印张　　398 千字

2011 年 3 月第 1 版　　　　　　2017 年 12 月第 9 次印刷

定价：39.00 元

书号：ISBN 978-7-5096-0558-5

本教材得到"211工程"三期建设项目"管理创新与大企业竞争力"的支持

目　录

引　论

教学目的

本章主要目的是让学生对产业经济学的研究对象与研究范围、产业经济学的形成与发展历程、基本理论框架和研究方法有一个总体性的了解和把握。

改革开放以来中国经济的发展史，实际上也就是产业发展和经济结构调整的历史。在农业发展中，自从实行了家庭联产承包责任制以来，农业生产力得到极大的解放，农业内部结构不断调整，技术水平不断提高，市场化程度不断加强。当前，推进农业科技创新、完善现代农业生产体系、发展生态农业等一系列现代农业发展的思路已经成为我国"十二五"时期的重要任务之一。在农业快速发展的同时，我国已有200多种工业产品产量居世界第一位，已经实现了从农业大国向工业大国的转变。在工业发展过程中，伴随着市场经济体制的确立和国有企业所有制结构的变革，我国工业结构得到了不断的优化，航空航天、电子通信等高技术产业得到了快速的发展，生产能力和技术创新能力不断提升，这些新兴产业在世界上的地位也在不断加强。第三产业发展过程中，我国经历了1978~1991年的恢复性高速增长时期与1992年以来的结构改善和产业升级时期。在"十二五"规划中，我国明确提出了改造提升制造业、培育发展战略性新兴产业、加快发展服务业、推动信息化和工业化的融合等一系列发展现代产业体系的措施。

在产业内部，我国各个产业部门的产业组织结构也发生了巨大的变化。整体的演变趋势是市场化程度不断提高，行业内部竞争日益充分，市场机制在资源配置中日益发挥更加重要的作用。产业集群和全球价值链等新的产业组织模式的出现，进一步促进了区域经济的发展和产业的跨国延伸。激烈竞争行业内并购现象的大量出现，增加了市场集中度和部分企业的市场势力；电力和电信等传统垄断行业的市场化改革，在一定程度上促进了竞争，但是其服务质量和高收入，也在引起人们对垄断的质疑。如何在产业竞争与垄断之间达成一种平衡，一直是人们关注的焦点之一。

要对上述经济现象进行基本的判断并对其背后的运行机制有一个更加深入的理解，就必须深入掌握产业经济学这门学科，认真学习相应的基本理论和研究方法，并结合具体案例进行深入研究。

一、产业经济学的研究领域

（一）产业经济学的研究对象和范围

产业经济学（Industrial Economics）从历史的角度看，是 20 世纪开始时现代制造业企业兴起之后，作为一个独特的领域出现的。[①] 产业经济学又称为产业组织或产业组织理论（Industrial Organization），是第二次世界大战后迅速发展起来的应用性经济学科。[②] 以往产业经济学的研究对象主要是指工业（Industry），亦译为产业，通常是指"制造业"。[③] 20 世纪 80 年代以来，产业经济学的研究对象得到了进一步扩展，其研究对象已不仅仅局限于制造业。

那么，什么是产业呢？产业就是具有某种同类属性的、相互作用的经济活动组成的集合或者系统。对产业概念的理解不同，其用途也是不同的，如果研究的问题是国民经济各个部门之间的关系，那么产业通常是指"三次产业"；如果研究的问题是某个产品部门内部企业之间的关系，那么产业通常是指一个"产品市场"。对于三次产业的分类，最早是由新西兰经济学家费希尔提出来的，也就是把国民经济的全部活动划分为第一产业、第二产业和第三产业。当前，每个国家都有自己的三次产业分类方法。

专栏 0-1

我国 2003 年制定的三次产业划分标准

第一产业是指农、林、牧、渔业。

第二产业是指采矿业，制造业，电力、燃气及水的生产和供应业，建筑业。

第三产业是指除第一、二产业以外的其他行业。第三产业包括：交通运输、仓储和邮政业，信息传输、计算机服务和软件业，批发和零售业，住宿和餐饮业，金融业，房地产业，租赁和商务服务业，科学研究、技术服务和地质勘查业，水利、环境和公共设施管理业，居民服务和其他服务业，教育、卫生、社会保障和社会福利业，文化、体育和娱乐业，公共管理和社会组织，国际组织。

资料来源：国家统计局网站，http://www.stats.gov.cn/tjbz/t20030528_402369827.htm。

---

① 约翰·伊特韦尔、默里·米尔盖特、彼得·纽曼编：《新帕尔格雷夫经济学大辞典》，经济科学出版社 1996 年 11 月第 1 版，第 867 页。

② 马广奇：《产业经济学在西方的发展及其在我国的构建》，论文天下论文网，2007 年。

③ 同①。

从当前国内外产业经济学研究的具体内容来说，产业经济学所研究的"产业问题"存在着差异。有学者认为产业经济学就是产业组织理论，也有学者认为产业经济学除了包括产业组织理论之外，还包括产业结构、产业关联、产业布局和产业政策。前者的代表人物泰勒尔（1988）说，"我想避免给这一学科下一个精确的定义，因为它的边界并不明确。产业经济学的确始于厂商结构和行为的研究，但是产业经济学的内容比经营战略更丰富"，"研究产业组织就是研究市场运行"，这里所说的"市场"实际上就是指"产业"，主要是研究某个市场中企业的行为及其市场结构。除了企业之间互动关系的研究以外，西方产业组织也研究单个企业内部的结构与协调问题。

在国内，关于产业经济学的研究内容，也存在着不同的理解。一种观点主张，中国产业经济学应该尽快与国外接轨、交流，积极引入、传播和应用国外相对成熟的产业经济学或产业组织理论，对本土化的中国产业经济学进行彻底的、规范化的改造。另一种观点强调的是中国产业经济学所处市场环境和制度架构的特殊性，主张比较宽泛的研究内容。上述争论的关键在于，作为一门独立学科，产业经济学是否应该有边界明晰的研究范围，实际上也就是宽窄之争。如果有了一个明确的研究领域或范围，如何在中国特色和国外的"标准理论"之间寻求一种平衡，可能就是一个重要问题了。目前，国内的产业经济学教材大多是从"宽泛的研究内容"角度来说的，产业经济学研究的"产业"问题既包括了产业组织理论研究的范围，也包括了产业关联、产业结构等内容。也就是说，产业经济学的具体研究对象包括了产业（市场）内部企业之间的相互作用和市场结构、产业本身的演变规律、产业之间的关联和互动以及产业在地区之间的分布规律等内容。

（二）产业经济学的研究领域

从国内比较宽泛的研究范围来说，产业经济学包括了产业组织、产业结构和产业关联、产业布局、产业集群和产业基地、产业政策等内容。

1. 产业组织理论

产业组织理论主要是研究在不完全竞争条件下的企业行为和市场结构问题，它是微观经济学中的一个重要分支，但又不同于微观经济学。微观经济学的研究对象是消费者和企业，主要是通过理论分析给出消费者均衡和生产者均衡的条件。产业组织理论侧重于应用，主要研究市场中企业之间的相互作用和结构问题，主要包括市场结构、企业行为、企业绩效三个方面的内容，企业行为包括了价格行为、研发行为、并购行为、进入退出等多个方面。实际上，西方产业经济学的起源与发展也主要是沿着产业组织理论的研究方向进行的。[1] 产业组织的研究内容不同于下面要分析的产业结构、产业关联、产业布局。简单来说，产业结

---

① 产业组织理论的演进和发展问题参见第二节的内容。

构和产业关联问题都是研究不同产业之间的结构关系，是介于"微观"和"宏观"之间的"中观"内容，而产业组织研究的是微观领域的问题。产业组织与产业布局、产业集群以及全球价值链等问题有着紧密的联系。产业布局中的空间区位理论是区域性产业集聚研究的基础，当我们研究区域性的产业集聚问题的时候，也认为这是一种产业的特有组织方式，就与产业组织理论中的组织结构或者市场结构产生了必然的联系。全球价值链实际上是价值链在全球范围内的延伸，也是厂商之间特有的一种组织方式，该问题的研究也可以看成是全球视角的产业组织问题。所以，我们可以把产业集群和全球价值链的研究看成是传统的产业组织理论的延伸与扩展。

2. 产业结构与产业关联理论

产业结构是指各产业在其经济活动过程中形成的技术经济联系以及由此表现出来的比例关系。这种技术经济联系具有广泛性、复杂性，是经济发展的一种内在规律。产业结构理论的研究可以追溯到17~18世纪威廉·配第、魁奈和亚当·斯密的经济思想，威廉·配第发现了各个国家人口结构以及产业结构的不同导致了各国国民收入水平的差异；魁奈的《经济表》是投入产出理论的思想源泉，而投入产出理论是研究产业结构问题的重要数量分析工具；亚当·斯密在《国富论》中也论述了资源合理配置和产业结构优化问题。产业结构理论在20世纪30~40年代开始形成，并在50~60年代得到了发展。1931年，德国经济学家霍夫曼研究了制造业中消费资料与资本资料生产的比例关系，称为霍夫曼比例。这是对工业内部结构的研究。1932年，日本经济学者赤松要针对本国经济的发展路径，提出了产业结构国际化的雁行形态论。后来，费希尔和克拉克在前期学者研究的基础上，分别于1935年和1940年研究了三次产业分类法，提出并使用了"第三产业"的概念。"二战"以后，产业结构理论得到了快速发展，主要体现在三个方面：一是基于经济增长的产业结构理论，主要代表人物是库兹涅茨和丁伯根等主流经济学家；二是基于发展经济学的产业结构理论，以刘易斯、赫希曼、罗斯托、钱纳里为代表的经济学家对发展中国家的产业结构问题进行了研究；三是基于产业政策的产业结构理论，主要源于日本学者对日本产业政策的研究。

与产业结构理论相比，产业关联理论更侧重于产业之间量的联系，特别是不同产业之间的投入产出关系，主要是在里昂惕夫投入产出表的基础上进行的研究。其主要内容包括产业间直接消耗和完全消耗、产业间的结构效应、产业间的波及效应等方面的内容。

3. 产业布局理论

产业布局是指人们对产业空间分布的规划。由于一个国家的产业布局是地区经济发展的基础，也是区域协调和国民经济持续稳定发展的前提，所以产业布局理论的研究具有重要的现实意义。产业布局理论的形成和发展大概可以从区位理论的演变进行划分，主要经历了三个阶段：第一个阶段是古典区位论。时间范围是从 1826 年德国经济学家杜能在《农业和国民经济中的孤立国》中提出农业区位理论开始，到 1909 年德国经济学家韦伯提出的工业区位理论。第二个阶段是近代区位理论。主要从费特的贸易边界区位理论开始，经历了俄林的一般区位理论，到德国地理学家克里斯泰勒为首的学者创立的中心地理论。第三个阶段是现代区位理论。从 20 世纪 60 年代开始，世界范围内的工业化和城市化浪潮进一步促进了该理论的发展，形成了以"成本—市场"学派为代表的多个学派。现代区位理论与前两个阶段的不同之处在于，不再局限于孤立的区位研究，而且研究内容更加接近于现实。除了从区位角度进行研究以外，产业布局理论还可以从比较优势、均衡与非均衡角度进行研究。目前产业布局理论的研究框架主要包括产业布局的基础理论（区位理论、比较优势理论、均衡与非均衡理论等）、产业布局的影响因素、产业布局的一般规律和基本原则以及产业布局的相关政策等内容。

4. 产业集群和产业基地

产业集群和产业基地是近年来出现的新的产业组织模式。产业集群是指在某一特定产业中，大量联系紧密的企业以及相关的支撑机构在空间上的聚集，并形成了强劲、持续竞争优势的现象，是在某一特定领域内互相联系的、在地理位置上集中的公司和机构的集合。产业集群理论的形成源于马歇尔的外部经济理论，认为"外部经济"促使中小企业的集聚并最终形成了产业区，也就是现在所谓的产业集群；韦伯的工业区位理论也对此问题进行了研究，认为如果集聚带来的好处能抵消或者超过由此引起的运费的增加时，迁移和集聚现象就会发生；法国经济学家帕鲁提出的增长极理论认为，经济增长应该是不同部门、不同地区、不同增长速度的不平衡增长，主要是一些增长极通过向外扩散对整个经济产生影响。在现实中，区域性的增长极大多都是以区域性产业集群形式出现的。在产业集群问题的研究中，具有代表性的应该是迈克尔·波特对产业竞争优势的研究，他在《国家竞争优势》中提出了产业集群的概念，并在《集群与新竞争经济学》一文中进行了系统的阐述，强调了集群在促进创新、资源共享、降低交易成本、一体化等方面的竞争优势。20 世纪 90 年代以来，以克鲁格曼为代表的新经济地理学理论也为产业集聚提供了很好的解释。他以规模报酬递增、不完全竞争的市场结构为基本假设，认为在劳动力越集中的地方由于其垄断竞争特性，使得要素报酬越高，就会进一步吸引劳动力的集中，从而形成产业集群。

目前，虽然产业集群的研究内容主要涉及了产业集群的类型与成长机理、集群内部组织结构的分析以及集群效应对区域经济发展的影响等方面的研究，但研究视角已经出现了多元化的局面。主要有交易费用视角、社会网络视角、技术创新视角、经济演化视角等，涉及的研究方法也包括了复杂网络分析、博弈论分析、案例分析、计量分析等多种分析方法。

产业基地带有比较强的政府引导甚至规划的色彩，是根据地区禀赋和产业优势，依靠政府规划引导与市场机制作用的结合，在以优势产品为中心形成具有全国甚至全球较高的市场占有率和影响力的区域条块经济组织形式。与产业集群相比，产业基地主要强调比较窄的特色产品的培育，强调产业规划和区域布局，而且多以工业园区的形态存在。产业基地的研究内容主要包括产业基地的概念和类型、产业基地的发展模式、产业基地对区域经济的带动作用以及产业基地的阶段性发展特征等方面的内容。

5. 产业政策

从亚当·斯密开始，古典主义经济学者就一直推崇市场机制的功能，自由放任的主流经济理论并没有使产业政策理论得到广泛的重视。经济自由主义者认为，产业政策往往会扭曲市场机制在资源配置中的作用，甚至会对社会的福利水平产生负面影响，因而是缺乏效率的。然而，那种"最好的产业政策就是没有产业政策"的观点却是过于理想化的。因为在现实的经济运行中，经常出现市场失灵的现象，而且在很多发展中国家并没有完善的市场运行机制，就必须利用产业政策弥补市场失灵。另外，为了实现一个欠发达经济体的赶超，提高国际竞争力，往往不能依靠市场的自发作用，必须依靠强有力的产业政策。

真正引起人们对产业政策重视的原因在于日本产业政策的成功。由于日本进行的产业管理创造了奇迹，使得学者们开始关注产业政策对经济发展的重要作用。产业政策有不同的分类方法。按照产业政策覆盖的范围可以分为针对所有产业的水平性产业政策和针对部分产业的选择性产业政策；按照当前产业经济学的内容框架，产业政策包括了产业组织政策、产业结构政策、产业布局政策以及产业技术政策等。总体来说，不管产业政策如何分类，产业政策的功能性是应该关注的重要内容。有的产业政策是为了提高某个产业的竞争力，有的产业政策是为了产业的合理布局，还有的产业政策则是为了实现某个产业的国际化发展等。从产业政策的实施角度来说，需要遵循政策调查、政策制定、政策实施、政策评估与反馈等基本流程。

二、产业经济学的形成与发展

（一）产业组织的理论渊源

Philips and Stevenson（1974）指出，"美国经济学会直到1941年才承认产业组织学是经济学科的一个分支"。[①] 然而，扎根和衍生于经济学深厚土壤中的产业

---

① 斯蒂芬·马丁：《高级产业经济学》，上海财经大学出版社2004年版。

组织理论，有着颇为深厚的理论渊源。① 绝大多数经济学家认为，与其他经济学分支相似，亚当·斯密的《国民财富的性质和原因的研究》中的市场竞争和分工理论、马歇尔的《经济学原理》中的产业组织概念和规模经济思想，② 是产业组织的主要理论基础。但在 20 世纪 30 年代以前，产业组织学尚未成为一门独立的经济学科。20 世纪 30 年代伯利和米恩斯出版的《现代股份公司和私人财产》(1932)，为应用经济理论研究的基础——厂商理论提供了基础。张伯伦的《垄断竞争理论》和琼·罗宾逊的《不完全竞争经济学》(1933) 则引起了"垄断竞争的革命"，奠定了垄断价格理论的基础，由此成为产业组织理论的重要理论基础。1938 年，以梅森 (Edward.S .Mason) 为中心，由贝恩 (Joe.S.Bain)、凯尔森 (C. Kaysen)、麦克尔 (J.W.Mckie)、麦克海姆 (J.Markham) 和艾德曼 (M.Addman) 等人组成了一个产业组织研究小组，以案例研究的方式，分析了若干行业的市场结构。1940 年，克拉克 (J.M. Clark) 发表《有效竞争的概念》一文，首先提出"有效竞争"(Workable Competition) 的概念。有效竞争是指将竞争与规模经济联系起来以形成对长期均衡有利的竞争格局。但克拉克没有提出实现有效竞争的客观条件和度量标准。梅森对该问题进行了分析和总结，提出了两个具有一定可操作性的有效竞争的标准——市场结构标准和市场绩效标准。1959 年，贝恩出版《产业组织》一书，标志着产业组织理论体系的基本形成。

(二) 产业组织理论的发展

多数文献认为，产业组织理论自产生以来，大体可以分为两个阶段。第一阶段 (1930~1970 年) 的 SCP 范式，其代表人物是梅森、贝恩、谢勒等人，贝恩的《产业组织》则是这一阶段的代表作。传统的产业组织理论侧重于研究市场结构 (Market Structure, S)、厂商行为 (Firm Conduct, C) 和市场绩效 (Performance, P) 及其之间的关系。虽然这种 SCP 范式现在已不过分强调，但是大部分研究仍然是按照这种框架来展开的。③ 第二阶段 (1970 年至今) 相对于第一阶段的传统产业组织学，可将该阶段称为"新产业组织学"。其中，一个重要特点是更加侧重理论研究，并将博弈论、交易费用等分析方法引入产业组织理论，SCP 分析范式除了本身原因之外也因此而失去了往日的辉煌。这一阶段的代表人物是施马兰西 (Schmalensee)、泰勒尔、威廉姆森、哈特 (Hart)、萨顿 (Sutton)、塞 (O. Shy) 等人，代表作是泰勒尔的《产业组织理论》。在过去的 50 多年里，国外产业组织理论得到了很大发展，形成了各种各样的学派，如哈佛学派、芝加哥学派、

---

① 如果探究其思想渊源，可能要更为久远。例如，我国传统的"重农抑商"、"农本工商末"观点，都折射着朴素的产业经济学思想萌芽。苏东水：《产业经济学》，高等教育出版社 2000 年版，第 3 页。

② 他认为规模经济和自由竞争之间存在着矛盾，后人称之为"马歇尔冲突"或"马歇尔两难"。

③ Anindya Sen. Industrial Organization, Oxford University Press, 1996.

奥地利学派、新制度学派和新产业组织理论学派等。它们各自的理论基础、方法论、研究重点、主要观念和政策主张都存在着差异（见表0-1）。

表0-1   国外产业组织理论的主要流派

流派名称	理论基础	方法论	研究重点	主要观念	政策主张
哈佛学派	信息完全、垄断竞争理论	实证研究、价格短期均衡分析	市场结构	结构主义	政府应对市场结构进行干预，分拆大规模垄断企业
芝加哥学派	信息完全、自由主义、可竞争市场理论	新古典主义的价格长期均衡分析	市场绩效	绩效主义、政府管制俘获理论	政府应放松管制，管制的重点在于协调大企业的水平价格行为
奥地利学派	信息不完全	过程分析方法	创新和竞争的过程	创新精神、企业家精神	反对政府干预经济，对企业的行为放任自由
新产业组织理论学派	信息不完全、激励机制理论	博弈论和信息经济学	策略性行为	厂商行为主义	针对大企业策略性行为的反垄断政策和激励性政府管制

资料来源：李丹、吴祖宏：《产业组织理论渊源、主要流派及新发展》，《河北经贸大学学报》，2005年第3期。

现代主流产业组织理论的SCP分析框架是由谢勒（Scherer，1970）在贝恩两段论的基础上发展而成的。谢勒在1970年出版了《产业市场结构和经济绩效》一书，吸收和发展了贝恩的观点，在研究市场行为与市场绩效的基础上，加入宏观、微观环境的影响，进一步完善和发展了产业组织理论体系（于立，2000）。传统的产业组织理论属于应用价格理论范畴，它研究市场经济的状态，而对这种状态的研究是通过S-C-P的研究来实现的。传统观点认为市场结构决定企业行为进而决定市场绩效，即存在S→C→P的单向关系。在这种关系中企业行为对市场结构的影响，以及市场绩效对企业行为进而市场结构的影响是不存在的。后来新产业组织理论将单向的S→C→P关系修正为S↔C↔P的双向关系，从而在一定程度上解决了传统产业组织理论研究的不足。S、C、P之间的相互关系构成了产业组织理论研究的基本内容，但这并不排除对影响SCP因素的研究，并且后者已经成为产业组织理论研究的重要部分（见图0-1）。

由于全球化趋势的增强和技术进步速度的加快，产业经济现象变得更为复杂，产业组织研究领域不断深化，前沿领域主要集中在以下几个方面：信息时代的"模块化"产业组织结构；产业集群和产业基地；全球价值链；产业演化，例如，从企业行为角度研究企业进入或者退出某一产业（或市场）的行为选择、创新等问题；产品差异化与价格差异化（Sorensen，2000；Goldberg & Verboven，2001）；动态竞争与合谋（Slade，1995）；纵向关联与激励（Lafontaine，1992，1999；Chevalier & Ellsion，1997）以及拍卖问题（Wolfram，1998；Athey & Levin，2001）等。

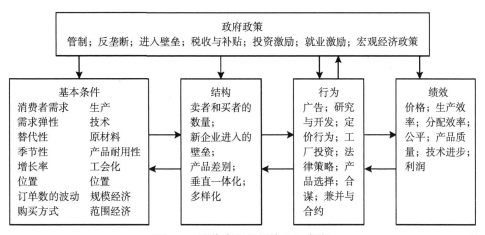

图 0-1 现代产业组织的 SCP 框架

资料来源：卡尔顿、佩罗夫：《现代产业组织》（上），上海三联书店 1998 年版。

（三）中国产业经济学的发展历程

改革开放之前，中国并没有使用"产业经济学"这个概念，学科专业门类中只有农业经济学、工业经济学、商业经济学等按照计划经济中的行业和部门设置的学科专业。计划经济条件下由于缺乏对市场运行机制和竞争问题的研究，所以关于产业组织问题的研究更是很少有人关注。只是在社会分工、专业化生产与协作、工业生产的联合与集中、工业托拉斯等问题的讨论中涉及这方面的内容，但并没有明确涉及产业组织理论的核心问题，仅仅是站在计划经济的视角下进行研究。

改革开放以后，中国的产业经济学大致经历了四个发展阶段：第一阶段是20 世纪 80 年代初期的起步阶段，第二阶段是 20 世纪 80 年代中后期的引进吸收阶段，第三阶段是 20 世纪 90 年代中国产业经济学的初步形成阶段，第四阶段是21 世纪以来产业经济学的繁荣阶段。[①] 这些阶段基本上是伴随着中国计划经济向市场经济转换的过程以及市场机制在资源配置中逐步发挥作用的过程而发展的。

20 世纪 80 年代初期，世界经济的一体化趋势和国际范围内的产业结构调整成为当时中国进行经济调整的国际背景，通过对以前经济调整经验教训的总结以及对苏联模式的反思，很多学者当时认识到了日本经济迅速崛起中产业政策的重要性，认为借鉴日本产业结构调整的经验，对于中国经济的振兴具有重要意义。所以，当时的产业经济学基本上是基于产业结构调整和产业政策问题的研究。

20 世纪 80 年代中后期，是中国产业经济学的引进学习阶段。1985 年，杨治

---

① 戚聿东：《中国产业经济学 30 年：回顾与展望》，《改革开放与理论创新》，第二届北京中青年社科理论人才"百人工程"学者论坛文集，2008 年 6 月 1 日。

的《产业经济学导论》是我国第一本以产业经济学命名的代表性著作。之后，日本学者植草益的《产业组织理论》、克拉克森和米勒的《产业组织：理论、证据和公共政策》、斯蒂格勒的《产业组织与政府管制》分别于1988年、1989年、1989年在我国翻译出版，这对于推动国内产业组织理论的研究具有重要意义。同时，这个时期在《经济研究》等杂志上也开始出现关于产业组织的高水平研究论文。

1992年，中国确立了社会主义市场经济体制，垄断与竞争问题逐渐成为社会各界关注的重点问题。这进一步加快了中国产业经济学领域的发展，国内出版了一系列产业组织领域的论著。1996年，国务院学位委员会对学科专业门类作了调整与规范，正式将产业经济学作为"经济学"大类中"应用经济学"这个一级学科之下的二级学科位列其中，学科设置与国际惯例接轨，为产业经济学学科发展创造了必要的制度环境。特别是1997年泰勒尔的《产业组织理论》和卡尔顿·佩罗夫的《现代产业组织》中译本出版以来，引起了国内利用博弈论和信息经济学研究产业组织领域问题的热潮。至此，国内产业经济学领域的研究既有传统的产业结构领域的问题，也有产业组织领域的问题。总体来说，中国产业经济学的研究范围基本明朗化。

进入21世纪，不管是从研究内容、研究范式，还是从具体的研究方法上，产业经济学的研究都出现了一片繁荣景象。比如，中国电力行业的厂网分离、中国电信的南北分家、中国移动和中国联通的寡头垄断，这些现象的出现催生了大量关于管制和放松管制领域的研究论文和论著；国际和国内区域性企业集聚现象的出现导致了产业集群和产业基地问题研究的热潮；创新性国家和地区的发展战略以及我国产业自主创新能力提升的紧迫性引起了学术界对技术引进、消化吸收、再创新问题的研究；发达国家低端制造环节向发展中国家的转移以及发展中国家产业升级的迫切性催生了大量关于全球价值链问题的研究；等等。可见，当前中国产业经济学的研究正逐步和国际接轨，伴随着包括中国在内的全球范围内新的经济现象的出现，产业经济学的研究必定会出现新的热点和亮点。

三、产业经济学的研究方法

20世纪70年代以来，由于可竞争市场理论、交易费用理论和博弈论等新理论、新方法的引入，产业组织理论研究的理论基础、分析手段和研究重点等发生了很大变化。实证方法是产业组织理论最基本的分析方法，尤其是20世纪50年代的案例分析方法影响了许多研究者。20世纪60年代中后期，随着在经济计量学方法方面受过良好训练的（或匆匆武装起来的）新一代学者的出现，也由于电子计算机和经济计量学软件的迅速普及，利用结构—绩效模式横断面数据进行回归分析，一时间几乎成为产业组织问题研究的时尚。[①] 20 世纪 80 年代，以泰勒尔、克瑞普斯等人为代表的经济学家将博弈论引入产业组织理论的研究领域，用博弈论的分析方法对整个产业组织学的理论体系进行了改造，逐渐形成了"新产业组织学"的理论体系。博弈论方法的引入，使"我们开始找到一个对丰富多彩的行为的某些方面进行处理的理论方法……我们现在有了能从策略性行为和信息方面对种种现象给出解释的理论模型，这些现象包括：价格战、不真实广告、限制性定价、各种默契合作与合谋、讨价还价的破裂与协议的延误、担保和服务合同的作用、寡头垄断企业选择的定价方式、供货商与顾客之间的合同性质、各种交易制度的采用等，对这些现象的解释在 5 年前几乎是无法得到的……"。[②] 20 世纪 80 年代后期以来，从事产业组织理论研究的经济学家们认识到了理论研究与实证分析之间的不平衡，这直接引发了包括计量经济学分析、案例研究和实验经济学在内的新一轮经验研究开始出现，以至于 20 世纪 80 年代被人们称为"实证产业组织理论的复兴时代"。[③]

下面对案例研究方法、计量经济研究方法、博弈论方法、投入产出研究方法和新经济地理研究方法进行简单的介绍。

(一) 案例研究方法

案例研究方法是以某一实际经济现象为例，运用从个别到一般的归纳研究方法验证、分析和说明某一经济规律，它尤其适用于无法精确定量分析的经济问题的实证研究。从社会学的角度来说，人们对案例研究有两种看法：一种看法认为案例研究仅仅是个案分析，不能得出普适性的结论；另一种看法认为案例研究可以得出具有普遍意义的结论。Adelman 等人（1997）认为，案例研究是对一组研究方法的笼统术语，这些方法着力于对一个事件进行研究，Nisbet 等人（1978）认为，案例研究是一种对一个特殊事件进行系统研究的研究方法，Bernard（1928）认为，案例研究是用来阐明和支持命题和规则的方法，而不是归纳出新的假说。如此，诸如寓言、讽喻、远见、揭露的事物、神话、故事、悲剧、小说等都从古代就开始运用社会案例。Shaw（1927）进一步认为，案例研究方法强

---

① J.卡布尔：《导论与概览：产业经济学的发展近况》，载 J.卡布尔主编：《产业经济学前沿问题》，中国税务出版社 2000 年版。

② 参见 Roberts, DJ..Battles for Market Share: Incomplete Information Aggressive Pricing and Competitive Dynamics. In Bewley, T.（ed.）. Advances in Economic Theory. Fifth World Congress, Cambridge: Cambridge University Press, 157. 但是，也有学者对博弈论方法提出了不同意见。"'新产业经济学'的成绩被大大高估了……现在人们普遍认识到，我们需要基于坚实的实证研究，包括定性的和定量的两个方面……"，参见 Scherer, F.M., 1988, The Economics of Market Dominance, Basil Blackwell: Oxford, in International Journal of Industrial Organization, 6, 517-518.

③ Bresnahan, T.F.and R.C. Schmalensee（1987）.The Empirical Renaissance in Industrial Economics: An Overview. Journal of Industrial Economics, 35（4）.

调总的场景或所有因数的组合，描述现象发生的事件过程或事件后果，在大环境下对个体行为进行研究与分析进而形成假说。在 Gee（1950）来看，作为一种研究方法，案例研究似乎首先用于描述当代资料，并从中得出归纳性的普遍结论。前三种定义较符合第一种观点，而后两个定义符合第二种观点。[①] 产业经济学中的案例研究主要是结合现实中的企业或者产业，采取定性与定量相结合的方法得出某种结论或者说明一定的经济规律。案例研究方法也是一种通俗说明和深刻理解产业经济基本理论的有效方法。本书也正是采取了大量案例分析的方法，力图说明每一个经济理论，让同学们能够结合现实经济案例理解每一部分的经济理论。

案例研究是 20 世纪 50 年代产业经济学的主要研究方法，是哈佛学派首先使用和比较推崇的方法，也是后来芝加哥学派常用的方法，由此产生了许多重大的学术成果。[②] 产业经济学的理论家之所以乐于采用案例研究方法，是因为丰富的案例研究可能更容易再现产业的因素和行为。[③] 梅森在哈佛大学创立的产业组织研究小组主要也是运用案例研究方法，他们通过案例方式考察美国主要行业的市场结构情况，对这些行业的市场结构、企业行为进行市值分析，从而研究市场结构对厂商行为和绩效的影响。[④] 案例研究方法现在仍然是一种很有用的实证研究方法，尤其是在统计数据不完善、样本过小、难以进行计量实证分析的情况下，案例研究成为一种相对有效的实证研究工具。

（二）计量经济研究方法

计量经济学研究方法是融合了数学、统计学和经济学知识的一种分析方法。它是通过研究经济变量之间的关系，构建计量经济模型，搜集数据，对模型进行拟合与检验的方法。从计量经济学的分类来看，可以分为广义计量经济学和狭义计量经济学、理论计量经济学和应用计量经济学、经典计量经济学和非经典计量经济学、微观计量经济学和宏观计量经济学。计量经济学模型在产业经济学中的应用主要体现在结构分析、经济预测、产业政策评价以及检验与发展不同的产业经济理论。

20 世纪 60 年代以后，经济计量学方法成为产业经济学的主要研究方法。一方面，经济计量学分析方法在产业组织理论的实证检验方面得到了广泛应用。SCP 分析范式建立后，各国学者纷纷运用本国产业数据对其进行实证分析，即假定市场行为和绩效与市场结构之间存在因果关系，运用计量经济学回归分析来

---

① 张梦中、[美] 马克·霍哲：《案例研究方法论》，《中国行政管理》，2002 年第 1 期。

② 马广奇：《产业经济学在西方的发展及其在我国的构建》，《外国经济与管理》，2000 年第 10 期。

③ Tirole, Jean. The Theory of Industrial Organization. Cambridge, Mass: MIT Press, 1988.

④ 孙文平、刘志迎：《产业经济学研究方法综述》，《沈阳工程学院学报》（社会科学版），2007 年第 2 期。

检验不同的市场结构对于市场绩效的影响。另一方面，经济计量学分析方法在产业结构理论的实证检验方面也得到了广泛应用。库兹涅茨在《各国的经济增长》中运用 57 个国家 1950~1965 年的经济截面数据进行计量回归分析，研究经济水平与经济结构变化的关系；钱纳里在库兹涅茨研究的基础上，把经济截面分析的样本扩大到 101 个国家，扩展到低收入发展中国家，进一步对人均收入和三次产业变动之间的关系进行了实证分析。近年来，经济时间序列的线性和非线性模型、协整模型、误差修正模型、双线性模型、门限自回归模型和混沌模型等都在产业经济学实证研究中得到了广泛应用，而且随着历史纵向数据资料的积累和越来越容易获得，这些模型和分析方法在产业经济学领域会产生更大的影响和更广泛的应用。[①]

（三）博弈论方法

博弈论是研究经济主体的行为及其相互作用过程中达到的均衡状态的理论。从其依次递进研究内容来看，包括了完全信息静态博弈、完全信息动态博弈、不完全信息静态博弈和不完全信息动态博弈四个方面。由于产业组织理论主要是研究厂商之间的相互作用及其策略性行为，所以博弈论方法已经成为了这个领域中的主要研究方法。

博弈论方法是 20 世纪 70 年代以后产业经济学的主要研究方法。如果说经济计量学方法主要适用于实证研究的话，那么博弈论方法则主要适用于理论分析，其应用使得产业组织经济学的理论基础大大加强。20 世纪 80 年代以法国学者泰勒尔为代表的西方学者就应用博弈论分析的方法对整个产业组织理论体系进行了再造。企业行为不仅仅取决于市场结构，还取决于企业对自己的行为可能引致的其他企业反应行为的预期，即企业的行为是其心理预期的函数。用博弈论的术语来说，企业的行为是各个企业所共同拥有的信息结构或判断概率的函数，这些突破性的进展使产业组织理论对现实经济中厂商的行为有更强的解释力。现在博弈论已成为产业组织研究中占主导地位的研究工具，广泛用于寡头垄断、不完全市场的定价、企业兼并、反垄断规制等问题的研究，也正是由于博弈论的应用，才使产业经济学成为经济学中进展最为迅速的领域之一。[②]

（四）投入产出研究方法

投入产出方法是研究产业关联问题的主要方法，就是将国民经济看做一个有机整体，把国民经济一系列部门在一定时期内投入与产出去向排成纵横交叉的投入产出表格，根据此表建立数学模型，综合研究各个具体产业部门间的数量关系，并据以进行经济分析和预测的方法。它是由美国经济学家里昂惕夫（W.

①② 卫志民：《20 世纪产业组织理论的演进与最新前沿》，《国外社会科学》，2002 年第 5 期。

Leontief）于 1936 年在《经济学与统计评论》杂志上发表的著名论文"美国经济体系中投入产出的数量关系"中提出来的。主要是在投入产出表的基础上构建直接消耗系数、间接消耗系数、产业感应度系数和产业影响力系数等测度指标，用于测度不同产业之间的投入产出关系、一个产业对其他产业的影响力和感应度等问题。

在第二次世界大战末期，投入产出分析方法得到美国政府的重视。"二战"后，美国劳动部与空军合作，以较大人力、物力编制了美国经济 1947 年投入产出表。在 20 世纪 50 年代，世界上曾经出现了编制和应用投入产出表的热潮，世界上已经有 90 多个国家先后编制了投入产出表。我国在 1974~1976 年曾经编制了 61 个部门的实物型投入产出表，并且从 1978 年开始编制全国投入产出表，每 5 年编基本表，中间编延长表，并在宏观经济分析和国民经济管理中广泛地应用了编表成果。经过多年的理论研究和实际应用，投入产出分析的理论和方法得到长足的发展，主要体现在：与线性规划、动态规划等优化技术相结合，编制优化的投入产出表，建立以某项经济指标达到最优为目标的投入产出模型；与计量经济学方法相结合，用回归分析方法确定各种经济指标的数量联系等。

（五）新经济地理研究方法

新经济地理研究方法是区域经济研究中的主要方法，也是当前产业经济学中产业布局理论、产业集聚理论中的主要研究方法。以 Krugman 为首的主流经济学家为了解决传统经济学关于完全竞争、报酬不变和均衡市场与现实经济现象不能完全吻合之间的矛盾，开始接受和吸纳空间的概念和思维方法，创立了新经济地理学。该方法主要通过建立大量抽象的理论模型，如核心—边缘模型、国家专业化模型、全球和产业扩展模型以及区域专业化模型等，并用这些模型来解释经济活动的跨区域分布问题。[1] 新经济地理学以规模经济、报酬递增、不完全竞争为假设条件来研究区域经济问题，对产业经济活动的聚集进行了深入研究，丰富了经济地理学的内涵，在解释经济现实的能力上比新古典经济学更进一步。

另外，通过把空间概念引入计量经济学，出现了空间计量经济学研究方法。空间计量经济学是以空间经济理论和地理空间数据为基础，以建立、检验和运用经济计量模型为核心，对经济活动的空间相互作用（空间自相关）和空间结构（空间不均匀性）问题进行定量分析，研究空间经济活动或经济关系数量规律的一门经济学学科。[2] 其研究领域包括：空间相互依赖；空间关系不对称性；位于其他空间的解释因素的重要性等。近年来随着计算机技术、计算机模拟技术的发展，特别是随着地理信息系统（GIS）和空间数据分析软件的发展，空间计量经

① 后锐、杨建梅：《产业集群研究的方法选择与工具应用》，《商业经济与管理》，2007 年第 12 期
② 杨开忠、冯等田、沈体雁：《空间计量经济学研究的最新进展》，《开发研究》，2009 年第 2 期。

济学取得了突飞猛进的发展，应用领域日趋广泛，在区域科学、经济地理等研究领域发挥着越来越重要的作用。

本章小结

产业经济学是应用性经济学科，涵盖产业组织理论、产业结构与产业关联、产业布局理论、产业集群和产业基地、产业政策。

西方产业组织理论的发展经历了传统产业组织理论和新产业组织理论两个阶段。传统产业组织理论研究主要是在 SCP 范式的基础上展开的，新产业组织理论的一个重要特点是把博弈论、信息经济学、交易费用理论等分析方法引入了产业组织理论。

中国产业经济的发展经历了 20 世纪 80 年代初期的起步阶段、20 世纪 80 年代中后期的引进吸收阶段、20 世纪 90 年代的初步形成阶段以及 21 世纪以来的繁荣阶段。同时，中国产业经济学的发展表现出了与经济发展阶段的同步性，并随着经济热点的出现而出现新的研究热点。

产业经济学的研究方法包括了案例分析法、计量分析法、博弈分析法、投入产出法以及新经济地理方法。

关键术语

产业经济学　SCP 范式　新产业组织理论　案例分析法　计量经济分析法博弈分析法　投入产出法

思考题

1. 解读产业经济学中的研究对象与范围。
2. 阐述当代产业组织理论的演变与发展。
3. 简述产业经济学研究方法。

参考文献

1. 斯蒂芬·马丁著，史东辉译：《高级产业经济学》，上海财经大学出版社 2003 年版。

2. 王俊豪：《产业经济学》，高等教育出版社 2008 年版。

3. 杨治：《产业经济学导论》，中国人民大学出版社 1985 年版。

4. 臧旭恒等：《产业经济学》（第二版），经济科学出版社 2004 年版。

5. 唐晓华等：《产业经济学教程》，经济管理出版社 2007 年版。

6. 苏东水：《产业经济学》，高等教育出版社 2000 年版。

7. 于立：《产业经济学理论与问题研究》，经济管理出版社 2000 年版。

8. Adelman, C., Jenkins, D. and Kemmis, S. Rethinking Case Study: Notes

from the Second Cambridge Conference. Cambridge Journal of Education. 1977 (6):
139–150.

9. Nisbet, John and Watt, Joyce. Case Study, University of Aberdeen. 1978: 5.

10. Bernard, L. L. The Development of Methods in Sociology. The Monist
(April 1928), XXXVIII, 306–307.

11. Shaw, Clifford. Case Study Method. Publications of the American Sociological
Society, XXI (1927), 149.

12. Gee, Wilson. Social Science Research Methods. Appleton–century–Crofts,
Inc. New York, 1950.

第一章　市场结构

教学目的

通过本章的学习，掌握四种市场结构的含义与区别，了解完全竞争市场上的短期与长期均衡、垄断市场上的价格歧视、垄断竞争市场上的产品差别竞争、寡头市场的价格决定，了解市场结构的计量与分析工具。

章首案例

2009 年 1 月 7 日，中国发放 3G 牌照，标志着中国正式进入 3G 时代。自 1994 年至今，中国电信业经历多次变革，最终形成"数网竞争"的市场格局。1994 年 7 月 19 日，原电子部联合铁道部、原电力部以及原广电部成立了中国联通，打破了由中国电信垄断的中国电信市场。1999 年 2 月 14 日，国务院批准中国电信改革方案。原中国电信拆分成新中国电信、中国移动和中国卫星通信 3 个公司，寻呼业务并入联通，同时，网通公司、吉通公司和铁通公司获得了电信运营许可证，形成"数网竞争"的经营格局。2000 年 4 月 20 日，中国移动集团正式成立。2002 年 5 月 16 日，原中国电信集团按地域南北拆分，电信南方 21 省仍叫中国电信，原北方 10 省电信公司、网通公司以及吉通公司合并成立中国网通。2004 年 8 月 20 日，中国铁通挂牌成立。2008 年 5 月 24 日，中国联通与中国网通合并，中国卫通的基础电信业务并入中国电信，中国铁通并入中国移动，国内电信运营商由 6 家变为 3 家。2009 年 1 月 6 日，中国联通宣布与中国网通的合并全面完成。原中国联通和原中国网通正式合并，至此联通和网通在集团层面完成合并，电信重组进入尾声。2009 年 1 月 7 日，国家工业和信息化部发放 3G 牌照，其中中国移动获得 TD-SCDMA 牌照，中国联通和中国电信分别获得 WCDMA 和 CDMA2000 牌照，标志着中国正式进入 3G 时代。

第一节 完全竞争与完全垄断

一、市场结构类型

随着市场经济的发展，市场已不仅仅是从事商品买卖的交易场所，它可以是有形的买卖商品的交易场所，也可以是利用现代化通信工具进行各种交易的接触点，市场是交换关系的总和。任何一种商品都有一个市场，有多少种商品，就有多少个市场，如汽车市场、电视机市场等。为同一个商品市场生产和提供同一类产品的所有厂商的总体即是一个行业，行业与市场是紧密联系的，同一种商品的市场类型与行业类型是一致的，竞争的市场对应的是竞争的行业，垄断的市场对应的是垄断的行业。

市场结构是指某一经济市场的组织特征，而最重要的组织特征，是那些影响竞争性质及市场价格确定的因素。经济学家一般把市场分为四种类型：完全竞争、完全垄断、垄断竞争和寡头垄断，来分别考察价格决定和厂商平衡问题。

完全竞争是指竞争不受任何阻碍和干扰的市场结构。例如，在小麦市场上，有成千上万出售小麦的农民和千百万使用小麦和小麦产品的消费者。由于没有一个买者或卖者能影响小麦价格，所以，每个人都把价格作为既定的。

完全垄断是指整个行业中只有一个生产者的市场结构。例如中国移动，完全控制价格。

垄断竞争是指许多厂商生产和销售有差别的同类产品，市场中既有竞争因素又有垄断因素存在的市场结构。例如化妆品市场，各厂商有产品差异，有一定的价格决定权。

寡头垄断是指少数几个厂商控制着整个市场中的生产和销售的市场结构。例如汽车市场，只有少数几个厂商参与竞争，倾向于努力避免激烈竞争，通过控制或者串谋以维持高价格。

二、完全竞争市场

（一）完全竞争市场的条件

1. 自由的市场

自由市场是一个没有外在力量控制的市场。外在力量有两种：一是政府的干预；二是集体的行动或厂商的勾结。

2. 买者和卖者很多

买者和卖者数量之多，使每个买者的购买量和卖者的销售量在整个市场的交易量中所占的份额是如此之小，以致他们都无力影响市场的价格。也就是说，市场中的生产者和消费者是既定价格的遵从者，不是价格的决定者。

3. 同质的商品

市场中同类商品同质，无差别，买者对任一厂商出售的商品都看做一样而无偏好。任何厂商都不生产有差别的产品并以之影响价格。

4. 各种生产资源可以自由流动而不受限制

资源自由流动意味着：劳动力在地理位置上和工作种类上都是可以流动的；没有一个投入所有者或生产者垄断投入；新的厂商（或新的资本）可以无困难地进出某一行业。

5. 完备的市场信息

市场信息是畅通的，厂商与消费者都可以获得完备的信息，双方不存在互相欺骗行为。

在现实生活中，要完全具备上述条件是不现实的。也就是说，完全竞争的市场结构是一种纯理论模式，在现实生活中不存在（农产品市场可以看做近乎完全竞争市场）。但完全竞争市场机制的理论，却是分析、研究其他市场结构的基础。通过对完全竞争市场的研究，有助于了解其他市场的情况。

（二）对完全竞争市场结构的评价

完全竞争市场具有如下优点：第一，生产效率最高。因为从长期看，企业一定会达到这样的水平，它使自己的成本达到成本曲线的最低点，同时又使价格等于边际成本。第二，资源利用率最高。价格等于边际成本说明从社会资源合理分配的观点看，企业的产量水平处于最优。但是完全竞争也有一些缺点：各厂商的平均成本最低并不一定是社会成本最低；产品无差别，这样，消费者的多种需求无法得到满足；完全竞争市场上生产者的规模都很小，这样，他们就没有能力去实现重大的科学技术突破，从而不利于技术发展；在实际中完全竞争的情况是很少的，而且，一般来说，竞争也必然引起垄断。

三、完全垄断市场

如果你有一台个人电脑，也许这台电脑用了微软公司的操作系统，某种视窗（Windows）软件。当微软公司在许多年前第一次设计视窗软件时，它申请并得到了政策给予的版权。版权给予微软公司排他性地生产和销售视窗操作系统的权利。因此，如果一个人要想购买视窗软件，他除了给微软决定对这种产品收取的将近100美元之外别无选择。可以说微软在视窗软件市场上有垄断地位。[①]

（一）完全垄断的特点

完全垄断又称独占、卖方垄断或纯粹垄断，与完全竞争市场结构相反，完全垄断市场结构是指一家厂商控制了某种产品全部供给的市场结构。在完全垄断

---

① 转引自曼昆：《经济学原理》（第四版），北京大学出版社2006年版。

市场上，具有以下特征：

第一，厂商数目唯一，一家厂商控制了某种产品的全部供给。完全垄断市场上垄断企业排斥其他竞争对手，独自控制了一个行业的供给。由于整个行业仅存在唯一的供给者，企业就是行业。

第二，完全垄断企业是市场价格的制定者。由于垄断企业控制了整个行业的供给，也就控制了整个行业的价格，成为价格制定者。完全垄断企业可以有两种经营决策：以较高价格出售较少产量，或以较低价格出售较多产量。

第三，完全垄断企业的产品不存在任何相近的替代品。否则，其他企业可以生产替代品来代替垄断企业的产品，完全垄断企业就不可能成为市场上唯一的供给者。因此消费者无其他选择。

第四，其他任何厂商进入该行业都极为困难或不可能，要素资源难以流动。完全垄断市场上存在进入障碍，其他厂商难以参与生产。

完全垄断市场和完全竞争市场一样，都只是一种理论假定，是对实际中某些产品的一种抽象，现实中绝大多数产品都具有不同程度的替代性。

（二）形成垄断的原因

垄断厂商之所以能够成为某种产品的唯一供给者，是由于该厂商控制了这种产品的供给，使其他厂商不能进入该市场并生产同种产品。导致垄断的原因一般有以下几方面：

第一，对资源的独家控制。如果一家厂商控制了用于生产某种产品的全部资源或基本资源的供给，其他厂商就不能生产这种产品，从而该厂商就可能成为一个垄断者。

第二，规模经济的要求形成自然垄断。如果某种商品的生产具有十分明显的规模经济性，需要大量固定资产投资，规模报酬递增阶段要持续到一个很高的产量水平，此时，大规模生产可以使成本大大降低。那么由一个大厂商供给全部市场需求的平均成本最低，两个或两个以上的厂商供给该产品就难以获得利润。这种情况下，该厂商就形成自然垄断。许多公用行业，如电力供应、煤气供应、地铁等是典型的自然垄断行业。

第三，拥有专利权。专利权是政府和法律允许的一种垄断形式。专利权是为促进发明创造，发展新产品和新技术，而以法律的形式赋予发明人的一种权利。专利权禁止其他人生产某种产品或使用某项技术，除非得到发明人的许可。一家厂商可能因为拥有专利权而成为某种商品的垄断者。不过专利权带来的垄断地位是暂时的，因为专利权有法律时效。在我国专利权的法律时效为15年，美国为17年。

第四，政府特许权。某些情况下，政府通过颁发执照的方式限制进入某一行业的人数，如大城市出租车驾驶执照等。很多情况下，一家厂商可能获得政府的特权，而成为某种产品的唯一供给者，如邮政、公用事业等。执照特权使某行业内现有厂商免受竞争，从而具有垄断的特点。作为政府给予企业特许权的前提，企业同意政府对其经营活动进行管理和控制。

第二节　垄断竞争市场与寡头竞争市场

一、垄断竞争市场

一个市场中有许多厂商生产和销售有差别的同种商品的一种市场组织称为垄断竞争市场。垄断竞争市场的条件如下：

第一，各个厂商的产品不是同质的，但彼此间是非常接近的替代品（因为不同质，所以具有一定的垄断力量，因为彼此是很相似的替代品，所以具有竞争）。

第二，一个生产集团中有大量厂商，每个厂商所占的市场份额都很小。

第三，厂商可以自由进入和退出一个生产集团。牙膏市场是垄断竞争的，其他厂商要推出可能会与佳洁士和高露洁等品牌竞争的新品牌牙膏相对比较容易。这就限制了生产佳洁士和高露洁的盈利性。如果利润很大，其他厂商就会花费必要的钱（用于开发、生产、广告和促销）推出自己的新品牌，这就会降低佳洁士和高露洁的市场份额和盈利性。

二、寡头垄断市场

寡头（垄断）市场是指极少数几家厂商控制整个市场的产品的生产和销售的一种市场组织。寡头垄断是很普遍的市场结构，如汽车、钢铁、铝业、石油化工、电子设备和计算机。按产品特征可以将寡头市场分为纯粹寡头市场和差别寡头市场。纯粹寡头市场是指厂商生产的产品没有差别，如钢铁、水泥等行业。差别寡头市场行业是指厂商生产的产品有差别，如汽车、冰箱等行业。

通常寡头市场的形成原因主要有三个方面：①规模经济。某些产品的生产必须在相当大的生产规模上进行，才能达到最好的经济效益。②对资源的控制。生产所需的基本资源被几家企业所控制。③政府的扶植和支持。

三、寡头垄断市场的特征分析

几家大企业生产和销售了整个行业的极大部分产品，它们每家都在该行业中具有举足轻重的地位。这与完全垄断和垄断竞争市场不同。完全垄断市场只有一家厂商，这家厂商的供给和需求就是一个行业的供给和需求。垄断竞争市场则有较多的厂商。

寡头市场是一个相互依存的市场结构。由于寡头市场只有几家厂商，所以，每家厂商的产量和价格的变动都会显著地影响到本行业竞争对手的销售量和销售收入。这样，每家厂商必然会对其他厂商的产量和价格变动做出直接反应，它在做决策时必须考虑其他厂商的决策，同时，它也要考虑自己的决策对其他厂商的影响。因此，寡头市场的这个特征决定了：

第一，它很难对产量与价格问题做出像前三种市场那样确切而肯定的答案。因为，各个寡头在做出价格和产量决策时，都要考虑到竞争对手的反应，而竞争对手的反应又是多种多样并难以捉摸的。

第二，价格和产量一旦确定以后，就有其相对稳定性。这也就是说，各个寡头由于难以捉摸对手的行为，一般不会轻易变动已确定的价格与产量水平。

第三，各寡头之间的相互依存性，使它们之间更容易形成某种形式的勾结。但各寡头之间的利益又是矛盾的，这就决定了勾结不能代替或取消竞争，寡头之间的竞争往往会更加激烈。这种竞争有价格竞争，也有非价格竞争。

在寡头垄断市场结构分析中，古诺模型、斯威齐模型是两个重要的分析工具。古诺模型是由法国经济学家古诺于1838年在分析双寡头行为时提出的理论模型，因而又被称为"双头模型"。它假定：市场上只有A、B两个成本为零的生产和销售相同矿泉水的厂商，它们共同面临一条线性的市场需求曲线，A、B两个厂商都是在已知对方产量的情况下，各自确定能够给自己带来最大利润的产量。结论是：当A和B的产量分别达到市场总容量的1/3时，市场处于均衡。

专栏1-1

古诺模型

A厂商首先进入市场，它的最优产量为市场总容量的1/2，如图1-1所示，因为该矩形面积即厂商利润量是直角三角形中面积最大的内接矩形。之后，B进入市场，B在已知A的产量之后认为剩余市场容量决定的最优产量是全部市场容量的1/4。之后，当A知道B留给它的市场容量为3/4时，为了利润最大化，A将产量调整至总市场容量的3/8。如此等等，经过一系列的产量调整后，A的产量逐渐减少，B的产量逐渐增加。最终，当A和B的产量分别达到市场总容量的1/3时，市场处于均衡。

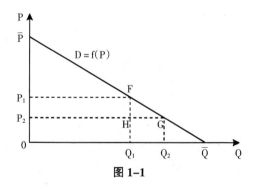

图1-1

证明：设市场需求函数为：$Q = a - (a/b) P$

市场总供给量 Q 为两个厂商产量之和：$Q = Q_A + Q_B$

则市场的线性反需求函数为：$P = b - (b/a) (Q_A + Q_B)$

厂商 A 的利润：$\pi_A = TR_A - TC_A = PQ_A - [b - (b/a) (Q_A + Q_B)] Q_A$

A 厂商利润最大化的一阶条件为：$d\pi_A/d Q_A = b - 2 (b/a) Q_A - (b/a) Q_B = 0$

得：$Q_A = 1/2 (a - Q_B)$

同理得：$Q_B = 1/2 (a - Q_A)$

将 Q_B 代入 Q_A，得：$Q_A = 1/3a$，$Q_B = 1/3a$

斯威齐模型是由美国经济学家保罗·斯威齐于 1939 年建立的。它解释了在寡头市场上厂商之间打价格战，最终两败俱伤的现象。该模式将从理论上说明，在寡头垄断下，产品的价格比较稳定，一旦厂商规定了产品的价格，就不轻易变动。

专栏 1-2

斯威齐模型

基本假设：对应于一个特定的价格，一家厂商如果提价，其他厂商一般不会跟着提价，但一家厂商如果降价，其他厂商一般就会跟着降价，其原因在于为了在竞争中能保持以至扩大自己的销售量或销售份额。或者说，靠其他企业因提价而减少的销售量来增加本企业的销售份额。根据这样的假设，个别厂商面临的需求曲线在当前的价格/产量水平上出现了弯折点。

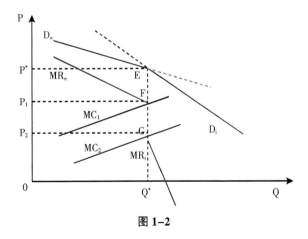

图 1-2

在图 1-2 中，E 为现在的价格点。如果这家企业打算降价以扩大销路，则其他企业也要跟着降价。结果，这家企业销售量的增加比预期要少得多。降价后的需求曲线将是一条弹性较小的需求曲线（D_i）。如果这家企业打算提高价格，但其他企业并不跟着提价。结果，提价后的需求曲线将是一条弹性较大的曲线（D_i）。这样一来，寡头垄断条件下，个别企业的需求曲线由两部分（D_e和D_i）组成，它们共同构成一条曲折的需求曲线。

已知需求曲线D_e和D_i，则可求得MR_e和MR_i，由这两部分构成的边际收入曲线则是一条中断的折线。缺口FG的长短依赖于D_eED_i的弹性，在E点左方的弹性越大，E点右方的弹性越小，则FG的长度越大。

从图1-2中可以看出，最大利润的产量是MC曲线与MR曲线相交处的Q^*，价格为P^*。同时，即使边际成本发生变化，只要MC曲线在FG范围之内与MR相交，价格将固定不变。也就是说，边际成本曲线MC在缺口FG之间摆动时，企业的最优价格和产量决策不变。只有当技术上有很大突破，企业的成本变化很大，MC曲线的变动超出FG范围时，才需要对价格重新做出调整。

第三节　市场结构的测度

一、绝对集中度

市场集中度（或产业集中度）是衡量产业竞争性和垄断性的最常用指标，市场集中度一般以产业内最大的若干家厂商的销售额占全产业销售额的比重来衡量。也可以将各产业作为一个整体，以国内生产总值或就业人数、资产额等，衡量其总体集中度（Aggregate Convergence Ration）。

在分析各产业的集中度时，通常以最大的4家或8家厂商的销售额份额来计量，分别称为"4厂商集中度"（Four-firm Concentration Ratio，CR_4）和"8厂商集中度"（Eight-firm Concentration Ratio，CR_8）。4厂商集中度（或8厂商集中度，下同）可以被用来判断产业的竞争性，但是4厂商或8厂商的选择具有人为性，如果选择最大的3家厂商或6家厂商，所得到的数据也许会同4厂商或8厂商有很大的不同。贝恩最早运用集中度对产业的垄断与竞争程度进行分类研究，具体见表1-1。

二、相对集中度

借用洛伦兹曲线（Lornez Figure）及基尼系数（Gini Coefficient），可以反映产业内企业的规模分布状况，以累计企业数目与累计市场占有率描述。

洛伦兹曲线是一种相对集中度的指标，它表明市场占有率与市场中由小企业到大企业的累计百分比之间的关系，如图1-3所示。

表 1-1 贝恩对产业垄断与竞争类型的划分及实例（美国）[①]

类型	CR$_4$	CR$_8$	该产业的企业总数	列入该类型的产业
1. 极高寡占型 A B	75%以上 75%以上		20以内 20~40	轿车、电解铜、氧化铝 卷烟、电灯、平板玻璃
2. 高集中寡占	65%~75%	85%	20~100	轮胎、变压器、洗衣机
3. 中（上） 集中寡占	50%~65%	75%~85%	企业数较多	粗钢、钢琴、轴承
4. 中（下） 集中寡占	35%~50%	45%~75%	企业数很多	食用肉类制品、杀虫剂
5. 低集中寡占	30%~35%	40%~45%	企业数很多	面粉、男式鞋、女式鞋、 水果和蔬菜罐头、涂料
6. 原子型			企业数极多，无集中现象	女式服装、纺织、木制品 中的大多数

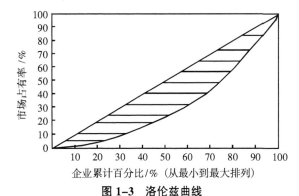

图 1-3 洛伦兹曲线

基尼系数指标用来测试产业的集中度也有其局限性。例如，两条不同形状的洛伦兹曲线所围成的面积相等时，可以得到相同的基尼系数，但不能反映市场中企业规模的不均匀程度。具体讲，对于由两家各拥有 50%的市场占有率的企业，组成的市场会与 100 家各拥有 1%市场占有率的企业组成的市场具有相同的洛伦兹曲线，基尼系数也都为零，然而，这两种情况下的市场结构显然不同。所以，洛伦兹曲线计量的是相对集中而不是绝对集中。此外，洛伦兹曲线作为一种汇总指标，无法表示任何寡头和集中的增长情况。

基尼系数是 20 世纪初意大利经济学家基尼根据洛伦兹曲线来判断收入分配平均程度的指标，是比例数值，在 0 和 1 之间，是国际上用来综合考察居民内部收入分配差异状况的一个重要分析指标。在图 1-4 中，A 表示实际收入分配曲线 b 与绝对平均线 a 之间的面积；B 表示实际收入分配曲线 b 与绝对不平均线 c 之间的面积。则基尼系数的表达式为：

[①] 转引自夏大慰：《产业组织学》，复旦大学出版社 1994 年版。

基尼系数 = A / (A + B)

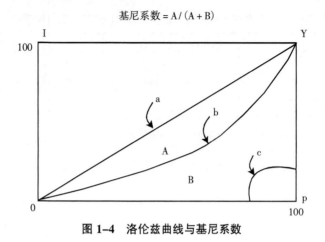

图 1-4　洛伦兹曲线与基尼系数

可见，基尼系数乃是在洛伦兹曲线图形上，洛伦兹曲线与三角形斜边之间的面积与整个三角形之间的面积的比例。若 A=0，基尼系数等于零，收入绝对平均；若 B=0，基尼系数等于 1，收入绝对不平均，即全社会收入为一人所有。实际基尼系数在 0 与 1 之间。基尼系数越大，收入分配越不平均。

三、赫希曼—赫芬达尔指数

赫希曼—赫芬达尔指数（Herschman-Herfindahl Index，HHI）是指市场中所有企业市场占有率的平方和。

$$HHI = \sum_{i=1}^{N} S_i^2$$

S_i：行业中第 i 企业的市场占有率。

HHI 指数反映整个产业分布的集中与分散状况，HHI 越大，表明行业集中度越高。一般与集中度指标结合使用。

四、勒纳指数

阿贝·勒纳（A.Lerner）提出了一种以垄断势力强弱来衡量市场结构的方法，反映产业绩效量度指标，表示价格与边际成本的偏离率。

勒纳指数也称为勒纳垄断势力指数，$L = (p - MC)/p$。式中，p 代表产品的价格，MC 代表生产该产品的边际成本。

勒纳指数在 0 到 1 之间变动，数值越大表明垄断势力越大。勒纳指数实际上计量的是价格偏离边际成本的程度，价格越是高于边际成本，表明垄断势力越强。由于价格偏离边际成本可能是由多种复杂的因素所引起，而且，要计量产品的边际成本也是一件比较困难的事，所以，勒纳指数尽管在理论上具有分析意义，但在实践中并不是衡量产业垄断性和竞争性的理想指标。不过，在现实中我们也确实可以看到，产业的竞争性越强，产品的市场价格越可能趋于下降，所以，一个产业的产品价格趋于下降，市场价格越是接近于边际成本，该产业的竞争性也越强。从 20 世纪 90 年代中期以来，我国的许多产品，例如彩色电视机、空调器、微波炉、VCD 机等，都经历过大幅度的降价过程，反映了这些产业的成熟和竞争性的增强。当然，竞争的结果往往是产业集中度的提高。

勒纳指数有如下特点：

第一，边际成本的测算比较困难。同时，价格往往同产品质量有关，因此，某一产业中企业之间通过勒纳指数来比较垄断势力时，必须要考虑到产品质量因素，即在价格上要有可比性。

第二，勒纳指数是对企业实际行为的一种量度，它没有测算企业潜在的垄断力量。例如，某企业从其规模或市场占有率来看，已经拥有较强的潜在垄断势力，但由于某种原因，其产品价格和边际成本相差不大，那么勒纳指数就无法计量该企业的潜在垄断势力。

第三，勒纳指数建立在对价格和边际成本进行静态比较的基础上，它没有深入考察造成价格和边际成本差额的具体原因，而把这种差额全部归于垄断行为。实际上，在很多情况下，造成价格和边际成本差额的原因有多种，比较复杂，不单是垄断。

五、交叉弹性

不同产品间的交叉价格弹性可以反映有关产品或产业间的替代性和互补性，替代性越强，竞争性就越强。供给的交叉价格弹性 = (x 生产者提供的 x 产品的数量变动%) / (y 的价格变动%)。如果 y 的价格降低（或提高），x 的数量增加（或减少），即交叉价格弹性为负，表明 y 与 x 具有互补性。如果 y 的价格降低（或提高），x 的数量减少（或增加），即交叉价格弹性为正，则表明 y 与 x 之间具有替代性，一般来说，交叉弹性越高，y 与 x 间的替代性越强，竞争性也越强。

六、 贝恩指数

乔·S.贝恩（S.Bain）指出，在一个市场中，如果持续存在超额利润，一般就表明有垄断因素存在。而利润的统计资料比交叉价格弹性及边际成本的统计资料更容易获得。

贝恩把会计利润定义为 R − C − D，其中，R 为总收益，C 为当期成本，D 为折旧。于是超额利润或经济学家所说的经济纯利润为：

$$\pi = R - C - D - i \cdot v$$

式中，R 为总收入，C 为当期成本，D 为折旧，v 为业主的投资额，i 为从投资中可以获得的正常收益率，即资本的机会成本。利润率就等于 π / v。

贝恩指数有如下特点：

第一，平均成本的测算相对比较容易。和勒纳指数一样，在价格上也要有可比性。

第二，贝恩指数是对超额利润的一种量度，它把超额利润等同于垄断。但应该注意这样两种情况：一是在某些情况下，超额利润是由技术水平高或经营水平高引起的，并不是垄断的结果；二是在一些情况下，没有超额利润并不等于没有垄断势力，因为如果产品需求不足的话，即使是一个纯粹的垄断者也无法获得超额利润。因此，贝恩指数具有一定的不确定性。

第三，贝恩指数也是建立在对价格和平均成本进行静态比较的基础上，和勒纳指数的特点相同。

第四节 我国拖拉机制造业市场集中度分析[①]

市场集中度是优化产业内部结构、合理配置社会资源的重要依据，是产业组织理论的核心问题。本节利用 2004 年和 2005 年，以及 2006 年 1~9 月份的销量和产量数据对拖拉机制造业整体的市场集中度进行研究。

一、集中度的判别方法及标准

度量市场集中度的方法有绝对法和相对法，判别标准见表 1-2。本节分别使用这两种方法考量产业集中度情况。

表 1-2 2004~2006 年我国拖拉机制造业集中度系数[②]

项目	绝对法		相对法
	前 4 家企业集中度系数	赫希曼—赫芬达尔指数	洛伦兹曲线和基尼系数
计算公式	$CR_4 = \sum\limits_{i=1}^{4} S_i$ 式中，$S_1 \geqslant S_2 \geqslant S_3 \geqslant S_4$ CR_4 的取值范围 $[4/N, 1]$	$HHI = \sum\limits_{i=1}^{N} S_i^2$ 若 S_i 取值范围为 $[0, 1]$，则 HHI 的取值范围为 $[0, 1]$	$G.I = \dfrac{S_A}{S_B}$ $G.I$ 的取值范围 $[0, 1]$
判别标准	(1) 寡占Ⅰ型：$CR_4 \geqslant 85$ (2) 寡占Ⅱ型：$75 \leqslant CR_4 < 85$ (3) 寡占Ⅲ型：$50 \leqslant CR_4 < 75$ (4) 寡占Ⅳ型：$35 \leqslant CR_4 < 50$ (5) 寡占Ⅴ型：$30 \leqslant CR_4 < 35$ (6) 竞争型：$CR_4 < 30$	(1) 高垄断Ⅰ型：$HHI \geqslant 0.30$ (2) 高垄断Ⅱ型：$0.18 \leqslant HHI < 0.30$ (3) 低垄断Ⅰ型：$0.14 \leqslant HHI < 0.18$ (4) 低垄断Ⅱ型：$0.10 \leqslant HHI < 0.14$ (5) 竞争Ⅰ型：$0.05 \leqslant HHI < 0.10$ (6) 竞争Ⅱ型：$HHI < 0.05$	洛伦兹曲线偏离绝对平均线越远，企业规模分布越不平均： (1) 绝对平均：$G.I \leqslant 0.2$ (2) 比较平均：$0.2 < G.I \leqslant 0.3$ (3) 规模合理：$0.3 < G.I \leqslant 0.4$ (4) 差距较大：$0.4 < G.I \leqslant 0.5$ (5) 差距悬殊：$0.5 < G.I \leqslant 0.6$

[①] 刘莉等：《我国拖拉机制造业市场集中度研究》，《中国农业大学学报》，2010 年第 6 期。
[②] 苏东水：《产业经济学》，高等教育出版社 2001 年版。

由于获取产业内所有企业数据存在困难，且大多数小企业所占市场份额较小，可基本忽略，故本节采用销售收入前 30 名的拖拉机制造企业的数据来测算整体市场集中度。数据来自《中国农业机械年鉴》和《中国农业机械工业年鉴》中 2004 年、2005 年和 2006 年（2006 年数据采用 1~9 月份数据）农业机械工业销售收入前 100 家企业的数据。其中山东时风（集团）有限责任公司和福田雷沃重工股份有限公司未划分到拖拉机制造业，考虑到前者小四轮拖拉机产量一直位于全国前列，后者的大中型拖拉机产品具备很强的竞争力，故将这两家企业列入销售收入前 30 家企业范围，并将其收入加总到全国总收入之中。

二、集中度系数

测算数据显示（见表 1-3），2004 年、2005 年和 2006 年，我国拖拉机制造业前 4 家企业的集中度系数 CR_4 分别为 43.82、45.61 和 66.09，呈现逐年递增的趋势。对照判别标准（见表 1-2），拖拉机制造业 2004 年和 2005 年属于寡占Ⅳ型，2006 年垄断程度增加，市场结构形态升级为寡占Ⅲ型。

表 1-3　2004~2006 年我国拖拉机制造业集中度系数 [1]

年份	CR_1	CR_2	CR_3	CR_4
2004	20.88	34.90	42.31	43.82
2005	19.82	33.04	43.60	45.61
2006	27.12	46.29	64.04	66.09

三、赫希曼—赫芬达尔指数（HHI）与基尼系数（G.I）分析

2004 年、2005 年和 2006 年，我国拖拉机制造业赫芬达尔—赫希曼指数（HHI）分别为 0.1773、0.1742 和 0.1907。对照判别标准（见表 1-2），2004 年和 2005 年的 HHI 处于低垄断Ⅰ型的标准范围内〔0.14，0.18〕，因此拖拉机制造业属于垄断Ⅰ型结构，2006 年的 HHI 超过 0.18 的分界值，市场结构转变为高垄断Ⅱ型。2004 年、2005 年和 2006 年，我国拖拉机制造业洛伦兹曲线偏离绝对平均线较远（见图 1-5），且偏离程度有逐年增加的趋势。基尼系数（G.I）从 0.667 增加到 0.719，表明业内企业势力相差悬殊，且势力不均衡和规模差距增大等问题愈加明显。由此可初步判定，我国拖拉机制造业整体市场结构属于寡占型，有向高度垄断发展的趋势，产业内企业规模差距悬殊，且差距逐年增大；小型企业虽占据多数，但市场势力呈现渐弱特征。

---

[1] 2006 年相关结果由 2006 年 1~9 月份数据测算得出，下同。CR_1、CR_2、CR_3、CR_4 分别为销售收入排名第 1 位、前 2 位、前 3 位和前 4 位企业的集中度系数。

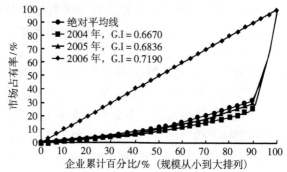

图 1-5 2004 年、2005 年和 2006 年我国拖拉机制造业洛伦兹曲线和基尼系数

本章小结

市场结构是指某一经济市场的组织特征，而最重要的组织特征，是那些影响竞争性质及市场价格确定的因素。根据市场竞争程度的强弱，可以将市场划分为完全竞争市场、完全垄断市场、垄断竞争市场、寡头垄断市场四种类型。

在完全垄断情况下，一家厂商就是整个行业。寡头市场是一个相互依存的市场结构。市场集中度（或产业集中度）是指衡量产业竞争性和垄断性的最常用指标，市场集中度一般以产业内最大的若干家厂商的销售额占全产业销售额的比重来衡量。也可以将各产业作为一个整体，以国内生产总值或就业人数、资产额等，衡量其总体集中度。

借用洛伦兹曲线（Lornez Figure）及基尼系数（Gini Coefficient），可以反映产业内企业的规模分布状况，以累计企业数目与累计市场占有率描述。洛伦兹曲线是一种相对集中度的指标，它表明市场占有率与市场中由小企业到大企业的累计百分比之间的关系，基尼系数是比例数值，在 0 和 1 之间，是国际上用来综合考察居民内部收入分配差异状况的一个重要分析指标。

关键术语

市场　行业　市场结构　垄断　寡头　价格歧视　市场集中度　洛伦兹曲线基尼系数　赫希曼—赫芬达尔指数　勒纳指数　交叉弹性　贝恩指数

思考题

1. 如何理解市场结构的类型？

2. 垄断市场有何特点？

3. 如何认识寡头市场？

4. 如何衡量市场结构？

5. 如何理解洛伦兹曲线、基尼系数？

参考文献

1. 苏东水:《产业经济学》,高等教育出版社 2000 年版。

2. 米尔格罗姆、罗伯茨:《经济学、组织与管理》,经济管理出版社 2004 年版。

3. 唐晓华等:《产业组织与信息》,经济管理出版社 2005 年版。

4. 平新桥:《微观经济学十八讲》,北京大学出版社 2005 年版。

5. 丹尼斯·卡尔顿等:《现代产业组织》,上海人民出版社 1998 年版。

6. 杨公朴、夏大慰:《产业经济学教程》,上海财经大学出版社 2002 年版。

7. 张维迎:《博弈论与信息经济学》,上海人民出版社 1996 年版。

8. H.钱纳里:《结构变化与发展政策》,经济科学出版社 1991 年版。

9. 奥兹·夏伊:《产业组织:理论与应用》,清华大学出版社 2005 年版。

10. 戴伯勋、沈宏达:《现代产业经济学》,经济管理出版社 2001 年版。

11. 干春晖:《产业经济学教程与案例》,机械工业出版社 2006 年版。

12. 斯蒂芬·马丁:《高级产业经济学》(第 2 版),上海财经大学出版社,2003 年版。

13. 夏大慰:《产业组织学》,复旦大学出版社 1994 年版。

14. 曼昆著,梁小民译:《经济学原理》,北京大学出版社 2006 年版。

15. 杨治:《产业经济学导论》,中国人民大学出版社 1985 年版。

16. Shepard, A. Price Discrimination and Retail Configuration. Journal of Political Economy, 99 (February 1991), 30–53.

17. 刘莉等:《我国拖拉机制造业市场集中度研究》,《中国农业大学学报》,2010 年第 6 期。

第二章　价格行为

教学目的

本章的主要内容包括价格歧视及其实施条件、捆绑销售和搭配销售、厂商价格竞争行为和价格协调行为。学生应掌握各种价格行为的实施条件、基本原理和福利分析，并能够对实际价格行为现象进行分析。

章首案例

2010 年，国内绿豆、大蒜、蔬菜等农产品价格出现大幅上涨，产生了消极的社会影响。究其原因，除了农产品产量因素外，其中一个重要原因就是部分非法经营者通过策略性价格行为，故意抬高物价，使得价格偏离了市场供求关系。不法经营者利用个别农产品产地集中、季节性强、总量减少、易保存以及市场发育不成熟等特点，捏造散布涨价信息、囤积居奇，通过串通、联合等手段操控市场价格，导致局部市场供求失衡，价格异常波动，严重扰乱了市场秩序，损害了农产品生产者、消费者和其他经营者的合法权益。对此，国家有关部门组织开展了农产品市场秩序专项整治工作，重点打击捏造散布涨价信息、恶意囤积、哄抬价格等违法行为。中国国家发展和改革委员会、商务部、国家工商总局三部委于2010 年 7 月 1 日向媒体通报了近期依法查处的一批囤积哄抬农产品价格的违法案件。案件涉及不同地区的多家企业，吉林玉米中心批发市场有限公司等企业通过举行会议等，相互串通，捏造散布绿豆涨价信息；山东某经销商恶意囤积大蒜，哄抬价格。通过此次农产品市场秩序专项整治工作，前期涨幅较大的农产品在整顿后价格得到快速回落。

此次农产品涨价严重损害了农产品生产者和消费者的福利，属于非法经营者采取的不正当策略性价格行为。除此之外，有些策略性价格行为是厂商根据消费者偏好特征而采取的定价策略，在提高厂商福利的同时，增进了资源配置效率，更大程度地满足了消费者需求，因而是合法的。本章的主要内容就是讨论分析各种策略性价格行为的原理及其福利效应。

第一节　价格歧视

处于完全竞争市场中的厂商作为市场价格的接受者，单个厂商不能决定市场价格，市场价格以整个市场的供求平衡为依据确定。但是在非完全竞争市场中，特别是在寡占和垄断市场中，在定价方面，厂商都会具有或多或少的主动权。价格歧视就是非完全竞争市场中，厂商为谋求利润最大化而主动采取的一种差别性定价行为，这种差别性定价行为之所以能够实施，其根本原因在于消费者偏好的异质性。首先，不同消费者之间的偏好不同，不同的消费者对于同一商品的主观评价（V），即保留价格（Reservation Price）是不一样的。其次，同一消费者对同一种商品的偏好随着消费数量的改变而改变。这就使垄断的厂商有可能实行差别的价格政策，也就是价格歧视，来实现其最大的利润。价格歧视会对消费者与生产者的福利造成一定的影响。现实生活中的垄断者会比教科书中描绘的垄断者富有更大的创造力，他们总会设计出各种机制，来获取消费者剩余。

价格歧视其实无时无刻不在我们身边。你走进大卖场，会发现一袋液态奶需要 2 元，而一盒装有 18 袋的液态奶却只要 26 元，这就是一种价格歧视，由于购买数量不同，同一消费者要为同样一单位商品支付不同的价格。一般的电影院、旅游景点等商品会对学生和老年人实行票价优惠，这样既可以吸引支付能力低的学生和老人消费，又能对其他客户收取较高费用。

还有当你开着法拉利，戴着劳力士，路过一个路边商店，问老板一件衣服多少钱，他可能会说，1000 块。但是如果你骑了辆除了铃儿不响哪里都响的自行车，穿着皱巴巴的衬衫，跑去问那个老板同样的衣服多少钱，你得到的答案可能就是 100 元了。商店根据顾客对价格不同的敏感程度收取不同的价格，这也是一种价格歧视。

最能体现价格歧视的例子当属机票的价格。不要说头等舱、商务舱和经济舱的座位标价悬殊，就连相邻的两个座位价格都可能相差一倍——这就是航空公司的价格歧视，它通过对人群进行甄别，然后对不同群体收取不同的费用来实现自己的利润最大化。

一般如果你提前两周或一个月去预订机票，价格会比即买即走要低得多。因为提前订票的大都是经常看报寻找优惠活动的闲人，把这些人甄别出来，就可以用低廉的价格来吸引他们。但是对那些说走就要走的忙人，价格不是最重要的因素，时间才是最宝贵的。对这样的客户群体，收费当然要高啦。经济舱和头等舱的道理也一样。[①]

---

① 李鹏鹏：《不做经济白痴》，辽宁教育出版社 2010 年版。

专栏 2-1

价格歧视的根源：消费者偏好的异质性和可变性

不同的消费者对于同一商品具有不同的主观评价，其主观评价也会随着条件改变而改变，厂商根据消费者偏好的异质性和消费者偏好的可改变性，采取相应的价格行为，以获取最大的利润。

厂商可以通过对不同类型的消费者进行区分和区别定价，谋求更大的利润。这里以一则故事"朱古力豆的包装"[①]来说明。天津利民食品厂生产朱古力豆，原来用纸筒包装，每筒 24 粒，零售价 0.27 元，售 1 吨盈利 2000元，年销量 30 吨左右，因此获利 6 万元。从 1982 年起，天津利民食品厂在生产朱古力豆时增加了一个新的塑料袋简易包装。新的包装每袋 25 粒，单位包装内的朱古力豆量增加了，但是高级包装改为简易包装，售价降为 0.19元，每吨盈利 800 元，由于它满足了追求经济实惠的消费者的心理要求，因此整个销售量大大增加，天津利民食品厂朱古力豆销量从年销 30 吨猛增为250 吨，年获利从 6 万元增为 21 万元，比原来多增利 1.5 倍。同一类商品可以采用几种不同规格的包装，再售以不同档次的价格，能够更大限度地满足不同消费群体的消费需求，因而可以扩大销售收入和增加利润。

厂商还可以通过采取一定措施，提高消费者对所生产产品的偏好程度，谋求更大的市场销售收入和利润。下面以一则故事"吊胃口的限量生产"[②]进行说明。提高消费者对自身产品的偏好程度和支付意愿，是每个商家都在考虑的问题。限量生产可看做一种提升消费者支付意愿和拓展市场空间的有效途径。日本商家研究出，消费者普遍存在人无我有的消费偏好，因此，限量生产可以提升消费者对于产品的评价。日本在汽车行业首先实行限量生产。1986 年，日产汽车首次推出限量生产的 Be-1 轿车，只限量生产 1 万辆，但订单却高达 5.4 万辆。紧接着，日产相继推出 Pao、S-cargO、Figaro等限量生产的小汽车，市场上非常抢手。其中 Figaro 车只生产 2 万辆，却有32 万名消费者在等待这种车。现在的日本，几乎所有商品都有限量供应的品种。限量生产，只是将大众化市场产品加以改变，换个新包装，成本不会增加，而对消费者来说，限量生产产品，可使一般消费者享受到拥有特殊商品的优越感，满足了他们的心理需要，提升了消费者对产品的偏好，因此能够扩大市场份额。

---

①② 赵铁伶：《世界商战权谋》，中华工商联合出版社 1997 年版。

一、价格歧视的定义与种类

价格歧视是一种非常普遍的市场行为。传统的价格歧视的定义是，当相同的商品以不同的价格销售给不同的消费者时就存在价格歧视。但该定义是不准确的，首先，不同的价格可能反映了不同的运输成本；其次，对所有消费者制定统一的价格同样也会存在价格歧视。一个相对精确的定义是由斯蒂格勒（1987）给出的：当两个或更多的商品以不同的价格/边际成本比率销售时就存在价格歧视。价格歧视要获得有效的实施，必须满足三个条件：第一，厂商必须具有一定的市场势力；第二，厂商必须具备根据支付意愿不同而区分消费者的能力；第三，厂商必须能够阻止转售现象发生。

传统的价格歧视类型划分是由 Pigou（1920）提出来的，根据他的划分，价格歧视通常被分为三类：一级价格歧视是完全的价格歧视——生产者成功地获取了全部的消费者剩余。例如，假定消费者拥有单位化的需求，而且每个消费者对同一商品和偏好（保留价格）不同，生产者确切地知道每个消费者的保留价格，并且能够阻止消费者之间转售套利现象的发生，这种情况下，只要生产者制定一个等于每个消费者保留价格的个体化价格就可以实现一级价格歧视。在现实中，完全的价格歧视不大可能发生，这要么是因为套利的存在，要么是因为关于个人偏好的不完全信息。在关于个人偏好的信息不完全的情况下，生产者仍可能通过消费者自我选择机制来不完全地榨取消费者剩余，这叫二级价格歧视。另外，生产者也可能观察到某些与消费者偏好相关的信号（例如年龄、职业、所在地等），并利用这些信号进行价格歧视，这叫三级价格歧视。二级和三级价格歧视的主要不同在于，三级歧视利用了关于消费者需求特征的直接信号，而二级歧视是通过消费者对不同消费品的自选择机制来间接地在消费者之间进行信息甄别。[①]

二、一级价格歧视

一级价格歧视又称完全价格歧视，是指厂商根据消费者愿意为每单位商品支付的最高价格而为每单位商品制定不同销售价格的定价行为，即每单位商品的销售价格都与消费者保留价格相吻合。根据消费者行为理论，需求曲线反映了消费者对每一单位商品愿意并且能够支付的最高价格。如果厂商已知消费者对每一单位产品愿意并且能够支付的最高价格，并且按此价格逐个制定商品价格，那么所有商品的销售价格就与需求曲线吻合。如图 2-1 所示，第一单位商品消费者愿意支付的最高价格为 P_1，厂商就按 P_1 价格出售，第二单位商品消费者愿意支付的最高价格为 P_2，厂商就按 P_2 的价格出售，依此类推，直至厂商销售完

---

① 唐晓华：《产业经济学教程》，经济管理出版社 2007 年版。

全部的商品。这是一种理想的极端情况。

一级价格歧视的情况下，消费者愿意为每单位商品支付的最高价格也是厂商每单位商品的销售价格，因而也是厂商的边际收益。需求曲线与边际收益曲线重合。当边际收益大于边际成本（MR>MC）时，厂商增加产量就可以增加利润，厂商当然会增加产量，直到 P=MR=MC 为止。一级价格歧视的均衡价格和均衡销售数量等同于完全竞争市场上的情况，区别在于此时垄断厂商剥夺了全部的消费者剩余，完全竞争下的消费者剩余全部转化为垄断厂商的利润。但是，一级价格歧视实现了社会总福利最大化，因而资源配置是有效率的。

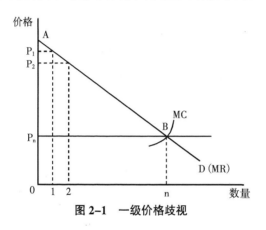

图 2-1 一级价格歧视

在完全竞争情况下，厂商按单一价格 P_n 销售全部商品，三角形 P_nAB 的面积为消费者剩余。实行一级价格歧视定价后，厂商的定价与需求曲线吻合，三角形 P_nAB 的面积转化为厂商利润，因此，实行一级价格歧视的厂商实际上是攫取了全部消费者剩余，转化为其垄断利润。

当然，在现实中，由于消费者并没有带着表示他们支付意愿的标志进入商店，完全价格歧视是很少存在的。但是在特定的市场中我们还是能够找到的，比如在国库券拍卖市场中，投标者在不同的数量上每次都要提交他们对投标的整个需求表。特别是互联网的出现，使得完全的价格歧视成为可能。

专栏 2-2

一级价格歧视——互联网拍卖（Priceline.com）

Priceline.com 的创始人 Jay Walker 于 1994 年创立了一家从事商业模式研究和操作的公司 Walker Digital。在研究中，他们发现美国各主要航空公司每天大约有超过 50 万个空位卖不掉，如果这些航空公司愿意以折扣价卖出这些空位，将极大地降低损耗。于是 Walker Digital 于 1997 年研发了一个"自我定价系统"，并申请了专利，同时还成立了 Priceline.Com 公司。

Priceline.com 的"自我定价系统"是建立在 Internet 应用的基础上，采用消费者自我定价、合理定价的原则，它让潜在的买主把不同的出价贴在网上，从而详细了解每一个消费者的需求状况以及愿意支付的价格。飞机票的买主并不具体确定乘哪个航班、出发的时间或者停降次数。然后Priceline.com把卖方和买方进行配对成交，可购买的商品包括飞机票和旅店预订，Priceline.com从中赚取中间差价。1998年，Priceline.com正式对外发布了这个消费者可以自我定价的网上定价系统。在该系统发布后的12个月内，共有包括美国联合航空公司、美国航空公司、美国西北航空公司在内的10家航空公司加入，卖出包括国内和国际的空闲机票33万张，平均每天售出2000张。

Priceline.com的这种"反向拍卖"过程实际上使得在分销渠道中的每一个顾客都根据自己的产品价值评价支付了一个不同的加成额，同时也没有机会把机票转售给那些愿意支付更高价格的人。从原则上讲，Priceline.com的系统使完全的价格歧视成为可能。

这个案例说明，每个消费者均按照自己对产品的价值评价进行支付，消费者剩余为零。Priceline.com网络服务公司帮助卖方攫取了所有消费者剩余，并从中得到了一定的报酬；并且由于最大限度地增加了销售量，生产者剩余也实现了最大化。从社会总剩余来说，由于这种灵活的销售方式使得生产和销售趋近于最佳限度，社会总剩余也趋于最大化。

资料来源：詹姆斯·R.麦圭根、R.查尔斯·莫耶、弗雷德里克-H.B.哈里斯著，李国津译：《管理经济学》，北京机械工业出版社2003年版；寨克：《50万个空位的价值》，《电子商务》，2000年第9期。

三、二级价格歧视及其福利分析

二级价格歧视，也叫非线性定价，即垄断者就某一商品或服务向消费者收取的总费用与消费者购买是不成线性比例的一种定价方式。在这里，厂商实行价格歧视的依据不是对不同的消费者收取不同的价格，而是根据消费者所购买数量的不同收取不同的价格。二级价格歧视是现实生活中常见的价格歧视，而数量折扣又是最常见的二级价格歧视。许多企业对购买量大的顾客提供低价格。如面包店可能对每个面包收取0.5美元的价格，但对一打面包总共收取5美元的价格。二级价格歧视的另一种情形是分段定价，即对同一商品不同数量段收取不同价格。如电力公司对于每户每月消费的第一个100度电收取较高的价格，而对于超过100度之外的用电量收取较低的价格。二级价格歧视通常是一种成功的价格歧视方法，因为随着顾客购买量的增加，其支付意愿是下降的。二级价格歧视流行的原因是卖方往往没有单个消费者的支付意愿水平的精确信息。

与单一的垄断定价相比，二级价格歧视根据购买数量实施差别定价，扩大了销售量和产量，社会总福利增加，生产者利润也显著增加，因为只有有利可图，生产者才会实行价格歧视，但是消费者剩余的变化是不确定的。

专栏 2-3

二级价格歧视——以一家煤气公司为例

该煤气公司的每个消费者都有如图 2-2 所示的需求曲线。如果消费者每月的购买量少于 X 单位，煤气的价格将是 P_0。如果每月消费量高于 X 单位，煤气的价格是处于中间的 P_1。如果购买量超过 Y 单位，公司收取的价格会更低，为 P_2。所以，公司从每个消费者自由获得的点收入等于图 2-2 中的阴影部分，其原因是消费者在价格 P_0 下购买 X 单位，在价格 P_1 下购买（Y-X）单位，在价格 P_2 下购买（Z-Y）单位。

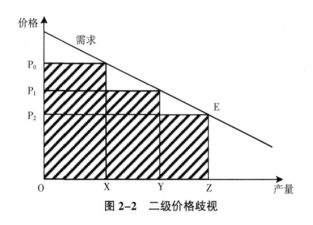

图 2-2 二级价格歧视

通过对各种消费量收取不同的价格，煤气公司能够大幅度地增加总收入和总利润。如果公司只制定一种价格并且销量为 Z 单位，那么它不得不将价格定为 P_2。因此，公司的总收入只相当于长方形 OP_2EZ 部分，这要比图 2-2 中的阴影部分小得多。制定不同的价格可使公司增加利润。二级价格歧视在许多公用事业公司，如煤气、电力、供水及其他的定价中起着重要作用。

资料来源：埃德温·曼斯菲尔德著，王志伟等译：《管理经济学》，经济科学出版社 1999 年版。

专栏 2-4

质量歧视——二级价格歧视的隐性形式

在古城西安，大雁塔屹立在著名的大慈恩寺，属于国家一级文物保护单位，该景区的门票征收方式是：每个游客进寺院要买一张 25 元的门票，到了大雁塔下，欲登塔的游客还必须再付 10 元买票登塔，这就是众所周知的"小门票"现象。

上述旅游商品，一种是包含登大雁塔的大慈恩寺，一种则是剥夺登塔权之后的大慈恩寺。两种商品的提供者是完全相同的，都是景区管理者。同一产品提供者根据游客（消费者）的支付意愿提供给游客两种质量不同的商品，达到与价格歧视相似的效果，这就是所谓的质量歧视（Quality Discrimination），是二级价格歧视的一种应用。

景区管理者仅知道其产品存在不同的需求，但事先无法辨识具体游客具有哪一种需求，这里已经涉及信息的非对称性：作为消费者的游客自己知道自己的消费类型，但景区管理者却不知道。景区管理者是市场价格的制定者，为实现利润最大化，其产品定价总是高于它的边际成本。对于低质量旅游产品的需求者，景区管理者将提供给他们的旅游产品质量降低至一个低于其最佳质量的水平，索取他们情愿付出的最高价格（即保留价格25元）；对于高质量需求者，提供给他们最优水平的质量，实行恰好让他们不转买低质量方案的价格（35元）。由于信息的不对称，旅游产品的一级价格歧视无法实现，而且实践中也不允许这样做。通过质量歧视的方式，景区管理者最大限度地榨取了消费者剩余。

在旅游消费领域，质量歧视确实能增进社会福利。总需求增加是质量歧视增进社会福利的必要条件，质量歧视人为地制造了消费者之间边际替代率的差异，在此情况下，垄断者——景区管理者获得了更多的利润；低收入游客也因质量歧视得以消费一定量的产品（虽然质量较低），获得正常的消费者剩余；高收入消费群也并没有因此受到丝毫损害。这种情况下质量歧视增进了社会福利，并且在事实上导致帕累托改进。

资料来源：李昭娜、吴建飞：《一个隐蔽的二级价格歧视的例子引发的社会福利意义的思考》，《理论学习》，2004年第12期。

四、三级价格歧视及其福利分析

在三级价格歧视中，消费者被划分为若干不同的群体，也就是整个市场被划分为不同的分市场，厂商对每个消费群体收取不同的价格。在同一个分市场上，消费者支付的价格是相同的，但价格在不同的分市场上是不同的。三级价格歧视是日常经济生活中最常见的一种定价形式，例如火车、飞机都有专门的学生票，在特定的购物时间内收取较低的价格以及优惠券制度等。

假定垄断厂商的产品市场可以分为 A、B 两个市场，在这两个市场上，垄断者面临的市场需求曲线不同，如图 2-3 所示。

为了实现利润最大化，垄断厂商必定会调整两个市场的销售量，使得两个市场边际收益相等且等于边际成本（$MR_A = MR_B = MC$）。为了确定实现利润最大化时两个市场的共同边际收益，以垄断厂商的总需求曲线（A、B 两个市场需求曲线横向加总）为标准，根据边际收益等于边际成本（$MR_{A+B} = MC$）的原则确定均衡点，该点的边际收益即为两个市场均衡时共同的边际收益（$MR_A = MR_B = MR_{A+B}$），

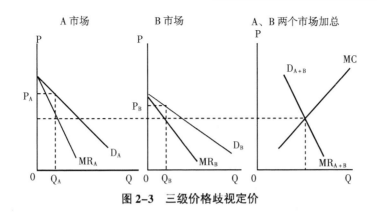

图 2-3 三级价格歧视定价

该点的均衡数量为 A、B 两个市场的总销售量，即 $Q_{A+B} = Q_A + Q_B$。因此，垄断厂商为了达到利润最大化，需根据 $MR_A = MR_A = MR_{A+B}$ 对不同市场索取不同的价格（P_A、P_B）。这就是所谓的三级差别定价。

在三级价格歧视情况下，垄断者对于需求弹性较大的市场，制定的产品价格较低；对于需求价格弹性较小的市场制定的产品价格较高。

三级价格歧视这种不完全价格歧视如何影响社会福利？对这种定价行为的福利分析是极为复杂的，而且这个问题也没有一个确切的答案。与单一价格的垄断结果相比，三级价格歧视可能增进、减少市场总剩余，或使市场总剩余不变，这取决于成本曲线和需求曲线的形状。但是可以确定的是，由于三级价格歧视下的价格高于边际成本，其效率不如完全竞争或者完全价格歧视，消费者剩余在竞争情形下，与单一垄断相比，三级价格歧视增加了垄断者利润，否则企业就选择对所有顾客收取同样的价格了。

三级价格歧视只要在"隔离墙"很好的条件下，是有利于对消费者实行分流，从而改进资源配置，提高社会经济效率的。在这方面，法国巴黎地铁是一个很典型的例子。"巴黎地铁"（Paris Metro）方案的实施大约在 1985 年。巴黎地铁管理部门鉴于顾客拥挤问题而采取了两档定价制。其做法是：将地铁的车厢分为两档，一档车厢的票价高，另一档的票价低，而事实上每一档车厢中的座位数目与座位质量完全一样，当然，两档车厢的目的地也完全相同。尽管事实上两档车厢是完全一样的，但由于第一档车厢的票价高，只有对座位非常渴求的旅客才会出高价去第一档车厢，这样，乘坐第一档车厢的旅客人数就比较少，车厢显得宽松，旅客的座位也就有了保证；而由于第二档车厢的票价低，进入这一档车厢的旅客就比较多，车厢里会拥挤些，座位不一定有保证。这里，不同的票价实质上把顾客分了类，有效地解决了乘地铁拥挤问题。

专栏 2–5

三级价格歧视的成功案例

联想旗下的 TP（Think Pad）系列笔记本本来就是 IBM 创造的高端商务笔记本，在消费者认知中，TP 就是笔记本的领导者，它代表了高端笔记本，代表了技术卓越，代表了产品优秀，代表牢固、尊贵、身份，而不是性价比。能够与 TP 系列相竞争的笔记本品牌型号很有限且不易形成联盟，因此 TP 系列在该市场上比较有影响力。2006 年 11 月，从各大 IT 网站获悉，联想在美国发起了假日促销活动，其美国网站信息显示，TP（简称 TP）四个系列主力机型均有削价。其中 TP R60 价格由 640 美元降至 565 美元（约合 4434 元人民币），创下新低。2006 年年中，联想已经在美国发动了两次 TP 大规模降价，最高降幅分别达 33% 和 42%。价格之优惠远远超过其在国内的优惠，并且会一直持续下去。联想在国内外对于 TP 的定价策略明显是典型的三级价格歧视。

联想在 TP 市场的三级价格歧视策略成功主要在于以下两方面：

其一，中国 TP 的目标市场需求价格弹性小于欧美 TP 的目标市场需求价格弹性，实行差别定价有利于提高利润。欧美的经济发展水平比较高，笔记本的普及率很高，成为大众消费品，而且欧美的政府管制比较严格，无论是高档的 TP 电脑还是低档的其他品牌笔记本电脑质量基本上都有所保证，差距并不太大，在这种情况下欧美消费者对价格比较敏感，市场需求的价格弹性比较高。而中国内地的 TP 系列则面对的是虚荣效应和攀比效应兼具的市场，并且在内地笔记本电脑本身还远未普及，对于中国消费者来说不属于大众消费品，而且 TP 的 T 系列本身在中国指向高端商务，其主要消费群体对价格不太敏感。另外，相关市场的制度远没有完善，质优的 TP 系列和质次的笔记本甚至二手电脑的质量差距比较大。以上原因导致 TP 系列的目标市场的需求价格弹性比较低。在信息不对称、制度不完善、消费者不够成熟的情况下，国内消费者认为价格贵意味着品质高端，TP 是一个品牌符号，是高端商务笔记本的代表，存在用 TP 笔记本彰显身份的心理，这一点也足以让 TP 笔记本保持高价的价格策略。联想在接手 IBM PC 部门之前，TP 的定价政策就已经是目前这个样子了，由于内地消费者的消费心理（虚荣和攀比两种心理），它也不敢贸然大幅改变 TP 定价政策。

其二，两地市场割裂为实施价格歧视提供了必要条件。由于税制和国别政策等方面的原因，几乎不可能进行套利（即将美国的优惠价笔记本电脑运到中国卖）。

资料来源：童雪琴、黄云云：《价格歧视的特殊案例分析》，《时代经贸》，2007 年第 6 期。

第二节 捆绑销售与搭配销售[①]

一、捆绑销售

捆绑销售就是将可分离的产品或服务捆在一起向买方出售。例如，IBM 公司在过去的许多年中，曾将计算机硬件、软件和服务支持捆在一起经营；而汽油的防爆添加剂制造商传统上一直是以单一价格将提供的技术服务和产品一同出售。以各种形式出现的捆绑销售是很普遍的，只是人们并不总能辨认出来。

在策略性行为中，捆绑销售的目的是实施价格歧视。假定一家企业出售两种产品 X 和 Y，该企业有两个具有不同支付意愿的顾客 A 和 B，A 愿意出 8000 元购买 X，出 2500 元购买 Y，而 B 愿意出 7000 元购买 X，出 3000 元购买 Y。如果该企业对 X 和 Y 分别定价，则 X 的最优价格是 7000 元，Y 的最优价格是 2500 元，因此企业的总收入是 19000 元。然而，如果该企业把 X 和 Y 作为一个产品套装来出售，它可以对这个套装要价 1 万元，由此获得总收入 2 万元。当两种产品被分别定价的时候，因为对每一种产品都会有一个购买者估价低于其他购买者，所以价格会被压低，捆绑消除了这种影响。能够捆绑在一起的产品越多，捆绑的盈利性就越大，因为这使得产品套装中更有可能包含了不同消费者估价相左的产品，就像在上面以数字表示的例子中那样，消费者 A 对产品 X 的估价高于产品 B，而消费者 B 对产品 Y 的估价却高于产品 A。

如果能成功实施捆绑销售，那么企业可以比其竞争对手获得更多的优势，这主要体现在以下方面：①捆绑销售使得企业在提供其中各部分产品时可以更好地共享各种生产经营活动，实现范围经济，从而具有成本优势。②由于捆绑式产品的成本优势使其便于实施价格优惠，而且能够很好地迎合对产品估价相左的消费者的支付意愿，因而有利于获得市场竞争优势。③互补性产品的捆绑销售，通过实现协同效应，可以更好地满足消费者需求，从而赢得竞争优势。

不过，对于打算采取捆绑销售策略的企业来说，应当意识到这种竞争策略也是存在风险的，风险程度因企业策略及产业特征不同而不同。首先是买方需求的多样化。捆绑销售的前提是很大一部分买方希望并且愿意购买捆绑式产品，如果在某产业中，买方的要求大相径庭，那么捆绑式产品对部分购买者就可能是次优选择，这使得捆绑式经营策略变得相对脆弱。例如，在一个买方对售后服务需求差异很大的产业中，竞争对手可以通过只提供产品不提供服务的方式进入市场，获得足够的市场份额以立足。其次当买方自身已具有技术、财力和管理能力来

① 唐晓华：《产业经济学教程》，经济管理出版社 2007 年版。

组合此捆绑式产品时，这种策略也变得很脆弱。最后，当聚集力量于捆绑式产品中的一种或几种产品的专门企业能够在生产时获取低成本或者能够产生产品差异化优势时，捆绑销售的策略也会变得很脆弱。

专栏 2-6

瑞典利乐公司的捆绑销售策略

瑞典利乐公司（TetraPak）掌控着全球75%的软包装市场份额，是全球最大的软包装供应商，该公司至今已在中国销售出千余台罐装机，取得中国罐装机市场95%的份额。在中国市场，利乐公司先是从20世纪70年代末至90年代前期，以罐装机销售为其主要实现盈利模式。然后自20世纪90年代中期起，在中国建立了包装材料工厂，逐渐将实现盈利模式从罐装机转到包装材料领域。这使得客户在合同约定的期限内无法选择其他包装材料公司，并迫使罐装机客户长期以来使用该公司的包装材料，从而达到了排斥其他竞争对手的目的。同时，该公司还在其罐装机与包装材料上分别建立识别该公司包装材料的特殊装置与标识，以人为设置障碍的方式，排除其他竞争对手进入市场；并以停止、限制供应罐装机零部件相威胁，迫使客户不敢向其他竞争对手订购物美价廉的包装材料等。

资料来源：干春晖等编著：《产业经济学教程与案例》，机械工业出版社2006年版。

二、搭配销售

搭配销售（简称搭售）是指经营者利用其经济和技术的优势地位，违背顾客的意愿，在向顾客供应一种商品或服务的同时，又要求其购买另一种商品或服务。买者被迫购买被搭售的产品，以此为条件获得搭售产品。当搭售产品是攫取消费者剩余的手段时，他可能会奉送被搭售产品（因为这时候被搭售产品的价格实际上转移给了搭售产品）。搭配销售实质上是主辅捆绑销售，是指两个及以上捆绑在一起的产品是主辅关系，附属产品依赖主导产品销售。①

在营销实践中，搭售是一种较普遍的行为。但是一些经营活动中的搭售行为妨碍了市场的自由竞争，影响了交易人相对自由选购商品的经营活动，导致竞争对手的交易机会相对减少，明显具有了不正当竞争的性质。对于现实生活中的经营者是否有搭售行为、哪些搭售行为构成不正当竞争，若已构成不正当竞争，该经营者又该如何对顾客和其他经营者实施法律补偿等，存在较大争议。

从消费者和厂商的角度来看，购买搭配销售商品或者实施搭配销售策略对它们来说有几个常见的理由：

---

① 张圣亮、徐盼：《捆绑销售策略及其有效性实施探讨》，《市场营销导刊》，2009年第4期。

其一，可提高效率。消费者在购买主要产品的同时获得了被搭售产品，他就无须对每个组件单独进行审核，从而节约了总的搜寻成本。

其二，可以避开价格管制。如果政府对企业的某种商品进行管制，那么企业可以要求用户在购买另一种不受管制的商品的同时，必须购买受管制的商品，以便通过价格转移避开管制。

其三，暗中给予价格折扣。在寡占情形下一家寡头厂商想瞒过对手秘密地给予价格折扣，则它可以以寡占价格销售某种产品，但同时向购买者以非常低的价格销售另一种产品，变相地实行折扣。例如，厂商在顾客购买一件价格为100元的商品时赠送给他另一件价值10元的商品，这就相当于对100元的商品提供10%的折扣，厂商为了暗中给予10%的折扣，还可按低于竞争价格10元的价格向顾客销售用来搭售的商品。

其四，给予质量保证。柯达公司一度在出售胶卷时收取包括了冲洗服务的价格，此举是实施了搭配销售，这样做的理由是它不相信其他的图片冲洗商能如柯达公司一样娴熟地冲洗柯达胶卷。试想如果由于其他冲洗商冲洗不当导致冲洗效果不佳，消费者因搞不清楚是胶卷的问题还是冲洗的问题，有可能今后就不敢再买柯达胶卷了。

专栏 2-7

高校录取通知书搭售手机卡

2009年8月，本科阶段的录取工作接近尾声，可是被某部属高校录取的小杨（化名）却高兴不起来。在收到梦想中的大学录取通知书的同时，小杨还收到了一张某电信运营商提供的手机卡。随通知书一起发放的手机卡是某电信运营商为每位新生免费配发的一个移动手机号码，并赠送30元话费。"手机必须支持某特定制式，可来校参加预存话费送手机活动。此电话卡可选择使用或不使用，也可不必发送OK确定。"虽然学校声称学生可以自愿选择是否开通这张手机卡号码，但同时又称，如果不开通，就有可能收不到学校发送的信息。显然，电信运营商利用了录取通知书在学生心中的强势地位，来搭售其竞争性产品手机卡。

资料来源：中国法治新闻网，http://www.chinalnn.com。

第三节　企业的价格竞争与协调行为[①]

一、价格竞争行为

价格竞争行为是一种基本的定价行为，它包括阻止进入定价行为和驱逐竞争对手定价行为两种。

(一) 阻止进入定价行为

阻止进入定价行为是指寡头垄断产业内企业通过适度降低产品价格，以阻止新企业进入从而长期获得垄断利润的定价行为。这种定价行为的直接目的是阻止新竞争对手的加入，但实质上这是一种以牺牲部分短期利润来追求长期利润最大化的行为。由于在长期中，利润较高的产业必然吸引新企业的进入，而且利润率越高对新企业的吸引力越大。因此，产业内的原有企业往往合谋或协商，放弃一部分短期利润，把价格定在恰好可以阻止新企业进入的水平上，以谋求长期利润最大化。

早期的限制性定价模型归功于贝恩、莫蒂格利安尼和西洛斯拉比尼。在他们建立的模型中，有这样几个前提假设：①原有企业和潜在进入者都谋求长期利润最大化；②潜在进入者相信，新企业进入后原有企业不会改变它的产量，因此新企业进入后，行业的总产量等于它的原有产量和新企业的产量之和，超出需求的供给将导致价格下降；③原有企业很容易制定限制性阻止价格，并通常是由占优势地位的寡占企业与其他企业协调，并率先实施的。

阻止进入定价行为究竟应定在什么水平，一般受两种因素影响：①市场进入壁垒。进入壁垒高，阻止进入价格也高；反之，阻止进入壁垒低，阻止进入价格也必须低一些，否则达不到阻止进入的预期目的。②经济规模。当经济规模是主要的进入壁垒时，产业原有企业的定价原则是：使非经济规模条件下的新企业无利可图，从而迫使它们退出该市场；适当增加产量，减少新企业可能的市场份额，使新企业由于市场份额不足而无法进行规模生产，从而导致成本上升，最终退出市场。

(二) 驱逐竞争对手的定价行为

掠夺性定价，又称驱逐竞争对手定价，是指厂商通过降低价格甚至使价格低于其平均成本的方法来驱逐竞争对手的一种策略行为。

掠夺性定价有三个重要特征：①掠夺性定价是一种暂时性降价，其目的是排

---

① 刘家顺、杨洁、孙玉娟：《产业经济学》，中国社会科学出版社 2006 年版。

挤竞争对手，而不是扩大市场需求；②实施掠夺性定价的厂商在短期内会亏损，其目标是追求长期利润最大化；③掠夺性定价的实施者往往是实力雄厚的大厂商。

掠夺性定价行为一般发生在大企业和小企业之间，大企业采用这种策略的目的主要在于驱逐或消灭现有的竞争对手或是教训不合作的竞争对手，但是同时它也向意欲进入市场的新企业发出了警告。因此，掠夺性定价对市场结构的竞争性将产生极为不利的影响。

二、价格协调行为

价格协调行为是指同一市场上的企业为了某些共同的目标在价格决定和调整过程中相互协调而采取的共同定价行为。在寡头垄断市场上，企业间竞相降价的价格竞争往往导致两败俱伤，因而通常通过价格协调，共谋利润最大化。企业间价格协调的基本目的是：限制价格竞争，共同控制市场，获取垄断利润。常见的价格协调行为主要有以下几种类型：

（一）价格卡特尔

若干个企业为了达到稳固地垄断市场的目的而结成联盟，这样的组织就是卡特尔。价格卡特尔是指以限制竞争、控制市场、谋求最大利润为目的的同一产业内部独立企业间的一种协调形式。主要有两种类型：①有明确的文字协定，成为明确协定卡特尔；②只有口头协定而无文字协定，成为秘密协定卡特尔。通常建立卡特尔的直接目的有三个：一是提价；二是不景气时稳定价格；三是协调降价，以获得较高的利润和排除竞争者。

卡特尔限制竞争，破坏了价格机制在资源优化配置中的作用。因此，在西方发达国家，除了一些有特殊目的、经政府特别批准的所谓合法卡特尔，如以产业合理化为目的的合理化卡特尔、以增强出口竞争力为目的的出口卡特尔等以外，通常卡特尔被认为是违反公平交易原则和反垄断原则的，因而是违法的。

（二）暗中配合

暗中配合有两种形式：

1. 价格领导机制

价格领导机制是指在某一产业市场中，一家企业首先改变价格，其他企业也跟随这家企业采取相应行动。由于不同产业的市场结构条件不同，价格领导的形式也各不相同，主要有三种模式：

其一是主导企业领导定价模式。主导企业通常规模很大，甚至占据 50%~95%的市场份额，在这种情况下，小企业会自愿或被迫采取跟随策略。

其二是串谋领导定价模式。适于这种模式的产业集中度（CR_4）大多处于中等以上，其中规模较大的主导企业的市场份额多在 20%~30%，寡头垄断企业之间成本结构大体相同，它们共同决定适宜的价格水平，并得到其他小企业的追随。

其三是晴雨表式领导定价模式。由于产业集中度较低，所以这种定价模式更接近于竞争市场，其中的领导企业只是最先宣布价格变化，因为它对市场条件的变化更具有敏感性和预测能力。由于实力差距不大，企业之间的行动无法很好地协调，领导者也经常发生变化。

2. 有意识的平行调整

有意识的平行调整是指在价格调整过程中没有明显的追随调价现象，而只是体现为一种默契的配合行动。平行调整行为与价格领导的差别在于，虽然也存在企业追随调价的现象，但是追随者并不是把价格就定在与价格领导企业相同的水平，而是按照一定的价格差平行地追随价格领导进行调价。例如美国三大汽车公司的定价一般被认为是最典型的平行调整形式，从而使各公司都可获得垄断利润。

专栏 2-8

价格卡特尔

价格卡特尔是商品经济或市场经济发展到一定阶段，市场竞争日益激烈的产物。随着我国市场经济体制的建立，作为市场行为主体的企业被赋予越来越多的权利，自主权的扩大为企业之间联合限价、划分市场、限制产量提供了条件。与此同时，我国缺乏相应的法律来有效制止价格卡特尔的形成，甚至很多人并没有意识到这种公开的价格卡特尔是一种违法行为，因而价格卡特尔在我国的市场上时有发生。

2010 年，我国消费品价格持续上涨，国家发改委围绕一些涉及普通居民的日常生活用品展开了全国检查，指出上半年绿豆价格快速上涨的背后，就有多家绿豆经营企业串通涨价的魅影，一些游资和不法经营者采取欺诈、串通、哄抬、囤积等不正当手段操纵相关商品价格，是一些农产品价格上涨的直接推手。不法企业利用工作会、联谊会召集同行合谋集体涨价，互相通报涨价信息，并采取默认一致的方式实施价格卡特尔。

价格卡特尔对于经济的危害有三个方面：其一，破坏了市场的资源配置功能，资源不能很好地配置到生产效率最高的企业或部门。其二，掠夺消费者剩余，降低了社会总福利和消费者福利。由于价格卡特尔强行提高了市场价格，消费者剩余减少，同时均衡的市场销售量减少，导致社会总剩余降低。其三，削弱了企业进行管理创新和技术创新的动力，不利于产业的健康发展。由于价格卡特尔形成的垄断利润，导致企业创新动力减弱。

资料来源：李恒：《对我国价格卡特尔的思考》，《合作经济与科技》，2006 年第 1 期。

专栏 2-9

价格领导案例——以我国钢铁行业为例

对竞争对手价格信号的获得和正确理解是钢铁企业有效确定定价目标的重要参考，同时也是判断自己的价格在市场上定位的依据。大多数钢铁企业都设有商情部门，主要负责收集竞争对手的信息，并定期进行分析，供定价决策时用。一旦确定了自己的定价策略和价格，企业会向其他寡头企业传递价格信号，这也是增强寡头企业之间的合作、提高团体决策效率的重要方法。例如，被调查的一家钢铁企业在价格政策制定之后，很快就会将其内容放在钢铁行业的专业网站（例如 www.steelinfo.com）上，只要是该网站的会员单位都可以及时看到相关信息。

为了深入分析价格领导者—跟随者的竞争模式，我们将热轧卷板2.75mm 的市场作为分析的目标市场，其中主导企业为宝钢、武钢、鞍钢、邯钢和太钢，根据 2000 年数据，这 5 家企业的总产量占整个热轧子行业的54.1%。这 5 家企业在定价时间、调价先后顺序、价格差三个方面的表现，从不同的纬度描述了价格领导者—跟随者之间的竞争合作关系。

（1）定价时间。我国钢铁企业有两种定价方式：一种是期货式定价，是对市场行情的预期定价；另一种是现货式定价，依市场随时调整价格。宝钢、武钢是严格执行期货定价的厂家，宝钢的调价周期为一个季度，武钢为一个月。采取期货定价的企业对市场形势的把握比较准确。调价周期长表明企业的价格稳定性好，这都是典型的价格领导者的特征，所以在钢铁热轧行业中，宝钢和武钢最有可能成为价格领导者。

（2）调价的先后顺序分析。为了确定宝钢和武钢哪一个是热轧子行业的价格领导者，我们通过调价的先后顺序来判断。在 2002 年第 3 季度到 2004年第 4 季度宝钢与武钢的调价时间中，除了在 2002 年第 3 季度和 2003 年第3 季度武钢比宝钢稍微提前几天定价外，其余时间都是宝钢定价在武钢定价之前。也就是说，武钢是在观察了宝钢调价后制定调价政策的。价格领导者是行业中最先调价的企业，所以从调价时间上看，在钢铁热轧行业武钢是在追随宝钢定价。

（3）价格差分析。将武钢、鞍钢、邯钢和太钢的热轧卷板2.75mm 的产品价格分别与宝钢的热轧卷板2.75mm 的产品价格相减，可以看出在不同的市场行情中，各钢铁企业表现出来的价格是有差异的。具体表现为：

市场行情比较稳定的时期（从 2002 年 1 月到 2003 年 10 月）。各钢铁企业遵循的是宝钢支配下的价格领导者模式。而且从数据中我们可以大致看出，目前市场上各钢铁企业价格的高低排序是：宝钢>武钢>鞍钢>邯钢>太钢。

市场行情大幅上涨的时候（从 2003 年 11 月到 2004 年 4 月）。在 2003

年下半年钢材产品严重供不应求，同时铁矿石、煤、电力等原材料价格上涨，导致了钢材价格大幅上扬，各钢铁企业打破了一贯的定价模式，宝钢与其他钢铁企业的价格差表现为负值，特别是宝钢与邯钢、太钢的价格差极为显著。相对而言，宝钢、武钢和鞍钢之间的价格规律比较稳定。这可能是因为当价格大幅上涨的时候，竞争对手之间在定价方面的进攻性并不强，只要生产出来产品，就可以获得相当不错的利润，特别是规模相对较小的钢铁企业，在这种市场行情中，更有动机突破以往的跟随者定价的模式，短期盈利的诱惑可能超过了长期的竞争动态平衡，因此这些企业的价格表现异常。

市场行情下跌的时候（从 2004 年 5 月到 2004 年 8 月）。2003 年年底，国家担心部分行业投资过热，实施宏观调控，由于政策影响的滞后性，2004年 5 月钢铁产品价格开始大幅跳水，各企业的定价模式又逐渐恢复宝钢支配下的价格领导者模式，但差价比较大。宝钢的价格并没有太大幅度的下跌，而那些规模相对较小的企业，例如邯钢、太钢表现出市场疲软时的心态恐慌，价格下跌幅度更大，所以造成其与宝钢的价格差异拉大了。

从上述分析我们发现，钢铁行业大部分时间处于宝钢支配下的价格领导者—追随者行为模式。由市场地位决定了企业的价格定位，企业一般不会破坏既定的价格竞争格局。但市场价格出现大变化时，企业以追逐利润为出发点，打破了原有的价格领导者行为模式。市场回归理性后，价格领导者—追随者行为模式也回复原位。

资料来源：田志龙等：《寡头垄断行业的价格行为——对我国钢铁行业的案例研究》，《管理世界》，2005 年第 4 期。

第四节　非价格竞争行为

一、非价格竞争的特点

非价格竞争，即价值竞争，就是为顾客提供更好、更有特色，或者更能适合各自需求的产品和服务的一种竞争。通过非价格手段进行竞争，也会引起对方的反应，但这种反应比起价格竞争引起的反应要慢得多。这是因为非价格因素的变化，一般不易被对方所发觉，即使对方发觉之后，到有所反应也要一个过程（如设计新产品、训练推销人员需要时间）。用非价格因素进行竞争，一方面对方反应较慢，另一方面其效果又比较长久。

非价格竞争作为社会化商品经济或发达商品经济阶段的产物，与此时的经济发展状况相适应，也有其独有的特点。

（一）非价格竞争是一种由产品单一因素竞争向多因素竞争的转变

在价格竞争阶段，产品竞争主要是通过产品自身的因素完成的，自由竞争阶段的压低价格和垄断竞争阶段的抬高价格都是如此。其原因在于，一方面，生产力的水平不高，产品十分有限，经济竞争只能是数量的竞争，往往通过提高产品的产量，增加产品的市场占有量，相应地降低产品价格的竞争方式就能取得竞争的优势。从经济结构的特点来看，主要是技术含量低和低附加值的产品，企业没有必要花大力气树立名牌和企业形象，也不需要完善的服务。另一方面，人们手中的货币也十分有限，社会的有效需求相对不足；同时人们了解商品信息的渠道也不够畅通，在没有其他条件可供选择的情况下，价格是唯一的选择目标。随着产品的逐渐丰富，同类产品之间的可选择性在不断增强，进而产品的质量也成了人们选择商品的主要标准。与此同时，商品的外观、形状、包装等可视性因素及延伸性因素如服务等都成了人们选择商品的依据。

（二）非价格竞争是从注重产品内在因素竞争向产品内外因素相结合竞争的转化

现代社会是信息爆炸的时代，在数以万计的同类商品面前，消费者选择哪些商品，很大程度上就依赖于人们掌握的信息的情况。现代社会的发展，特别是信息传播技术的大力发展也在客观上为人们多方面、多渠道地选择商品提供了保证。过去产品的竞争主要靠产品的内在因素，即产品的性能、品质、贵贱等因素来完成，产品的宣传和传播主要靠人际传播来进行。而现在随着同类商品的不断增多，人们不可能对每种商品都能有很清楚的了解，也不可能把所有的信息都掌握清楚，在这种情况下，企业或产品通过广告宣传就可以被广大公众所认知，公众也不像过去那样只认识产品而不认识生产者或只认识此产品而不认识彼产品，而往往是通过产品来了解企业，或有时就是通过企业形象而认识其产品、信赖其产品的。这也正是现代名牌战略和企业形象战略不断得到普及和推广的主要原因。

（三）非价格竞争也实现了销售方式从推销观念向营销观念再向竞争观念的转化

在早期的商品经济发展阶段，产品销售以推销为主，这种方式是企业为处理掉它所制造出来的产品所做的工作，它是以产品为中心的销售方式；而营销则是注意观察消费者不断变化的需求，调整企业的产品、服务和分销方式以适应市场的新需求的销售方法，这种方法由以产品为中心变为以顾客为中心，从而实现了产品竞争中销售模式的改变。目前竞争观念又取代了营销观念。一些企业家认为营销观念片面强调顾客导向而对竞争者的经营战略，特别是对竞争者即将采取的措施及其潜能重视不够，就使企业生产的产品和提供的服务不能区别于其竞争对手，从而使相关企业面临的市场相对狭小，彼此之间都无法实现利润极大化。因此必须在考虑顾客需求满足的同时又考虑竞争者的经营战略，才能在最小风险下实现盈利的持续增加。因而企业的差别潜能、产品的市场定位、产品开发、信息沟通和营销策略就和价格的制定一起成了生产者实现产品竞争不得不考虑的内容。这种营销方法的改变，也正是非价格竞争的主要表现方式之一。非价格竞争是比价格竞争更高层次的一种竞争方式。因为价格竞争主要是生产成本的竞争，即在尽可能减少生产成本条件下的竞争。而非价格竞争所涉及的方面更为广泛，层次更为深入，对生产者的技术、知识、信息及其管理水平方面都提出了更高的要求。随着时代的进步，对市场营销者来说，产品的制造将不是一个最主要的问题。因此，非价格竞争是一种能够适应商品经济不断发展的要求，并代表着市场营销竞争大趋势的竞争方式。

二、非价格竞争策略

（一）产品创新策略

社会发展飞速前进，在今天知识经济时代的前提下，消费者对产品的要求越来越高，标准化产品、统一的营销方式和水准已经远远不能满足他们的需要。单一的产品品种无法满足消费者，价格因素在竞争中的影响降低，消费者开始关注产品的差异化及其更新换代的速度。

（二）产品品牌个性化

每一种产品不同的质量、价格、外观、品位、内涵都会给客户带来不同的感受和理念，也会给客户带来不同程度的心理上的满足，这些都是影响客户购买产品的重要因素。现代生活水平在不断提高，高技术含量还有高档次的产品在不断增加，产品的差异化、品牌的个性化倾向越来越显著。除了质量、价格、外观等理性方面，消费者越来越强调的是产品的文化内涵、个性等感性方面的影响因素，这种情感因素的增加也加深了消费者对产品及品牌的理解和依赖。

（三）产品服务竞争策略

美国著名市场营销学家莱维特曾说过："未来企业竞争的焦点不再是企业能为消费者生产出具有什么使用价值的产品，而是企业能为消费者提供什么样的附加价值，即服务。"因此，企业要想拥有竞争优势，必须实施销售服务竞争策略。服务策略又包括服务到个性化；服务到精细化；服务到互动化；服务到知识化。

（四）战略联盟

所谓战略联盟，指两家或两家以上公司为了达到某些共同的战略目标而结成的一种网络式联盟，联盟成员各自发挥自己的竞争优势，相互合作，共担风险，在完成共同的战略目标后，这种联盟一般都会解散，其后为了新的战略目标，公司也可能与新的合作者结成新的联盟。战略联盟是一种适应市场环境变化的新型竞争观念，它以一种合作的态度来对待竞争者，形成商业联盟，通过建立双方的信任关系，在合作中竞争，实现优势互补，借助对方来加强各自的竞争力，在合作的基础上展开竞争，从而不断提高竞争的水平，促进社会经济和技术的不断发展进步。

（五）广告策略

随着经济的不断发展进步，买方市场格局逐渐稳定，广告越来越显示出其不可替代的价值与作用。广告是以促进销售为目的，付出一定的费用，通过特定的媒体传播商品或劳务等有关经济信息的大众传播活动。广告宣传的基本功能在于向消费者传递商品的信息，沟通生产者与消费者之间的联系，以此促进商品销售。而广告之所以能在市场促销过程中起举足轻重的作用是由广告的功能所决定的。广告的功能特点是高度普及公开，渗透性强，富于表现力，广告促销既能用于树立企业形象，也能促进快速销售。当前，促销宣传不再是仅以某种优惠或变相优惠来吸引消费者购买，而是以妥善处理公共关系、树立产品和企业的良好形象、增强消费者和社会的信任为其主流的一种商业方式。

本章小结

消费者是异质的。由于消费者的偏好不同，不同的消费者对于同一商品的主观评价，即保留价格是不一样的。这就使垄断的厂商有可能实行差别的价格政策，也就是价格歧视，来实现其最大的利润。

价格歧视要获得有效的实施，必须满足三个条件：第一，厂商必须具有一定的市场势力；第二，厂商必须具备根据支付意愿不同而区分消费者的能力；第三，厂商必须能够阻止转售现象发生。

一级价格歧视是完全的价格歧视——生产者成功地获取了全部的消费者剩余。在关于个人偏好的信息不完全的情况下，生产者仍可能通过消费者自我选择机制来不完全地榨取消费者剩余，这叫二级价格歧视。另外，生产者也可能观察到某些与消费者偏好相关的信号（例如年龄、职业、所在地等），并利用这些信号进行价格歧视，这叫三级价格歧视。

捆绑销售就是将可分离的产品或服务捆在一起向买方出售。搭配销售是指经营者利用其经济和技术的优势地位，违背顾客的意愿，在向顾客供应一种商品或服务（给卖品）的同时，又要求其购买另一种商品或服务（搭卖品）。

价格竞争行为包括组织进入定价行为和驱逐竞争对手定价行为两种。阻止进入定价行为是指寡头垄断产业内企业通过适度降低产品价格，以阻止新企业进入而又可使其获得垄断利润的定价行为。驱逐竞争对手定价是指厂商通过降低价格甚至使价格低于其平均成本的方法来驱逐竞争对手的一种策略行为。

价格协调行为是指同一市场上的企业为了某些共同的目标在价格决定和调整过程中相互协调而采取的共同定价行为。常见的价格协调行为主要有价格卡特尔和暗中配合两种。

关键术语

价格歧视 一级价格歧视 二级价格歧视 三级价格歧视 捆绑销售 搭配销售 阻止进入定价行为 掠夺性定价 价格协调行为 价格卡特尔 价格领导机制 主导企业领导定价模式 串谋领导定价模式 晴雨表式领导定价模式 非价格竞争

思考题

1. 成功实施价格歧视的条件有哪些？请根据具体事例分析说明。
2. 捆绑销售与搭配销售的异同点是什么？
3. 简述我国价格卡特尔的现状及其危害。
4. 谈谈你对非价格竞争策略的看法。

参考文献

1. 干春晖：《产业经济学教程与案例》，机械工业出版社 2006 年版。

2. 泰勒尔：《产业组织理论》，中国人民大学出版社 1997 年版。

3. 刘易思·卡布罗：《产业组织导论》，人民邮电出版社 2002 年版。

4. 奥兹·夏伊：《产业组织：理论与应用》，清华大学出版社 2005 年版。

5. 唐晓华：《产业组织与信息》，经济管理出版社 2005 年版。

6. 唐晓华：《产业经济学教程》，经济管理出版社 2007 年版。

7. 金碚：《产业组织经济学》，经济管理出版社 1999 年版。

8. 干春晖：《管理经济学》，立信会计出版社 2002 年版。

9. 丹尼斯·卡尔顿、杰弗里·佩罗夫：《现代产业组织》，上海人民出版社 1997 年版。

10. 刘家顺、杨洁、孙玉娟：《产业经济学》，中国社会科学出版社 2006 年版。

11. 田志龙等："寡头垄断行业的价格行为——对我国钢铁行业的案例研究"，《管理世界》，2005 年第 4 期。

12. 王俊豪：《产业经济学》，高等教育出版社 2008 年版。

13. Stigler B..Theory of Price.New York：Macmillan，1987.

14. Philips L..The Economics of Price Discrimination.Cambridge University Press，1983.

15. Holmes T..The Effects of Third Degree Price Discrimination Oligopoly. American Economic Reviews，1986（79）：244–250.

16. Hal R.Varian. Price Discrimination and Social Welfare. American Economic Review，1985（75）：870–875.

第三章 进退壁垒

教学目的

进入与退出壁垒是产业组织理论的核心问题之一，对于寡头市场进入与退出壁垒的研究构成了产业组织最具特色的理论。本章将分析结构性进入壁垒、策略性进入壁垒以及退出壁垒，并对进入壁垒和退出壁垒的福利效应进行分析。学生应掌握进入和退出壁垒的含义、分类、影响因素，并能够进行福利效应分析。

章首案例

最近几年，被戏称为"山寨机"的杂牌手机产量以近乎每年翻番的速度迅猛增长，2007 年产量达到 1.5 亿部，市场占有率超过 1/4。"山寨机"如此巨大的成功直接导致了国产品牌手机的全面溃败，国内品牌厂商为什么在拥有庞大资源和众多优势的情况下，却如此轻易败给了一群无名小辈？

"山寨机"的成功，实际上反映了长期以来手机生产企业赖以捍卫自身地位的各种行业壁垒的全面瓦解。首先是技术壁垒的倒塌。自从以联发科（总部位于中国台湾的联发科技股份有限公司）的 MTK 为代表的单芯片手机解决方案推出之后，手机生产行业便不再有任何值得考虑的技术门槛。过去生产一部手机是很复杂的，"山寨机"厂根本做不出来，2006 年后，中国台湾的一家芯片商联发科把手机主板、软件集成到一起，研制出了廉价的 MTK 手机芯片，一下让手机的生产没有了核心技术。生产商只要将联发科的手机芯片买来，配上手机外壳和电池，就可以组装出一款手机。其次是管制壁垒的撤销，就是核准制取消。2007 年 10 月，国家实施长达 9 年的"手机牌照"制度被取消，有关部门也在逐步降低手机厂商合法入网的门槛。最后也是最重要的，就是品牌壁垒未曾有效建立。国产手机品牌在低价替代品面前显得不堪一击，充分显示了其用户品牌忠诚度之脆弱，经不起区区两三百元的差价诱惑而纷纷叛逃。

国内品牌手机之所以受到山寨手机的严重冲击，主要原因在于其技术壁垒和品牌壁垒过于脆弱。在技术方面缺乏自身的核心技术。虽然品牌厂商百般嘲笑"山寨机"的简陋技术，但是他们同样乐于采用"山寨机"所赖以生存的第三方单芯片解决方案，也就是说，他们在技术上并不比"山寨机"高明多少。在品牌建设上，尚没有建立高度的消费者忠诚度。成功的品牌能够抵御低价替代品的冲击，更无须担心廉价仿制品的骚扰，路易·威登和劳力士的制造商从来不会为劣质廉价的地摊货而担心，甚至不屑于为此而花费精力去打假和维权。同样，在手机行业，知名品牌如诺基亚等，虽然也被众多"山寨机"选为模仿对象，但其销售量和盈利水平并没有受到影响。国内品牌手机厂商要想形成可持续性竞争优势，必须发展核心技术，积累技术能力，同时努力加强质量和信誉建设，积累品牌资源。

资料来源：周飙：《山寨机称雄归因手机行业壁垒全面瓦解》，http://www.sina.com.cn，2008年6月26日。

第一节　结构性进入壁垒

进入壁垒和退出壁垒是衡量一个产业竞争程度的重要指标，只有当一个产业可以自由进入和退出时，它才是一个可竞争产业。进入壁垒是指使进入者难以成功地进入一个产业，从而使原有企业能够持续地获得超额利润，并能使整个产业保持高集中度的因素。这一定义把超额利润和高集中度作为进入壁垒的判断标准，主要基于以下原因：第一，超额利润（经济利润）的存在是市场经济条件下吸引新企业进入某一产业的唯一经济因素。如果一个产业不存在经济利润，那就不可能有新企业进入这一产业，讨论这一产业的进入壁垒问题就没有多少实际意义。第二，如果一个产业中企业数量很多、集中度很低，这就意味着几乎不存在限制企业进入的结构性因素，同时由于产业中企业之间的竞争以及大量企业的存在，使得单个企业很难通过策略性行为来阻止新企业的进入。[1]

如果一个产业中长期存在高集中度和高利润，那么这个产业中必然存在进入壁垒。进入壁垒分为两类：第一类是结构性进入壁垒，第二类是策略性进入壁垒。结构性进入壁垒是传统产业组织理论研究的重点，构成进入壁垒的结构性因素主要有规模经济、绝对成本优势、必要资本量、网络效应、产品差异化和制度性因素等。

一、规模经济壁垒[2]

规模经济是指企业生产的平均成本随着产量的增加而下降。企业的最小有效规模（MES）是其长期平均成本最小时企业能生产的最小产量。

图3-1是某产业中企业的长期平均成本曲线，OB是最小有效规模产量MES，OM是在现有市场需求条件下的最大市场容量。如果MES产量相对于市场

---

①② 王俊豪：《产业经济学》，高等教育出版社2008年版。

容量来说较大，而原有企业已经在最小有效规模的产量上进行生产，那么新企业在进入这一产业时面临着两难选择：如果新企业以低于 MES 的产量进入，则新进入企业的成本必然高于原有企业，在竞争中处于劣势，将导致自身的进入失败。如果新企业生产 MES 产量进入，那么新企业进入后市场的总产量可能就会超过最大市场容量，引起市场价格下降到平均成本以下，从而进入会导致新企业亏损。

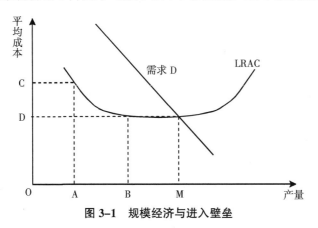

图 3-1　规模经济与进入壁垒

因此，在产业的市场需求有限，同时存在规模经济的前提下，一个或少数几个企业在最小有效规模进行生产并获得经济利润，如果再有新企业以同样的产量进入，则所有企业可能都会亏损。这时新企业无法通过进入这一产业获利，规模经济成为进入壁垒。

规模经济壁垒的高低主要取决于：①市场容量 OM 的大小；②最小有效规模产量 OB 相对于 OM 的大小；③产量小于 OB 时平均成本曲线斜率的大小。一个产业的 MES 越大，且在 OM 中所占的份额越大，则该产业客观上只能容纳少数企业存在，从而进入壁垒较高。产量小于 OB 时平均成本曲线斜率的绝对值越大，表明产量小于 MES 的企业的生产成本劣势越大，进入壁垒也就越高。

从动态来看，一个特定产业的市场容量较大而且在不断扩大时，进入壁垒就比较低。一般经济发展所带来的收入增加和人口增加会导致国内市场的扩大，同时特定产业的市场容量也会因该产业在国内所处的生命周期的不同阶段而发生变化。因此，在经济增长率较高的时期，或是在该产业的初创期和高速成长期，进入壁垒就比较低，新企业进入相对比较容易。

专栏 3-1

格兰仕的定价策略与规模经济壁垒形成

在首次定价时，直接以低价最大限度地吸引消费者，从而达到销售额增长最快，以最快的速度达到市场占有率最大。随着销售规模的扩大和生产经验的积累，生产和销售成本将会降低，成本优势和价格优势的逐渐积累构筑了越来越强的进入壁垒。格兰仕微波炉的产品就是采用以上的定价策略。格兰仕微波炉产品不但保证产品质量，而且一上市就是低价格，高质低价的产品很快就能获得消费者青睐，短期内就销售猛增，直到达到市场占有率最大。

格兰仕在1993年进入微波炉行业，到2000年产销规模达到1500万台，增长情况如表3-1所示：

表3-1　格兰仕微波炉产销规模增长情况（1993~2000年）

年份	1993	1994	1995	1996	1997	1998	1999	2000
产销规模（万台）	1	10	25	65	200	450	1200	1500

1997年之前国内其他微波炉企业的产销规模通常在40万台/年以下，而格兰仕已经达到200万台/年，格兰仕由于规模经济而具备显著的成本优势和价格优势。因规模经济性带来的成本降低在年产量100万台时达到极点，100万台以上时，成本降低必须依靠降低可变成本来实现。格兰仕在降低单台成本方面做了大量的内部采购管理和外部OEM创新营销工作。此外，为维持竞争优势，格兰仕还通过报纸、杂志刊登微波炉的使用常识，鼓励人们使用微波炉，同时宣传了"格兰仕"；加强产品售后服务，实行一地购物，全国维修，为了顾客诚心、精心、让顾客放心、安心的四心服务。在构筑成本优势壁垒的同时，进一步提高了产品差异化壁垒。

资料来源：赵广华：《价格屠夫格兰仕》，http://wenku.baidu.com。

二、绝对成本优势壁垒

绝对成本优势是指原有企业在任一产量水平下的平均成本都低于潜在进入者。如图3-2所示，进入者的最低平均成本为P_2，原有企业的最低平均成本为P_1，市场需求曲线为$D(P)$，如果原有企业把价格定在P_1和P_2之间并满足市场需求，则原有企业在获得经济利润的同时阻止了潜在进入者的进入，原有企业的绝对成本优势构成了进入壁垒。

形成绝对成本优势的因素主要有以下几点：

其一，在位企业拥有先进的生产技术。这种技术可能是通过以往的生产经验获得的，也可能是通过研发活动获得的专利或专有知识。潜在进入者无法掌握与在位企业相同的生产技术或者必须为这种生产技术支付高额的专利费用导致了潜在进入者的生产成本高于在位企业，从而形成了进入壁垒。

其二，在位企业掌握重要资源。产品生产如果依赖于某一重要资源，而这一资源掌握在在位企业手中，潜在进入者若想进入该产业，必须从在位企业手中购买这种资源。在这种情况下，潜在进入者的劣势是不言而喻的。

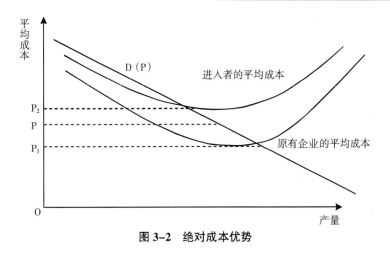

图 3-2 绝对成本优势

其三，在位企业与供应商有长期合作关系。为阻止潜在进入者进入市场，在位企业可能与供应商订立某种契约，使得新进入企业只能以高于在位企业的价格获得生产要素。这样，在其他条件相同的情况下，在位企业的生产成本就会低于新进入企业。

其四，在位企业控制了产品销售渠道。如果在位企业与市场中的重要销售商签订了排他性的独家销售协议，新进入的企业就必须寻找其他销售商或自建销售渠道。于是，新进入的企业也许要花费更多的成本来销售产品，其总成本也更高。

其五，在位企业拥有具有特殊技能的经理和技术人员。如果产品的生产需要复杂的工艺，必须由高级技术人员才能完成，而这些技术人员与在位企业签订了劳动合同，对于新进入企业，就很难聘用到这些人员，或者必须以较高的工资才能得到这些人员，这样，新进入企业的成本一定会比在位企业高。

其六，进入企业在筹集进入资金时可能需要支付更高的资金成本。由于新进入企业相对于原有企业来说，信用等级较低，经营风险较大，再加上信息不对称性和金融市场的不完全性，导致新进入企业融资成本较高。

三、必要资本量壁垒

必要资本量是指潜在进入者进入某一行业必须要达到的资本量。在不同的产业，随着生产技术、销售、行业特性的不同，必要资本量也有较大的区别。例如，资本密集型产业，高新技术产业所需的必要资本量通常较大。例如房地产业属于资本密集型产业，以每平方米建筑面积 3000 元计算，一个 50 万平方米的房地产项目的总值约在 15 亿元。按照国家的相关规定，房地产开发企业的自有资金比例至少要达到 30%，这样算来，进行一个这样的项目的开发，房地产开发企业的自有资金量至少要达到 4.5 亿元。4.5 亿元的数字完全把一些中小型投资者挡在门槛外。显然，当一个产业的必要资本量比较大时，可能构成潜在进入者进入市场的一种困难。必要资本量通常与规模经济存在密切的联系，一个潜在进入者想成功地进入到一个市场中，他至少要筹集到最小有效规模产量所需要的资本量。

由于新进入企业自身资本积累较少，筹措资金相对困难，资本费用比原有企业高，因而形成了阻碍新企业进入市场的必要资本量壁垒。为什么新企业很难筹集到大量资本或者新企业的融资成本比原有企业高？这主要有三个方面的原因：金融市场的不完全性、信息不对称和风险。根据阿克洛夫（Akerlof）的柠檬市场理论对金融市场所作的研究表明，[①] 由于信息不对称和金融市场的不完全性，造成金融市场缺乏系统性地鉴别失败进入者和成功进入者的能力，而已有的经验研究证明了新企业进入后的失败率确实比原有企业的失败率高，为了规避风险，金融市场不愿向新进入者提供融资或者会向进入者收取较高的资本成本，新进入者融资困难和高融资成本使其难以获得必要的启动资金，因而构成新企业的进入壁垒。

在中国的市场结构中，民营企业在很多产业中都处于进入者的角色，由于融资成本高和融资难度大，民营企业作为进入者面临较高的必要资本量壁垒，这也是长期以来中国民间投资不足的重要原因。[②]

四、网络效应壁垒

网络效应或网络外部性（Network Externality）是指消费的外部性，[③] 即购买某种商品的消费者数量的增加将提高消费者的效用水平，从而增加了消费者对该商品的需求。

卡茨和夏皮罗（Katz & Shapiro，1985）将网络效应分为两种：直接网络效应和间接网络效应。直接网络效应是"通过消费相同产品的市场主体的数量所导致的直接物理效果"而产生的外部性。直接网络效应是消费同一消费品的消费者之间所产生的外部效应，某一消费品的消费者数量增加会对消费者的效用产生直接影响。通常这种外部性是正的，但也有外部性为负的情形。现实中的例子很多，例如，移动通信网络用户的增加，一方面可以使用户的联系范围扩大，信息沟通更为便利；另一方面网络规模扩大更有利于服务提供商提升通信服务质量，降低收费标准，显然消费者效用因网络用户增加而增加。

---

① Akerlof, G.A. The Market of "Lemons": Quility Uncertainty and The Market Mechanism. Quarterly Journal of Economics, 1970, 84 (3): 488–500.

② 王俊豪：《产业经济学》，高等教育出版社 2008 年版。

③ 大多数关于网络外部性的文献中，网络外部性和网络效应是同一个概念，人们并没有对它们进行区分。也有学者强调网络效应和网络外部性的区别。美国经济学家 Liebowitz 和 Margolis 认为，网络所具有的随着用户数量增多而价值提高的特性只能叫做网络效应，因为当产品的市场价格已经充分反映了与外部性相关的成本和利润时，就不存在"外部性"了，因为此时外部性已经完全内在化了。因此，只有当这些网络效应没有被内在化的时候，才能把它们叫做网络外部性。

间接的网络效应是指随着一种产品使用者数量的增加，该产品的互补产品数量增多、价格降低而产生的价值。这种网络效应主要是由基础产品与辅助产品之间技术上的互补性所形成的。间接网络效应的例子包括计算机的硬件和软件、操作系统与应用软件、影碟机与碟片等。当某种特定类型的计算机用户数量提高时，就会有更多的厂家生产该种计算机所使用的软件，这将导致这种计算机的用户可得到的相关软件数量增加、质量提高、价格下降，消费者因此获得了额外的利益。

用户从一种网络产品所获得的效用依赖于实际网络规模。某个网络的用户基数越大，越能吸引新的用户加入，而新用户的加入又使原有用户在不用增加付费的情况下增加了效用，用户基数的扩大增加了网络对新老用户的价值。在其他条件相同的情况下，一种产品的现有用户数量越多，消费者越愿意购买这种产品，于是这种产品的用户数量增长得越快。用户数量的增长又促进了消费者的购买，这种效应即正反馈效应。

在具有网络效应的产品市场上，由于原有企业先进入市场，因此在用户基数上相对于潜在进入者往往具有明显的优势，正反馈效应的作用机制使潜在进入者处于十分不利的地位。对于潜在进入者，在存在网络效应的产品市场上，在业已存在一个拥有一定用户基数的原有企业的情况下，可能很难获得消费者和用户的支持，因此，用户基数的不对称就成为网络市场上的进入壁垒。[①]

五、产品差异化壁垒

产品差异化是指同一产业内不同企业生产的同类产品，由于在质量、款式、性能、售后服务、信息提供和消费者偏好等方面存在着差异，因而导致产品间替代不完全性的状况。产品差异化形成的原因可以分成两大类：一类是真实或客观的产品差异；一类是人为或主观的产品差异。主观产品差异主要来源于市场中的消费者对有关企业的产品在长期中所形成的消费者偏好的差异，而且还会因企业的广告宣传活动以及商标法、知识产权法、专利法等法律的支持而得到加强。产品差异化壁垒的核心是指原有企业在市场中拥有进入企业所没有的消费者偏好优势。这种偏好优势是时间的增函数，存在累积效应，这就使先进入市场的原有企业享有一定的优势。而对新进入企业，由于还没有得到消费者的认同，所以消费者不可能对它的产品形成特殊的偏好，进入企业获取或转移消费者偏好就需花费一定的成本。因此，同一产业内不同企业所生产的同类产品就减少了可替代性，从而带来市场竞争的不完全性和寡占或垄断。这种可替代性的减少程度通常用需求交叉弹性来衡量。将同一产业不同企业的产品的需求交叉弹性进行比较，就可反映产品差别化的程度。

[①] 王俊豪：《产业经济学》，高等教育出版社 2008 年版。

一般来说，原有企业的产品差异优势主要反映在以下几个方面：

第一，原有企业由于拥有专利或技术秘诀，在产品设计和生产制造方面具有独特优势，长期为消费者提供优质产品，在消费者心目中逐渐成为高品质产品的象征，从而增加了消费者对该企业产品的偏好度。

第二，原有企业在长期经营过程中在定价和销售服务等方面所树立的良好声誉，增加了消费者对该企业产品的偏好度。

第三，原有企业通过以往的广告宣传而建立的消费者忠诚，使得新进入企业在消费者偏好上处于劣势。

第四，由于消费者对原有企业和新进入企业产品质量的信息不对称而引起产品差异化壁垒。假定某一产品市场上存在数个潜在生产者，能够获得相同的技术以相同的成本生产标准产品。每个企业都可以生产标准产品，消费者对标准产品的评价为 V，但消费者并不知道每个企业产品的确切价值。因此，他们对没有试用过的产品评价为 Ve（Ve<V）。这种低评价主要是由于绝大多数消费者是风险规避者，在产品质量信息不对称的情况下，消费者对质量不确定的产品评价较低。由于消费者已经试用过原有企业的产品，因此原有企业的产品质量是已知的，消费者对其产品的评价为标准产品的评价 V，但新进入者的产品质量未知，消费者对其的评价为 Ve。只有消费者预期会获得更多的剩余时，才会转向消费新进入者的产品，即 $Ve-P_2>V-P_1$，或者 $P_2<P_1-(V-Ve)$，P_1、P_2 分别是原有企业和新进入企业的产品价格。换句话说，首先进入市场的产品可以获得溢价收入 $(V-Ve)$，很明显，第一个企业的定价只要稍稍低于进入企业的平均成本与溢价收入之和，就会使进入者遭受亏损，这样可以成功地阻止潜在进入者的进入，保持市场的垄断地位并获取超额利润。[①]

六、制度性壁垒

由于政府的进入管制而形成的壁垒即制度性壁垒。通常，政府的政策和法律对于企业而言是既定的外生变量，因此将制度性壁垒归为结构性壁垒一类。但对于某些行业，如电信、石油，企业对政府政策法规制度的制定具有一定的影响力，这就需要将其列入策略性进入壁垒一类。

由于政策的管制，如各种审批、数量进入管制都使潜在进入者难以进入。如果政府认为一个产业中只适合少数几个企业生存，为避免过多企业进入引起的过度竞争，政府就会实行许可证制度来限制新企业的进入。当某个产业中存在政企不分的现象时，这种壁垒可能更严重。在位企业完全可以利用手中的行政审批权力将潜在进入者挡在产业之外。

在中国现阶段的某些产业中存在着以行政力量保护既得利益者的行政性进入

① 王俊豪：《产业经济学》，高等教育出版社 2008 年版。

壁垒。政府利用对资源的控制对不同性质的企业给予有差别的待遇，从而人为地造成企业之间在某些方面的不对称性，来排斥和限制企业的进入。一些地方政府利用行政措施限制外地产品的进入，优先销售本地产品，以垄断市场。这些行政性进入壁垒的存在，严重制约了市场竞争机制的有效运行，妨碍了公平竞争，是对市场秩序的最大威胁。只有通过不断完善市场机制，限制政府对经济活动的过分干预，打破这些人为设置的进入障碍，优胜劣汰的竞争规律才能真正发挥作用，经济运行的效率才会从根本上得到改善。

专栏 3-2

汽车行业的结构性进入壁垒

汽车产业的典型特征是寡头垄断和高集中度，导致这种局面的一个重要原因在于其结构性进入壁垒程度较高，具体体现在以下几个方面：

1. 规模经济壁垒

马克西——西尔伯斯对汽车工业规模经济进行了深入的研究，表明汽车生产单位成本随产量扩大而呈下降趋势，最小经济规模应该在 100 万辆以上。汽车行业的规模经济性首先是由于其在生产设备和技术开发上需要巨额资本投入，如果产量达不到一定规模将难以摊销；同时其规模经济性还体现在管理成本以及采购成本和销售成本上，只有提升规模，才能有效降低成本，提升经济效益。

2. 绝对成本优势壁垒

汽车制造行业是资本和技术密集型行业，而且中间投入率高。在位企业由于长期的技术开发和经验积累，与新进入企业相比，拥有技术优势和生产效率优势，同时与金融机构、供应商建立了良好的合作渠道，因而在资金成本、采购成本方面具有优势。这样就使得在位企业的平均成本明显低于新进入企业，拥有绝对成本优势。

3. 必要资本量壁垒

首先，汽车生产前期需要购买生产用地，建设厂房，购买生产线、模具，雇佣生产工人，打通原材料与销售环节等活动，需要大量的启动资金。其次，在生产过程中，各大厂商都会不断研发推出新款车型，需要投入巨额研发资金和新的生产线，通用等汽车巨头每年的研发费用达到百亿美元以上，这种巨额资金投入是小企业难以承受的。

4. 产品差别壁垒

汽车产业的产品差别化程度较高，这种差异主要是因为消费者对不同品牌的认知不同。例如，奔驰、宝马、红旗这样一些品牌在消费者心中都有不同的地位。一般而言，轿车的产品差别化程度较高，高档车的差别化程度比经济型汽车大。就产品自身的属性而言，汽车属于经验品，消费者在购买汽车时通常对产品的性能、特点、配置标准等技术指标并不了解。因此，汽车的销售与消费者对品牌的认识、忠诚度有着密切的关系。在这种情况下，新品牌的进入会面临着巨大的困难。

5. 政策法律制度壁垒

我国政府对汽车产业实施严格的行政性进入限制：一是在 2004 年 6 月 1 日新的《汽车产业发展政策》颁布前实行严格的投资审批制度，二是实行严格的目录管理制度，只有政府有关部门认可的特定企业和特定产品，才能开工生产和销售，同时，生产企业开发新产品也受到严格限制。2004 年 6 月 1 日我国政府颁布实行了新的《汽车产业发展政策》，对于汽车产业的进入进行了两个方面的改变：一是将汽车生产企业投资项目的审批管理制度改革成备案和核准两种方式；二是明确规定了投资汽车产业的资金门槛，同时严格限制非汽车类企业"借壳"上市。所有这些构筑了汽车行业的政策法律制度壁垒。

资料来源：金剑锋等：《基于 SCP 框架下的我国汽车产业组织研究》，《现代管理科学》，2006 年第 8 期；许辉：《我国汽车工业进入壁垒与进入壁垒失效研究》，《管理世界》，1999 年第 5 期。

专栏 3-3

进入壁垒的克服与民营企业的成长——以吉利集团为例

吉利集团的成长总是与不断面临和消解各种进入壁垒相联系，其发展历程伴随着壁垒的消解，逐渐走向成功。

1. 必要资本量壁垒的消解

"自我积累"+"民间融资"是吉利集团获得持续资本支持的关键。"自我积累"是指吉利集团主要依靠持续的高额利润收入支持进一步的投资。"民间融资"主要是指吉利集团应用于摩托车、汽车行业中的"零库存、代保管"方式（即整车零库存，按照销售商订单数量生产；零配件代保管，是指对部分上游配套企业制定月度供货计划，按照实际采用量月底结算），以及向其他企业和个人短期借贷来筹措发展资金。1991 年李书福开办吉利建筑装饰材料厂的启动资本就来源于其 20 世纪 80 年代中后期在电冰箱配件生产过程中积累的利润收入。此后，吉利建材的持续巨额利润无疑是企业 1994 年进入摩托车生产行业的主要资本来源。同时，吉利集团利用自身的强势谈判地位，通过采用所谓的"零库存、代保管"方式，从上游摩托车零配件供货商那里进一步变相融资，缓解资金压力。吉利在摩托车和建材行业的成功又为企业进一步突破汽车生产的必要资本量壁垒提供了资金支持。

2. 产品差异壁垒的消解

在新进入产业中，吉利采取有效的产品定位战略消解原有在位企业在消费者偏好、产品知名度等方面构建的产品差异壁垒。1991 年，吉利进入建筑装饰材料生产行业后，不久就宣称生产出中国第一块镁铝曲板和中国第一块铝塑板，并在此后专注于这两种类型建材的生产，从而有效化解了原有在位企业在此之前的长期市场经营中建立起来的产品差异化壁垒，并成功地在以上两种建材的生产经营中取得了市场优势。

3. 政策法律制度壁垒的消解

1994 年吉利进入摩托车制造行业时，当时的摩托车生产实行许可证制度，没有生产许可证便不能生产（2003 年 1 月 1 日，《摩托车生产准入办法》取代了原有制度，在中国从事摩托车生产的企业必须通过生产准入考核，获得《摩托车生产准入证书》，方能取得摩托车生产资格）。为了绕进入管制，吉利采取与嘉陵摩托车厂合资的方式，在台州建厂投产，借助嘉陵摩托车厂的生产许可证生产嘉吉牌摩托车并迅速投放市场，为吉利带来了丰厚的利润回报。

　　资料来源：江伟、史晋川：《进入壁垒与民营企业的成长——吉利集团案例研究》，《管理世界》，2005 年第 4 期。

第二节　策略性进入壁垒

策略性行为是指企业通过影响竞争者对该企业行动的预期，使竞争者在预期的基础上做出对该企业有利的决策行为。[①] 策略性进入壁垒是在位企业通过其策略性行为设置的进入壁垒。

对策略性进入壁垒的分析建立在非合作博弈理论和信息经济学的基础之上，进入和进入阻止被看成是一个原有企业和潜在进入企业的博弈过程。由于原有企业拥有首先行动和信息上的优势，它可以通过进行不可逆的投资或通过自己的行动向潜在进入企业传递对自己有利的信息，使潜在进入者预期到进入后无法获得经济利润，从而主动放弃进入。进入者进入后的利润水平取决于进入后寡占市场的均衡结果，原有企业可以通过对能够影响潜在进入者选择的资源进行投资，以改变预期市场均衡结果，从而实现进入阻止。原有企业要成功进行进入阻止，除了投资成本满足必需的条件之外，这种策略性投资必须具有承诺价值，原有企业的这种投资能否成功阻止进入取决于三个基本条件：①这种策略性投资必须发生在进入者的进入决策之前，而且能被进入者观察到。②这种投资能够通过向进入

[①] 经济学家托马斯·克罗姆比·谢林（Thomas C.Schelling）于 1960 年在其名作《战略冲突》中首次给出了这一现代意义上的策略性行为（Strategic Behavior）概念。

者传递有关信息而改变进入者对进入后利润的预期，从而影响进入者的进入决策。③这种投资必须是不可回收或不可逆的，从而产生可置信承诺。

沉淀成本在策略性进入壁垒中具有重要的作用，其关键之处就在于它的不可逆性及由此产生的承诺价值。原有企业要想通过策略性行为实现进入阻止，必须发生一种不可逆的投资，投资的结果产生沉淀成本，这些不可收回的专用性投资就成了原有企业留在该产业中的抵押品，使企业受制于此，只能孤注一掷继续实施这种策略性行为，由此构成其将在产业中继续生存和实施斗争的可置信承诺。如果进入者贸然进入，就将面临激烈的竞争。原有企业的这种投资降低了进入者关于进入后利润的预期，它也许会降低进入规模或根本不进入市场。原有企业的沉淀成本比例越大，进入者进入的动力越弱。

根据原有企业的策略性行为影响未来收入预期的方式，可以把进入阻止分为三类：影响未来成本结构的进入阻止、影响未来市场需求结构的进入阻止和影响潜在进入者信念的进入阻止。①

一、影响未来成本结构的进入阻止

原有企业通过策略性行为对进入后的企业的相对成本结构产生影响，使进入者在寡占市场结构中处于成本劣势，利用这种成本上的不对称，原有企业发动的价格战很容易使进入者遭受亏损，当进入者预期到原有企业的价格战是可信威胁时，就不会进入。

（一）过剩生产能力投资②

在很多产业中，企业调整产量是要花费成本的。为提高产出，企业可能需要增加新的设备，投入必要的劳动力和原材料。原有企业可在潜在进入者进入前进行过度生产能力投资，这些生产能力在进入发生之前是闲置的。一旦进入者进入，原有企业可利用已投资的闲置生产能力迅速扩大产量，实施斗争策略，使进入者蒙受损失。潜在进入者在观察到原有企业所作的过度生产能力投资后，理性预期到自己进入后将招致原有企业激烈的价格战，自己无法从进入中获利，因此会放弃进入。为什么原有企业进行过度生产能力投资后，实施斗争策略是原有企业的理性选择？其原因在于这些过剩生产能力投资形成了沉淀成本，一旦发生进入，原有企业利用过剩生产能力扩大产出时，其边际成本低于新进入企业的边际成本。如图 3-3 所示。

原有企业在进入发生之前的产量为 q_1，它的生产能力为 q_2，产出 q_2-q_1 是维持的过度生产能力，原有企业在达到最大生产能力 q_2 之前，边际成本为 w。原有企业为新增单位产量所增加的劳动力等可变要素的成本 w，而进入者增加产出

---

① 王俊豪：《产业经济学》，高等教育出版社 2008 年版。
② 干春晖：《产业经济学教程与案例》，机械工业出版社 2006 年版。

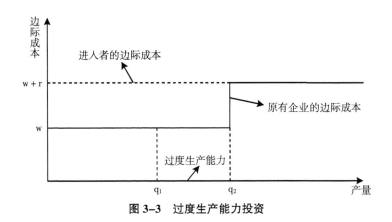

图3-3 过度生产能力投资

时必须同时投入资本设备和劳动力等可变要素，其边际成本为 w+r。正是原有企业在边际成本上的优势使原有企业在进入发生时，利用闲置生产能力扩大产出、进行价格战所获得的利润比默许进入者进入来分享市场时的利润更高，斗争策略成为可置信威胁，从而可有效地阻止潜在进入者的进入。

（二）干中学（Learning by Doing）[①]

干中学（或学习效应）是指由于生产过程中生产经验的积累，企业随着累计产量的增加，生产效率逐渐提高，生产平均成本逐渐下降的现象，如图3-4所示。经验研究发现，在许多生产技术复杂的产业（如半导体、飞机、计算机制造等）中，都存在这种学习效应，而且生产过程越复杂，学习效应越明显。原有企业先进入市场，因此在学习效应上具有天然的优势，相对于进入企业拥有更多累积的生产经验，从而在市场竞争中就会享有成本优势。原有企业为达到阻止潜在进入者的进入，会充分利用干中学这一技术性因素，进行策略性投资。可以用一个简单的两阶段分析来说明这一点。在第一阶段，市场上只有原有企业；在第二阶段，进入者可能进入市场。原有企业通过第一阶段的干中学，可以降低它在第二阶段的成本，从而使它获得了相对于进入者的成本优势。为了获得更多的生产经验和学习效应，第一阶段原有企业降低产品的价格以增加销量，它在第二阶段的成本将随着第一阶段累计产量的大幅增加而明显降低。第一阶段降低价格所损失的利润就是原有企业为阻止进入所进行的策略性投资，这项投资具有承诺价值，使原有企业获得了生产成本上的优势。如果干中学形成的成本优势足够大，潜在进入者可能选择放弃进入，而原有企业在以后阶段将获得较高的利润。

干中学能使原有企业获得多少优势取决于两点：①原有企业通过干中学能比新进入企业降低多少成本；②学习需要花费的时间。如果学习周期很长或很短，原有企业所能获取的优势都不会很大。学习周期很短时，新进入企业会较容易赶

---

① 干春晖：《产业经济学教程与案例》，机械工业出版社 2006 年版。

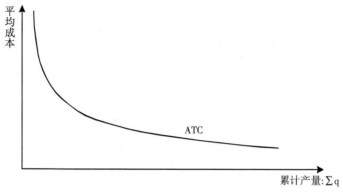

图3-4 干中学

上原有企业。学习周期很长时，原有企业只能稍稍领先，不会有太大的优势。当学习周期适中时，干中学的策略效应比较明显，原有企业能通过在干中学上的策略性投资阻止进入，并获取较高的利润。

（三）提高竞争对手的成本[①]

原有企业通过策略性行为提高竞争对手的成本，使自己处于成本优势，同样可以达到阻止进入的目的。提高竞争对手成本的方法很多，主要有：

1. 垂直一体化

原有企业通过垂直一体化的方式，进入后向的原材料生产阶段，或是进入前向的销售领域，使自己的市场控制力向前或向后延伸，从而提高竞争对手的生产和进入成本。比如，原有企业利用其对上游产品的控制力对最终产品市场上的竞争对手采取歧视性手段，提高向对手供应原材料的价格，或采取排他性供应的方式拒绝向竞争对手提供原材料，从而提高对手的成本。

2. 利用政府管制

原有企业可以凭借自身的在位优势，利用政府管制增加进入企业的生产和进入成本。比如，原有企业可以游说政府对新进入企业执行更严格的环保要求，同时利用"老企业"的身份要求对自己执行相对宽松的特殊政策，从而增加新企业的进入难度。

3. 利用产品的互补性和配件生产

原有企业可以利用自己产品的市场优势，采取拒绝与竞争对手产品或配件相兼容的方法，使得进入者需要开发额外的转换器才能与在位企业产品兼容，从而提高竞争对手的成本。

4. 提高工资和其他投入品的价格

当潜在进入者想进入市场时，原有企业利用自己在市场上的主导地位，影响

[①] 王俊豪：《产业经济学》，高等教育出版社2008年版。

行业的投入品的价格，使进入企业处于不利地位。比如，如果原有企业所采用技术的资本密集程度比竞争对手更高，那么它通过支付更高的工资率从而提高行业的工资水平使竞争对手承担更高的成本，使竞争对手处于成本劣势的地位。

专栏 3-4

长虹大规模采购彩管——提高对手的成本

彩色显像管是彩电的核心部件，但在 20 世纪 90 年代，中国几乎没有一家彩电企业自己生产彩管，如果一家企业控制了彩管的供应渠道，则其他企业的生产必然会受到影响，同时也可有效阻止新企业的进入。1998 年彩管进口配额已经确定完毕，而每逢彩电销售旺季，彩管就会出现季节性紧缺，当时有将近 30% 的彩管是通过走私渠道进入国内市场的。长虹董事长倪润峰于是决定大规模采购、囤积彩管，从而"清理门户"，一举改变彩电市场上玩家多而杂的混乱局面。1998 年 11 月 8 日，长虹公司宣布自己已垄断了下半年国内彩管市场，其中 21 英寸占 76%，25 英寸占 63%，29 英寸近100%。长虹的大规模采购行为使其他企业的生产受到干扰，康佳、TCL、海信等企业叫苦不迭。由于长虹对彩管的垄断，其他企业不得不以更高的价格去购买彩管，在生产技术相同的情况下，这些企业的生产成本必然提高。同时原有企业对核心资源的垄断必然限制了新企业的进入，因为它们无法获得彩管的有效供应。然而，其后态势的发展令长虹完全始料不及：国内另外几家彩电巨头一纸投诉直接递到了国家各有关部委。政府部门先是表示"不干涉企业行为"，而后又"开闸放水"增加了进口彩管的配额，由此导致长虹的彩管垄断计划正式宣告破产。

资料来源：李太勇：《进入壁垒理论》，上海财经大学出版社 2002 年版。

二、影响未来需求结构的进入阻止 [①]

原有企业除了利用策略性行动来获取未来竞争的成本优势外，也可通过策略性行为增强消费者对自己产品的忠诚度，从而使未来的市场需求有利于己，由此可能锁定消费者偏好或市场需求，最终使进入者在寡占市场中的需求处于不利地位。进入者在预期到进入后的市场需求极为有限的情况下，如果销售收入不足以补偿生产成本，理性的企业就不会进入。原有企业影响未来需求结构的策略性行为主要有三种：

（一）产品扩散策略

由于消费者偏好的差异，产品市场往往被分割成不同的细分市场（产品空

---

① 王俊豪：《产业经济学》，高等教育出版社 2008 年版。

间），而企业也可能以差别化的产品供应某一细分市场。潜在进入者要想成功进入市场，就必须寻找到可使自己盈利的细分市场。在产品需求空间有限的情况下，原有企业可在进入发生之前推出多种产品或品牌，利用产品多样化的策略先占满相关的细分市场，使潜在进入者难以找到可以获利的产品空间，因而放弃进入。

（二）提高转换成本

转换成本是指消费者或用户因为从原有企业处购买产品转向从新企业处购买产品时而面临的一次性成本。[①] 转换成本主要包括学习成本、交易成本、转换品牌的优惠折扣损失以及改变习惯或更换品牌时的心理成本等。学习成本是指针对某特定品牌产品的使用而付出的学习费用，这种投入具有不可传递性，不能随着品牌的转换而转换，它只能在使用原品牌时才具有价值。例如，一个熟悉Windows 操作系统的消费者如果转向其他的操作系统就需要付出新的学习成本，消费者对 Windows 操作系统使用的时间越长，这种成本就会越高。转换的优惠折扣损失所产生的转换成本主要是预期收益（折扣利益）的损失。比如航空公司为激发重复消费推出的"常客"计划，零售商根据消费累积额对消费者提供不同的交易价格、商店向顾客赠送下一次消费时可使用的折扣券等。心理成本是情感因素导致的成本感受，改变习惯与偏好本身可以被视为一种成本。消费者对风险的态度、对未知产品质量的预期等都属于心理成本。交易成本是指寻找新的交易者，以及进行新交易所需付出的成本。它包括寻找新对象所付出的时间、精力、金钱；与新交易对象打交道过程中的谈判成本以及保证交易落实的种种费用，总之包括所有寻找新交易者的相关费用。

在工业消费品市场，一个企业要改变过去的供应商，可能会发生以下成本：已发生的投资（针对原设备进行的培训费用）、寻找新的供应商的费用、购买新的辅助设备的费用、熟悉新资源所需的时间及成本、重新进行技术培训的费用、产品重新设计与流程改造的费用、因更改设备造成产品供应延迟所导致的信誉损失的成本、寻找新的供应商所发生的新的交易成本以及终止与老供应商合作需付出的心理成本。

转换成本的存在锁定了用户的需求，限制了其转换的可能，阻碍了新企业的进入。原有企业可以用提高用户转换成本的策略把用户锁定在自己的产品上，使进入者难以获得足够的市场需求，从而放弃进入。原有企业提高转换成本的方式很多，如对消费者进行培训和个性化服务，在系统产品中使自己的产品与对手的产品不兼容，根据消费者的累积购买量进行优惠折扣等。

（三）利用长期契约锁定产品需求

原有企业可以同用户之间签订长期契约的方式来锁定未来需求，当用户转向新的供应者时必须支付一定的违约金。用户由于不能确定进入者的产品质量和价

---

① 干春晖：《企业策略性行为研究》，经济管理出版社 2005 年版。

格，为减少供应中的风险，也愿意与原有企业签订合理的长期契约。对进入者来讲，要想吸引用户转向自己的产品，其索取的价格要比原有企业低，使用户从低价格中的获益能补偿其必须支付的违约金。在成本条件相同的情况下，进入企业很难在这一低价格下获利，甚至成本比原有企业略低的潜在进入者也被排斥在市场之外。

三、影响进入者信念的进入阻止

潜在进入者做是否进入市场的决策时，面对的是一种不确定的市场环境，进入之后可能会产生几种结果，每种结果发生的概率是多少，这些都需要潜在进入者自己去判断。一个具有乐观信念的潜在进入者会给予对自身有利的结果较高的概率值，而认为糟糕的结果发生的可能性较小。因此，乐观的潜在进入者会认为进入之后会产生较高的利润。与此相反，一个悲观的潜在进入者会认为预期利润水平较低。这样，乐观的潜在进入者会更倾向于进入市场。

在位企业可以通过向市场发送信号等方法影响潜在进入者的信念，达到阻止潜在进入者进入的目的。通常，信息越是不透明，在位企业控制市场信息的能力就越强。在完全信息的情况下，在位企业无法欺骗潜在进入者，隐瞒真实情况。而在不对称信息的情况下，在位企业完全能够使潜在进入者无法弄清楚在位企业的成本情况以及市场需求的类型。甚至，在位企业可以向潜在进入者发送误导的信息，使潜在进入者形成一种悲观的预期，从而达到阻止进入的目的。

第三节　退出壁垒

退出是和进入相对而言的，有进入就要有退出。所谓"退出"，指的是一个企业从原来的业务领域中撤出来，即放弃生产或提供某一特定市场上的产品或服务。退出有积极退出和被迫退出。积极退出是指有关企业发现了盈利更高的机会，而主动转移到其他产业或市场；被迫退出是指企业破产或被兼并收购后转产。在市场经济条件下，企业的退出是市场机制发挥调节作用的自然结果，是市场对资源配置发挥基础性作用的正常反应。

一、企业退出市场的方式

一般而言，企业退出市场的方式主要分为以下几种：[①]

（一）企业并购重组

资本市场的作用越来越重要，企业间大规模的并购是许多企业退出的重要

---

① 张健、冯国忠：《试论医药产业的退出壁垒》，《西北药学杂志》，2010 年第 8 期。

方式。2009 年，国际企业巨头间的大型并购此起彼伏，辉瑞制药以 680 亿美元并购了惠氏制药，而罗氏制药公司则以 468 亿美元收购了基因泰克 44%的剩余股份。对于被并购企业而言，被并购重组则是主动转型或成功退出产业的最佳方式。

（二）主动调整实现退出

资本市场、产品和要素市场会驱使经营不善的管理者主动做出有利于公司发展的退出决策。资本市场通过股市来反映公司的经营状况，给公司的管理层发出信号。经营不善的企业在资本市场遇到困难，促使其做出有益的调整。产品和要素市场的功能在于通过市场竞争淘汰那些不具备核心竞争力的企业，如华药集团的抗生素 7ADCA 技术的成功升级，使该产品形成规模化优势，促使多个生产相关原料药的厂家主动转产和退出。

（三）破产退出

对那些严重资不抵债、设备落后老化、产品的市场竞争力弱、已无并购价值的企业，可按照《破产法》的程序实施破产。但破产有着巨大的成本，包括经济成本、社会成本及给银行带来的信贷资产损失。

（四）强制关闭淘汰退出

对于一些产品质量落后不能达到相关质量标准，环境污染严重，具有重大安全隐患不能有效整改的企业，应根据相关法律法规强制关闭令其退出。

二、退出壁垒构成因素

一般而言，某一企业在市场竞争中被其他企业击败，就应该退出该产业或市场，但由于受到种种限制和制约，很难从该产业或市场中退出，这些妨碍企业退出的限制因素，就称为退出壁垒。退出壁垒是限制退出的各种因素，即当某一产业的原有企业不能赚取到正常利润（亏损）而决定退出时所负担的成本。形成退出壁垒的因素多种多样，如经济的、政治的、法律的等。构成退出壁垒的结构性因素主要是资产的专用性，即沉淀成本。沉淀成本的存在增加了原有企业对已占领市场的依赖性，也是努力阻击进入的重要原因。构成退出壁垒的行为性因素主要是管理者的行为。在所有权与经营权分离的前提下，管理者及经营者的效用函数会对企业所有者的退出决策施加重要的有时甚至是决定性的影响。退出行为受多种因素制约，主要体现在以下几个方面：

（一）沉淀成本形成的退出壁垒

企业的固定资产中有通用性资产、半通用性资产和专用性资产。与之相应，企业员工的技能也有类似的性质。当企业决定转产或退出时，专用性很强的资本很难转用或转卖给生产和经销其他产业的行业或企业，因此企业必须面对半通用性资产和专用性资产处置和变现的损失。对于产业规模经济来自行业专用固定资产（如煤矿用地、油气管道等）的行业，有相当数量的投资一旦进入该行业就成为沉淀成本，沉淀成本就是那些即使完全停止生产也无法消除的成本。例如，当企业退出时，企业所持有的生产设备等专用性资产，由于无法在二手资产市场上出售或出售价格远低于其机会成本的部分、或难以回收而只能作废处理的有形资产的未折旧部分，以及用于研究开发、广告、员工教育培训等形成无形资产的支出中由于专用性而难以回收的部分。沉淀成本一经发生，必然形成一种实际净损失。它的大小一般与资产专用性成正比，资产的专用性越强，沉淀成本就越大。较大的沉淀成本，致使资产清算价值下降，转移成本上升，企业主动退出行业的动机也就越弱。

（二）退出固定成本形成的退出壁垒

企业退出现处行业时通常要支付给律师、会计师、资产评估师等专业人员高额费用；要向职工支付安置费用；如果企业准备退出，撕毁原本订立的购买原材料及推销产品的长期合同会被罚款，企业必须支付违约成本；企业的退出会影响职工的情绪，生产能力下降，财务状况容易恶化；退出表明企业没有发展前景，增加了企业转移出去后的融资困难，使企业的信用等级降低，提高了融资成本；要承担宣布决定后客户退货、供应商取消优惠等损失。

（三）联合生产形成的退出壁垒

联合生产在许多产业中存在，例如，在石油精炼产业中，从汽油到轻油、煤油、重油等多种油品都使用石油作为原料进行联合生产。现在即使重油的市场需求显著下降，但降低重油的产量却有限度。这样，联合生产的产业，即使一部分市场需求下降，但作为联合生产结果的一部分要单独退出是相当困难的。

（四）多元化战略形成的退出壁垒

实行多元化战略的企业要退出某一特定业务，可能会导致企业总体战略的损失。这一特定业务可能是企业标志和形象的中心，可能会损害企业与主要分销商的关系，可能会削弱企业总体购买能力，可能会妨碍企业销售其他产品，可能会动摇资本市场对企业的信心引发市价的大跌，可能会影响企业纵向整合的其他环节等。另外，由于企业多项业务之间共用资产和内部定价的大量存在，使得一项业务的失败可以被其他业务的成功所掩盖，一旦某项业务退出，则失败的信息被提供，因此，经理们明知从经济上退出是合理的，却不愿退出。

（五）政府法规形成的退出壁垒

退出对工人而言意味着失业，对政府而言意味着地方经济的衰退、财政收入的减少和财政支出的增加以及社会矛盾的加剧。因此，政府和社会（尤其是产业结构单一的地区）会设法阻止企业退出所处行业。在电力、邮电、煤气等公用事业行业中，政府出于确保稳定服务的目标，对有关企业的退出往往是加以限制的，各国政府都制订相应的政策和法规来限制企业的退出。在一些发展中国家，政府为控制价格总水平，对某些基础行业实行限价政策，结果往往导致有关行业出现政策性亏损，这种情况下企业要退出该行业，也会受到政府干预。

第四节   进入与退出壁垒的福利效应[①]

企业进入或退出市场，其实质是资源重新配置的一种方式，从长期来看进入壁垒对社会福利有双重效应，而退出壁垒会使市场机制配置资源的作用弱化。

一、进入壁垒的福利效应

如果依据边际成本等于价格的帕累托静态效率的观点来判断进入壁垒的福利效应，进入壁垒的存在无疑造成了资源配置效率的损失。但是完全竞争理论的自由进入和存在大量原子型企业的市场结构绝非对现实市场环境的客观描述，完全竞争这一"理想状态"的竞争环境在现实中无法实现，几乎所有的企业都是在不完全竞争的市场中从事生产经营活动。

从长期来看进入壁垒对社会福利有双重效应。一方面，进入壁垒易于产生垄断性的市场结构，引起价格扭曲，造成社会福利净损失。产业进入壁垒越高，进入越困难，进入的企业也就越少，从而越容易产生垄断。反之，进入壁垒越低，进入越容易，进入的企业也就越多，产生垄断的可能性就越低。由于进入壁垒限制了潜在进入者进入，从而减少了产业中企业的数目，产业集中度和产业内大企业的市场势力增加，运用市场势力定价引起价格扭曲，造成社会福利净损失。另一方面，进入壁垒的存在又具有正面作用，一定高度的进入壁垒可以提高资源的配置效率，增进社会福利。进入壁垒的正面效应表现在：①在一般的情况下，由产品差异化产生的进入壁垒越高，产品越具有多样化，所实现的社会总效用就越多。②对于规模经济显著的产业来说，由于进入壁垒的存在，可以阻止低效率的原子型小企业进入市场，提高产业集中度，从而获得规模经济效益。③企业进入或退出市场，其实质是资源重新配置的一种方式。在其他条件既定的情况下，资源配置成本与资源转移频率呈正相关关系。进入壁垒的提高使企业进入后在产业内的经营活动具有相对的稳定性，从而降低资源重新配置的成本，提高资源配置的净收益。④适度的进入壁垒和产业集中度可以提高企业利润率，为企业提供技术创新所需的资金，增加技术创新的预期收益，有利于技术创新和产业技术进步。

策略性进入壁垒的福利效应的评价则更为困难，策略性行为的有效性取决于一系列复杂的假定：相互竞争企业的行为假定、企业之间竞争方式的假定以及有关信息的假定。对策略性行为的研究尽管从理论方法上有统一的模式，但这些研究模型对现实竞争的解释能力依赖于其假定条件，因此，相关的福利效应分析缺乏清晰明确的结果，多属于个案研究。

---

① 王俊豪：《产业经济学》，高等教育出版社 2008 年版。

二、退出壁垒的福利效应

企业的进入和退出是市场经济的重要特征之一。市场效率的提高,一方面来自企业内部配置效率的改进,另一方面也来自对低效企业的淘汰。如果退出壁垒过高,企业退出的手段不成熟不完善,将会直接导致产业调整的步伐受阻。如果同一产业内存在众多的企业参与竞争,生产能力利用不足,价格大战此起彼伏,企业在长期处于低利润甚至亏损状态的情况下却继续生产而不愿意退出,则其中必然存在阻碍生产要素流动的因素即退出壁垒,导致大量资源滞留于经营低效的企业,阻止过剩生产要素的撤离,不能实现合理流动和优化配置,使整体的经济效率受到很大影响。因此,退出壁垒使市场机制配置资源的作用弱化,行业内企业不能够通过兼并、重组来实现规模经济和有效竞争。

本章小结

进入壁垒和退出壁垒是衡量一个产业竞争程度的重要指标。进入壁垒是使进入者难以成功地进入一个产业,从而使原有企业能够持续地获得超额利润,并能使整个产业保持高集中度的因素。由于受到种种限制和制约,企业很难从产业或市场中退出,妨碍企业退出的限制因素,就称为退出壁垒。

构成进入壁垒的结构性因素主要有规模经济、绝对成本优势、必要资本量、产品差别化、网络效应和政策性因素。策略性行为是寡占市场中企业通过对影响竞争对手选择的资源进行投资从而改变竞争环境的行为,包括:影响未来成本结构的进入阻止;影响未来需求结构的进入阻止;影响进入者信念的进入阻止。

退出行为受多种因素制约,并不能单纯地以成本收益分析为依据,而需要面对如下六种退出壁垒:①资产的专用性;②退出的固定成本;③战略性退出壁垒;④信息壁垒;⑤管理和情感壁垒;⑥政府和社会壁垒。

企业进入或退出市场,其实质是资源重新配置的一种方式,从长期看,进入壁垒对社会福利有双重效应(一方面进入壁垒容易产生垄断;另一方面进入壁垒的存在又具有正面作用,一定高度的进入壁垒可以提高资源的配置效率),而退出壁垒会使市场机制配置资源的作用弱化。

关键术语

进入壁垒 退出壁垒 规模经济壁垒 绝对成本优势壁垒 必要资本量壁垒 网络效应壁垒 产品差异化壁垒 政策法律制度壁垒 策略性进入壁垒 过剩生产能力投资 干中学 垂直一体化 产品扩散策略 转换成本 资产的专用性 战略性退出壁垒

思考题

1. 简述进入和退出壁垒的含义。

2. 以某一行业为例分析结构性进入壁垒构成因素。

3. 阐释策略性进入壁垒的含义与分类。

4. 以某一行业为例分析结构性进入壁垒构成因素。

5. 分析结构性进入壁垒双重福利效应。

参考文献

1. Akerlof, G. A.. The Market of "Lemons": Quality Uncertainty and the Market Mechanism. Quarterly Journal of Economics, 1970, 84 (3): 488–500.

2. Bain, Joe S.. Barriers to New Competition. Cambridge, MA: Harvard University Press, 1956.

3. Fahri Karakaya and Michael J. Stahl. Barriers to Entry and Market Entry Decisions in Consumer and Industrial Goods Markets. Journal of Marketing, 1989, 53 (2): 80–91.

4. Guo Biao Yang. Barriers to Entry and Industrial Performance in China. International Review of Applied Economics, 1998, 12 (1): 39–51.

5. Williamson, O. E.. Wage Rates as A Barrier to Entry: The Pennington Case. Quarterly Journal of Economics, 1968, 82 (1): 85–116.

6. 干春晖:《企业策略性行为研究》,经济管理出版社 2005 年版。

7. 干春晖:《产业经济学教程与案例》,机械工业出版社 2006 年版。

8. 江伟、史晋川:《进入壁垒与民营企业的成长——吉利集团案例研究》,《管理世界》,2005 年第 4 期。

9. 李太勇:《进入壁垒理论》,上海财经大学出版社 2002 年版。

10. 唐晓华:《产业经济学教程》,经济管理出版社 2007 年版

11. 许辉:《我国汽车工业进入壁垒与进入壁垒失效研究》,《管理世界》,1999 年第 5 期。

12. 王俊豪:《产业经济学》,高等教育出版社 2008 年版。

13. 张新海:《转轨时期落后产能的退出壁垒与退出机制》,《宏观经济管理》,2007 年第 10 期。

第四章　技术创新

教学目的

了解技术创新的含义、分类与特点，重点掌握企业 R&D 投资动机、R&D 和厂商规模的关系，掌握技术创新的测度指标，理解技术创新与市场结构之间的关系。

章首案例

随着经济全球化和信息网络化的快速发展，新产品的开发周期越来越短，技术创新成为企业抢占市场的重要手段。技术创新的组织也不断丰富，从最初的技术发明家的个体研究发展到协作研究，从动态知识网络技术创新组织逐渐发展为技术共同体、创新集群、创新网络等形式。

传统的创新主要发生在研发部门，但是，在最近几年里，这些部门表现得并不好。目前，药品创新大多来自小型的新公司。大制药商的研发活动不仅包括自己开发新药，还包括发现和利用善于创新的小公司。研发部门的实验室和营销部一直是创新的主要源泉。然而，最近许多公司的经验表明，营销部却成了创新活动最为活跃的地方，新产品和衍生产品层出不穷，例如，iPod 数码音乐播放机进入市场后不久，就出现了更小的 iPod nano。当然，过多的衍生产品可能对整个市场产生不利影响，导致产品成本上升。但是，不断地从营销部门获得产品改进信息，对于企业的持续创新具有决定意义。

相对于公司内部的部门而言，企业还可以从外部获得创新机会。设立合资企业和企业内部风险资金，可以投资令人感兴趣的创意，却不用承担全部风险。摩托罗拉有四大外部来源供其汲取新创意：大学（资助一些前端研究）、政府（从那里获得研究拨款）、中小企业（从它们那里购买新创意或取得使用授权）和企业内部的风险资本资金（有些投资可能获得巨大回报）。而法国液气公司则通过转变商业服务战略而获得了新生。该公司在发现自己所处行业已经很成熟，难以推出新产品，就将一个纯粹的燃气生产商转变为一个能源服务商，通过外包方式，专门向大公司提供服务。几年后，该公司的营业收入和利润均获得两位数的增长。创新可以是一件很简单的事情。它并非仅仅存在于聪明而古怪的科学家脑袋里，或营销部门及广告代理商那里。创新可以在一个企业的几乎所有部门开花结果，前提是这个企业结构合理，鼓励创新。

第一节　R&D 与技术创新

一、R&D（研究与开发）

"R&D"，即"Research and Development"，可译为"研究与开发"，简称"研发"。它是指为增加知识总量以及运用这些知识去创造新的应用而进行的系统的、创造性的工作。[1]

OECD（经济合作与发展组织）对 R&D 做出的定义为："为了增加知识的总量，包括有关人类、文化和社会的知识，以及运用这些知识创造新的应用，所进行的系统的、创造性的工作，包括基础研究、应用研究和试验发展活动。"

美国科学基金会认为，R&D 是企业、政府以及非营利性组织所进行的基础与应用研究工程、样机与工序的设计和发展。[2]

联合国教科文组织对 R&D 的解释为：R&D 是一项系统性、创造性的活动，它应用于科学技术领域之中，目的是增加和运用知识去创造新的活动。它包括基础研究、应用研究和试验开发。

综合来看，R&D 活动大体包括五种类型：①基础研究，它与新理论的发现与检验相关联，其目的是发现新知识而不是立即应用新知识；②战略研究，是指应用前景虽不明显但还是可预知其预期效果的研究；③应用研究，是基础研究、战略研究成果的商业化，其目的在于获取某种特殊的应用知识；④开发，是将"创新原型"应用于市场并在其周围建立生产线的活动，其目的是充分利用新产品、新工艺方面的现有生产知识；⑤扩散，指创新通过市场或非市场的渠道在产业内、产业间及国家间的传播。前四种 R&D 与一般意义上的研究与开发相差不多。但是，一般意义上的 R&D 并不包括扩散。

发明与创新虽有联系，但其本质上有一定的区别。发明在本质上代表"形成一种产品的技术上可靠的新思想，或是一种潜在的有用的方法"。[3] 熊彼特认为发明就是一些新概念，新的或改进的图样、装置、产品、工艺或系统。与发明相对而言，创新是指发明的首次商业化（当然，创新的内容并不局限于此），是一个新想法在商业上的实现，并且是切实可行的。然而，大多数发明永远进入不了市

① 师萍、张蔚虹：《中国 R&D 投入的绩效分析与制度支持研究》，科学出版社 2008 年版。

② 杨剑波：《R&D、创新与中国 TFP 的研究》，华中科技大学博士论文，2009 年。

③ 德布雷森：《技术创新经济分析》，辽宁人民出版社 1998 年版。

场，Scherer 估计至少 60%的发明无法找到商业上的应用。因为从发明到创新需要一段时间，Mansfield（1968）发现，发明和创新的平均时间间隔为 10~15 年。在这段时间里，市场和技术都会发生变化，有些发明不能实现商业化也就不足为奇了。

二、技术创新

熊彼特在《经济发展理论》一书中首次提出了"创新"这个概念。他认为，创新是经济发展的核心力量，包括五种情况：①引进新产品；②引用新技术；③开辟新市场；④控制原材料的新供应来源；⑤实现企业的新组织。[①] 何谓技术创新，国内外创新经济学家有着不同的理解。例如，Freeman（1982，1997）认为，技术创新是指新产品、新过程、新系统和新服务的首次商业性转化；Myers 和 Marquis（1969）指出，技术创新是一个复杂的过程，从新思想和新概念开始，通过不断地解决各种问题，最终使一个有经济价值和社会价值的新项目得到实际的成功应用；Utterback（1979）把技术创新定义归为三类：①与发明相似的一种创造性活动，这种创新强调创新的起源和新颖性；②某种硬件及其设计和生产，这一概念重视市场或生产过程中的有形形式和使用；③选择某种事物，包括它的使用和扩散，这种观点强调接近用户的重要性。在此基础上，Utterback（1971）将技术创新定义为"某种新产品或工艺的创造、开发、使用和扩散的过程"。Edquist（1997）的技术创新概念基本上沿袭熊彼特的思想，认为创新通常是"现有元素的新组合"，创新的出现与科学的可能性、知识的产生与扩散密不可分，也与各种知识"转化"为新产品和新工艺的过程息息相关。但是，"这种转化绝对不是简单的线性模式：从基础研究，到应用研究，再到新工艺、新产品的开发与实施，而是具有多种特征的、复杂的反馈机制和科学、技术、学习、生产、政策和需求相互作用"的一种过程（Edquist，1997）。

国内学者对技术创新概念的界定也不尽相同。许庆瑞认为技术创新是指一种新思想的形成，并利用它生产出满足市场用户需要的产品的整个过程；汪英洛指出，技术创新就是建立新的生产体系，使生产要素和生产条件重新组合，以获得潜在的经济效益；贾蔚文认为，技术创新包括某种新设想的提出，经过研究开发或技术引进、中间试验、产品试制和商业化生产，直到市场销售的全过程；王明友（1997）综合上述观点，认为技术创新是指新产品和新工艺设想的产生（获取）、研究开发、应用于生产、进入市场并实现商业利益以及新技术扩散整个过程的一切技术经济活动的总和；傅家骥（1998）则在更为广泛的意义上给出了技术创新的含义：使企业家抓住市场的潜在盈利机会，以获取商业利益为目标，重新组织生产条件和要素，建立起效能更强、效率更高和费用更低的生产经营系统，从而推出新的产品、新的生产（工艺）方法、开辟新的市场、获得新的原材

---

① 约瑟夫·熊彼特：《经济发展理论》，商务印书馆 2000 年版。

料或半成品供给来源或建立企业的新的组织，它是包括科技、组织、商业和金融等一系列活动的综合过程。

有关技术创新的定义主要集中在三个层面上：强调技术创新的整个过程，这种定义深受创新的线性模式影响；重视技术创新的成功商业化，尤其是首次商业化；强调技术创新的效应，并特别看重技术创新的经济和社会价值。上述技术创新的含义与熊彼特的创新思想基本一致：企业在对现有技术有效组合运用，以及创造和吸纳各种新技术知识的基础上，以相对低的成本向市场提供更好的产品和服务过程。它主要包括产品创新和过程创新；而创新投入、市场组织、制度等因素影响着工业技术创新过程和绩效。技术创新的主体是企业，也包括大学和科研机构；政府和其他机构（教育、信息服务等部门）大多是间接地参与创新过程；相关的制度安排将会对创新起促进或阻碍作用；技术创新的显著特点是创新成果的商业化；企业技术创新的目的是占据市场有利位置，获得满意收益。

三、技术创新的特点

（一）不确定性

技术创新的不确定性主要体现在技术上的不确定性和市场上的不确定性。

技术上的不确定性，是指技术本身的不成熟、辅助性技术的缺少、技术寿命周期的缩短及企业竞争的加剧等都会降低企业创新的积极性。在创新竞争中，并不是所有厂商都能够找到它们所需要的"成本节约型"技术。如果不能找到新技术，一方面会形成 R&D 的沉没成本，加大厂商的成本负担；另一方面则有可能挫伤厂商决策者（企业家）和 R&D 人员的创新积极性，而且也可能向其他厂商传递某些信息，从而减少其他厂商 R&D 活动的不确定性。

市场上的不确定性，是指市场变化较快、市场预测不准确、模仿的存在、技术引进等多方面因素，可能使创新者处于不利地位。而竞争对手则可能利用"后发优势"先找到"成本节约型"的技术，进而生产出新产品。同时，消费者又常常把创新者与高质量产品的供给者相等同。这样就有可能使后创新者的需求曲线向外移动，并且可能吸引一部分原属于先创新者的消费者。另外，如果创新产品并未创造需求或并未满足需求，那么这种创新也是失败的。所以，创新的时间、创新与需求的关系将决定着 R&D 的效率。

专栏 4-1

比亚迪——技术创新的引领者

比亚迪股份有限公司是一家具有民营企业背景的香港上市公司，现拥有 IT、汽车以及新能源三大产业。比亚迪以近 25% 的全球市场占有率已成为中国最大的手机电池生产企业，并成为全球领先的 ODM/OEM 供应商，不仅稳稳占据了电池行业的霸主地位，还成功地从电池行业进入汽车领域，开始民族自主品牌汽车的发展征程。在发展传统燃油车的同时，大力推进双模电动车和纯电动汽车的商业化步伐，积极引领新能源汽车的发展。2010年戴姆勒奔驰联手比亚迪创新品牌研发电动汽车。2010年末，美国知名杂志《新闻周刊》评出2010年十大创新企业，中国的比亚迪凭借其较强的创新产品名列其中。比亚迪取得如此突出成就的一个重要原因就是基于技术的不断创新。

比亚迪始终坚持"技术为王、创新为本"的科技发展理念，把掌握核心技术作为创新的基石。比亚迪对技术创新的投入非常大，2005年4月，上海比亚迪汽车研发中心成立，下设20多个项目攻关组，分别从事比亚迪系列轿车车身、汽车电子、安全装置及电动汽车等方面的研究和探索，半年内就成功申报100多项国家专利。随后，比亚迪成立了上海汽车工业园，建立了构架齐全的汽车研发体系和整车检测中心，以及自己的碰撞线和各种环境实验室等，[①]建立了包括中央研究院、研究部及技术部在内的多层次的技术R&D体系。发展至今，比亚迪已建成西安、北京、深圳、上海四大汽车产业基地，产业格局日渐完善。比亚迪2004年申请专利393个，2005年申请专利843个，2006年申请专利1166个，2007年申请专利1200个，2008年申请专利1530项，排在全国的前列。比亚迪不仅在专利总数上遥遥领先，还十分重视申请的专利的质量，同时注重在国外的技术保护，目前，比亚迪在世界范围内都进行了相应的专利申请和保护，注重创新技术的实际成果转化，将研发和生产销售环节紧密地结合，比亚迪中央研究院科技成果转化率一直保持在95%以上。

在技术创新的方式选择上，比亚迪没有盲目引进国外先进的制造技术和设备，而是从全球价值链的某个节点切入，把高科技与劳动密集型生产方式结合起来，开发出适合中国劳动密集型生产的设备和工艺，形成了技术密集+劳动密集的生产方式，最大限度地降低了产品成本。公司60%的设备都是自主研发的，相当于引进国外同水平设备成本的1/20。在原材料方面，比亚迪将生产镍镉电池的材料改用镀镍片，一吨材料的价格可降低1万元，并且通过改进电池溶液的化学成分使镀镍片的防腐蚀性能大大提高；这项创新使镍材料的月支出从500万~600万元降至50万元，其生产的高品质、低成本的产品，成本只有国外企业的30%~40%。

资料来源：张丽慧：《基于技术创新的比亚迪体系构建分析》，《企业技术开发》，2009年第6期。内容有增减。

---

① 彭勇：《技术为王 创新为本——比亚迪靠自主创新快速发展》，新华网 http://news.sohu.com/20091210/n268849883.shtml，2009年12月10日。

（二）高投入

高投入是技术创新中所不可缺少的。一项技术研究的实施，需要大量的科技专业人才、大量的资金以及整套的设备，同时对这些投入还要进行合理的安排、精细的组织以使其成为有机的整体。产品化阶段和市场化阶段，还需要专门的生产人员、专门的营销推广人员以及广阔的营销网络系统，这些都需要大量的投入。对于企业来说，发达国家企业的研发支出一般占其销售收入的5%以上，在微电子、信息、生物技术领域的高技术企业，其研发支出占其销售收入的比例高达10%以上。同样，在国家层面上，研发投入也相当惊人，根据世界银行分析，仅从事 R&D 活动的科学家和工程师，美国（1997 年）有 4999 人、日本（2000年）有 5095 人、英国（1998 年）有 2666 人、法国（1999 年）有 2718 人、德国（2000 年）有 3161 人。除此之外，各国的研发经费数额也相当庞大，特别是发达国家，其国家研发经费大部分都占本国国内生产总值的 2%以上。这些都充分表明，对于技术创新来说，无论是人员还是资金、设备方面都需要企业和政府等组织进行大量的创新资源投入。

（三）高收益

高投入、高风险必然伴随着高收益，技术创新是企业发展的原动力，企业是技术创新的主体和获益者。技术创新，使得创新企业相对于竞争对手来说产生了技术上的优势，这种优势或以长期获得高利润的形式存在，或以不断扩大市场份额来体现。企业之所以甘愿冒高风险，不惜以巨大的投入从事创新活动，就在于这种高收益的存在。企业进行技术创新除了获得创新利润外，还在于培育企业科研创新能力，以实现自身的长期发展战略。在激烈的市场竞争中，企业既要面对国内企业的竞争，又要面对国外企业的竞争，技术创新是提高企业竞争力的重要因素。企业能否随着市场的需求和变化，创造出新技术、新产品，就需要采取相应的发展策略，创新是企业在竞争中求生存、求发展的关键，创新是企业发展的灵魂。

（四）差异性

不同层次的技术创新所需的时间因其性质不同而存在差异。同时，技术创新的时间长短还与科研人员的能力、科研设备、资金等有关。据统计，大部分技术创新需要 2~10 年的时间。工厂企业开发部门从事发展性开发属于短期创新，一般需要 2~3 年。应用性技术开发属于中期创新，大概需要 5 年，如应用电子技术开发出电子手表以替换齿轮机械表就属此类。另外，基础性开发由于是技术原理的发现和新技术的发明，所以需要的时间可能较长，为 8~10 年。[①] 但是，随着社会的进步、经济的发展，技术创新所需要的时间逐渐缩短，而且技术更新速度也越来越快。除此之外，一些偶然的因素也可能造成技术创新的时间差距，一个来

---

① 吴声怡：《论有中国特色的"科技活动"定域》，《技术经济》，1995 年第 11 期。

自灵感的想法有时可能引起突破性技术创新的实施，并使企业迅速获得创新收益；但一些技术研究可能会经过长期的试验、开发，却最后因为各种原因实现不了商业化或获利甚微。

（五）外部性

技术创新具有外部性，即非创新者从创新中获得收益而不需支付相应的报酬，这也是企业技术创新风险产生的原因之一。技术创新的外部性是由于技术创新的扩散造成的，主要反映在技术的外部性、市场的外部性、创新的利益外部性三方面。技术的外部性主要是由于非创新者根据创新成果信息进行分析、研究或对新产品实行反求工程，而且有关创新的信息也会从企业的行为活动中反映出来，获得创新技术，进而进行模仿创新。市场外部性是指由于创新者的科技成果商业化应用后所形成的市场信息的外部性，即由于创新者开发了市场，剩余市场需求容量的存在，使非创新者节省了市场开发成本，减少了风险。创新的利益外部性主要是由于技术的外部性和市场外部性而形成的。技术创新外部性的存在使得企业为技术创新付出较大成本而没有得到相应的全部收益，即企业的创新使得其他企业存在"免费搭便车"的可能，一般来说，基础技术和共性技术相关的创新外部性较大，试验与开发阶段的技术创新外部性较小，这也就导致了基础技术、共性技术的创新一般由政府主导的科研院所、高校及产学研结合体来承担，而试验与开发阶段的技术创新，因为更面向市场而由企业承担。

（六）复杂性

技术创新绝对不是聪明的发明家、具有前瞻意识的企业家和有动力的企业独立行动的结果。相反，它必须与其他组织进行广泛的合作，以获得、开发、交换各种知识、信息和其他资源。不容置疑，个人和企业在技术创新中居于重要位置，但是，孕育和传播技术创新（变革）的过程却涉及复杂的网络合作，包括不同目的、不同机构或组织之间的各种合作。与企业进行合作的组织较多，如其他企业（供应商、用户、竞争者）、大学、研究机构、投资银行、政府部门等。而且企业的创新行为也会受到各种制度的制约，如法律、卫生安全健康管制、文化模式、社会准则、技术标准、激励制度（鼓励或限制）等。在这种复杂的环境中，要想全面认识创新过程，必须通盘考虑影响创新过程的各种因素。

四、技术创新的分类

在研究技术创新的过程中，为了分析问题的简便和需要，经济学家将技术创新分为不同类型。本章仅从经济增长理论、产业组织经济学和创新经济学的角度对技术创新的分类加以介绍。

（一）基于经济增长理论的技术创新分类

在经济增长理论中，一般地，技术创新可以分为节约劳动的、中性的和节约成本的三种类型，这种分类的"兴趣来自历史上对技术进步给收入分配带来效应的考虑"（琼斯，1999）。最先对技术创新进行如此分类的是希克斯，他在《工资理论》（1963）中提出了后人称为"希克斯技术分类"的方法："我们能够依据发明的初始效应是使资本边际产量与劳动边际产量之比增大、保持不变或减少，来对它们进行分类，我们可以把这些发明分别称为'节约劳动的'、'中性的'和'节约资本的'。"

目前，经济学家基本上沿着这种方法对技术创新进行分类，以研究经济增长中技术创新的作用。在经济增长理论中，主要研究的是"希克斯中性"技术创新，这种技术创新的显著特点是对于任意给定的资本—劳动比率，劳动的边际产量对资本的边际产量之比始终保持不变。所以，这种技术创新就具有了柯布—道格拉斯生产函数的一般特性（劳动和资本的替代弹性为1），从而有利于经济学家研究经济增长问题（余值的方法）。

（二）基于产业组织经济学的技术创新分类

在产业组织经济学中，技术创新主要包括过程创新和产品创新。前者指在实验中为寻找生产某种新产品的成本节约型技术所进行的投资。后者则指寻找生产新产品的技术。从逻辑角度来看，二者并没有什么根本区别，产品创新也可以被视为一种成本节约型的创新。但是前者侧重产品生产技术的重大变革，如新工艺、新设备、新的管理和组织方法；后者则更强调技术上有变化的产品的商业化，如全新的产品或改进的产品。产业组织学在研究技术创新时，主要是对过程创新进行研究，因为这种创新可以通过成本降低而获得竞争优势，并成为一种阻止进入的手段。根据 R&D 过程产生的成本节约的数量，可将过程创新分为大创新（剧烈创新）和小创新（非剧烈创新）两种类型（O.Shy，1996）。

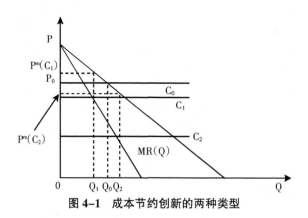

图 4-1　成本节约创新的两种类型

在某一产业中，厂商生产同质产品并进行价格竞争。假设最初所有厂商拥有的技术相同，即单位生产成本 $C_0 > 0$。在均衡状态下，$P_0 = C_0$，厂商利润为零，产量为 Q_0。现假设，当且仅当有一个厂商拥有如下 R&D 技术：该厂商有能力建立一个实验室以从事成本节约型的创新，进而使单位生产成本变成 C（$C < C_0$），

则垄断利润最大化的产出和价格水平将由 MR（Q）=C 决定。令 P^m（C）是单位生产成本为 C 的垄断厂商索要的价格。若 P^m（C）<C_0，则创新为剧烈型或大型的，即创新使成本降到纯粹垄断价格低于竞争厂商的单位生产成本的水平。若 P^m（C）>C_0，则创新为非剧烈的或小型的（见图 4-1）。在图 4-1 中，成本由 C_0 降到 C_1，称为小的创新，即成本节约额并不大，创新厂商不能为此索要纯粹的垄断价格。在这种条件下，创新厂商可以使 $P_1 = C_0-\varepsilon \approx C_0$，并销售 Q_0，从而击败竞争对手。换言之，小的创新既不能改变市场价格，也不能改变消费者的购买量。小创新的唯一结果就是，创新者向整个市场销售产品，并获得严格的正利润 $(C_0-C_1)Q_0$。相反，若成本由 C_0 降到 C_2，则为大的创新。厂商可以索要与新成本结构一致的纯粹垄断价格而击败所有竞争对手。也就是说，P^m（C_2）< C_0。因此，大创新会降低市场价格并使产量增至 Q_2。当然上述两种类型的过程创新，还要受需求条件、市场结构及成本节约本身等因素的制约。

（三）基于创新经济学的技术创新分类

根据萨塞克斯大学科学政策研究中心的创新分类方法，可以将技术创新分为增量创新（渐进创新）、基本创新（根本创新）、技术体系变革和技术经济模式变革四种类型（见表 4-1）。基本创新和渐进创新之间具有密切关系，基本创新之后是一系列重要的改进型创新，这些创新的经济效应既受制于（需求方）边际效用递减规律，也受到（供给方）边际收益递减规律的限制（Gomulka，1990），所以，a 型的改进路径要比 b 型更为普遍，前者被称为 S 型或 Logistic 曲线（见图 4-2）。弗里曼和佩雷斯（中译本，1992）则对技术模式的思想提出质疑，认为应该使用"技术经济"而不是"技术模式"来表明技术进步在整个经济中的渗透效应。[①] 在他们看来，技术经济模式是指"相互关联的产品和工艺、技术创新、组织创新和管理创新的结合，包括全部或大部分经济潜在生产率的数量跃进和创造非同寻常程度的投资和盈利机会"。其变更意味着"明确的技术和经济优势唯一的一种新的组合"（弗里曼和佩雷斯，中译本，1992），技术经济模式扩散的一个特点是，它从最初的产业或应用领域向范围更广的产业、服务和整个经济扩展（G.多西等，1992）。

（四）OECD 的技术创新分类

OECD（经济合作与发展组织）把技术创新分为技术的产品创新和技术的工艺创新，这种分类与产业组织经济学的分类方法很接近，但是这种分类方法主要应用于 OECD 国家的创新调查之中，并已经引起越来越多国家的重视，而产业组织理论的分类更加侧重于经济分析。在 OECD 的创新分类中，技术的产品创新包括技术上新的产品（主要产品创新）和技术上改进的产品（渐进产品创新）。技

[①] 也就是说，技术进步不仅导致新产品、新服务、新系统和新产业的产生及其范围的扩大，而且直接或间接地影响着几乎整个经济领域（G.多西等，1992）。

表 4-1   萨塞克斯大学科学政策研究中心的创新分类

类型	含义	创新源泉	创新影响	案例
增量创新	连续不断地出现在任何一个产业和服务活动中的创新（分布普遍）	工程师、直接生产活动人员、用户（"干中学"、"用中学"）	提高生产要素效率，保持生产率稳定增长	杜邦人造纤维（霍兰德，1965）
基本创新	不连续地出现在企业、大学及政府实验室研究开发中的创新（不均衡分布）	正式的研究与开发活动或机构	相对较小和较为局部	尼龙、合成材料产业、半导体产业
技术体系变革	对若干经济领域产生影响，同时导致全新部门出现影响深远的技术进步	增量创新和基本创新的组合，机构创新和管理创新	相对广泛	合成材料创新、石油化工创新和机械创新
技术经济模式变革	对整个经济行为产生深远影响的技术体系	多组增量创新和基本创新，以及若干新技术体系	从根本上影响整个经济的各个方面	蒸汽机创新、信息技术创新

资料来源：G.多西等：《技术进步与经济理论》，经济科学出版社 1992 年版。

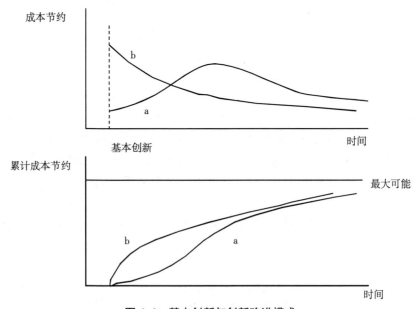

图 4-2   基本创新与创新改进模式

术上新的产品，是指与以前所创造的产品相比技术特性或用途具有显著差异的产品。这种创新包括全新的技术、对现有技术进行重新组合以及对新知识的应用。技术上改进的产品是指其特性具有重大改进或提高的现有产品，包括改进性能或降低成本，集成若干子系统组成复杂产品，或对某一子系统加以改进。技术的工艺创新是指，采用技术上新的或有重大改进的生产方法，包括产品的交付方式等。这种创新包括设备、生产组织的变化，以及两者的结合，也包括对新知识的应用（OECD 等，2000）。

此外，从企业创新战略角度，可以将技术创新分为自主创新、模仿创新和合作创新三种类型（傅家骥，1998）。这种分类有利于直观地结合不同发展阶段确定企业创新战略，使企业获得竞争优势。

第二节　R&D 投资与竞争

一、R&D 与创新动机

产业组织理论对于技术创新的研究，主要是在熊彼特等人的创新理论基础上，运用 SCP 框架来模式化技术创新与市场结构、企业行为等多方面的关系。由于 R&D 可以被视为一种重要的创新资源，大部分有关技术创新的产业组织学研究，均是从 R&D 研究（尤其是过程创新）开始的，以探求何种市场结构、什么样的厂商规模、多长的专利保护期等才最有利于技术创新。早期的研究主要是集中地考察结构与创新的关系，并在此基础之上进行大量的实证研究。20 世纪 80 年代左右，有关 R&D 研究的范围变得相当广泛，其重点主要是有关合资企业的研究（Research Joint Venture，RJV）。随着互联网的发展及高技术产业在 GDP 中贡献率的提高，又有一大批经济学家正在研究网络与创新的关系；而且西方国家的放松管制、跨国公司的特大购并案不断增加等也促使技术创新和扩散的范围空前加大，程度空前加深。另外，国家创新系统理论的提出，使人们对技术创新的认识更加深刻。这里仅对 R&D 与市场结构、RJV、专利等问题进行相对深入的分析。

在微观层面，厂商间既有价格、质量竞争，也有产品差别化、R&D 的竞争，其中后者的作用在技术进步快和"产品过时"风险高的产业中表现得更为明显。索洛发现，美国在 1904~1949 年，非农部门的人均增长仅有 10%左右与资本—劳动比率的增长有关。这说明创新对经济增长有着巨大的作用。通过创新和创新所导致的对更新、更好的生产过程的投资，可以推动技术进步，而这种技术进步对经济增长是十分重要的。创新所产生的新产品是改善人们生活水平的关键因素。从国际经济关系角度来看，一国的贸易绩效在很大程度上取决于非价格竞争，而创新就是一种可直接推动非价格竞争的重要方法。为此，经济学家就对厂商创新及其采用新技术的动机进行了深入的研究。

熊彼特认为垄断有利于技术创新，这里的"垄断事实上意味着任何大规模的企业"。垄断在创新方面的优势有：可以采取一系列手段（如专利、版权和商标）来阻止竞争者在某种创新方面的领先；可以利用 R&D 上的声誉来吸引人才；可以利用其资金优势等（然而发达的风险投资机制，可能会淡化小厂商在此方面的劣势）。但垄断也有不利的一面，例如它可以让某些专利"休眠"或利用政府授权而享受"既得利益"。阿罗对"创新可以被专利无限期地保护，而从创新中获得的仅是从事 R&D 的厂商"的假设进行检验。他发现，创新利润在竞争条件下是最高的，其理由是创新厂商会因创新而成为垄断者。但这并不排除一个创新的垄断者因其创新而完成对自身的替代。因此，若仅考虑创新的"纯粹"动机，那么，阿罗的结论就会与熊彼特相反。

戴斯古塔和斯蒂格利茨则认为，不应该提出市场结构决定创新速度及其属性的问题。他们认为市场结构、创新属性等是由更基本的因素，如需求、资本市场等内生决定的。在一个市场规模较大的产业中，R&D 支出的最优值和最优的产出水平均是相当大的。在自由进入的古诺条件下，当达到纳什均衡时，没有任何一个厂商会改变其产量，也没有任何一个厂商可以获得正的利润。所以市场结构（由厂商数量表示）和 R&D 支出（用产出来表示）等都是内生的。然后，他们引入具体的效用函数和需求函数，对自由进入的寡占均衡值与社会最优值进行比较，得出结论：市场均衡的产出水平要低于社会的最优水平。在市场均衡中，每个厂商都有一个次优的均衡水平。此时若需求弹性趋于零，那么，市场经济中就会存在过剩的 R&D 支出。

上述分析的一个突出缺点是没有考虑某厂商的 R&D 支出也将会对其他厂商的成本函数产生影响，即没有考虑创新在厂商及产业间的溢出效应。这样，每个厂商的成本状况就仅取决于其本身的 R&D 支出水平了。另外，他们对 R&D 的决定仅做了静态分析，而没有进行动态研究。莫里斯等人则对 R&D 的动态特征进行了归纳。他们认为，在一种更加令人满意的模型中，创新活动将会有一段时间的"竞赛"。竞赛的"获胜者"与"败北者"相比，将能获得大量的超额利润。但获胜者的超额报酬在所有竞争者之间的分布却不尽相同。这种超额报酬不仅可能产生于专利，而且也可能产生于对新工艺秘密的保守或占有一个有利的市场位置，从而阻止新厂商进入。获胜者所获报酬的预期对于不同的竞争来说并不相同，这主要由于厂商间的信息分布是不对称的。

专栏 4-2

领跑自主创新　振兴民族产业——"G3 引领 3G 时代"

2008 年 5 月，中国电信行业开始了新一轮重组；2009 年 1 月，3G 牌照发放；2009 年 10 月，国内 3 家通信运营商 3G 业务全部正式商用。以 G3 品牌为代表的由中国自主研发的 TD-SCDMA 技术，凝聚着中国自主科技创新和通信产业振兴的希望，G3 品牌必将成为中国移动通信 3G 时代的独领风骚者。

中国通信 100 多年来的历史，是从落后、引进、学习到不断追赶的历史。尤其是在 20 世纪末，全球进入信息化时代之后，中国在引进国外先进通信技术和设备、发展自身通信产业的同时，也付出了巨大的代价。从通信技术到设备生产，从硬件建设到软件开发，中国通信业每一步的发展，都要受制于人。而西方国家，则凭借手中的技术，在技术转让、设备生产销售、手机终端乃至产业链等各个方面，获得很高收益。研究和掌握自己的通信技术，研发具有自主知识产权的设备，建设具有自主技术核心的通信网络和相关产业链，不但是当前建设创新型国家的需要，更是发展民族科学技术，实现我国通信产业振兴和腾飞的希望所在。

TD-SCDMA 技术的研发，受到了举国上下的支持。从 TD 技术标准方案提交国际标准化组织，到 TD 技术标准成为全球 3G 三种主流国际标准之一；从我国政府出台 3G 频率规划，到 TD 产业联盟、TD 技术论坛、TD 技术专家组先后成立；从 TD 启动研发与产业化项目、TD 规模网络技术应用试验，到北京、上海等十个城市开展大规模的 TD 网络试验工作；从 TD 经历奥运考验、试商用，到网络迅速覆盖全国，目前拥有近 400 万用户，以 G3 品牌为代表的我国 TD-SCDMA 自主先进技术，在政府与企业、民众支持下，形成了技术赶超，形成了中国自己的包括运营、制造、渠道等从生产到市场的各个产业环节的成熟的产业联盟，而且使这一技术走向韩国、意大利、加拿大等多个国家和地区，彰显出 TD-SCDMA 的技术、产业、组网、业务应用等优势。

此外，着眼于 3G 向 4G 的过渡，TD-SCDMA 的长期演进技术——TD-SLTE-Advanced，已经在 2009 年 10 月份被国际电信联盟确定为仅有的两个 4G 国际标准候选技术之一。法国电信、德国电信、美国 AT&T、日本 NTT、韩国 KT、中国移动、爱立信、诺基亚、华为、中兴等明确表态支持 TD-SLTE-Advanced，以 G3 为代表的中国 TD-SCDMA 技术的发展前景十分广阔。

2010 年，全国 TD 网络四期工程将增加覆盖 330 多个城市，用户预计可达 3000 万，很快，拥有中国自主知识产权的 3G 技术网络将进一步覆盖全国。领跑科技创新，振兴民族产业。今天，以 G3 品牌为代表的中国 TD-SCDMA 技术，不仅在国内，而且在国际上也受到运营商、设备生产商的高度重视。越来越多的国家、地区重视 TD 技术，建设 TD 试验网络，越来越多的企业厂商主动参与到 TD 产业链中来。TD 使中国通信科学技术和通信产业第一次在国际上有了领先机会，而不仅仅是跟随。

资料来源：童心：《领跑自主创新　振兴民族产业——"G3 引领 3G 时代"系列报道之一》，《淮安日报》，2010 年 1 月 13 日。有删减。

关于创新动机的产生问题，一种观点认为，由于创新的私人剩余低于社会剩

余，所以厂商没有创新动机；另一种观点认为，由于"商业窃取"效应的存在，使厂商不能内部化那些应由其竞争对手承担的损失，所以将存在着过剩的创新（可由消费者剩余来衡量）。这样，就很难预知是否存在低于或高于最低的创新规模。上述问题的产生在很大程度上是由于 R&D 的公共物品特性、R&D 的风险等因素的存在。RJV、政府对创新予以补贴或实施专利制度等就可以解决此类问题。K.D.乔治、奥茨·塞、丹尼斯·卡尔顿等人对这类问题进行了详尽解释。一般地，有关 R&D 的研究均集中在成本节约型的过程创新方面，而不是产品创新。产品创新常常与产品差别化、广告等问题联系在一起，如果新的优质产品的成本低于现有产品，厂商就会采取一系列策略行为以"创造"出这种产品的需求。

二、R&D 和厂商规模

许多文献都认为大厂商具有创新的天然优势。加尔布雷斯认为，研究成本如此之高以至于仅有大厂商才有足够的资源来从事 R&D 活动，而且大厂商也容易规避创新风险。小厂商仅能集中精力去开发某一简单的新思想。相比较而言，大厂商的优势是：①能够同时支持多项 R&D 活动，进而分散风险。②具有 R&D 的规模经济，如拥有必要的人力资源及设备。③较强的营销能力也能促使其增加 R&D 投入。原有的营销网络、广告宣传或其他类型的促销方式，均有利于拥有新产品的大厂商迅速进入新市场，进而提高 R&D 的投资回报。④节约成本的过程创新，将使大厂商的单位成本下降、产量增加，其总收益要远远高于小厂商。有许多证据说明在 R&D 活动中，大厂商占有绝对优势。OECD 在 1969 年对 11 个工业化国家中的 10 个所进行的分析表明：100 个最大的 R&D 项目经费占全部工业 R&D 经费的 2/3 强，但用厂商规模（雇员人数）衡量的集中度却较低。这说明并非所有的大厂商都有 R&D 项目，而一些中等规模的厂商却有。英国在 1978 年，雇员超过 5000 人的厂商，其雇员总数占全部制造业的 58%，但 R&D 人员却占整个行业的 89%。美国在 1972 年，雇员超过 5000 人的厂商，上两项指标分别为 53%和 89%。总而言之，几乎所有大厂商均从事 R&D 活动，而小厂商从事 R&D 活动的数量则较少，大部分 R&D 经费是由大厂商承担的。实证研究说明：

（1）虽然许多小厂商并没有正式的 R&D 项目，但它们确实也在某些领域从事着 R&D 活动。在某种程度上，这些数据并不是完全的，其结果是小厂商的贡献可能被低估，而大厂商则相反。

（2）在大企业中，企业的规模结构具有较大的变化。更重要的是要判断某一产业中大厂商的 R&D 绩效是否优于规模虽小但数量却不少的小厂商 R&D 的绩效水平。若所有绩效水平均能提高到大厂商的水平，那将有助于市场结构的优化。美国的实证研究显示：在大部分产业中，R&D 经费的数量与厂商规模相关。然而，如果用 R&D 密度——R&D 经费占产出的数量或 R&D 人员占雇员的比例来衡量，这种关系却不明显。在许多 R&D 密度与规模正相关的产业中，这种关系是较弱的，而在另外一些产业中则存在负相关的关系。纳尔逊等人的研究证明了这一点："虽然，当从雇员少于 1000 人的企业群向 1000~5000 人的企业群过渡时，大多数产业的 R&D 与销售的比例呈上升趋势，但在雇员超过 5000 人的大企业中，这一趋势却不再存在。"

（3）用 R&D 密度来衡量 R&D 投入时，要十分小心。高的 R&D 密度并不是一件好事，它可能反映着 R&D 项目组织的无效率。例如，在美国的钢铁、石油精炼和化学产业中，曼斯菲尔德发现：大厂商每单位 R&D 费用所取得的重大发明的数量要低于中等规模的厂商。帕威特等人对英国 1945~1983 年的 4000 多项重要的创新进行研究，以检验厂商规模与创新活动的关系。结果发现，用厂商规模来衡量的重要创新的分布不同于用 R&D 经费的测量。雇员小于 1000 人的厂商，其 R&D 经费在 1975 年仅占总数的 3.3%，但却占 1970~1979 年可识别的重大创新的 34.9%。

（4）创新不是一项简单的活动，而是包含有巨大成本损失和风险的一系列活动。过程创新的阶段不同，成本损失也不相同。为此有必要对"仅有大厂商才能承担 R&D 成本"的论断进行检验。大厂商（尤其是私人企业）对发明的贡献，要高于它们对新思想商业化应用的贡献，而且在后一个阶段（应用），成本风险将相对高一些。仅有大厂商才能规避风险是一种过于简单的观点。厂商只有消除了较低成本的早期 R&D 阶段的技术风险（此时却有利于小厂商创新），才会从事大规模 R&D 活动。也就是说，大厂商在 R&D 的早期阶段，其优势并不明显。其原因，一是过于强调团队工作和看重有效的、易管理的研究部门，而不是将足够的自由给予个人以开发新理念。个人的首创精神可能因为过度的组织而受到限制。二是在某些管理控制的厂商之中存在着一种倾向，即反对有真正创新性又有很大风险的新思想。如纳尔逊等人认为，在某些领域，由大厂商来从事 R&D 是相对安全的，而且也可以推动技术进步。另外，个人和小厂商在发明活动中也具有重要的作用。例如，一些经济学家（Jewkes、Sawers 和 Stillerman）曾对 1930~1950 年 61 项主要发明进行了跟踪研究，发现仅有 12 项是大厂商的贡献，38 项是源于小厂商和个人的努力，另外 11 项却无法进行归类。

（5）在 R&D 规模经济显著的条件下，大厂商具有设备、专家方面的优势。而且当规模经济与市场势力相关时，大厂商会出于长期的考虑而从事 R&D 活动。小厂商则可通过聘请外部顾问的方法在一定程度上克服上述劣势，但这与自己拥有团队一样，并不总是有效的。

（6）大厂商具有商业应用方面的优势，它们可以凭借发达的营销网络使新产品、新过程迅速进入市场。但与小厂商相比，在发明的源泉上，却不一定存在优势。弗里曼对 1945~1970 年引进到英国产业中的 1100 项创新进行研究，结论是有 80% 的创新是由小厂商来完成的。创新到底需要多大的厂商规模，将随着产业的不同而不同。例如在机械工程行业，有许多小规模、低成本的创新机会，中小企业在此方面将具有优势；而在重化工业，则是大厂商的天下。帕威特等人发现，雇员少于 1000 人的厂商在机械、仪器、实验室等方面具有优势。如 1945~1983 年有 45% 的重要发明是由他们来完成的；在矿业、食品、化学、电气产品和国防等行业，超过 10000 人的大厂商则占全部创新的 75%；在大部分风险和成本共存的产业中，各种规模的厂商均有贡献。

虽然大厂商在新知识的商业应用上具有很大的优势，但也存在延迟这种知识导入和扩散的因素，如在某些传统产品和工艺方面的既得利益。在垄断条件下，技术创新的延迟就更有可能了。

（7）技术创新的成功也需要管理，而且一定要把 R&D 视为厂商整体活动的一部分。第一，管理者不仅要解决技术和科学问题，而且也要解决与厂商的生产经营目标相关的其他问题。这些内容包括目标如何确定、时间期限有多长、R&D 融资等。同时，要加强各部门间的有效交流，尤其是 R&D、生产和营销部门之间的交流。第二，管理职能应定位在保证与厂商外部的技术知识交流的顺畅上，而且管理者也应该知道本厂商所处的地位如何。这些外部信息包括其他产业、国家、研究机构、科技期刊等的最新动态。紧跟最先进技术的一种办法是运用许可证制度来使用和生产国内外其他厂商已开发的新技术和新产品。只要能够充分利用外部信息，小厂商即使处于不利地位，也可以取得技术进步；只要小厂商的管理者能够与外界的各种科学技术信息保持紧密的联系，就能了解这种知识对厂商地位的影响，进而充分利用这种新成果。

专栏 4-3

海尔 Smart Home：追求领先

Smart Home 集网络技术、交互技术、识别技术、节能技术于一体，通过家电的无缝链接，让所有家电设备运算智能化、连接智能化、人机交互智能化。例如，在家里，电视、电脑一体机、手机和智能茶几之间不仅实现了内容共享，而且还可以控制其他家电和灯光等；在外面，可以通过手机、电脑等平台实现对家庭设备的管理，真正实现了"身在外，家就在身边；回到家，世界就在眼前"的生活图景。

在新的全球化竞争环境中，核心技术已经成为提升企业全球竞争力的重要因素，只有拥有领先的技术创新能力才能赢得全球产业发展的话语权。海尔在 2011CES 展会上表现出来的强劲发展势头关键在于其长期不懈的技术积累与技术创新。市场以品牌划分，技术以标准划分。全球化的企业需要通过创造国际标准来开拓市场。海尔是参与国际标准、中国国家标准、行业标准最多的家电企业。截止到 2010 年 10 月底，海尔已经提报了 51 项国际标准提案，申请专利过万项，成为唯一一个进入国际电工委员会（IEC）管理决策层的发展中国家企业。海尔通过主导国际标准的制定，使企业的创新技术转化成全球市场竞争力。

产品的领先性来源于长期技术创新的沉淀和全球研发实力的整合。海尔"Smart Home"及手势控制智能电视的展出正是这一全球实力的体现。海尔已在全球建立了29个制造基地、8个综合研发中心、19个海外贸易公司，整合了全球研发团队资源，可以快速地为全球消费者提供领先的产品与方案。海尔还与全球顶级公司强强联手展开战略合作，从芯片巨头英特尔、AMD，到软件巨头微软，再到雅虎等，共同为全球消费者提供最满足需求的领先产品。海尔在CES展出的"智慧之家"解决方案，融入了"一切从消费者出发"的设计理念和全球领先技术，开启了全球家电产业的智慧新时代。

2010年12月9日，世界权威市场调查机构欧睿国际（Euro monitor）发布的全球家用电器市场调查结果显示：海尔品牌在大型家用电器市场占有率为6.1%，蝉联全球第一。近日在美国《新闻周刊》网站发布的全球十大创新公司，海尔成为唯一入选的全球家电企业，这也再次验证了海尔的创新实力和全球竞争力。

资料来源：《2011CES展：海尔Smart Home掀全球智慧家居冲击波》，http://news.dahe.cn/2011/01-12/100582799.html。

三、市场结构与创新动机

阿罗在《经济福利和发明的资源配置》（1962）一文中，比较了纯粹垄断和竞争对创新的影响。他认为完全竞争的市场结构要比纯粹垄断的市场结构更能推动成本节约型的技术创新。但是，仅从纯理论角度来探讨市场结构与创新的关系，其解释范围相对有限。根据熊彼特的观点，垄断力量是大规模R&D活动的必要条件，垄断厂商较竞争厂商而言会从事更多的R&D活动，其原因有两个方面。①在创新动机方面：拥有较大市场份额的厂商会预期创新能带来更好的财务绩效，即R&D的动机来源于创新能增强市场力。而在竞争行业中，创新可以被大多数竞争者所模仿，创新者这时就会认为创新所得不足。在完全竞争的极端条件下，新思想很容易被"复制"，故厂商没有R&D投资的动机。所以，同业厂商数目越多，进入越容易，就越不利于创新。②在创新能力方面：有市场力的厂商可以通过对R&D进行投资而获得更大的利润。而且，当厂商对未来有一个良好预期时，也会愿意承担R&D风险而提高R&D水平。由于免于竞争，大部分垄断厂商（或大厂商）都有足够的时间使其R&D项目开花结果。一个拥有市场力的厂商为寻求长期更有利的位置，有必要进行R&D投资。

对此持反对观点的经济学家则更关心拥有市场力的厂商的实际创新动机和竞争厂商的创新动机。主导厂商希望获取全部创新利润，但从另一方面来看，其创新动机并不强于中等市场规模的厂商。这主要是因为它从扩大化市场份额中获利较少。不存在进入威胁的主导厂商，可能不愿意进行创新。它们可以维持现有产品或工艺的既得利益，创新会使其过时的产品或工艺的垄断利润不复存在，所以它们不喜好创新。主导厂商几乎不可能从创新中受益，但是当另一个厂商——现有的小厂商或进入者通过创新而对主导厂商的位置构成威胁时，主导厂商的损失就会较大。所以，尽管主导厂商会领导创新，但对小厂商的创新活动会迅速做出反应，如快速模仿或购买。另外，创新竞争有利于提高创新的质量、速度及扩大创新规模，市场将决定创新成功与否。

　　一般认为，垄断竞争的市场结构最有利于技术创新：①在寡头垄断的市场结构中，有可能存在价格勾结的行为，却很难进行 R&D 勾结。而且与降价行为不同，成功的 R&D 是难以追随的。这样，每个厂商都认为创新至少可以带来超越对手的暂时优势。②厂商间的 R&D 竞赛，有利于建立多个创新中心，从而有助于采用不同的设计方法或解决技术问题的方案。③每个寡头垄断厂商都有足够大的市场份额，它也可以获得大部分创新利益。④虽存在模仿，寡头垄断价格的制定，意味着可获经济利润，这为创新提供了必要的资金支持。⑤价格机制的作用也使厂商重视长期利益，从而有利于推动 R&D 活动。[1]

　　最后，值得注意的是，影响技术创新的因素绝对不仅仅是市场结构，除此之外，市场的规模、创新机会在不同产业的分布、企业家精神等均对创新产生巨大影响。例如，迅速发展的新产业其创新机会要多于传统产业，科学技术知识密集型产业要高于非科学技术知识密集型产业，这在一定程度上也解释了高技术产业迅速发展的原因。

第三节　技术创新的测度

　　如何对技术创新能力进行衡量，一直是理论界、政策制定者和企业所关注的问题。技术创新过程的性质特点，决定着我们"无法直接衡量技术创新的质量和数量"（Hill，1979）。但是，可以采用一些替代性指标来反映工业技术创新活动。目前存在着许多不同的衡量方法和测度指标，可以将这些方法和指标分为如下三个层次、三个方面（表4-2）。在技术创新研究中，许多经济学家喜欢使用 R&D、专利、生产率等指标。而创新系统方法则向人们展示了另外一种测度创新的思路。相比而言，R&D 指标侧重于从"投入"方面测度技术创新，专利指标关注的是技术创新产出以及制度的影响，[2] 创新的系统方法则是把技

---

① A. Sen. Industrial Organization, Oxford University Press, 1996.
② 当然，这种划分是相对的，有些指标之间存在着一定的相容关系，例如 R&D 和专利；有些指标可能具有投入和产出的双重身份，例如，有些研究就把专利视为一种投入。

表 4-2 测度技术创新能力的层次和主要指标

指标内容＼测度层次		测度层次			备注
		企业	产业	国家	
测度指标	投入	R&D、资本、劳动力、教育、工程技术人员比例、 FDI/MNEs			还包括一些无法在"量"上进行测度的因素
	产出	专利（在国外申请或授权数）、新产品、新工艺、出口、技术贸易、科技/学术论文、高技术产品、经济增长/生产率			
	环境	政治法律、社会文化、经济规则、网络、学习机会/能力、市场结构、政策、科技体制			直接或间接地影响投入和产出

术创新视为一种知识创造过程，倡导从多层面来"综合"解释创新。

一、R&D 指标

R&D 指标通常包括 R&D 经费、R&D 经费来源构成、R&D 密度（R&D 支出/销售收入或总产值）、R&D 人员及其在从业人员总数中的比例。其中最常使用的指标是 R&D 密度。例如，在研究市场结构、需求等因素与技术创新的关系时，经济学家常使用 R&D 支出或 R&D 密度作为技术创新能力的测度指标。这种方法的好处之一是，很容易在创新与相关因素之间建立起"函数关系"。采用这一指标实际上默认了"有 R&D 必有创新"的假设。很显然，这种假设深受线性创新模式或思想的影响。但是，必须注意的是，R&D 经费仅是为了扩大知识基础或探索知识而进行的一种直接投入。[1] 因为成功的R&D活动还需要吸取许多不同来源的思想，包括非正式的职业交流、使用者的经验和来自生产第一线的建议。此外，现有 R&D 指标很重视公共部门、学术界和大型制造业所进行的正式 R&D，却忽视了小企业和服务部门的 R&D 活动（OECD，1997），因此，R&D 指标也常受到指责。

二、专利指标

专利或专利倾向（专利/R&D 或专利/研究者人数）之所以作为衡量技术创新产出的一个重要指标，是与专利本身的优点分不开的。其优点主要有：几乎涵盖所有技术领域，是不同国家对技术创新的一种同质测度（Malerba 和 Orsenigo，1997）；专利文献含有大量关于发明、技术、发明者等方面的信息；许多国家都有专利系统/数据库（OECD，1997）；具有时间序列性和一定的可比性

---

[1] Lundvall（1992）也对这种方法进行过批评，他认为 R&D 指标具有两个问题：一是它仅是一种投入指标，并不知道这种投入到底会带来什么；二是 R&D 支出仅是创新过程中的一种投入要素，一些与日常活动相关的学习，其重要性要强于 R&D。

(Basberg，1987；Soete，1981)。此外，专利指标还具有一些其他层面的特点，例如，可以将专利视为与技术研究开发本身具有紧密联系的数据；只要专利批准标准不变，其数据的客观性就是可以预期的（植草益等，中译本，2000)；等等。

尽管使用专利指标的好处有很多，但是专利本身也存在一些问题。一般地，并非所有知识的新应用都被批准为专利，并非所有创新企业都会申请专利,[①]并非所有专利都具有同等价值。此外，除非对专利更新和专利引用进行详尽分析，否则无法区分专利间的相对重要性；况且不同技术分属于不同专利领域，不同企业可能有不同的专利所有权（跨越几个技术领域，无法进行产业分类)。所以，在这种条件下，Stoneman（1983）提醒我们在使用专利指标时，必须注意如下问题：①专利在性质上差异较大（有些即使在保护期内，也可能毫无价值)。②不同国家的专利制度不同，难以进行国际比较。[②]③《专利法》一直在变化，时间序列分析值得怀疑。④并不是所有发明都可获得专利。尽管如此，欧美学者还是钟情于利用专利来测度技术创新能力，因为"专利尽管不是测量技术进步的一个好指标，但至少可以衡量"（Stoneman，1983)。正如Griliches（1990）指出的："专利统计为技术变革过程分析提供了唯一的源泉，就数据质量、可获性，以及详细的产业、组织和技术细节而言，任何其他数据均无法与专利相媲美。"（Malerba 和 Orsenigo，1997)

三、生产率

这种方法起源于经济学家对经济增长源泉的探索，主要从技术创新对经济增长或经济发展的贡献角度来分析技术创新的效应或影响。20 世纪 50 年代，为了解释美国经济增长的历史，以及理解不同国家经济增长的差异，许多经济学家从资源开采、资本投资、劳动力和教育的改善等角度探求经济增长的起源。但是，这些因素仅解释了国民生产总值（GNP）增长的一小部分，大部分剩余被归结为"技术创新"或"技术进步"。[③] 在 20 世纪 80 年代之前，生产率的测算主要采取总生产函数、全要素生产率（Total Factor Productivity，TFP)[④] 等计

[①] 专利代表着特定想法的实用性，而不是知识的一般概念或发展。例如，专利不包括许多诀窍或隐含知识，而后者却日益成为竞争优势的重要来源。Kumar（1997）认为，对于发展中国家的发明者或企业而言，由于申请专利的费用较高（尤其是在美国申请专利），使得它们无力申请专利（Alcorta 和 Peres，1998)。

[②] Soete（1981）提出可以用不同国家在美国的专利数据来克服这种偏差。

[③] 这种方法的实质是计算技术创新或技术进步对经济增长的影响。"大部分现代增长的计算方法发端于 20 世纪 30 年代的 Ramsey, von Neumann 和 Harrod 的思想，并在 50 年代得到扩展"（Gomulka，1990)。

[④] 全要素生产率是把劳动和资本指数结合起来，形成一种全部资源的指数，用以说明只有投入数量发生变化时，产出将如何变化。这种方法假设：①规模收益不变，即所有投入增长 1 单位，产出相应也增加 1 单位。②投入品质量一直不变（如劳动质量是不变的)。③技术变革是中性的，即资本和劳动变化的作用同等重要，否则相关的边际生产率将因技术变化而变化（Rothwell 和 Zegveld，1981)。

算方法。Solow（1957）采用总生产函数方法来测算技术创新对产出增长的贡献，发现技术创新对产出增长的贡献高达 87.5%；Kendrick（1961）发现资本增长对人均 NNP 增长的贡献为 16%，人均劳动的贡献为 9%，而生产率提高的贡献者则高达 75%。这些研究表明，技术创新（技术变革）是促使总产出增长的重要因素之一。对于是否可以使用全要素生产率的变化，或者"剩余"来代表技术进步或技术创新，有许多经济学家对此问题持否定态度。William Nordhaus（1997）强调要警惕由价格指数所导致的技术进步低估现象，因为价格指数无法衡量向用户提供的实际服务。Wright（1997）也指出，即使包含广泛的质量改进，也不应该用 TFP 来反映技术进步。如果在某个企业、产业、部门或某个国家出现了技术潜力的本质变化，无论在哪一种模型中，这种变化都会影响资本和劳动力的流动。在新的均衡中，投入和产出都会发生变化；这种变化速度几乎不能表现出技术初始变革的任何信息。Abramovitz 和 David（1973）的研究发现，美国在整个 19 世纪的全要素生产率几乎接近于零，他们把这种发现称为"归谬法"（Reductio 和 Absurdum）。如果美国在整个 19 世纪"没有技术进步"，根据所观察的较高的资本积累率水平，新资本投资的收益应该快速接近于零。然而，实际情况是"技术进步确实存在，最为明显的证明是具有高报酬率的投资持续增长，而不是全要素生产率"（Wright，1997）。所以，Wright 倡导一种面向历史的测度方法。

四、国家创新系统（NSIs）的测度

创新的系统方法以路径依赖、演化理论和交互学习理论为基础，它是对技术创新发展进行历史解释的一种方法。这种方法能够相对系统地反映出技术创新过程的各个层面。Lundvall（1992）曾经对创新系统的测度问题进行过深入研究，认为反映 NSIs 绩效的指标应该能够充分反映出生产、扩散和使用具有经济价值的知识的有效性和效率，但是这些指标至今仍不完善。NSIs 的产出可用如下指标来测度：新产品数量或新产品销售比例（Kristensen 和 Lundvall，1991）；新产品销售额，专利（Pavitt 和 Patel，1988）；技术产品在对外贸易中的比例（Dalum 等人，1988）等。这些指标的一个共同的缺点是没有考虑创新的扩散问题（Lundvall，1992）。由于每种指标都各有缺陷，明智之举是综合利用各种指标来反映 NSIs 绩效全貌。Niosi 等人（1993）在总结历史文献的基础上，提出从如下三个方面来对国家创新系统绩效进行测度：创新单位的特征（数量、规模、创新单位的集中度）；流动指标（技术、金融、社会、商业、法律制度）以及绩效指标（经济和产业绩效）（表 4-3）。与前面的几种方法相比，这种测度能够让我们从国家层次认识一个国家或产业的技术创新状况，并便于进行国际比较。然而，在这种方法中，有些指标既不容易获得，也难以进行定量分析，而大量的定性分析不仅需要大量的调查，而且会包含很多主观判断。这些问题有时将

不利于客观评价技术创新。在实证分析中，利用技术系统、部门创新系统、地区或区域创新系统以及测度社会技术系统[①]等方法，也可以从不同层面揭示出技术创新的许多特点。

表 4-3　国家创新系统的测度内容

衡量创新单位	● 有 R&D 设施的私人企业数、政府实验室、大学、其他研究组织 ● 创新机构的产权控制（私有、公共、合作或混合形式） ● 创新机构的地区分布
衡量流动指标	● 公共或私人对研究活动的融资 ● 技术流动：大学研究和工业 R&D 之间的知识流动（专利的学术引用数、科学出版物等）以及企业间的许可协议 ● 国民经济内的合作：反映创新企业之间的网络 ● 国内社会创新的扩散 ● 人员流动：大学—产业，企业—企业，老企业—新企业
衡量绩效指标	● 直接指标：研究人员人均专利授权数，或每百万美元经费的专利授权数，专利、科技论文占世界总量的份额 ● 间接指标：高技术产品的进出口，技术贸易余额，国际支付余额

资料来源：Niosi 等人（1993），作者整理。

五、主要创新或根本创新

新产品、新工艺数也是衡量技术创新能力的重要指标。这些指标常用来反映"主要创新或根本创新"，例如，电力、汽车、飞机、电视、抗生素和计算机等就属于这类指标。这类数据大多来自于实际的创新数据调查，[②]能够直接反映出技术创新活动的水平。这种方法的实质是用"可觉察的创新过程的效应"来测算技术创新，然而大部分技术变革却是不可观察的。因为许多主要创新是由一系列微小的变革构成，如进行微小的设计调整，以更好地满足最终用户的专有需要、降低加工成本、方便操作以及改善功能等。对一些重要行业的发展来说，根本性创新的作用并不是想象中的那样。[③]相反，一些增量型的创新在这些产业发展中的贡献巨大。例如，电力生产是 20 世纪全要素生产率增长最快的产业之一，并不存在什么突然的、重大的产品和工艺变革。然而，一些微小的技术改进却很多，如采用新型合金钢、提高锅炉设计的先进性、提高涡轮效率、

[①] Stephen Kline 提出用如下三个指标测量不同社会技术系统的巨大差异：在某一社会技术系统内，变革可能发生方式的数量；设计技术系统所必须做出决策的数量；技术系统控制模式的数量，以及把系统与周边环境联系起来的控制模式的数量。很显然，社会技术系统要比它们所创造的过程和产品系统复杂得多（Rycroft 和 Kash，1999）。

[②] 有许多创新经济学家和创新研究团体采用了这种方法（柳卸林，1993）。

[③] 例如，雷达、激光等"主要创新"的经济社会价值在它们出现之初就没有得到应有的重视。

采用给水加热器、排水节省器等，其结果是 1910 年 1 千瓦时电力需要 7 吨煤，在 20 世纪 60 年代同样的产出仅需要 0.9 吨煤。"但是，无法识别出到底哪些创新导致这种生产率的巨大改进"（Kline 和 Rosenberg，1986）。

六、技术创新指标体系

前五种技术创新指标的特点之一是，只用一个指标从一个角度来衡量技术创新，虽然具有简化的优点，但是它的缺点也是显而易见的，它不能揭示技术创新的全貌。为了克服使用单个指标来测度技术创新的缺点，许多创新经济学者在"创新的系统方法"指导下，构造了不同的指标体系，以相对全面地反映技术创新活动。加拿大的 Debresson 教授认为，可以使用创新资本投入/职工人数、创新资本投入/销售收入、非专门的创新资本投入/职工人数、企业的创新倾向等 8 个指标来计算技术创新能力；高建（1997）提出了一种评价技术创新的方法，包括 11 个可供使用的指标，分别从资源投入、创新管理、创新倾向、制造、营销和产出方面来衡量技术创新能力；史清琪、尚勇（2000）把评价产业技术创新能力的指标分为三类（共有十个子指标）：显示性或产出指标（四个指标）、直接因素指标（三个指标）和间接因素指标（三个指标）。由此可见，技术创新指标体系的方法一般要包括许多子指标，从不同角度来计算技术创新能力，这就增加了指标选择和计算的难度。所以，如何选择指标，以及这些指标的可获性和可计算性如何，将直接决定这种方法的应用范围。

综上所述，各种衡量技术创新的指标或方法各有优缺点。要想对技术创新活动做出相对合理、客观的描述，就需要结合分析目的，使用多个指标，从系统的角度来研究技术创新能力。但是，任何一种方法或指标都不可能是最优的，而且有时技术创新的许多内容也是无法测度的。例如，经济学家尽管使出浑身解数，还是无法准确地衡量不同产业技术创新的收益，也无法准确地测量出某种迅速膨胀的产业对供给方的影响（Kline 和 Rosenberg，1986）。因此，在选择衡量产业技术创新能力的指标时，必须要考虑指标的真实性、权威性、全面性和可获性，从而相对准确地揭示出产业技术进步的特点。

关键术语

R&D 技术创新 过程创新 产品创新 市场结构 专利 生产率 国家创新系统

本章小结

R&D 是为了增加知识的总量，包括有关人类、文化和社会的知识，以及运用这些知识创造新的应用所进行的系统的、创造性的工作，包括基础研究、应用研究和试验发展活动。R&D 活动大体包括五种类型：基础研究、战略研究、应用研究、开发和扩散。

熊彼特认为，创新是经济发展的核心力量，包括五种情况：引进新产品、引用新技术、开辟新市场、控制原材料的新供应来源，以及实现企业的新组织。技术创新就是企业在对现有技术有效组合运用，以及创造和吸纳各种新技术知识的基础上，以相对低的成本向市场提供更好的产品和服务过程。技术创新具有不确定性、高投入、高收益、差异性、外部性、复杂性等特点。技术创新主要包括过程创新和产品创新。也可以将技术创新分为增量创新（渐进创新）、基本创新（根本创新）、技术体系变革和技术经济模式变革四种类型。

一般而言，大厂商具有创新的天然优势。包括：①分散风险；②具有 R&D 的规模经济；③较强的营销能力；④成本降低。R&D 行为与市场结构的关系比较复杂。根据熊彼特的观点，垄断力量是大规模 R&D 活动的必要条件，垄断厂商较竞争厂商而言会从事更多的 R&D 活动，其原因有两个方面：①在创新动机方面：拥有较大市场份额的厂商会预期创新能带来更好的财务绩效，即 R&D 的动机来源于创新能增强市场力。②在创新能力方面：有市场力的厂商可以通过对 R&D 进行投资而获得更大的利润。一般认为，垄断竞争的市场结构最有利于技术创新。

目前存在着许多不同的衡量方法和测度指标。在技术创新研究中，许多经济学家喜欢使用 R&D、专利、生产率等指标。R&D 指标侧重于从投入方面测度技术创新，专利指标关注的是技术创新产出以及制度的影响，创新的系统方法则是把技术创新视为一种知识创造过程，倡导从多层面来综合解释创新。

思考题

1. 什么是技术创新？技术创新有何特点？
2. 简述技术创新的分类。
3. 简述企业规模与 R&D 投资的关系。
4. 何种市场结构更有益于创新？
5. 简述衡量技术创新的指标。

参考文献

1. Freeman C. The Economics of Industrial Innovation. The MIT Press，1992.

2. Knneth D. George，Caroline Joll and E. L. Lynk . Industrial Organisation：Competition，Growth and Structural Change，4th Edtion，Routledge. London and New York，1996.

3. O. Shy，Industrial Organization Theory and Application . The MIT Press，1996.

4. A. Sen，Industrial Organization. Oxford University Press，1996.

5. 约瑟夫·熊彼特：《经济发展理论》，商务印书馆 1997 年版。

6. 德布雷森：《技术创新经济分析》，辽宁人民出版社 1998 年版。

7. 保罗·特罗特著，吴东等译：《创新管理和新产品开发》，中国人民大学出版社 2005 年版。

8. R. 纳尔逊、悉尼·G. 温特：《经济变迁的演化理论》，商务印书馆 1999 年版。

9. 柳卸林：《技术创新经济学》，中国经济出版社 1993 年版。

10. V.K. 纳雷安安：《技术战略与创新：竞争优势的源泉》，电子工业出版社 2002 年版。

11. 罗伯特·A. 伯格曼、莫德斯托·A. 麦迪奎、史蒂文·C. 惠尔赖特：《技术与创新的战略管理》，机械工业出版社 2004 年版。

12. Joe Tidd，John Bessant and Keith Pavitt：《创新管理》，清华大学出版社 2002 年版。

13. 多纳德·海、德里克·莫瑞斯：《产业经济学与组织》，经济科学出版社 2001 年版。

14. 诺玛·哈里森、丹尼·萨姆森：《技术管理：理论知识与全球案例》，清华大学出版社 2004 年版。

15. 乔治·戴、保罗·休梅克：《沃顿论新兴技术管理》，华夏出版社 2002 年版。

16. 吴贵生：《技术创新管理》，清华大学出版社 2000 年版。

17. 中国科技促进发展研究中心：《中国科技政策与发展研究：2001 调研报告精选》，科学技术文献出版社 2002 年版。

18. 马库斯·利特兹格著，崔文杰译：《知识产权的战略管理》，《经济研究资料译丛》，2005 年第 1 期。

19. 富田彻男：《市场竞争中的知识产权》，商务印书馆 2000 年版。

第五章 企业并购

教学目的

掌握并购的概念，了解六次并购浪潮的特征，区分并购的类型和动机，理解并购与市场集中度之间的关系。

章首案例

汤姆森路透数据显示，2010 年全球并购活动增长近 20%，交易金额达到 2.25 万亿美元。初步数据显示，新兴市场在交易量中占创纪录的 17%，能源是交易最为活跃的行业。2010 年 12 月 26 日，2011 年《世界经济黄皮书》和《国际形势黄皮书》（以下简称《黄皮书》）正式发布，《黄皮书》指出，中国企业正从以往主要担当资产被收购方的角色逐渐变成主要的资产收购方。根据摩根大通的一项统计，在 2010 年上半年，中国作为收购方的并购交易额排在美国之后，居全球第二位。2003 年，中国的对外直接投资只有 28 亿美元，而如今已达 400 多亿美元。中国对外直接投资年均发展速度已高达 70%。《黄皮书》还指出，以能源为主的采掘业一直是中国企业海外投资最主要的领域，但更加多元化投资的趋向逐渐明显，以中石油、中石化、中海油以及宝钢、中铝等公司为主的大型国有企业不断在国际市场出手。2010 年，这些中国企业在国际采掘业的各种投资活动依然受到瞩目。从 2005 年初至 2010 年上半年，中国企业收购海外矿业资产共成交 91 桩，总价值达 319 亿美元。[①] 可喜的是，中国国内的制造企业也开始越来越密集地"走出去"，而且它们的投资规模不断扩大，并日益引起国际关注。如吉利以 18 亿美元完成对瑞典沃尔沃的收购，这是 2010 年中国制造业海外投资最具有标志意义的案例。此外，三一集团即将成为中国首家在德国投产的工程公司，这预示着中国快速发展的工业企业也对欧洲工程市场发起攻击。除了制造业外，包括金融、码头、电信等行业在内的中国服务业海外投资也十分活跃。2011 年可能延续活跃的局面。企业高管、银行家、施罗德（Schroders）等大投资者以及瑞

---

① 王洛林、张宇燕：《世界经济黄皮书——2011 年世界经济分析与预测》，社会科学文献出版社 2011 年版。

士信贷（Credit Suisse）、野村证券（Nomura）和兴业银行（Societe Generale）等银行的分析师均预测，企业并购活动将进一步上升。

第一节   企业并购的基本内涵

一、概念

并购的内涵非常广泛，一般是指兼并（Merger）和收购（Acquisition）。

（一）兼并

兼并（Merger）又称吸收合并，指两家或者更多的独立企业、公司合并组成一家企业，通常由一家占优势的公司吸收一家或者多家公司。

兼并包含狭义和广义两个层面的意思。狭义的兼并是指在市场机制作用下，企业通过产权交易获得其他企业的产权，使这些企业的法人资格丧失，并获得它们控制权的经济行为，即 A 企业兼并 B 企业后，B 企业不复存在了，如图 5-1a 所示。广义的兼并是指在市场机制作用下，企业通过产权交易获得其他企业的产权，并企图获得其控制权的经济行为。即如果 A 企业兼并 B 企业后，出现的结果会有三种：一是 B 企业不复存在了；二是 A、B 企业都解散而成立了一个新的C 企业；三是 A、B 企业都存在，但是 A 企业控制了 B 企业，如图 5-1b 所示。

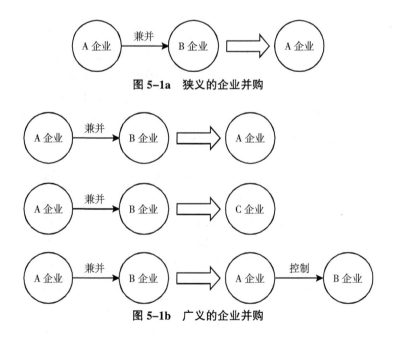

图 5-1a   狭义的企业并购

图 5-1b   广义的企业并购

（二）收购

收购（Acquisition）指一家企业用现金或者有价证券购买另一家企业的股票或者资产，以获得对该企业的全部资产或者某项资产的所有权，或对该企业的控制权。即 A 企业收购 B 企业后，会出现以下几种结果：一是 A 企业吞并了 B 企业；二是 A 企业获得了 B 企业较多的股权而控制了 B 企业；三是 A 企业只购买了 B 企业很少的股份，从而成为 B 企业的一个股东，如图 5-2 所示。

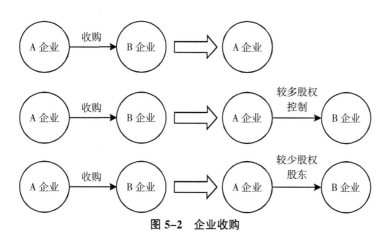

图 5-2　企业收购

通常，我们把"主并购"或者"主收购"公司称为"并购公司"、"收购公司"、"进攻公司"、"出价公司"、"标购公司"或"接管公司"等，把"被并购公司"称为"目标公司"、"标的公司"、"被标购公司"、"被出价公司"或者"被接管公司"等。

二、企业并购的流程

这里的并购企业是指除上市公司外的所有企业。其并购的程序大致如下：[①]

第一，企业决策机构做出并购的决议。企业股东会或董事会根据企业发展战略，对企业进行并购形成一致意见，做出决议，并授权有关部门寻找并购对象。

第二，确定并购对象。企业并购成功的第一步是选择正确的并购对象，这对企业今后的发展有着重大的影响。一般可以通过两种途径来选择：一种是通过产权交易市场，其信息来源于全国各地，信息面广，信息资料规范，选择余地大。另一种是并购双方直接洽谈，达成并购意向，制定并购方案并向有关部门提出申请。

第三，尽职调查并提出并购的具体方案。并购企业应对目标企业所提供的一切资料如目标企业的企业法人证明、资产和债务明细清单、职工构成等进行详细

---

① 脱明忠、刘新来：《企业并购流程管理》，经济管理出版社 2007 年版。

调查，逐一审核，并进行可行性论证，在此基础上提出具体的并购方案。

第四，报请国有资产管理部门审批。国有企业被并购，应由具有管辖权的国有资产管理部门负责审核批准。

第五，进行资产评估。对企业资产进行准确的评估，是企业并购成功的关键。并购企业应聘请国家认定的有资格的专业资产评估机构对被并购企业现有资产进行评估，同时清理债权债务，确定资产或产权的转让底价。

第六，确定成交价格。以评估价格为基础，通过产权交易市场公开挂牌，以协议、拍卖或招标的方式，确定市场价格。

第七，签署并购协议。在并购价格确定后，并购双方就并购的主要事宜达成一致意见，由并购双方的所有者正式签订并购协议。

第八，办理产权转让的清算及法律手续。在这个过程中，并购双方按照并购协议的规定，办理资产的移交，对债权进行清理核实，同时办理产权变更登记、工商变更登记及土地使用权等转让手续。

第九，发布并购公告。并购完成后，并购双方通过有关媒体发布并购公告。

第二节　企业并购演进

由于企业并购与经济环境、经济周期等因素相关，因此企业并购的周期性特征明显，即在每一次大规模的并购后，都会出现一段并购活动相对较少的时期。在各主要的发达资本主义国家，旨在垄断的并购直到19世纪80年代才开始大规模地展开。迄今为止，世界上大多数国家都经历了不同规模的企业并购浪潮。以美国为代表的西方国家为例，已经出现了五次较大规模的并购浪潮，[①] 而始于2006年的并购浪潮以一种领先者的姿态超越了经济周期，在《商业周刊》发布的"2006年全球10大热点并购案预测"中，甲骨文、雅虎、时代华纳、IBM等业界巨头都榜上有名，而第六次并购浪潮的热度一直持续至今。

一、第一次并购浪潮

第一次并购浪潮主要发生在19世纪末，并购方式主要是"横向并购"，目的是减少过度竞争，追求规模经济，如图5-3所示。这一时期发生了许多横向并购和行业合并，结果形成了垄断的市场结构，因此，这段并购时期也以产生"大垄断商"为主。

1901~1909年，西奥多·罗斯福总统执政期间，反托拉斯执行逐渐严厉起来，虽然罗斯福的执政并不是导致第一次浪潮结束的最主要原因，但是以"垄断的破

---

① ［美］帕特里克·A.高根著，朱宝宪等译：《兼并、收购与公司重组》，机械工业出版社2007年版。

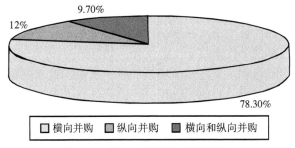

图5-3　第一次并购浪潮类型分布

资料来源：Neil Fligstein. The Transformation of Corporate Control, Cambridge, Mass: Harvard University Press, 1990.

坏者"著称的罗斯福持续不断地对反竞争行为施压。

专栏5-1

第一次并购浪潮中的大型并购案

　　J.P.摩根创建的美国钢铁公司收购了安德鲁·卡内基创办的卡内基钢铁公司以及其他的一些主要的竞争对手，最后形成钢铁巨人——美国钢铁集团。该公司一共收购了785家独立公司，它的产量一度占到美国钢铁行业生产总量的75%。

　　除了美国钢铁集团以外，今天的产业巨头中还有一些也起源于第一次并购浪潮，其中包括杜邦、标准石油、通用电气、柯达公司、美国烟草公司以及航星国际公司（前身是国际收割机公司）。这些公司如今都拥有大量的市场份额，不过有一些在第一次并购浪潮结束时就已经在业界领先，美国钢铁公司就是这样一家公司。除此之外，美国烟草享有当时90%的市场份额，J. D. 洛克菲勒所有的标准石油公司占85%的市场份额。

二、第二次并购浪潮

　　第二次并购浪潮主要发生在20世纪20年代，其并购方式主要是"纵向并购"，即表现为一些已经形成垄断的大企业并购大量中小企业，以达到进一步加强实力和巩固垄断地位的目的。通过这次并购，西方国家普遍形成了主要经济部门被一家或几家企业垄断的局面。与第一次并购浪潮一样，第二次并购浪潮期间也形成了许多一直存活到今天的著名公司，比如通用汽车、IBM、约翰—迪尔公司和联合碳化合物公司等。

　　1926~1930年，一共发生了4600起并购；1919~1920年，制造业、采矿业、公用事业和银行业的1.2万家企业被收购。全国范围内定额铁路运输系统的持续发展以及机动车运输的增长使地区市场不断向全国市场转变。作为家庭的主要娱乐形式，广播的普及增加了公司间的竞争，广告作为产品差异化的形式之一开始被广泛地使用。营销人员利用这种新的广告媒体开始进行全国范围的品牌广告宣传，大规模的广告推销时代来临了。

在第二次并购浪潮中，反托拉斯环境比第一次并购浪潮还要严格。美国国会更加关注市场和垄断权力的滥用，《谢尔曼法》①不能有效制止垄断形成的缺陷也变得越来越明显。于是，1914 年，国会通过了《克莱顿法》，②该法案加强了《谢尔曼法》的反垄断条款。由于有了更严格的反托拉斯法，第二次并购浪潮期间较少产生垄断，更多的是形成寡头和实施纵向并购。

三、第三次并购浪潮

第三次并购浪潮主要发生在 20 世纪五六十年代，其并购方式主要是"混合并购"，约占并购总量的 4/5。30 年代资本主义世界爆发的经济危机，使得持股者要求持有多样化证券，管理者也希望通过多角化经营来分散风险。因此，分散风险就成为这次并购的主要目的。

第三次浪潮期间发生的并购大多数是混合并购而不是纵向或横向并购，因此，并购行为对行业集中度并没有较大影响。所以，尽管并购交易数量众多，但不同行业间的竞争程度并没有太大的改变。第三次并购浪潮期间大约共有 6000次并购发生，造成 25000 家公司消失。尽管如此，美国经济的市场竞争或市场集中度却并没有明显的改变，这与第一次并购浪潮形成了鲜明的对比。第一次并购浪潮结束的时候，许多行业的集中程度都大幅度地提高了。

此次并购浪潮的另一个鲜明特点是，与前两次并购浪潮相反，相对较小的公司收购大公司不再是稀罕的事情了，即出现了"小鱼吃大鱼"的现象。而在前两次并购浪潮中，大多数的目标公司要远远小于收购公司。

四、第四次并购浪潮

第四次并购浪潮开始于 20 世纪 70 年代中后期，盛行于 80 年代。此次并购中，混合并购的比例明显下降，主要是并购同行业或本行业企业。这次并购的规模大大超过了前三次浪潮。第四次并购浪潮最大的特点是敌意收购和杠杆收购起到了重要的作用。

---

①《谢尔曼法》是 1890 年美国国会制定的第一部反托拉斯法，也是美国历史上第一个授权联邦政府控制、干预经济的法案。该法规定：凡以托拉斯形式订立契约、实行合并或阴谋限制贸易的行为，均属违法，旨在垄断州际商业和贸易的任何一部分的垄断或试图垄断、联合或共谋犯罪。违反该法的个人或组织，将受到民事的或刑事的制裁。该法奠定了反垄断法的坚实基础，至今仍然是美国反垄断的基本准则。

②《克莱顿法》于 1914 年 5 月 6 日生效，它正是对《谢尔曼法》的补充。与《谢尔曼法》相比，《克莱顿法》主要起到一种预防垄断的作用，即凡是那些可以合理地预见可能会对竞争产生损害的行为，虽然其实际未产生损害，都是违法的。《克莱顿法》所确定的"早期原则"显然比《谢尔曼法》更有利于打击垄断行为。

敌意收购（Hostile Takeover），又称恶意收购，是指收购公司在未经目标公司董事会允许，不管对方是否同意的情况下所进行的收购活动。敌意收购到1908年时已经成为公司扩张的一种可以接受的形式。此后，公司及其投机合作伙伴将并购游戏看做一种在短期内获得高利润的方法。并购行为是善意还是敌意主要取决于目标公司董事会的反应。如果董事会批准收购提案，那就是善意收购；如果反对，则被视为敌意收购。

杠杆收购（Leveraged Buy-out，LBO）是指公司或个体利用自己的资产作为债务抵押，收购另一家公司的策略。交易过程中，收购方的现金开支降低到最小程度。换句话说，杠杆收购是一种获取或控制其他公司的方法。杠杆收购的突出特点是，收购方为了进行收购，大规模融资借贷去支付（大部分的）交易费用，通常为总购价的70%或全部。同时，收购方以目标公司资产及未来收益作为借贷抵押，借贷利息将通过被收购公司的未来现金流来支付。

第四次并购浪潮与其他三次的不同之处还在于并购目标的规模和知名度。20世纪80年代有一些最大型的公司变成了收购目标，第四次并购浪潮演变成为一次超级并购浪潮。1974~1986年，交易额超过1亿美元的交易数量增加了23倍以上。[①] 这些是第四次并购浪潮与60年代混合并购时期相比最主要的区别所在。在混合并购时期，收购目标以中小型企业为主。第四次并购浪潮时发生的主要是超级并购。

五、第五次并购浪潮

第五次并购浪潮发生于20世纪90年代中期，持续到2005年左右。这次并购的规模是空前的，如1999年，美国微波世界通信公司对斯普林特电话公司的并购金额达到1290亿美元，创下了当时的最高纪录。2000年，美国在线公司收购时代华纳公司，其交易金额高达1840亿美元，再创历史新高。此次并购以许多大型并购为特征。经济在1990~1991年衰退之后逐渐复苏，公司开始寻求扩张，并购则再次被认为是最快捷和最有效的扩张手段。

从区域性来看，第五次并购浪潮确实是一次国际化的并购浪潮。从1996年开始，美国并购交易的价值和数量急剧上升。加拿大的并购数量在整个20世纪90年代一直呈现平稳增长的态势，不过2000年却一下子猛增至两倍多。在欧洲，第五次并购浪潮事实上是从1998年开始的。到1999年，欧洲并购交易的价

---

① 但是值得注意的是，并不是所有行业的并购都在20世纪80年代经历了同样快速的增长。例如，与石油行业在经济中所占份额相比，该行业的并购数量在并购总量中所占的比例要相对高得多，结果就导致该行业出现高度的集中。1981~1985年，石油天然气行业占并购总价值的21.6%。80年代后半期，药物和医疗设备企业的并购交易最为普遍。某些行业发生尤为频繁的并购交易，其原因之一在于管制的解除。例如，在航空业解除管制后，机票价格的竞争更加剧烈了，某一些航空业公司因为不能有力地参与竞争而导致竞争地位下降，结果使该行业发生大量的并购。类似由竞争引起的并购也大量发生在银行业和石化行业。

值几乎与美国持平。欧洲国家中，英国排在德国和法国之后，在交易数量上位列第三。自 1998 年起，亚洲的并购交易价值和数量也开始显著地增加，其中大部分交易发生在日本。

六、第六次并购浪潮

2004 年以来，随着新兴经济体的不断崛起，全球的第六次并购浪潮拉开了序幕，并在 2006 年时达到一个高潮。根据汤普逊金融公司的统计，全球已宣布的并购总额达到 25467 亿美元，较 2005 年同期增长 32%。[①] 2006 年前半年全球并购交易额居前 10 位的行业分布如表 5-1 所示。

表 5-1　全球并购交易额前 10 名行业分布（2006/1~2006/6）　单位：亿元

排名	行业	金额	排名	行业	金额
1	金融业	2716	6	石油和天然气业	1102
2	电信业	2594	7	金属和钢铁业	843
3	公用事业	1993	8	交通业	809
4	房地产业	1451	9	采矿业	799
5	保健业	1108	10	建筑业	778

资料来源：徐清军：《主要国家吸引外资与对外投资数据分析》，商务部驻英国使馆经商处，2006 年 7 月 11 日。

第六次并购的典型特征主要体现在新兴市场力量的日益崛起。随着新兴市场经济体的整体兴起，涉及新兴市场经济体企业的并购活动显著增多，成为第六次并购浪潮的一大重要特点，其中来自拉美、亚洲等新兴市场的并购活动受到了很大的关注。[②]

在亚洲，并购一直是国际直接投资的主导力量，2000 年跨国公司并购总额所占比重就达 9 成左右。到了 2005 年，亚洲地区的跨国并购活动继续大幅增加，截止到 10 月中旬，在金融服务、公用事业及能源等领域，除日本外的亚洲并购交易额达到 1560 亿美元，比 2004 年全年增长了 57%。中国作为亚洲发展中国家的代表，并购活动备受关注。为了抢占强劲增长的中国市场，近年来外资纷纷与中国企业合作，设立分支机构。截至 2006 年 1 月 30 日，共发生了 61 起与中国有关的跨国并购事件，其中 37 起已披露价格事件的并购总额高达 78.12 亿美元。在这 61 起跨国并购事件中，一半以上是外资并购中国公司。

而近年来，中国企业走出去的呼声日益高涨，从 2005 年中海油竞购优尼科失败，再到 2010 年吉利成功收购沃尔沃，中国企业已经成为主流并购市场上的

---

① 《前三季度全球并购超 2.5 万亿美元中国印度被看好》，http://biz.163.com，2006 年 11 月 15 日。
② 赵静：《第六次并购浪潮中的资源型并购研究》，浙江大学，2007 年 6 月。

生力军!

专栏 5-2

"中国穷小子迎娶瑞典公主"：吉利并购沃尔沃

2010年8月2日，浙江吉利控股集团有限公司和福特汽车公司在英国伦敦举办交接仪式，正式将福特旗下沃尔沃轿车公司的资产交割给吉利。至此，吉利收购沃尔沃完成了所有法定程序，成为中国汽车企业成功收购国外豪华汽车企业和品牌的第一宗案例，为中国汽车工业由大变强迈出了重要一步。吉利的创新与造车理念和沃尔沃在安全、环保领域的领先技术将实现融合。

2010年3月28日，吉利签署股权收购协议，将以18亿美元的价格收购沃尔沃轿车公司，其中2亿美元以票据方式支付，其余以现金方式支付。由于沃尔沃轿车公司总部位于瑞典，又是福特汽车的全资子公司，因此吉利收购沃尔沃要通过欧盟和美国政府的审批。7月6日，欧盟通过了对吉利收购沃尔沃轿车项目的反垄断审查；在此之前，该交易通过了美国政府的相关审查。7月26日，我国商务部也正式批复核准了这一收购项目。一般地，海外营业收入超过30%就可以被认定为跨国公司，而目前沃尔沃轿车海外营收远高于吉利，吉利成为了我国第一家汽车跨国公司。

第三节 并购类型与动机

一、横向并购

（一）定义

横向并购又称水平并购，是企业扩张的一种基本形式，指并购双方处于同一行业的并购，即竞争者之间的并购。并购企业与目标企业生产相同的产品或提供相同的服务，并且在其他生产经营、销售环节具有相似性或互补性。两家制鞋公司并购成一个公司，一群生产钢的厂商合而为一，都是横向并购。

典型的横向并购有1997年航空制造业的美国波音并购麦道、2000年银行业的美国大通曼哈顿并购第五大银行 J.P.摩根等。通过实施横向并购，企业能够充分利用并购后的规模经济效应来扩大市场竞争力，达到在市场竞争中获胜的目的。

专栏 5-3

全球上演证交所并购风潮①

2011 年初的这次系列并购是证券交易所公司制浪潮后发展的必然结果，是为了扩大市场份额，而且互联网、计算机的广泛应用也提供了技术支持。全球证券交易所并购最近风起云涌，纽约泛欧交易所和德国证券交易所 2011 年 2 月 9 日联合发表声明称，双方可能会合并组成全球最大的交易所运营商。伦敦证券交易所 8 日宣布收购加拿大多伦多交易所母公司 TMX 集团。而新加坡交易所之前向澳大利亚外国投资审查委员会申请收购澳大利亚证交所。

根据纽约泛欧交易所和德国证券交易所的协议，交易如果完成，纽约泛欧交易所的股东将持有新公司 40%~41% 的股份，德交所的股东持股份额将达到 59%~60%，新公司总部将设在荷兰。《华尔街日报》分析称，对纽约而言，这桩并购表明纽约在世界金融舞台上的主导地位日渐衰落，也说明美国华尔街传统金融机构的重要性大不如前。

新加坡交易所首席执行官伯克尔日前表示，交易所整合是全球大势，而且趋势只会加快。但并购之路并非平坦，2010 年 10 月新加坡交易所提出收购澳大利亚证交所，至今仍未获得澳大利亚监管部门批准。而有分析认为，欧洲监管部门可能对纽约泛欧交易所和德国证券交易所合并后公司在衍生品市场占有率上存有担忧。

（二）动机

1. 规模经济与横向并购

企业间的竞争实质上是效率的竞争。通过并购，尤其是横向并购扩大生产规模，能有效地实现规模经济，降低生产成本，强化市场竞争优势。

从微观层次看，企业横向并购会引起工厂规模的扩大，从而产生工厂规模经济。工厂规模出现经济性的根本原因是工厂规模扩大所导致的特定生产要素的重新组合，如使用更加先进的技术或工艺、专业化分工与协作的形成、学习效果的产生以及建设费用的降低等。

从更高层次看，企业并购会扩大企业的规模，形成企业规模经济。企业作为制造销售产品的组织，必须管理和经营与此相关的所有工厂。除了通过扩大工厂规模达到一定程度来降低单位成本以外，企业也可能通过管理和经营多个具有经济规模的工厂来进一步获取经济性。这些经济性不是大工厂的经济性，而应当被描述为多工厂企业的经济性。具体来讲，企业规模经济可以通过管理费用的分

---

① 改编自姜炯：《全球上演证交所并购风潮》，《中国经济时报》，2011 年 2 月 14 日。

摊、营销资源的综合利用、原材料购入的批量采购、融资能力的提高等途径实现。[1]

2. 市场势力与横向并购

市场势力理论认为，并购活动的主要动因在于借助并购企业可以扩大市场势力和操纵市场。持有这种动机的企业通过并购，利用目标企业的资产、销售渠道和人力资源等优势，实现企业低成本、低风险的扩张，可以减少竞争对手，从而增强对企业经营环境的控制，提高市场占有率，并保持长期的获利机会。市场势力理论的核心观点是增大企业规模将会增大企业的市场势力和控制能力。

专栏 5-4

市场势力之争：360 与 QQ 之丛林大战

2010 年 11 月 3 日，腾讯与 360 之战爆发最新冲突！腾讯称装有 360 的电脑将停止运行 QQ 公开信发表后，360 表示将保证和 QQ 同时正常使用，腾讯方暂停 WebQQ 内使用，360 下线了扣扣保镖。这是中国互联网史上影响人数最多的一次热点事件。从本质上看，360 与 QQ 的这场恶斗归根到底就是一场"市场势力"之争。中国的互联网界，至今遵循的仍是丛林法则，强欺弱、大压小，强大者的言行就是游戏规则。腾讯抛给 6 亿用户的"二选一"，就是丛林法则最真实的写照。它一年的营收规模差不多可以达到 200 亿元，这几乎等于整个中国互联网产值的 1/5。其他互联网公司，要么忍气吞声，要么小声发几句牢骚，大家都怕它，同时恨它，但却没办法。

2010 年 11 月，为有效保护用户合法权益，维护公平有序的互联网市场秩序，工业和信息化部已明确要求两公司以用户合法权益为重，立即停止一切损害用户合法权益的行为；对两公司侵犯用户合法权益、造成恶劣社会影响行为，给予通报批评；责令两家公司停止互相攻击，加强沟通协商，严格按照法律的规定解决经营中遇到的问题，并公开向社会道歉，妥善做好用户善后处理事宜；责令两公司从本次事件中吸取教训，认真学习国家相关法律法规，强化职业道德建设，严格规范自身行为，杜绝类似行为再次发生。

二、纵向并购

（一）定义

纵向并购，又称垂直并购，是指处于生产同一（或相似）产品不同生产阶段的企业间的并购。如轧钢厂、炼钢厂与铁矿生产企业的并购，养蚕、织丝、服装企业之间的资产结合，都是纵向并购。从纵向并购的方向来看，有前向并购和后向并购，前者是指生产原材料的企业通过并购进而向经营第二次加工阶段的业务

---

[1] 杨公朴：《产业经济学》，复旦大学出版社 2005 年版。

扩展，或者一般制造企业通过并购向经营流通领域等业务扩展；后者指装配或制造企业通过并购向零件或者原料生产等业务扩展。

纵向一体化是纵向并购的具体表现形式。企业通过实施纵向并购可以在获得被并购企业的同时，得到所需资源，也可以通过纵向并购达到进入某一行业的目的，完成企业的产业扩张。

（二）动机①

1. 交易成本与纵向并购

按照威廉姆森的思路，如果交易中包含一种关系的专用性投资，则事先的竞争将被事后的垄断或买方独家垄断所取代，从而导致将专用性资产的准租金攫为己有的"机会主义"行为。这种机会主义行为在一定意义上使合约双方相关的专用性投资不能达到最优，并且使合约的谈判和执行变得更加困难，因而造成现货市场交易的高成本。当关系的专用性投资变得更为重要时，用传统现货市场去处理纵向关系的交易费用就会上升。因此，纵向一体化可用以替换现货市场，因为在纵向一体化组织内，机会主义要受到权威的督查。

2. 产权理论与纵向并购

产权理论集中分析事前投资激励，并假定交易在事后是可以有效率地执行的，由于不合适的产权安排所导致的无效率反映在事前投资扭曲中，而且这些投资扭曲是其分析的重点。基于这样一些假定，所有权的合适安排或决策制定权威将减轻事后可剥夺准租金分割的要挟效应以及对事前投资所产生的负面影响。

Grossman 和 Hart（1986）从制度安排是经济主体间权力配置的角度，从资产专用性和契约不完全性的前提出发，采用剩余控制权研究了所有权结构对交易双方事前投资激励的影响。②通过比较不同情况下投资激励的扭曲程度来计算一体化的收益和成本，揭示出企业选择一体化抑或非一体化的原因。当一个企业的投资决策相对其他企业的投资决策而言特别重要时，一体化是最优的，当双方的决策都相当重要时，非一体化是可取的。一体化是否必要，取决于契约双方配置所有权是否能使事前投资扭曲最小。

三、混合并购

（一）定义

当并购与被并购企业分别处于不同的产业部门、不同的市场，且这些产业部门的产品没有密切的替代关系，并购双方企业也没有显著的投入—产出关系时，那么称这种并购为混合并购，或多元化并购。

美国联邦贸易委员会对于不同类型并购的划分和统计发现，随着经济水平和

---

① 唐晓华：《产业经济学教程》，经济管理出版社 2007 年版。
② 陈郁编：《企业制度与市场组织——交易费用经济学文选》，上海三联书店 1995 年版。

经济环境的变化，并购的形式逐渐呈现出由 20 世纪初的横向并购转向混合并购的趋势。1926~1930 年，横向并购占所有并购的 3/4，而近几十年来，跨行业的大企业间的混合并购却最为流行，约占所有并购的 4/5。[①] 其中，在 20 世纪 60 年代到 70 年代初期，发生在制造业和采矿业中的大规模并购中约 80% 属于混合并购。

（二）动机

1. 范围经济与混合并购

企业采取混合并购的动机之一是获取多元化经营的范围经济效益。范围经济（Economics of Scope）的概念是由潘则（Panzer）、威利格（Willig）和鲍摩尔（Baumol）等提出的。[②] 他们指出，当两个或多个产品生产线联合在一个企业中生产比把它们独立分散在其生产一种产品的不同企业中更节约时，就存在范围经济。范围经济揭示了企业从事多产品生产的成本节约现象。

一般地讲，范围经济主要来源于共用要素的充分利用，一旦这种共用要素为生产一种产品而投入，无须增加太多的费用甚至无须代价就可以部分地或全部用于生产其他产品时，就会产生范围经济。例如，甲企业生产 100 辆自行车和 200 辆三轮车的总成本，低于乙企业生产 100 辆自行车成本和丙企业生产 200 辆三轮车成本之和，这就存在成本节约。显然，范围经济会刺激企业之间进行并购，两个企业的利润有可能因并购引起的成本下降而增加。

专栏 5-5

汽车金融服务业

汽车金融服务业是一个实现范围经济的产业。不仅买车可以贷款，而且汽车消费的多个环节也可引入金融服务，比如安全保障、维修、燃油等。国外汽车金融服务的范围十分广泛，购车、租车可以贷款，应收账款可以贴现，可以证券化，汽车可以上保险，也可以借助银行卡为个人的汽车消费提供一揽子金融服务，这些都能产生因服务范围扩大而带来的互补效应。范围经济不仅使汽车金融公司的各项业务获得互补，而且在强化客户忠诚度的同时，有利于全面监控客户的风险，实际上降低了汽车金融公司的经营风险。

---

2. 风险降低与混合并购

降低经营风险是企业进行混合并购的动因之一。当企业通过混合并购将生产经营扩展到与原经营领域相关性较小的行业，就意味着整个企业在若干不同的领域内经营。这样，当其中的某个领域或行业经营失败时，可以通过其他领域内的

---

① 克拉克森、罗杰·米勒：《产业组织——理论、证据和公共政策》，上海三联书店 1989 年版。

② Panzar J. C., Willig R.D. Economics of Scope.American Economic Review, 1981, 71（2）: 268-272.

成功经营而得到补偿，从而使整个企业的收益率得到保证。如果企业混合并购了一个与原企业收益率完全负相关的企业，且双方经营规模相当，那么并购后的企业几乎可以得到一个完全平衡的收益率。即使不是这种极端的情况，混合并购后的企业的收益率变动程度也大大低于混合并购前的变动程度。因此，即使混合并购不能使企业的期望收益额增加，也能降低收益的变动范围，使企业能更稳定地获得这种收益。

第四节　并购与市场集中度

一、基本观点

横向并购将使一个行业的市场集中度提高。一些学者认为，至少有 50% 的集中度提高是由并购引起的。为了分析并购对集中度变化的影响，一般可以采用以下这种基本方法。从开始年份到结束年份发生了若干起并购案例，开始年度的集中度为 C_1，将发生并购的工厂的基本资产值加总起来作为新的整体计算的集中度为 C_2，如果结束年份的市场集中度为 C_3，那么由并购造成的集中度变化的比率的计算公式为：

$$\frac{C_2 - C_1}{C_3 - C_1} \times 100\% \tag{5-1}$$

Saronovitch 和 Sawyer（1975，1976）统计出在 1975 年底就已经有 70% 的英国企业（资产大于 500 万英镑）主要从事制造业和商业活动（金融业、农业、矿业不包括在统计范围内）。通过对 1958~1967 年总体集中比率变化的分析，主要指标是 CR_{25}、CR_{50}、CR_{100}，揭示了并购的影响效应。从表 5-2 中可以看出，至少有 50% 的集中度提高是由于并购造成的。[①]

表 5-2　并购对集中度的影响

集中度	1958	1967	并购的影响比率
CR_{25}	31.37	35.28	110
CR_{50}	40.92	49.23	62.3
CR_{100}	51.65	62.03	54.3

资料来源：Saronovitch、Sawyer：《并购发展与集中》，《牛津经济报》，1976 年第 3 期。转引自干春晖：《产业经济学教程与案例》，机械工业出版社 2006 年版。

---

① Saronovitch，Sawyer：《并购发展与集中》，《牛津经济报》，1976 年第 3 期。转引自干春晖：《产业经济学教程与案例》，机械工业出版社 2006 年版。

巴顿和谢尔曼（Bahon and Sherman，1984）的经验研究也证实了市场效应的存在。[1] 他们通过考察 1976 年和 1979 年两个相继发生的并购对差别化品牌的缩微胶卷的相对价格影响发现，前者使产业中主导企业在重氮基缩微胶卷市场的份额从 40% 提高到 55%，同时重氮基缩微胶卷产品的价格较多孔缩微胶卷提高了大约 10%；后者则使多孔缩微胶卷市场上主导企业的份额从 67% 提高到 93%，并且多孔缩影胶卷的价格较重氮基缩影胶片产品的价格上升了 1/3。

然而，也有学者认为，企业并购只能在短期内提高市场集中程度，不能长期地保持较高的市场集中。Burgess（1989）分析了在 19 世纪和 20 世纪之交美国的并购浪潮及随后的市场集中变化情况，见表 5-3。

表 5-3　美国 10 个被选产业的市场集中度变化情况

企业名称	市场集中度			
	企业并购时		若干年后	
	%	年份	%	年份
标准石油公司	88	1899	67	1909
美国糖业公司	95	1892	49	1907
国家食品制造公司	70	1890	45	1899
葡萄糖生产公司	85	1897	45	1901
国家纸业公司	66	1898	30	1911
美国马口铁容器公司	95	1899	54	1912
美国烟草公司	93	1899	76	1903
美国罐头公司	90	1901	60	1903
美国钢铁公司	66	1901	46	1920
国际收割机公司	85	1902	44	1922

资料来源：Giles H. Burgess, J. Industrial organization, Prentice Hall, 1989: 91-92. 转引自王俊豪等：《现代产业组织理论与政策》中国经济出版社 2000 年版。

由表 5-3 可见，标准石油公司等 10 家大型企业在实行并购时，市场集中度都相当高，但经过若干年后，市场集中度大幅度下降。其中，美国糖业公司、国际纸业公司和国际收割机公司的市场集中度降低了 36%~46%。

二、案例

（一）医药产业[2]

医药"十二五"规划鼓励提高行业集中度，《关于加快医药行业结构调整的指导意见》明确整合方向，医药行业将在政策推手下进入集中整合时代，而"做强做大"是医药行业重组并购在未来一段时间内的持久性主题。

---

[1] 斯蒂芬·马丁：《高级产业经济学》，上海财经大学出版社 2003 年版。
[2] 邢佰英：《医药重组"求同式"并购风行，提升集度是主旋律》，《中国证券报》，2010 年 11 月 24 日。

Wind 统计显示，2010 年以来累计发生 145 起与医药资产有关的并购事件。其中，购入医药资产较多的上市公司包括复星医药（600196）、上海医药（601607）、南京医药（600713）、一致药业（000028）、华润三九（000999）等。从中可以看出，医药流通行业的并购活动频繁，而子行业龙头企业的并购积极性较高。

业内专家表示，医药行业并购活动较多的原因除了医药企业天然的现金流状况较好之外，行业"数量多、实力良莠不齐"的现状也存在并购整合的客观需求。近期医药行业内就出现了以业务协同性为目标的并购重组，并购之后往往形成强势，进而形成竞争特色。其中，2010 年 6 月 3 日登陆中小板的贵州百灵（002424）IPO 原本计划募集 3.5 亿元，却意外地融到了 14.6 亿元。面对超募的11.1 亿元，贵州百灵董事长姜伟表示将全部用来整合苗药资源，并购重组苗药企业。11 月 16 日，贵州百灵公告其与贵阳市政府签署了《百灵苗药工业园投资意向合作协议书》，粗略算来，公司将在贵州省修文医药产业园投资达到 7.5 亿元。

近期，贵州益佰制药（600594）有关人士透露，公司正在与 4 家苗药企业酝酿整合，组建贵州苗医药集团。这意味着贵州省内的苗药整合正蓄势待发。

近年来通过不断并购提升自身市场占有率的科伦药业（002422）计划继续实施扩张型战略。公司上市后，科伦药业先后收购安阳大洲 90% 股权和浙江国境85% 股权，加速产业扩张。

此外，还有企业正在酝酿并购整合，实现业务的协同性与互补性。例如，嘉应制药（002198）在中报披露时提到，公司经营性现金流量比较充沛，但从打造完整的产业链、扩大产能和提高技术研发能力来看，需通过多种融资渠道，包括资本市场再融资以及适度的银行信贷等方式募集资金，收购相关资产，做大做强。

在医药行业尤其是流通领域，"大鱼吃小鱼"、"强强联合"式的并购比较普遍，其中以流通行业的"三巨头"——国药、新上药、新华润为代表的在全国"圈地"式并购直接促进了流通行业集中度的提升。

其中，国药控股从未停下其在全国大幅并购的脚步。2010 年 4 月，国药控股与重庆民营医药巨头昌野达成初步协议，昌野旗下的批发业务全部注入国控重庆，这家合资公司将由国药控股占 67% 的股份，昌野占 33% 的股份。昌野原有的 1000 多家连锁药房则依然独立经营，但与国控旗下的国大药房达成合作协议。

在东北，国药控股收购了大连美罗药业（600297）旗下的批发和零售连锁资产；在华东地区，有传闻称国药控股将重组国内第四大医药流通企业南京医药（600713），但这尚未得到有关各方的证实。

华润医药对北药集团的收购也在 2010 年尘埃落定。2010 年 7 月，华润医药与北药集团签署《关于北京医药集团有限责任公司及华润医药集团有限公司的重组协议》，此举使得新华润在收入和利润规模上仅次于国药。

2010 年初，上海医药（600849）、中西药业（600842）、上实医药（600607）换股合并为新上海医药，如今上海医药正将持续通过商业收购和合作实现从"区域龙头"向"全国龙头"的飞跃。

近期登陆上交所的医药流通民企龙头九州通（600998）也表态将积极参与流通行业的并购，市场预期届时流通行业将再度掀起并购潮。

（二）啤酒产业 [1]

随着啤酒巨头在全国范围内加速并购，2010 年中国啤酒市场的品牌集中度达到空前的高度。但是随着可并购的资源越来越少，巨头间的争夺也日益激烈，同时也可能催生出中小企业为求自保而合纵连横共抗强敌的局面。

2010 年的数据显示，华润雪花、青岛啤酒、百威英博和燕京啤酒四家巨头以 58%的市场份额攫取了 72.5%的行业利润，更多的中小企业在巨头们跑马圈地般的扩张与并购中，生存空间被无限压缩，生存困难加大。

2010 年，雪花先后拿下河南悦泉啤酒和奥克啤酒，还在浙江市场拿下西湖啤酒 45%的转让股权；燕京收购了河南第三大啤酒企业月山啤酒和内蒙古金川保健酒公司；嘉士伯在众多质疑声中拿下重庆啤酒 12.25%转让股权，控股重啤；青啤则先后收购太原嘉禾啤酒和山东新银麦啤酒。

据苏赛特商业数据有限公司董事长李保均介绍，自 2001 年起国内啤酒市场发生了超过 80 次的收购、兼并、参股事件，平均每年发生 9 起，皆源于经济的复苏，2010 年的收购事件更为频繁。据统计，目前国内中小型地方啤酒企业仅剩 8 家，可供巨头收购的企业资源越来越少。进入 2011 年后，并购速度将不可避免地放缓。

自 2010 年以来，雪花啤酒加大力度杀入北京、山东，直捣燕京啤酒和青岛啤酒的大本营。可以看出，巨头加大力度在全国进行并购"招兵买马"的同时，还要应对对自身更具威胁的其他强势企业。2010 年上半年，雪花啤酒大举进攻燕京啤酒大本营，加大在北京市场的布局，受到燕京啤酒的极力抵抗，双方经销商爆发了激烈的争斗，甚至发生肢体冲突。随后，在全国的市场上爆发了雪花啤酒与青岛啤酒的纠纷。一时之间，国内啤酒三巨头全部陷入了为争市场而引发的终端争夺的旋涡，是非曲直至今难有定论。

此外，啤酒业巨头的发展也进入了整合期，青岛啤酒开始侧重对品质和利润的追求，雪花啤酒则急于扭转低端形象，百威英博忙于品牌的整合，燕京啤酒和嘉士伯则分别向南部和西部进军。虽然发展各有侧重，但是争夺丝毫没有停止。而巨头竞争的同时，各地方品牌也不会坐以待毙。李保均表示，接下来，有些不甘心被巨头吞并的企业可能会以合纵连横的方式共同抵抗巨头们的强大攻势。

---

[1] 李冰：《啤酒业品牌集中度空前提高　并购速度明年将放缓》，《北京商报》，2010 年 12 月 27 日。

本章小结

并购的内涵非常广泛，一般是指并购（Merger）和收购（Acquisition）。"并购"又称吸收合并，指两家或者更多的独立企业、公司合并组成一家企业，通常由一家占优势的公司吸收一家或者多家公司。"收购"是指一家企业用现金或者有价证券购买另一家企业的股票或者资产，以获得对该企业的全部资产或者某项资产的所有权，或对该企业的控制权。

企业的并购浪潮具有周期性的特点。迄今为止，全球范围内已经发生了六次较大规模的并购浪潮。第一次并购浪潮主要发生在19世纪末，并购方式主要是横向并购，目的主要是减少过度竞争，这段并购时期也以产生"大垄断商"为主。第二次并购浪潮主要发生在20世纪20年代，其并购方式主要是纵向并购，即表现为一些已经形成垄断的大企业并购大量中小企业，以达到进一步加强实力和巩固垄断地位的目的。第三次并购浪潮主要发生在20世纪五六十年代，其并购方式主要是混合并购，分散风险就成为这次并购的主要目的。第四次并购浪潮开始于20世纪70年代中后期，盛行于80年代，这次并购的规模大大超过了前三次浪潮，其最大的特点是敌意收购和杠杆收购起到了重要的作用。第五次并购浪潮发生于20世纪90年代中期，持续到2005年左右，这次并购的规模是空前的，从区域性来看，第五次并购浪潮也是一次国际化的并购浪潮。随着新兴经济体的不断崛起，全球的第六次并购浪潮在2004年拉开了序幕，并在2006年时达到一个高潮，涉及新兴市场经济体企业的并购活动显著增多，成为第六次并购浪潮的一大重要特点，其中来自拉美、亚洲等新兴市场的并购活动受到了很大的关注。

横向并购又称"水平并购"，是企业扩张的一种基本形式，指并购双方处于同一行业的并购，追求"规模经济"与"市场势力"横向并购的主要动机；纵向并购又称"垂直并购"，是指处于生产同一（或相似）产品不同生产阶段的企业间的并购，产权理论和交易费用理论是纵向并购动机的主要理论基础；当并购与被并购企业分别处于不同的产业部门、不同的市场，且这些产业部门的产品没有密切的替代关系，并购双方企业也没有显著的投入产出关系时，那么称这种并购为"混合并购"或"多角化并购"，混合并购的主要动机是追求"范围经济"和"分散风险"。

关键术语

并购　横向并购　纵向并购　混合并购　敌意收购　杠杆收购　规模经济
市场势力　交易费用　产权理论　范围经济　市场集中度

思考题

1. 横向并购、纵向并购、混合并购的动机是什么？

2. 在横向并购、纵向并购、混合并购中，哪一种并购最容易导致垄断性市场结构？

3. 六次并购浪潮的各自特点是什么？

4. 如何看待并购与市场集中的关系？

参考文献

1. 唐晓华：《产业经济学教程》，经济管理出版社 2007 年版。

2. 王俊豪：《产业经济学》，高等教育出版社 2008 年版。

3. ［美］帕特里克·A. 高根著，朱宝宪等译：《并购、收购与公司重组》，机械工业出版社 2007 年版。

4. 干春晖：《并购之路：20 个世界 500 强企业的并购历程》，上海人民出版社 2008 年版。

5. 丹尼斯·卡尔顿、杰弗里·佩罗夫：《现代产业组织理论》，上海三联书店 1997 年版。

6. 多纳德·海、德里克·莫瑞斯：《产业经济学与组织》，经济科学出版社 1998 年版。

7. 克拉克森、罗杰·米勒：《产业组织——理论、证据和公共政策》，上海三联书店 1989 年版。

8. J. 蒂罗尔：《产业组织理论》，中国人民大学出版社 1997 年版。

9. 斯蒂芬·马丁：《高级产业经济学》，上海财经大学出版社 2003 年版。

10. 夏大慰：《产业组织学》，复旦大学出版社 1994 年版。

11. 施蒂格勒：《产业组织和政府管制》，上海三联书店 1989 年版。

12. 奥兹·夏伊：《产业组织理论与应用》，清华大学出版社 2005 年版。

13. 刘吉本：《产业政策学》，经济管理出版社 2004 年版。

14. 杨公朴：《产业经济学》，复旦大学出版社 2005 年版。

15. 邓伟根：《产业经济学研究》，经济管理出版社 2001 年版。

16. 刘志彪：《现代产业经济分析》，南京大学出版社 2001 年版。

17. 金碚：《产业组织经济学》，经济管理出版社 1999 年版。

18. 干春晖：《产业经济学教程与案例》，机械工业出版社 2006 年版。

19. 曹棣泉、常科：《论国药企业竞争优势的构造》，《经济与管理》，2002 年第 6 期。

20. 王万玉：《中国制药业发展研究》，华南理工大学硕士论文，2002 年。

21. 孙国君：《我国医药产业市场集中度浅析》，《中国药房》，2004 年第 10 期。

22. 陈郁编：《企业制度与市场组织——交易费用经济学文选》，上海三联书店 1995 年版。

23. M.S. Greenwood, M.J. Carter. Business Economics: Concepts and Cases, 1997.

24. Panzar J. C., Willig R.D. Economics of Scope, American Economic Review, 1981, 71 (2): 268–272.

25. Willianmson O.E. The Economic Institutions of Capitalism , Free Press, New York, 1985: 56–58.

26. Max.O.Lorenz. Measuring the Concentration of Wealth, Journal of American Statistical Association, Vol.9, 1905: 209–219.

27. Bain, J. S. Economics of Scale, Concentration and Conditions of Entry in Twenty Manufacturing Industries, American Economic Review, 1954, (44): 15–39.

28. Bain, J.S. Relation of Profit Rate to Industry Concentration: American Manufacturing 1936–1940, Quarterly Journal of Economics, 1951, (65): 293–324.

29. George J. Stigler. Monopoly and Oligopoly by Merger, American Economic Review, May, 1950: 23–34.

第六章 市场绩效

教学目的

通过本章的学习使学生掌握市场绩效的评价方法，了解市场绩效与企业绩效的关系，深刻理解市场结构、市场行为和市场绩效之间的多项联系。

章首案例

我国电信行业的改革可谓一波三折，1949~1994 年，中国电信业一直是政企合一的状态，经营权和管理权独家垄断，邮电部是电信政策的制定者和执行者，又是电信企业经营者。1980 年之前，尽管电信行业独家垄断，但是国家对电话资费有严格的价格限制，电信业基本上是不盈利甚至亏损的行业。随着 20 世纪 80 年代后期政府规制的放松，促进了电信业快速发展，但却没有引入竞争，导致邮电部门垄断的定价行为，最显著的是电话初装费用节节攀升。例如在北京，住宅电话初装费由 20 世纪 80 年代的 200 元上升到 1996 年的 5000 元，移动电话的价格最高达到 2.8 万元（联通进入后，中国电信一年内降了 3 次价，一直在 8000~10000 元）。[①] 由于独家垄断的高的定价，因此当时虽然业务量有限，但电信行业的利润率相当高。1999~2002 年，中国电信通过两次拆分，从一家垄断到数家电信运营商共同运营，电信服务资费也在不断下降。但是从现在的情况看，我国的电信行业市场结构基本还处于垄断极高的状态，也维持着高额的利润水平。我们以中国移动为例，中国移动历年的利润情况如表 6-1 所示。

表 6-1 中国移动历年营业额和净利润

年份	营业额（亿元）	增长率（%）	净利润（亿元）	增长率（%）
2005	2430	28.6	535	28.3
2006	2953	21.5	660	23.4
2007	3570	20.9	871	31.9
2008	4123	15.5	1127	29.6
2009	4521	9.8	1152	2.3

资料来源：根据中国移动历年上市财务报表数据整理。

[①] 张维迎、盛洪：《从电信业看政府部门的垄断行为》，《改革》，1998 年第 2 期。

从表 6-1 中我们可以看到，中国移动在近 5 年间不论营业额还是净利润，都维持在较高的水平上，2009 年每天的净利润超过 3 亿元。另据相关的报道，现在我国电信业等垄断行业平均工资加上社会福利是其他行业的 5~10 倍。在世界移动通信业中，净利润超过 10% 的企业很少，像美国最大的移动通信企业 AT&T，利润率只有 1%，而在中国却达到 20% 以上，电信职工的年薪均值达到 5.577 万元，居各行业榜首。传媒披露的中国网通山东分公司月均工资基数 2.13 万元，月人均缴存公积金 6389 元。[①]

通过这个小案例，同学们可以思考一下，中国移动等电信垄断企业拥有较高的利润率水平，但这是否说明这些企业具有较高的市场绩效？如果不是的话，你能找到相关的支撑论据来说明吗？中国电信行业资源配置效率如何？[②]

这个例子引发我们思考，为什么中国移动有每天超过 3 亿元的纯利润，却不一定够说明该行业具有市场绩效呢？市场绩效指的又是什么？我们又该如何比较和衡量不同产业市场绩效的状况呢？这一章我们会围绕着这样的问题进行分析和讨论。

第一节　市场绩效及评价指标

一、市场绩效的概念

市场绩效是评价市场结构、市场行为的重要标志，同时由 SCP 分析框架我们知道，市场结构、市场行为和市场绩效之间是相互影响的双向互动而非单行关系，这一章我们将对市场绩效的有关问题进行分析。关于市场绩效的界定，不同的学者有不同的界定。

苏东水（2000）认为，市场绩效是指在一定的市场结构中，由一定的市场行为所形成的价格、产量、成本、利润、产品质量和品种以及技术进步等方面的最终经济成果。王俊豪（2003）认为，市场绩效是指在特定市场结构下，通过一定的市场行为使某一产业在价格、成本、产量、利润、产品质量、品种及技术进步等方面达到的最终经济成果。它实质上反映的是在特定的市场结构和市场行为条件下市场运行的效率。

产业组织理论对市场绩效的研究主要从两个方面进行：第一，对市场绩效本身进行直接的描述和评价；第二，研究市场绩效与市场结构和市场行为之间的关系。关于市场绩效的评价不仅包含一些可度量的指标，还包括了社会活动的效

---

① 卢立超：《中国电信改革的十大问题》，http://blog.sina.com.cn/s/blog_49afe99e01008c0k.html。
② 干春晖等：《产业经济学教程与案例》，机械工业出版社 2006 年版。

率、公平、稳定和进步等多层次、多方位的内容，这就决定了对市场绩效的评价也必然是多层次、多方位的。

如何定量地反映市场绩效？这是产业组织学者长期以来一直非常关注的问题。下面介绍三个常用的指标，但是必须记住，这些指标并不是完美的，因为它们本身无法同经济活动的目标完全吻合；其次在计算的过程中，还会存在基础数据的不足和偏差。

二、利润率（收益率）指标

这是一个比较常用的重要指标。行业利润率的一般计算公式是：

$$R = \frac{\pi - T}{E} \tag{6-1}$$

式中，R 为税后资本收益率，π 为税前利润，T 为税收总额，E 为自有资本。

利润率是比较直观地分析企业盈利水平的指标，可以反映企业的市场绩效。微观经济学理论认为，在完全竞争的市场结构中，资源配置实现最优，该市场上的所有企业都只能获得正常利润，且不同产业的利润率水平趋向一致。也就是说，产业间是否形成了平均利润率是衡量社会资源配置效率是否达到最优的一个最基本的指标。企业的高利润率似乎证明企业具有较高的竞争力或市场绩效，但是经典经济学理论的解释却恰恰相反。经济学研究的一个中心主题是如何达到资源配置的最优，而最优的市场结构是一个完全竞争的市场（或者说充分竞争的市场），在这样的市场结构下，企业只会获取正常利润而非超额利润，行业或企业利润率越高，市场就越偏离完全竞争的状态。所以高额利润恰恰表明整个行业市场绩效的低下。

以贝恩为代表的产业组织学者相继对不同产业的长期利润率同市场结构的若干要素（如市场集中度）之间的相关关系进行了实证研究。贝恩的研究结果表明，随着集中度的提高，产业长期利润率也有所提高，但是这两个指标之间的正相关度并不显著（相关度系数约为 0.28）。综观而言，所有这些研究都未能证实理论上关于市场集中度与行业长期利润率正相关的结论。其中有些研究发现了两者之间微弱的正相关，有些则根本没有发现，还有一些研究本身存在着严重的数据缺陷或概念错误。[1]

三、勒纳指数

为了避免有关收益率计算的问题，许多经济学家使用一种特别的方法来衡量市场绩效，这就是勒纳指数，勒纳指数是指价格与边际成本的偏离率，勒纳指数度量的是价格与边际成本的偏离率。其计算公式为：

---

[1] 周惠中：《微观经济学》，上海人民出版社 1997 年版。

L = (P – MC)/P   (6-2)

式中，L 为勒纳指数，P 为价格，MC 为边际成本。

勒纳指数的数值在 0 和 1 之间变动。在完全竞争条件下，价格等于边际成本，勒纳指数等于 0；在垄断情况下，勒纳指数会大一些，但不会超过 1。从直接的角度观察，勒纳指数越大，价格与边际成本之间的差越大，市场的竞争程度就越低，行业市场竞争程度越低则行业的绩效越差。

专栏 6-1

勒纳指数与需求价格弹性的关系推导

通过前面的知识我们了解了关于边际成本、边际收益及价格之间的关系，在此我们通过相关的知识进行勒纳指数与需求价格弹性的关系。

由微观经济学的知识我们知道，MR = P $(1 + 1/\varepsilon)$，式中 MR 为边际收益，ε 为需求的价格弹性。对于企业而言，利润最大化的条件为 MR = MC，则根据勒纳指数的计算公式可以进行以下推导：

$$L = \frac{P - MC}{P} = \frac{P - MR}{P} - \frac{P - P\left(1 + \frac{1}{\varepsilon}\right)}{P} = 1 - \left(1 + \frac{1}{\varepsilon}\right) = \frac{1}{\varepsilon} \qquad (6-3)$$

通过上式的推导可以看出，勒纳指数与产品需求价格弹性具有密切关联，需求的价格弹性越小，勒纳指数越大，从而说明行业的经济绩效情况越糟。一般来说，勒纳指数的数值越小，说明市场结构更倾向于竞争，垄断引起的社会福利损失也越少。当然，勒纳指数本身并不能直接度量社会福利的损失大小，而是反映市场存在支配能力时价格与边际成本之间的偏离程度。在现实中，由于边际收益和边际成本很难确定，勒纳指数的计算多通过价格—平均成本加成的方法计算。

资料来源：戴伯勋、沈宏达等：《现代产业经济学》，经济管理出版社 2001 年版。

勒纳指数本身反映的是当市场存在支配能力时价格与边际成本的偏离程度，但是却无法反映企业为了谋取垄断地位而采取的限制性定价和掠夺性定价行为。在实际计算过程中，由于边际成本的数据很难获取，常常会使用平均成本来代替边际成本，但这会导致两者间的较大偏差。

四、贝恩指数

贝恩指数是著名的产业组织学学者贝恩提出的一个衡量产业市场绩效的指标。他把利润分为会计利润和经济利润两种，它们的计算公式分别是：

会计利润 = 总收益 – 当期总成本 – 折旧

经济利润 = 会计利润 – 正常投资收益率 × 投资总额

贝恩指数 = 经济利润/投资总额

贝恩指数代表的是行业的超额利润率。市场中假如持续存在超额利润（或者说经济利润），那么一般情况下就表明该市场上存在垄断势力，且超额利润越高，垄断力量越强。实际上，贝恩指数代表的是行业的超额利润率。

与勒纳指数相比，贝恩指数所要求的基础数据相对比较容易取得，产生系统偏差的可能性就减少了。但是，这两个指标与利润率指标一样，都建立在不完全的理论假定基础上，因为企业或行业所获得的高利润并不必定是通过垄断力量实现的，而确实存在垄断力量的市场的这些指标也不一定就表现得更高，因为垄断企业往往会出于驱逐竞争对手和阻止新竞争者进入的目的而制定低价格，使行业市场显得无利可图。

五、托宾 q

（一）托宾 q 的概念

美国经济学家、诺贝尔经济学奖得主托宾于 1969 年提出了一个著名的托宾 q 系数。托宾 q 表示一家企业的市场价值与企业资产的重置成本的利率关系，市场价值通过企业公开发行股票和债务衡量。托宾 q 是衡量市场绩效的一个指标。

（二）托宾 q 的计算

$$q = \frac{MV}{Q} \tag{6-4}$$

式中，q 表示托宾指数，MV 表示股票市值，Q 表示企业资产重置成本。根据企业资产价值的变化来衡量市场绩效的高低。

当 q > 1 时，说明企业以股票和债券计量的市场价值大于以当前市场价格评估的资产重置成本，意味着企业在市场中能获得垄断利润。q 值越大，企业能获得的垄断利润越大，社会福利损失越大，市场经济绩效越低。

（三）托宾 q 指标的评价

托宾 q 值经常被用来评价企业的市场绩效，使用托宾 q 的优点是避免了估计收益率或边际成本的困难。但使用托宾 q 的困难在于必须准确计算企业的市值和重置成本。企业的市值可以用其发行的股票和债券的市值来计算，但计算企业的重置成本则比较复杂，这里涉及一些除了资本、设备、厂房等显性资产外的隐性资产，一些诸如广告及研发费用等无形资产难以估价，而托宾 q 值的计算中都忽略了这些无形资产的重置成本。

专栏 6-2

托宾 q 引发的 A 股暴跌

2007 年中国股市迎来了一轮罕见的牛市，上证指数一路从 2007 年年初的 1900 多点涨到最高 6124 点，而且在当时极端乐观的股市行情下，一些经济学家竟然预测未来 A 股可以很快突破万点大关，现实中没有只涨不跌的股市，对此轮牛市起到关键作用的因素却成为快速下跌的隐患。但是，不到半年的时间，A 股指数最低点达到 1664 点，较前期最高点 6124 点跌去 70% 以上，数千亿元资产短期蒸发。我们现在就从托宾 q 理论分析一下股市暴跌的原因。

一个产业或企业如何确定其收益率呢？简单的方法是，银行利率应该是一个重要标准。当前银行贷款利息普遍超过 0.8 分月利息，折算成年利率普遍超过 10%，企业从银行贷款是为了赚取更多利润，因此基准收益率应该在 10% 以上，我们假设投资收益率为 10%，那么一只市场股价为 10 元的企业应该以多大业绩来支撑呢？股价 10 元，那么产业投资希望得到至少 $10 \times 10\% = 1$ 元纯利，由于上市公司分红要扣缴 10% 的税，则收益不少于 $1/0.9 = 1.11$。如果股民预期到未来上市公司的业绩很难达到每股 1.11 元的纯收益，但是股市上的股票价格依然维持在 10 元的水平，说明企业价值被市场高估，则投资者会选择抛售股票套现，转做其他投资。从当时的股市价格与上市公司的普遍业绩看，大量上市公司由于热钱涌入，股票市值水涨船高，而实际的公司业绩、投资的重置成本并没有太大变化，按照托宾 q 计算，q 的值远远大于 1，对于中小散户，特别是持有非流通股的股东，会选择在大小非解禁后迅速抛售股票，套取真金白银；而企业会选择将金融资本转换为实物资本进行投资，即减持、发行更多的股票或者重组上市，投资也会因此加速。当然我国本身股票市场的不健全、国家宏观调控政策等都对股市的波动产生影响，但短期内上市公司的市场价值被迅速推高，市场价值和企业重置成本严重失衡，是 2008 年股市暴跌的根本原因，因此有人说当年的股市是由托宾 q 引发的暴跌。

资料来源：作者根据网络文章《托宾 Q 引发的股市暴跌》的相关资料进行改写，http://www.360doc/content/11/0104/20/5378830-8397086.shtml。

市场绩效是一个比较宽泛的概念，上面我们提到的是经典的产业组织理论中在评价市场绩效时常用的指标，但是反映市场绩效还可通过一些非定量的指标进行分析。如反映一个产业的市场绩效，那么资源配置效率是一个重要的核心问题，技术进步也反映企业的技术能力、行业竞争力的提高，因此，我们对市场绩效的评价还要综合考虑。在第二节中我们会重点分析。

第二节　市场绩效的综合评价

我们曾经定义过，市场绩效反映了在特定的市场结构和市场行为条件下市场运行的实际效果。但是，从另外一个角度看，市场绩效也表示产业最终实现经济活动目标的程度。由此可见，绩效的衡量同经济活动的目标密不可分。在产业组织学中，我们研究效率的对象主要不是企业层次上的，而是产业和整个国民经济层次上的，企业效率的提高一方面可能是产业整体绩效提高的表现，因为产业绩效的提高微观上变现为产业内部企业效率的普遍提升，但是某些个别企业绩效的提升恰恰阻碍了整个产业绩效的提高。那么，在对市场绩效进行评价之前，我们就必须首先了解产业和国民经济层次上的目标具体是什么。和商业企业的目标不同，作为国家或政府的目标本身是多元化的，但是从经济学的角度看，社会和国家追求的是社会整体福利的提高，这里包括直接的经济性指标，而更多地还反映国民的福利水平、社会公平性等社会性的指标。

完整的市场绩效评价至少要考虑以下几个目标：

（1）效率目标。效率目标可分为内部效率和资源配置效率。内部效率是指企业或产业内部的产出效率、生产效率等，资源配置效率又分为静态效率和动态效率。静态效率反映的是短期内（或一个时点上）企业或产业的效率，而动态效率多与技术进步密切相关，反映未来产业效率变化的趋势。

（2）平等目标。社会的目标不仅仅追求经济效率、资源的有效配置，还要考虑整个社会不同主体间的公平问题。"马歇尔冲突"从一个侧面反映了这样的问题，如果仅凭市场竞争来进行资源配置，其结果是少数的生产效率高的企业垄断市场，超级企业与大量中小企业处于不平等的竞争地位，因此政府在制定政策时要向中小企业倾斜以维持竞争的对等和公平。有时候效率目标与平等目标是一致的，但更多的时候二者是冲突的。一般来说，机会均等与效率目标比较一致，而过分追求结果等可能会损害效率目标。

（3）社会稳定目标。即保持社会经济稳定发展、避免经济危机、抑制通货膨胀、稳定就业等。只有保持经济稳定才能保障长期的资源配置效率和良好的市场绩效。因此，追求国家经济长期的稳定增长是各国政府不变的目标。

（4）进步的目标。包括产业的技术进步、新技术吸收和创造能力、经济结构的转变和高端提升、制度变迁和文化发展等多方面的内容。

一、资源配置效率

（一）利润率与资源配置效率

规范的微观经济学认为，市场机制的正常运行能保证资源的最佳配置，表现为社会总效用或社会总剩余的最大化，即社会福利的最大化。经济学家们一般用消费者剩余、生产者剩余和社会总剩余三个指标来全面分析和衡量社会资源配置的效率状况。通常消费者剩余和生产者剩余是此消彼长的关系，但是过多的生产者剩余会导致市场上产品总供给不足、产品价格过高的状况，进而给社会福利造成更大的损失。把利润率作为衡量市场资源配置的指标是基于微观经济学中关于市场结构及企业利润率的论证的前提之下，在微观经济学中，认为完全竞争市场是最有效率的市场结构，在完全竞争市场结构中，企业通过完全的市场信息、有效的竞争促使资源在不同产业和企业间自由流动，长期来看各产业和各企业的长期利润率趋同。如果存在高额利润，则说明此市场没有达到完全竞争市场状态，存在一定市场垄断而导致市场效率损失。但现实市场中，完全竞争市场是不存在的，由于信息不对称、进入退出壁垒、技术限制等因素，造成不同产业间利润率的差异。因此，对于利润率是否能够真实反映市场绩效的高低，我们要具体地分析和灵活使用。

（二）产业的市场结构和资源配置效率

微观经济学的理论研究表明，一般情况下，市场竞争越充分，资源配置的效率就越高；与此相反，市场垄断程度越高，资源配置效率越低。

福利经济第一定理表明，完全竞争市场经济的一般均衡是帕累托最优的。一般均衡表明整个经济处于效率状态，因此，所有的消费活动都是有效率的，所有的生产活动也都是有效率的，并且消费和生产活动是协调一致的，即对于任何两种资源，所有消费者的边际消费率全部相等，所有生产者的边际技术替代率都相等，而且边际消费率与边际技术替代率也相等。尽管这个定理本身也存在某些理论上的不严密性，受到了某些学者的质疑，但是对于完全竞争的市场结构能够实现资源配置的最优状态这一点，绝大部分的经济学家是深信不疑的。

与理想的完全竞争市场相比，垄断市场的供应量比完全竞争市场低，而垄断价格通常比竞争价格高。垄断企业通过以较高的价格和较低的产量提供商品，攫取了一部分消费者剩余，使消费者剩余减少；同时，还导致了一部分消费者剩余的永久性损失，即所谓的社会福利的净损失，或称效率损失。正是由于完全竞争市场存在社会福利的净损失，因此这类市场结构并不能达到市场资源配置效率的最优。

当然，垄断所导致的社会福利的损失不仅仅表现在上述一方面，我们知道，垄断企业为了谋取和巩固垄断地位经常需要采取一些特殊的手段并为此支付巨额的费用，比如巨额的广告费用投入和特殊的产品差异化、设置人为的进入壁垒等行为。经济学家认为，只要是为竞争市场所不必要的手段及其开支，都可以看做是一种社会资源的浪费。

（三）市场结构与收益率的实证分析

贝恩对收益率与产业结构之间的关系进行了开创性的研究。贝恩（1951）实证分析调查了 42 个产业并将它们分为两组：$CR_8 \geq 70\%$ 的产业和 $CR_8 < 70\%$ 的产业。与较不集中产业 7.5% 的收益率相比，较集中的产业的收益率为 11.8%。在此基础上，贝恩根据他对进入壁垒程度的估计对产业做了分类。贝恩假设："在高集中度、高进入壁垒的产业中，利润比较高。"

根据 1950~1960 年的数据，曼恩（1966）得出与贝恩相似的结论（见表 6-2）。

他还发现具有极高进入壁垒的产业享受比具有较高壁垒的产业高的利润，而具有较高壁垒的产业又转过来赚得比具有中低壁垒产业高的利润。

表 6-2 产业结构与产业平均利润率关系

CR$_8$ ≥ 70%		CR$_8$ < 70%	
产业	利润率（%）	产业	利润率（%）
汽　车	15.5	鞋　类	9.6
烟　草	11.6	啤　酒	10.9
处方药品	17.9	烟　煤	8.8
酒　类	9.0	水果蔬菜	7.7
钢　铁	9.0	日用品	7.6
所有研究产品的平均数 13.3%		所有研究产品的平均数 9.0%	

资料来源：曼恩（1966 年）引自丹尼斯·卡尔顿、杰弗里·佩罗夫：《现代产业组织》，上海三联书店 1998年版。

通过实证的产业分析可见，产业结构与产业平均利润率具有一定的相关性，说明当市场结构集中度高（市场结构区域垄断）时，产业平均利润率较高，反之亦然。这个实证分析的结论也在一定程度上验证了我们上面有关市场结构与产业绩效的某些推断。

（四）X 非效率

所谓 X 非效率（X-inefficiency），是指某一产业内企业数量越少，市场垄断力量就越大。而垄断企业在不存在市场竞争机制约束的状况下，就会放松内部管理和技术创新，从而导致了生产和经营低效率的现象。这些企业不会自觉按照边际成本或平均成本制定价格，而往往会制定垄断价格，导致社会资源分配的低效率，消费者福利受损。这一概念是由美国哈佛大学教授莱宾斯坦首先提出的。莱宾斯坦提出这个概念的目的，"就是要说明，免受竞争压力的保护不但会产生市场配置的低效率，而且还会产生另外一种类型的低效率：免受竞争压力的厂商明显存在超额的单位生产成本。因为这种类型的低效率的性质当时尚不明了，所以称作 X 低效率"。[1]

莱宾斯坦、费朗茨以及日本产业组织学者马场正雄等人的研究表明，大企业内部存在 X 非效率的主要原因主要包括这几个方面：①企业内不同集团的利益目标不一致。企业是由股东、职业经理、一般雇员等不同利益集团共同组成的。当企业处于垄断地位时，企业没有外患，内部集团的行为目标就会发生分化，各集团都试图追求各自利益的最大化，而不同利益之间又相互制约和影响，从而导致企业效率的下降；尤其是职业经理，他们除了关心利润以外，对企业规模同样很关注，因为企业规模的大小同他们在市场上的声誉和形象息息相关，这样他们

---

[1] 罗杰·费朗茨：《X 效率：理论、论据和应用》，上海译文出版社 1993 年版。

就可能会置效率于不顾而追求单纯的企业规模的扩大。②垄断性企业多为规模巨大的企业，随着企业规模扩大，管理层次增加，信息交换传输量和组织协调的工作量将按几何级数增加。与此同时，由于信息传输或转换中的某些障碍，有意或无意地出现错误的可能性也将大大增加。企业规模扩大导致组织层次增加、信息沟通的速度和质量下降，从而使企业的管理成本上升、效率下降。此外，从团队工作的角度观察，企业越大，成员"搭便车"的动机也往往越强烈，因此必须加强监督和激励。但无论是有效的监督还是有效的激励，成本都是很高昂的。③垄断企业之所以会产生 X 非效率与其面临的市场结构有关，竞争的市场结构会因为竞争而产生外部压力，促使企业提高生产效率、进行技术创新、改进产品质量等而产生效率，如果外部环境没有竞争压力，那么在垄断企业里，上自经营者下至每个成员都会显露出惰性而产生 X 非效率。在垄断的"市场"中，经营企业客观地得到了免于竞争压力的庇护场所，它就没有必要追求成本极小化了。

尽管学者们对 X 非效率的成因作了深入的探讨，但是对于如何测量企业或产业的 X 非效率，却没有给出一个令人满意的答案。

专栏 6-3

我国国有企业 X 非效率存在的原因

与民营企业相比，国有企业在规模、资金、国家的政策扶持等方面拥有绝对优势，为什么有些大型国有企业的效率并不高呢？

来自计划经济时代的管理枷锁

改革开放将我国国有企业从计划经济下政府的怀抱中解脱出来，将其放归竞争激烈的市场经济大森林里，国有企业对于市场经济竞争的不适应日益显现。尽管我国企业管理曾经在一定程度上借鉴了日本、欧、美等国的管理模式，进行了有益的探索，但是，"向市场经济过渡"使我国国有企业管理不可避免地带有过渡期色彩，计划经济时代的管理模式烙印依然清晰。其表现为：我国国有企业大部分决策者是由政府直接任命，严格意义上国企的厂长经理是政府官员而不是一般意义上的企业管理者。政府规则与市场规律具有很大差异性，规则让步于权力，科学和民主决策让步于经验和"拍板"，常常会因为一个错误的决策使整个企业面临绝境，这样的例子屡见不鲜。官本位和权责的严重不对等导致独断决策在国有企业中成为常态，独断的决策模式还由于责任意识单薄而忽视决策的科学性，造成"个人决策、集体负责"这种扭曲的决策行为，直接造成 X 低效率。

国有企业的最终委托人缺位

在现行的国有产权制度下，国有企业里实际上活动着的是形形色色的代理人，而没有可以追溯的最后委托人，从而导致国有企业内的 X 低效率：经营者产生机制的行政化，各级政府或行业主管部门的官员作为一级代理人在非对称信息和激励不足的情况下任命经营者，并且无须为自己的选择承担风险，表现为一种典型的"廉价投票权"，加之租金激励，他们倾向于选择最容易控制或能使自己获得更多好处的经营者，一级代理人缺乏监督激励。而作为二级代理人的经营者在很大程度上拥有对企业的控制权，却并不是最终的剩余索取者和风险承担者，与"利润激励"相比，他们更倾向于寻求"国家租金"。如果经营者规范内部控制制度，加强内部会计监督，只能给自己谋取"国家租金"设置障碍。企业经营决策权过度集中于企业决策者，企业主要领导人既是执行者又是监督者，监事会未能发挥应有的作用，企业内部监督约束机制的缺失难以得到完善。企业控制权的过度集中导致企业职工、债权人在企业决策和日常管理中的影响越来越小；管理者利用一般员工不知情的信息劣势伪造虚假财务信息，侵蚀国有资本，而员工却无法对违反制度者予以揭发。并且，管理者这种道德风险行为又严重制约了他们对员工的监督和激励，引起团队工作效率的下降，造成企业运营的 X 低效率。

企业内部 X 效率的提高相对于资源配置更为重要，一般来讲，企业配置效率的福利损失通常不会超过 1%，而根据莱宾斯坦的研究，由 X 低效率导致的福利损失大约在 7%~18%。因此，国有企业的 X 非效率改善尤其必要，对于我国国有企业的 X 非效率治理问题，我们可以通过弱化政府在国有企业经营中的干预，对于国企高管的定位和激励机制、约束机制要进一步完善，进行进一步的产权改革而明晰相关人员的利益和权责。20 世纪 90 年代后期，我国进行了国有企业改革，虽然出现了一些负面的社会问题，但是从长远来看对推进我国国有企业的发展起到了一定效果。感兴趣的同学可以找一些关于当时国有企业改革的资料进一步的了解。

资料来源：根据汪祝龙：《国有企业 X 非效率的改善途径》一文的内容整理改编，http://www.hbsky58.net/pages/contentshow.asp? id = 2676。

二、产业的规模结构效率

规模经济通常是指产品的单位成本随规模即生产能力的提高而逐渐降低的规律。规模经济可以分为四个层次，即产品规模经济、工厂规模经济、企业规模经济和行业规模经济。在产业组织理论中，规模经济是一个很重要的指标。不过，它考察的对象通常不是某个具体的企业，而是整个产业。下面首先介绍与产业组织学研究最相关的两个层次的规模经济：企业规模经济和行业规模经济。

（一）企业规模经济和行业规模经济

企业规模经济是指企业自身通过横向一体化或纵向一体化扩大产品生产量所实现的规模效益。形成企业规模经济的主要原因在于大规模的专业产品生产可以分摊较低的固定成本，从而产生单位成本的大幅降低。大规模生产还可以通过大批采购提高企业讨价还价能力，大量减少采购成本和销售费用。行业规模经济是指当某个行业总产量扩张时，如果能使行业内部的企业提高专业化程度，降低单位成本，表明行业的长期供给曲线是向下倾斜的，该行业就是一个规模报酬递增的行业。行业的规模效益与行业内企业的外部经济和不经济相关。

（二）产业规模结构效率的衡量

产业的规模结构效率反映了产业经济规模和规模效益的实现程度，是市场绩效的重要方面。从大的产业划分来讲，可分为三大产业，在特定的经济发展阶段需要有效率的产业结构匹配，如果产业结构超前或滞后，可能会影响整体经济发展和提升。而从具体的产业内部以及与相关联产业的关系来看，产业规模结构效率包括产业内部企业的集中度和规模经济效果，还包括产业内企业之间分工协作水平的程度和效率。

对于产业规模结构效果的衡量可以通过以下几个方面：通过达到或接近经济规模的企业的产量占整个产业产量的比例来反映产业内经济规模的实现程度；对于关联企业间协同度可通过实现垂直一体化的企业的产量占流程各阶段产量的比例来反映经济规模的纵向实现程度；对于产业内部生产规模的使用率可通过考察产业内是否存在企业生产能力剩余来反映产业内规模能力的利用程度。

专栏 6-4

中国汽车产业实现规模经济了吗？

汽车工业是一个技术密集、资本密集和规模经济效益显著的产业，规模经济效果突出。国际汽车业内人士认为，国家汽车工业的最小经济规模为200万辆；轿车企业的经济规模为25万~30万辆，轻型载重汽车企业为10万~12万辆，重型载重汽车为6万~8万辆。国外如日本、美国等汽车工业大国，汽车生产企业的年产量均在100万辆以上，产业集中度非常高，而中国汽车企业数量众多，但是生产规模效应微弱。在2002年中国汽车总产量为300万辆，却有122家整车企业（相当于美国、日本、欧洲等汽车企业总和）分布于20多个省市，大多数汽车企业产量少、规模小，产量在5万辆以上的只有10家，而当年通用、丰田公司的产量超过400万辆，比我国汽车产量总和还要多。

表 6-3 2007 年、2008 年全球汽车企业产量排名

排 名	企 业	所属国家	2008 年（万辆）	2007 年（万辆）
1	丰 田	日 本	923.8	949.8
2	通 用	美 国	828.3	935
3	大 众	德 国	643.7	626.8
4	福 特	美 国	540.7	624.8

排　名	企　业	所属国家	2008 年（万辆）	2007 年（万辆）
5	本　田	日　本	391.3	391.2
20	一　汽	中　国	63.8	69.1
23	长　安	中　国	53.1	54.4
24	东　风	中　国	58.9	43.7
25	北　汽	中　国	44.7	45.4
26	奇　瑞	中　国	35.1	42.8
27	上　汽	中　国	28.2	31.3
29	华　晨	中　国	24.2	29.4
30	哈　飞	中　国	22.7	23.1
31	吉　利	中　国	22.1	21.7

资料来源：干春晖：《产业经济学教程与案例》，机械工业出版社 2006 年版。

（三）产业规模结构效率的三种状态

从产业规模结构关系效率来看，规模经济与垄断势力之间存在此消彼长的关系，从现实产业规模结构的关系看，可以分为：①低效率状态，即产业市场上未达到获得规模经济效益所必需的经济规模的企业是市场的主要供应者。这种状态表明该产业未能充分利用规模经济效益，存在着低效率的小规模生产如我国的汽车产业，较低的规模经济效应造成整体产品竞争力低下。②过度集中状态，即市场的主要供应者是超过经济规模的大企业。由于过度集中，大企业垄断势力增强，在这种情况下，过度的垄断造成大企业与中小企业竞争的非对称性。特别是独家垄断或寡头垄断会压抑竞争，造成大企业对市场价格的控制，缺乏改进产品、技术、服务的动力，损害消费者的利益。比较典型的如我国的石化市场，由中国石油和中国石化两家企业绝对控制，造成中国汽油价格较高，消费者福利受损。③理想状态，即市场的主要供应者是达到或接近经济规模的企业。这表明该产业已经充分利用了规模经济效益，产业的长期平均成本达到最低，产业的资源配置和利用效率达到了最优状态。

（四）影响产业规模结构效率的主要因素

产业内的企业规模结构是影响产业规模结构效率的重要因素。企业规模结构是指产业内不同规模企业的构成和数量比例关系，它同时反映了大企业和中小型企业所占的比例。根据不同产业的特点，形成大、中、小型企业按照一定的比例组合的规模结构，有利于整个产业实现生产的协同效应。其中，大企业担负开拓市场、设计新产品、使用大型自动化生产线完成产品总装的工作，中小型企业则通过专业化为大企业提供零部件等配套产品，这样的协作可以从整体上发挥产业的规模经济水平。

市场结构与产业规模效应密切相关，市场结构是影响产业规模效率的直接因素。大量实证研究表明，产业市场的过度集中和分散都会降低产业的规模经济水平。在市场集中度过高的产业中，处于垄断地位的大企业的生产成本常常高于规模较小的企业，因为存在着 X 非效率，同时垄断还会导致整个产业市场的效率损失，使产业无法实现规模经济效益。另外，在市场集中度过低的产业中，存在许多未达到最低经济规模要求的企业，它们之所以会长期存在于市场上，从外部原因看，可能是由于该产业存在很高的退出壁垒，导致资源要素无法合理流动，或者是因为得到了政府的扶持；从内部原因看，可能是企业有效的产品差别化和使用廉价劳动力。从产业总体上看，大量不规模经济的企业的存在导致了产业规模结构的低效率，但是如果从其他目标的角度评价，结论却不尽如此。比如，从社会就业和稳定的目标角度看，政府必须扶持一些小企业，以降低失业率；从消费者效用的满足角度看，小企业能够提供消费者所需要的差异化产品，使他们得到效用的满足，而这些产品常常是大企业不屑于提供或无法实现大规模生产的。因此，对于这个问题，必须加以综合考虑。

三、产业技术进步

产业技术进步是指产业内的发明、创新和技术转移。技术进步的来源是技术创新，熊彼特指出，创新是一个企业持续发展最根本的动力。而产业的技术进步可以外化为企业产品质量提高、效率提升、成本降低等多个方面。在具体产业内部，技术进步渗透于产业的市场行为和市场结构的方方面面，并且最终通过经济增长表现出来。可以说产业技术进步反映了一种动态的经济效率，所以成为衡量经济绩效的一个重要指标。

产业技术进步实际上是众多产业内部企业技术进步的集合，从单个企业看，技术创新是单纯的商业行为，预期的高额利润和市场竞争压力是激励企业技术创新的动力。但是把技术进步放在一个产业的层面，技术创新的绩效不仅与产业内企业的创新投入、创新动力相关，还涉及产业政策、制度、法律等外部环境层面，规范的法律制度、平等有序的市场竞争环境、有利于技术创新的产业政策等都会对产业技术创新的绩效产生直接影响。

（一）企业规模与技术创新

产业组织中，对企业技术创新研究的一个重点问题就是：什么样规模的企业更有利于技术创新？对于此问题，不同的学者给出了不同的解释。同时，在不同的经济发展阶段、不同类型的产业组织中，不同的企业规模对技术创新动力、效果的影响有所不同。熊彼特等人认为，技术创新需要巨大的成本投入、承担巨大的风险，只有大企业才具有足够的资金进行技术研发，并能够承担在开发过程中的失败风险，大企业对技术进步的作用巨大。而且，在研究与开发中也存在着规模经济，大企业比小企业更有能力利用和发挥这种规模经济的效益。由于大企业拥有的市场份额更高，并且多从事多元化经营，因此大企业能够从发明和创新活动的成果中获取更高的收益，并迅速把新技术运用于相关领域。这种观点在很长时间内占据主流理论地位，但实际的状况确实如此吗？

谢勒等人的观点完全相反，他们通过对现实社会中新技术的来源进行统计分析，结果并非与熊彼特等人的结论一致，大量的创新成果来源于小企业而非大企业，他们认为小企业在推动技术进步方面的作用更大，并对小企业在技术创新中的优势加以分析。小企业比大企业更具有竞争压力，而竞争压力促使小企业对技术创新比大企业具有更大的动力。大企业在形成垄断力量的过程中确实会从事技术进步活动，但是垄断地位一旦形成，技术进步的动力和行为就会逐渐消失，市场支配能力反而成为限制技术进步的障碍，因此要保持企业技术创新持续动力，保持活跃的竞争环境是必要的条件。另外，小企业规模小，决策灵活、有效，人员有限会减少人员之间的摩擦，形成有效的管理团队。并且小企业对市场变化有着天生的敏感性，对外部环境变化和技术发展方向有更为准确的判断，并迅速加以实施；同时小企业在发展之初多集中在一个细分领域，更好地发挥分工效应。因此，中小企业才更具有创新绩效，而美国、德国等国家企业创新的现状也验证了谢勒等人的判断。

对于大企业还是小企业更具有创新活力，现在还没有统一的意见，而且大企业和小企业确实在技术创新中各具优势，也有其无可避免的劣势。我们认为，在研究和开发的投入能力方面，大企业确实比小企业强。特别是当前的经济发展环境中，企业的技术创新越来越困难，一项产品技术创新可能动辄数十亿美元，要持续几年甚至十几年的时间，并还要承担超过70%以上的失败概率，这样的特点确实压制了小企业的技术创新。经济学家所做的部分研究数据表明，大企业在发明和创新的投入中所占的比重大于其规模的比重，可见在研究与开发的实际投入方面大企业的确占据了主导地位。这不仅证明了大企业投入的能力，而且也无可否认地表明了大企业技术进步投入的意愿。就实际贡献而言，实证研究表明，大、中、小型企业在发明和创新方面的作用与产业类别、技术进步阶段的特点、专业化分工等因素相关。对此问题，我们要结合具体的产业状况和经济、技术阶段等因素考虑，无法得出绝对的结论。

（二）市场结构与技术创新绩效

从现实状况看，完全垄断的市场结构是创新效率最低的市场结构，原因在于完全垄断市场没有竞争者，在没有市场竞争压力的情况下，垄断企业不需要通过技术改进和创新即可获取垄断利润，因此企业没有技术创新的动力。我国在计划经济下的一些垄断产业就是典型的例子。但现实中，随着经济一体化和国家、地区间市场壁垒的减弱，相关技术产生产品的替代，完全垄断市场几乎不存在。在成本和需求等初始条件相同时，完全竞争产业的创新预期收益高于完全垄断产业的创新预期收益。换言之，完全竞争企业比完全垄断企业有更强的创新动力。

寡头垄断的市场结构中的技术创新。一般认为，在寡头垄断条件下，产品创新更快。原因主要是，具备了一定市场支配力量的寡头垄断企业更着眼于长期目标，它们愿意通过创新巩固垄断地位，它们所占据的高市场份额足以将创新后技术扩散的收益内部化。但是，我们也必须看到，如果一个寡头垄断企业在市场上已经处于支配地位，那么它通过加速技术创新所能得到的市场份额的潜力就很小，自然这种企业就不大可能成为积极的创新者。当然，还有一种情况是，如果处于支配地位的寡头企业受到积极创新的小企业的威胁，它们将不得不加速技术创新以保持自己的领先地位。在寡头垄断的市场结构中，企业数量较多有利于加快技术创新的速度，占有较小市场份额的企业很可能是创新的推动者，尽管处于支配地位的寡头垄断企业的创新速度通常更快。总的来说，较为紧密的寡头垄断不如松散的寡头垄断更有利于推动技术进步，当然一般情况下，寡头垄断的市场结构比完全垄断更有利于技术进步。

表 6-4   市场结构的技术创新比较

	竞争压力	进入壁垒	创新动力	创新效果
完全竞争	很大	很低	强	不确定
垄断竞争	大	低	强	好
寡头垄断	较大	高	较强	好
完全垄断	小	很高	弱	差

资料来源：笔者根据相关资料整理。

（三）新技术在产业市场上的扩散

产业的技术创新效率不仅取决于企业技术创新投入、创新活力，还取决于新技术的扩散的程度和范围。下面我们讨论一下新技术在产业中扩散的过程和影响因素。

一般而言，产业内新技术的扩散表现出三个阶段的特征：第一阶段，扩散初期。新技术出现，但是还没有被大多数企业关注和认识，新技术运用成本高、风险大，多数企业无法肯定创新的价值而不愿意承担新技术投资的风险，因此采取"观望"的态度，致使新技术的扩散速度缓慢。第二阶段，快速扩散阶段。随着新技术在某些企业中证明了它的价值并且创造了更大的收益，其他企业就加紧了模仿的速度，希望通过迅速跟进来分享创新收益，致使新技术的扩散速度加快。第三阶段，扩散晚期。没有采用新技术的企业越来越少，新技术逐渐成为普通技术或落后技术，致使技术扩散的速度再次缓慢下来，同时可能会出现更为先进的技术替代原来的技术，形成新一轮的技术创新和扩散。图 7-1 显示了这个过程。

技术创新本身是一个商业行为，评价技术创新绩效的标准并非技术本身的原创性，更多的是从技术所带来的经济效益和社会效益的角度评价。对于产业技术进步的评价，我们可以通过产业产值中高技术含量产出的比重进行分析。如果在一段时期内，技术的创新导致企业高附加值产品比重增加，低端产品的降低可以在一定程度上反映产业技术的进步。

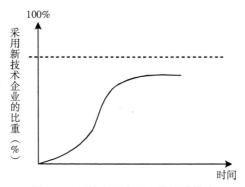

图 6-1 新技术在产业中的扩散模式

技术扩散的速度受内外因素的影响。从外部因素看，包括技术专利制度、技术转移壁垒等，如果国家专利技术转让、专利保护壁垒高，可能会影响技术扩散的速度。从企业的角度看，技术创新的预期收益越高，企业购买、引进技术的动力越强，产业内部技术扩散速度越快；同时技术扩散速度与产业所处的生命周期相关，一般而言在产业成长期，产业市场容量快速扩张，技术创新空间和动力越大，与此同时也是技术创新和技术扩散比较活跃的时期；技术扩散速度还和产业本身属性有关，如产业的劳动密集程度。一般而言，产业目前的劳动密集程度越高，表明用新技术替代劳动生产的空间越大，技术在提升企业生产效率的效果越明显，企业采取此类技术的动机越强，扩散也就越快（如当年福特发明的流水线生产方式，在短短数年迅速推广到很多相似的生产企业中）。同时产业内部企业数量越多，竞争压力也就越强，有利于促进企业加快创新跟进的步伐。平新乔博士的研究发现，两个制造业之间是否发生技术扩散，还受企业经营上或生产上的互补性的影响。如石油加工和炼焦业获得最大技术扩散来自于普通机械业，黑色金属冶炼业获得最大技术外溢也来自于普通机械业。[①]

专栏 6-5

日本经济腾飞依靠什么？

第二次世界大战结束后，日本经济以惊人的速度快速发展，20 世纪 50~70 年代的 20 多年间，日本经济保持年均 8% 以上的发展速度，到了 70 年代初，日本在主要工业品产量和质量方面，达到世界先进水平。我们以日本为例看看技术扩散在产业成长中的作用。

不少学者将日本经济的崛起归因于大量的技术引进，其实技术引进只是表象，真正起到根本作用的在于技术引入后新技术在产业内部及不同产业之间的技术扩散和技术外溢效应。日本当时的技术落后于主要西方工业国家，

[①] 雷家骕、程源等：《技术经济学的基础理论与方法》，高等教育出版社 2005 年版。

因此日本非常注重技术引进。第二次世界大战后的 20 多年间，日本钢铁工业从国外引入技术 2000 余项，其中包含曾导致钢铁工业发生重大六项变革的关键技术。20 世纪 50 年代，日本企业从奥地利引入氧气顶吹转炉技术后，在操作技术和辅助设备等方面进行了不少改进，如研制出多孔喷嘴、高速吹炼、未燃烟气回收装置（OG 法）、氧气顶吹的电子计算机控制等。正是这些再创新大大提高了冶炼转炉的性能和效率，创造了转炉连续冶炼 5000 次以上的最高纪录。同时，日本钢铁企业对引进的技术设备进行大量反求、解析及模仿、扩散，使产业进口设备比率逐年降低。1961~1965 年，除了引入某些关键技术外，机械设备基本做到全部国产。1966~1970 年，除了一些机械厂家与外国公司进行技术协作外，钢铁机械设备全部实现国有化，正式借助技术转移和扩散推动模仿创新和再创新，奠定了日本钢铁工业自主创新发展的基础，使日本迅速成为钢铁大国。同样，在电子、计算机等领域也是如此，通过技术引进、消化吸收和再创新，在短期内实现了在先进技术上的反超越。可见，日本经济发展不仅得益于大量的技术引入，更重要的在于技术引入后，新技术在产业内部企业间、不同产业间扩散和外溢效应。

资料来源：雷家骕、程源等：《技术经济学的基础理论与方法》，高等教育出版社 2005 年版。

（四）产业技术进步的测度

对产业技术进步的测度实际上是比较复杂的，比较直接的方法是通过一些产业中主要企业的技术投入、技术专利申请的数量等指标来测量产业进步的状况。从投入的角度看，产业中企业的研发投入量、科技人员数量及比重、企业拥有的实验室和科研中心的数量等指标可以比较直接地判断产业的投入状况。对于企业而言，科技创新活动的活跃可以带动产业技术的提高，但从投入的角度判断的一个前提基础是投入的科技力量是可以产生创新效果的，但实际上，最终的技术进步绩效不仅与企业投入科技资源的总量相关，还与外部环境、国家制度政策等软环境相关，因此，高的技术投入并不一定能够真实反映技术进步的状况。

对产业技术进步的测度也可以从产业绩效产出的角度分析，如国外很多国家钟情于运用专利数量来衡量企业的绩效，另外还可运用单位产出效率指标如单位产出的能耗、产业生产效率、人员单位产出率等指标对产业或企业的技术进步进行测定。

运用数学计量的方法对技术绩效的实证性的研究在近些年被广泛运用，从促进经济增长的各个因素中，把技术进步的作用单独分离出来，并给以定量的估算，来衡量技术进步作用的变化。基于产业水平对技术创新绩效的实证研究使用的方法主要有两种：一是直接估计行业研发投资对行业全要素生产率的影响；二是基于生产函数方法估计产业产出的研发弹性。

全要素生产率（Total Factor Productivity）最早由索洛（Solow，1957）提出，

是衡量单位总投入的总产量的生产率指标。即总产量与全部要素投入量之比。全要素生产率的增长率常常被视为科技进步的指标，全要素生产率的来源包括技术进步、组织创新、专业化和生产创新等。产出增长率超出要素投入增长率的部分为全要素生产率（TFP）增长率。该方法的主要思路是把宏观或产业的增长归结为资源、劳动力、技术进步和规模效应等几个方面，如果产出绩效增长率高于投入增长率的部分，我们可以归结为技术进步带来的生产效率的提高。全要素生产率的增长率常常被视为科技进步的指标。全要素生产率的来源包括技术进步、组织创新、专业化和生产创新等。

全要素生产率的方法在评价技术进步绩效方面得到较为广泛的运用，如Mansfield（1980）使用1948~1966年美国20个制造业行业的数据，检验了基础研究对行业生产率的影响。他发现，在控制行业运用于应用研发上的支出后，由行业从事的基础研究数量与行业的全要素生产率增长率具有显著的正相关。[1]Coto和Suzuki（1989）使用日本1976~1982年7个3位数行业的数据，检验了研发对TFP的影响。研究发现，日本制造业研发投资的边际收益率（即TFP的研发弹性）大约为40%。[2]Cameron（2004）使用1972~1992年英国19个制造业部门的面板数据，采用异质动态面板模型检验每个部门研发对全要素生产率的影响。他发现，20世纪70年代生产率的下降和80年代的加速在产业间是相同的，样本行业TFP的研发弹性显著为正，系数约为0.24。[3]

柯布—道格拉斯（Cobb-Douglas）生产函数是美国数学家柯布和经济学家道格拉斯共同探讨投入和产出的关系时创造的生产函数。他们根据有关历史资料，研究了1899~1922年美国的资本和劳动对生产的影响，认为在技术经济条件不变的情况下，产出Q与投入的资本K及劳动力L的关系可以表示为：

$$Q = AK^\alpha L^\beta \tag{6-5}$$

式中，Q是产出，K和L分别表示资本和劳动力投入量，A、α和β是参数。A为常数，代表某一特定时期的技术水平；参数α和β分别代表资本K和劳动力L每变动1%所引起的产量变动的百分比，即产出弹性。一般而言，假设规模报酬不变，即$\alpha + \beta = 1$（$0 < \alpha < 1$，$0 < \beta < 1$）。通过柯布—道格拉斯函数，可以通过一段时间内产业资源、人力投入及总产出来分析技术创新对与产业经济增长的作用。

（五）专利制度与技术进步

专利是政府依法授予企业或个人在一定时限内生产或销售某种产品，或者使

---

① 项本武：《技术创新绩效实证研究新进展》，《经济学动态》，2009年第5期。

② Goto & Suzuki. R&D Capital Rate of Return on R&D Investment and Spillover of R&D in Japanese Manu-facturing Industries, Review of Economics and Statistics, 1989, 71 (3): 731-753.

③ Cameron, G.. Openness, R&D, and Growth at the Industry Level. Ph D. Thesis, University of Oxford, 2004.

用某种生产过程或工艺的排他性的权利。专利制度是对创新的产权进行相对有效安排的一种法律制度，即依法赋予发明创造人或其合法受让人以专利权，任何其他的个人或企业生产或销售专利产品的行为都是非法的。法律所承认的专利权，是个人所享有的垄断性权利。专利申请制度有两个原则，一种如美国和加拿大采用发明在先的原则，即谁先发明，专利权就授予谁，但是发明者要提供其发明在先的证据；另一种是大多数国家采用的申请在先的原则，谁先申请，专利权归谁。

创新成果本质上是一种信息，信息可以自由传播，信息的使用和传递不具有排他性。如果信息可以免费获取，而不从法律上规定信息生产者、技术创新者拥有排他性的权利，其他企业可以轻易进行模仿而挫伤创新者进行创新的积极性，从长期来看会阻碍社会的进步。而专利保护制度本身是一个悖论，如果给予的专利保护期过长，又会促使创新者长期在市场形成垄断势力，不利于新技术的传播扩散，造成社会福利的损失。因此，专利保护制度必须在刺激创新和市场垄断势力之间选择一个较优的制度安排。

专利制度作为促进技术进步的手段，对于保护创新者的合法利益、保持创新的活力具有明显效果，主要体现在：①限制模仿。如果没有专利，任何人都可以免费使用新技术信息，并可以合法销售模仿品。这样每个厂商都会产生"搭便车"行为，而不愿意自己进行研发投资，进而造成整个社会创新力的下降。在专利制度约束下，即使专利限制可以被规避，但也会提高模仿成本，延迟模仿者进入市场的时间，降低预期获利水平。②鼓励创新。通过使潜在模仿者承担成本，专利可以给予专利持有者市场力，由此产生一定时期内的垄断地位和市场垄断利润，吸引厂商的研发投资。专利制度就是要使发明者能从其发明成果中获取利润的大部分。通过赋予发明者专利权，社会可以在某些行业中鼓励更多的发明创新，推动社会的进步。③鼓励信息披露。专利保护有两种明显的社会效果：激励更多的研发活动，加快发明速度。另外，专利中对新颖的要求也极大地影响着可能利润和披露动机。一般而言，新颖要求越严格，专利获取越多，创新动机越强；相反，如果颁发专利的数量越少，就越不可能获得专利，创新动机趋弱。因此，新颖原则的严格程度会对收益和动机的权衡产生很大影响。

第三节　市场结构、市场行为与市场绩效

一、市场结构、市场行为与市场绩效的关系

通过前面关于市场结构、市场行为和市场绩效的评述，我们知道，产业组织理论研究的一个核心问题就是关于三者之间关系的讨论。SCP分析范式认为产业结构决定了产业内的竞争状态，并决定了企业的行为及其战略，从而最终决定企

业的绩效。贝恩（Bain, 1958）在吸收和继承马歇尔的完全竞争理论、张伯伦的垄断竞争理论和克拉克的有效竞争理论的基础上，提出了 SCP 分析范式。该范式成为传统产业组织理论分析企业竞争行为和市场效率的主要工具。他认为，新古典经济理论的完全竞争模型缺乏现实性，企业之间不是完全同质的，存在规模差异和产品差别化。产业内不同企业的规模差异将导致垄断。贝恩特别强调，不同产业具有不同的规模经济要求，因而它们具有不同的市场结构特征。市场竞争和规模经济的关系决定了某一产业的集中程度，产业集中度是企业在市场竞争中追求规模经济的必然结果。一旦企业在规模经济的基础上形成垄断，就会充分利用其垄断地位与其他垄断者共谋限制产出和提高价格以获得超额利润。同时，产业内的垄断者通过构筑进入壁垒使超额利润长期化。因而，贝恩的 SCP 分析范式把外生的产业组织的结构特征（规模经济要求）看做是企业长期利润的来源。

传统认为 SCP 分析范式是一个单项影响关系（见图 6-2）。即市场结构在一定时期是固定的，不同的产业结构会产生企业在产业中不同的市场地位，进而影响企业的市场行为选择，如在完全竞争的市场上，企业规模趋同，数量众多，因此企业必然会采取积极的竞争策略，迫于竞争压力不断地进行技术创新、价格战等市场行为；而完全垄断会产生高定价、寡头垄断会产生寡头间的串谋等。最后市场的行为选择又决定整个产业绩效的高低。

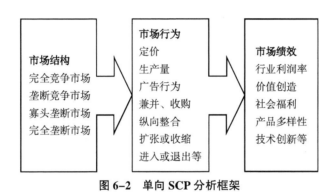

图 6-2 单向 SCP 分析框架

但实际上，三要素间的关系并非简单的单行关系，如反过来市场绩效的好坏也会进一步影响企业的行为选择，如果行业利润率高，会吸引更多的潜在进入者进入，进入后又会造成企业间竞争行为的调整；而且潜在进入企业进入市场行为本身也改变了原来的市场结构。由此可见，市场结构、市场行为和市场绩效之间是相互关联、相互影响的多重关系，同时政府政策在其中也会起到很关键的作用（见图 6-3）。

二、SCP 理论分析框架产生的两个阶段

对于市场结构、市场行为和市场绩效三者之间的关系，产业组织理论的研究

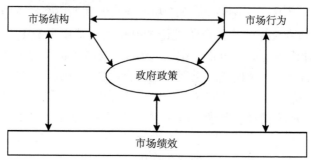

图 6-3   多重 SCP 分析框架

经历了一个不断发展的过程，不同学派的学者在观点上尽管有一定的差异，但都做出了各自的理论和实证贡献。

哈佛大学的梅森和贝恩等人（1959）所创立的正统产业组织学体系在理论上构造了市场结构—市场行为—市场绩效的分析框架（SCP 框架）。这一理论模式的形成大致经历了两个阶段：第一阶段是贝恩提出从市场结构推断竞争效果的"结构—绩效"模式。他认为，判断一个行业是否具有竞争性，不能只依据市场行为（如定价行为）或市场绩效（如是否存在超额利润），而要同时根据该行业的市场结构的若干要素，如市场集中度、进入壁垒等来判断。贝恩对产业组织研究分析的框架，通常是假定市场结构决定市场行为，市场行为再决定市场绩效，其中大多数的分析直接从效果到效果，或从结构到行为、效果的组合。可见贝恩十分强调市场结构对市场行为及市场绩效的决定作用，而忽视市场行为对市场绩效的影响，所以当时人们将贝恩称为结构主义学派。

第二阶段是谢勒在（1970）提出了完整的"市场结构—市场行为—市场绩效"的模式。他认为市场结构首先决定市场行为，继而市场行为又决定市场绩效。他对产业组织理论的发展在于，在看到市场结构对市场绩效的意义的同时，更强调了市场行为的重要性，认为只有通过对不同市场结构的市场行为的具体分析，才能确定市场的效果。

SCP 模式的形成标志着产业组织理论已趋于完善。但是，对于市场结构、市场行为和市场绩效三者之间的关系的探讨并没有就此停止。到目前为止，产业组织学者不再简单地认为结构决定行为、行为决定绩效，他们发现这三者之间的相互关系是非常复杂的。从短期考察，可以把市场结构看成是既定的要素，作为企业市场行为的外部环境，市场结构从某种程度上决定了企业的市场行为，而产业内所有企业的市场行为又决定了市场绩效。归纳起来，在短期内，市场结构、市场行为和市场绩效之间的关系是，市场结构从根本上制约市场行为，市场行为又直接决定了市场绩效。从长期考察，市场结构也在发生变化，而这种变化正是企业市场行为长期作用的结果，有时市场绩效的变化也会直接导致市场结构发生变化。所以，在一个较长的时期内，市场结构、市场行为和市场绩效之间是双向的因果关系。

本章小结

市场绩效是衡量企业行为的标准,通常运用财务指标、社会福利指标、技术进步等方面综合分析。利润率、勒纳指数、贝恩指数等指标在分析市场绩效中的运用。有些指标的计算要素是不容易获取的,要找到替代方法。因此,在评价产业市场绩效时要根据具体情况确定评价指标。产业的资源配置效率是一个重要的方面,通常行业利润率与产业资源配置效率是反向关系。对于规模经济对产业资源配置效率的考验要根据具体情况来验证,既要保证达到较优的规模经济效应,又要防止过度集中造成的垄断势力的出现。

技术进步是产业市场绩效的重要表现,技术进步通过技术发明、技术应用和技术扩散来发挥作用。而创新的效果与市场结构有密切联系,通常来说垄断竞争的市场结构更有利于技术创新。同时企业技术创新与企业规模、产业内部企业组织结构有相关性。

SCP分析框架中,三要素之间的关系是复杂的多重性关系而非单项联系,此三个要素是彼此联系、彼此影响的。

关键术语

市场绩效　企业规模经济效应　SCP分析范式　利润率　勒纳指数　技术创新　资源配置

思考题

1. 如何评价具体产业的市场绩效?
2. 试分析不同规模企业在产业技术进步过程中的地位和作用。
3. 什么是X非效率? X非效率产生的原因是什么?
4. 产业结构与产业资源配置效率有哪些关联? 试加以分析。
5. 试论述市场结构、企业行为和市场绩效之间的相互作用关系。

参考文献

1. 斯蒂格勒:《产业组织与政府管制》,上海三联书店1989年版。
2. 戴伯勋、沈宏达等:《现代产业经济学》,经济管理出版社2001年版。
3. 夏伊著,周战强译:《产业组织理论与应用》,清华大学出版社2005年版。
4. 杨公朴、夏大慰:《产业经济学教程》,上海财经大学出版社1998年版。
5. 李悦:《产业经济学》,中国人民大学出版社2004年版。
6. 唐晓华等:《产业经济学教程》,经济管理出版社2007年版。
7. 王俊豪:《现代产业经济学》,浙江人民出版社2003年版。

8. 张维迎、盛洪:《从电信业看政府部门的垄断行为》,《改革》, 1998 年第 2 期。

9. 雷家骕、程源等:《技术经济学的基础理论与方法》, 高等教育出版社 2005 年版。

10. 罗杰·费朗茨:《X 效率:理论、论据和应用》, 上海译文出版社 1993 年版。

11. 周惠中:《微观经济学》, 上海人民出版社 1997 年版。

12. 干春晖:《产业经济学教程与案例》, 机械工业出版社 2006 年版。

13. 斯蒂格勒著, 王永钦、薛锋译:《产业组织》, 上海三联书店 2006 年版。

第七章 产业结构

教学目的

掌握产业分类、产业结构的基本内涵、产业结构演进理论，重点掌握知识经济时代新一轮产业革命的特点，掌握技术创新与产业结构优化升级的关系。

章首案例

发端于 20 世纪中叶的、以信息技术为代表的新一轮科技革命，在 20 世纪 90 年代显现出了强大的扩散力和驱动力，产生了一大批高新技术产业，并促使传统产业发生了显著变化。基于现代技术创新和技术进步的产业结构变革，使得世界经济，特别是一些发达国家的经济发展进入到了一个新的发展阶段——知识经济时代。作为一种新的经济形态，知识经济的出现，尤其是 20 世纪 90 年代美国知识经济的迅猛发展，给世界经济带来了巨大而深刻的影响。[1]与以往的农业经济、工业经济时代相比，知识经济时代的突出特点是，经济增长不再直接取决于资源、资本等有形要素，而是依靠知识创造、知识积累、知识扩散和知识利用。2005 年底世界银行发布的《国别财富报告》指出，国家越是富庶，自然资源在其资产中所占的比重越低，无形资产比率则越高。根据统计，2000 年全球人均财富为 9.6 万美元，其中，无形资本就占了 78%，远远超过自然资本的 4%，以及生产资本的 17.6%。

资料来源："教育、法治富民强国"，台湾《商业周刊》，2006 年 1 月 9 日，转引自《参考消息》，2006 年 2 月 3 日，第 4 版。

第一节 产业分类[2]

产业就是具有某种同类属性的具有相互作用的经济活动组成的集合或者系

---

[1] 陈继勇、徐涛：《美国知识经济的发展对亚太经济格局的影响》，《世界经济研究》，2005 年第 1 期。
[2] 本章第一、二、三节，根据唐晓华：《产业经济学教程》，经济管理出版社 2007 年版，相应章节进行了精简。

统。产业分类是对构成国民经济的各种活动按一定的标准进行分解和组合，以形成多层次的产业门类的过程。产业分类是分析各产业部门经济活动及其相互联系和比例关系的基础，也是进行产业经济管理的重要前提。

一、三次产业分类

自从人类有了社会分工以来，就有了对产业的划分。所谓三次产业分类，就是把全部经济活动划分为第一产业（Primary Industry）、第二产业（Secondary Industry）和第三产业（Tertiary Industry）。这种分类法最初由费希尔于1935年在《安全与进步的冲突》一书中提出。费希尔认为，与人类经济活动的发展阶段相对应，可将人类的经济活动分为三个产业，其中第一次产业是和人类第一个初级生产阶段相对应的农业和畜牧业；第二次产业是和工业的大规模发展阶段相对应的、以对原材料进行加工并提供物质资料的制造业为主；第三产业是以非物质产品为主要特征的，包括商业在内的服务业。在费希尔提出的三次产业分类的基础上，统计学家克拉克用这种分类方法对经济发展和产业结构变化之间的关系进行了实证研究。不久，这种分类方法流行于世界许多国家，并被称为"克拉克大分类法"。

中国对三次产业分类方法的引入是在20世纪80年代中期，它是根据社会生产活动历史发展的顺序对产业结构进行划分，将产品直接取于自然界的部门称为第一产业，将对初级产品进行再加工的部门称为第二产业，将为生产和消费提供各种服务的部门称为第三产业。具体划分如下：第一产业为农业，包括种植业、林业、牧业、副业和渔业等。第二产业为工业和建筑业，其中的工业包括采掘业、制造业、自来水、电力、蒸汽、热水、煤气的制造和供给业。第三产业指除第一、第二产业以外的其他各业。

由于第三产业包括的行业多、范围广，所以又将第三产业再分为两大部分和四个层次。两大部分分别指流通部门和服务部门，四个层次则指：

第一层次：流通部门，包括交通运输业、邮电通信业、商业、饮食业、物资供销和仓储业。

第二层次：为生产和生活服务的部门，包括金融、保险业，地质普查业，房地产、公用事业，居民服务业，咨询服务业和综合技术服务业，农、林、牧、渔、水利服务业和水利业，公路、内河（湖）航道养护业等。

第三层次：为提高科学文化水平和居民素质服务的部门，包括教育、文化、广播电视、科学研究、卫生、体育和社会福利事业等。

第四层次：为社会公共需要服务的部门，包括国家机关、政党机关、社会团体，以及军队和警察等。

二、标准产业分类

全面的、精确的产业活动统计对一国产业问题乃至整个国民经济问题的研究是必不可少的。此外，各国政府在制定经济政策和对国民经济进行宏观管理时，也需要有一种分类方法。标准产业分类法就是这样一种分类方法。标准产业分类必须具备三个特征：其一，权威性，即这种分类应由权威机构编制和颁布；其二，完整性，即这种分类应尽量详尽，无遗漏之处；其三，广泛的适应性，即这种分类应便于进行比较分析。

联合国为了统一世界各国产业分类，曾颁布过《全部经济活动的国际标准产业分类索引》，它把全部经济活动首先分解为十大项，在每个大项下分成若干中项，中项下面又分成若干小项，最后又将小项分为若干细项，而且各大、中、小、细项都有规定的统计编码。

中国也十分重视对国民经济各产业的分类，并将其作为国家的一项标准工作来进行管理。在国家颁布的《国民经济行业分类与代码》中，把全部的国民经济分为 16 个门类、91 个大类、300 多个中类和更多的小类。这 16 个门类依次是：A 类的农、林、牧、渔；B 类的采掘业；C 类的制造业；D 类的电力、煤气及水的生产和供应业；E 类的建筑业；F 类的地质勘察业、水利管理业；G 类的交通运输、仓储及邮电通信业；H 类的批发和零售贸易、餐饮业；I 类的金融、保险业；J 类的房地产业；K 类的社会服务业；L 类的卫生、体育和社会福利业；M 类的教育、文化艺术及广播影视业；N 类的科学研究和综合技术服务业；O 类的国家机关、党政机关和社会团体；P 类的其他行业。

三、生产结构产业分类

这是指以研究再生产过程中的产业间关系和比例为目的的产业分类法。由于在这种分类法中，产业单位以其在社会再生产过程中的地位和作用而确定，所以没有统一的规范。在这种产业分类中，较有代表性的方法有三种：

其一，霍夫曼的分类法。德国经济学家霍夫曼出于研究工业化及其进程的目的，把产业分为三类：①消费资料产业，包括食品业、纺织业、皮革业、家具业等。②资本品产业，包括冶金及金属材料工业、运输机械业、一般制造业、化学工业等。③其他产业，包括橡胶、木材、造纸、印刷等工业。霍夫曼分类的原则是，某产业产品的用途有 75% 以上用于消费的归入消费资料产业，75%以上用于资本投入的归入资本品产业，介于两者之间的归入其他产业。

其二，"日本产业结构审议会"采用的生产结构分类法。它把产业分为七大类：①基础材料产业，包括矿业、化学工业（不含化纤和化纤原料）、石油及煤炭加工业、水泥、玻璃、建筑用陶瓷、石料业、钢铁业、有色金属业、金属材料工业等。②加工组装产业，包括一般机械、电气机械、运输工具、精密仪器等工业。③生活消费品和其他制造业。④建筑业。⑤商业。⑥服务业。⑦不动产业、运输、通信等。

其三，日本经济企画厅的新产业分类法。1987年，日本经济企画厅综合计划局在《走向21世纪的基本战略》一书中，采用了新的产业分类法。他们认为，一方面，由于产业结构成熟化进展的结果，第一产业的比率已经变得极其微小；另一方面，一直被概括为第三产业的广义的劳务产业部门却在不断扩大，在经济中所占的比率不断提高。与此同时，在劳务业中也开始出现成熟化的领域。因此，像过去那样划分为第一、第二、第三产业的产业分类，已经难以把握产业结构的变化，也难以把握随之而来的就业结构的变化和成长产业的态势。

为此，他们取代过去的第一产业、第二产业、第三产业的产业分类，将第一、第二产业合并为物质生产部门，将第三产业分割为网络部门和知识、服务生产部门。物质生产部门是从事商品（货物）生产（包括建筑）的部门，由农林水产业、矿业、制造业、建筑业组成。网络部门为了对物（商品、能源）、人（旅客、人才）、钱（资金）、信息进行流通和中介，并以构成网络为业的部门。由运输、通信、商业（饮食店除外）、金融、保险、不动产、电力、煤气、自来水各产业组成。知识、服务生产部门是以生产知识、服务为主业的部门。它是由与广义的管理有关的经营管理服务（中间投入服务），医疗、健康服务，教育服务，娱乐关联服务（最终消费服务），家务服务，公务服务组成。

四、工业中的产业分类

这是专门用以研究工业结构（尤其是工业化进程、阶段、特征）的产业分类法。通常的做法是，把工业划分为重工业、化学工业和轻工业三大类。其中，划分轻重工业的根据在最初是用产品单位体积的相对重量，产品中体积重量大的工业部门为重工业，重量轻的为轻工业。后来在社会主义国家改用以产品用途来划分，生产生产资料的部门称为重工业，生产消费资料的部门称为轻工业。

在中国，轻工业按其所使用的原料不同，可分为两大类，即以农产品为原料的轻工业和以非农产品为原料的轻工业，前者是指直接或间接以农产品为基本原料的轻工业，后者主要是指以工业品为原料的轻工业。重工业按其生产性质和产品用途，可分为下列三类：①采掘（伐）业，是指对自然资源的开采，包括石油开采、煤炭开采、金属矿开采、非金属矿开采和木材采伐等工业。②原材料工业，是指向国民经济各部门提供基本材料、动力燃料的工业，包括金属冶炼及加工、炼焦及焦炭化学、化工原料、水泥、人造板以及电力、石油和煤炭加工等工业。③加工工业，是指对工业原材料进行再加工制造的工业。包括装备国民经济各部门的机械设备制造工业、金属结构、水泥制品，以及为农业提供的生产资料如化肥、农药等工业。

五、按生产要素的集约程度分类

任何一类经济活动，都要有一定的生产要素投入。根据不同产业在生产过程中对要素的需求种类和依赖程度的不同，一般可将国民经济各产业划分为劳动集约型产业、资本集约型产业和技术集约型产业。劳动集约型产业是指生产过程中对劳动力的需求依赖度较大的产业，其范围可用一个产业的就业系数来界定。资本集约型产业是指在其生产过程中对资本的需求依赖度较大的产业，一般可用资本系数来对其范围进行界定。技术集约型产业也称为知识集约型产业，指在其生产过程中对技术的需求依赖度较大的产业。这种分类方法的长处是可以从一个侧面来研究一国的产业结构，而不足之处在于各种类型的范围不易界定。

第二节　产业结构的基本内涵

一、产业结构的概念

产业结构，是指在社会再生产过程中，国民经济各产业之间的生产技术经济联系和数量比例关系。

这一概念展开如下：

第一，产业结构是在社会再生产过程中形成的。

第二，产业结构是以国民经济为整体，即以某种标志将国民经济划分成若干个产业。

第三，产业之间的生产技术经济联系主要反映产业间相互依赖、相互制约的程度和方式。

其中，产业间的生产联系是指每一产业的经济活动都依赖于其他产业的经济活动，以其他产业部门的产出或成果作为自己的生产要素的投入；同时又以自己的产出或成果，直接或间接地为其他产业部门的生产服务。技术联系是指每一产业的技术发展都直接或间接地影响或受影响于其他产业的技术发展。经济联系是指产业之间的生产联系的紧密程度和范围，直接取决于该产业与其他产业之间在一定交换关系下的经济利益关系，它通过产业间产品或劳动的交换关系体现出来。每个产业经济活动的效率和物质利益实现程度，不仅取决于本产业的技术水平、管理水平，还取决于其产品或劳务与其他产业产品或劳务相交换的量的比例，即进行价格比较。

第四，产业间的数量比例关系，首先，反映的是各类经济资源在各产业间的配置情况，例如，资金、劳动力、技术等生产要素在各产业之间的分布。其次，反映的是国民经济总产出在各产业间的分布情况，例如，一定时期内的总产值、总产量和劳务、利税额在各产业间的分布。

研究产业间的比例关系，大体使用两类指标：一是各产业就业人数及所占比重、各产业的资本额及所占比重等；二是各产业所创国民收入及在全部国民收入中的比重。在西方产业结构的研究中，为避免重复计算，一般不使用总产值作为分析指标。在上述两类指标中，前者是各种"资源"在各产业间的分配形态，后者是再生产的结果形态。各个产业的前一类指标与后一类指标的比较可以反映各个产业经济效益指标。然而，在现实社会中，"资源"分布结构不等于"结果"分布结构，说明各产业存在经济效益（或说效率）差异。这种产业间效率的比较，为产业结构理论研究提供了一个新的研究领域。

二、产业间的基本结构形态

（一）产业间的社会再生产结构

产业间的社会再生产结构，指的是社会再生产过程中各产业之间形成的比例关系。在社会再生产过程中，每一个产业都是这一再生产链条上的一个组成部分，它要求每一个产业都要以与国民经济呈合理比例的速度发展。如果一个产业比重过大，就会造成剩余和浪费；如果一个产业比重过小，就会成为再生产过程中的"瓶颈"，妨碍国民经济发展。

关于再生产过程中产业间的合理比例，我们在第十二章将有系统的阐述。另外，马克思在《资本论》第二卷中，也建立了再生产比例模型，并论证了实现简单再生产和扩大再生产所必需的条件。

然而，我们在遵循再生产规律的同时，也要充分考虑区域的开放性和国家的开放性因素，在市场经济和开放的条件下，产业间比例的合理性完全可以以跨地区、跨国家的方式加以实现，所以没有必要以牺牲效率为代价追求一个国家或一个地区产业结构的独立性和完整性。

（二）产业间的需求结构

由于社会总需求可以分解为消费需求和投资需求两类，故产业间的需求结构是指各个产业的消费量和投资量在需求总量当中的比重。

这里的消费量有两种含义：一是某一产业的最终消费量，即生活消费量；二是某一产业的生产消费量。前者是生活需求，后者是生产需求。关于总需求当中的投资需求，我们在下一部分阐述。

（三）产业间的投资结构

产业间的投资结构，是指一定时期的社会总投资在各产业间的分布，它包括增量投资结构和存量结构，后者是前者的凝固状态。

产业间的投资结构是产业结构研究中最根本的问题，调整工业结构也主要从调整投资结构入手。其中，一个国家调整增量的投资结构影响和决定着一个国家未来一定时期的生产和消费关系、地区之间的关系以及产业之间此消彼长的关系；而调整存量结构，即减少低效率产业存量并实现向高效率产业领域的流动，是产业结构优化的基本内容。

（四）产业间的就业结构

产业间的就业结构，是指全体就业者在各产业间的分布状态。这一结构受产业本身的需求增长和技术进步的双重影响：当社会对某一产业的需求增长，该产业的就业需求也随之增长；当某一产业技术进步加快，对劳动力的需求则发生相反的变化。

（五）产业间的技术结构

产业间的技术结构，是指各产业所采用的各种不同先进程度的技术手段在整个技术体系中的构成比例，以及它们之间的相互联系。研究产业间技术结构的目的在于发展高新技术在各产业间的分布和转移，发现产业之间的技术关联和协调性及其对经济增长的影响。

（六）产业间的区域配置关系

1. 产业间的区域配置结构

产业间的区域配置结构反映了一国生产力和资源在空间的布局关系，又称为地区结构。它主要研究各个产业在区域之间配置的必然性和必要性，以及调整结构的可能性。

对产业间区域配置结构起支配作用的因素是区域经济相对优势。在市场经济体制下，价值规律将自发地引导某一产业集中到某一区域。但是，政府在调整地区结构方面仍然发挥巨大作用。

2. 进出口结构

进出口结构是一个同区域配置结构密切相关的问题。当我们把一个区域的经济看做是一个系统时，那么只要这个系统是开放系统，就必然要与环境的系统发生交流，于是有进出口，从而产生进出口结构。进出口结构，是指一区域生产要素和产品（劳务）与外区域进行交流的结构。这里的区域既可以指国家，也可以指地区，但主要指国家。

一国的进出口结构从一个侧面反映了该国的产业结构，以及该国在世界的技术经济地位。

（七）产业间的产出结构

与产业间的投资结构相对应，产业间的产出结构是指国民经济总产出在各个产业间的分布。由于总产出的实物形态在各产业间是无法比较的，因而产出结构只能采用价值指标。这一结构一方面反映了各个产业的产出在总产出中的相对地位；另一方面，如果同投资结构相联系，也可以看出各个产业的效率水平。

第三节　产业结构演进

一、产业结构研究的基本原理

（一）配第—克拉克定理

在产业结构理论中，最著名的理论之一是英国经济学家 C.G.克拉克提出来的有关经济发展中就业人口在三次产业中的分布结构如何变化的理论。克拉克提出，随着经济的发展，第一次产业的就业人口比重将不断减少，而第二、第三产业的就业人口比重增加。这一发现被称为"配第—克拉克定理"（Petty-Clark's law）。

17世纪的英国经济学家威廉·配第在其代表作《政治算术》一书中曾经指出：制造业比农业进而商业比制造业能够得到更多的收入。配第举例说，英格兰的农业一周可以赚4个先令，而一个海员的工资加上伙食等其他形式的收入可以达到每周12个先令，因此一个海员的收入是一个农民的3倍。配第还指出，当时的荷兰由于大部分的人口从事制造业和商业，因此，荷兰的人均收入要大大高于欧洲其他国家。配第对各个产业收入不同的描述，揭示了产业间收入相对差异的规律性，被后人称为配第定理。

克拉克在研究劳动力在三次产业之间转移的变化规律时，有三个重要的前提：①克拉克对产业结构演变规律的探讨，是以若干国家在时间的推移中发生的变化为依据的。这种时间序列意味着经济发展。也就是说，这种时间序列是和不断提高着的人均国民收入水平相对应的。②克拉克在分析产业结构演变时首先使用了劳动力这一指标，考察了伴随着经济发展，劳动力在各产业中的分布状况所发生的变化。③以将全部经济活动划分为第一产业、第二产业和第三产业为基本框架。

在上述前提的限定之下，克拉克收集和整理了若干国家按照年代的推移劳动力在第一次、第二次、第三次产业之间转移的统计资料，得出以下结论：随着经济的发展，即随着人均国民收入水平的提高，劳动力首先由第一次产业向第二次产业推移。劳动力在产业间的分布情况，第一次产业将减少，第二次、第三次产业将增加。

（二）霍夫曼定理

德国经济学家霍夫曼在1931年出版的《工业化阶段和类型》一书中，提出了著名的霍夫曼定理。霍夫曼把工业产业分为三大类：一是消费资料产业，包括食品工业、纺织工业、皮革工业、家具工业等；二是资本资料产业，包括冶金工业、运输机械工业、一般机械工业、化学工业等；三是其他产业，包括橡胶工业、木材工业、造纸工业、印刷工业等。这种分类的目的在于研究消费资料产业和资本资料产业的关系。

霍夫曼根据历史经验观察到，尽管许多国家的国情不同，但工业的过程都有这样的趋势：食品和纺织等消费品部门总是最先发展的，冶金和机械等资本品部门随后得到发展；后者虽然起步晚，但发展却快于前者。因此，随着工业化的推进，消费品部门与资本品部门的净产值之比是逐渐趋于下降的。霍夫曼认为，衡量经济发展的标准"不是产值的绝对水平，不是人均的产值，也不是资本存量的增长，而是经济中制造业部门的若干产业的增长率之间的关系"，即衡量标准是"消费品部门与资本品部门之间净产值的比例"。这个比例后来被称为"霍夫曼系数"。

$$霍夫曼系数 = \frac{消费品工业的净产值}{资本品工业的净产值}$$

所谓"霍夫曼定理"，就是指霍夫曼所论证的工业化的过程中霍夫曼系数不断下降的趋势。根据这一趋势，霍夫曼把工业化的过程分为四个阶段（见表7-1）。

表7-1 霍夫曼的工业化阶段

工业化阶段	霍夫曼系数
第一阶段	5（±1）
第二阶段	2.5（±1）
第三阶段	1（±0.5）
第四阶段	1以下

资料来源：霍夫曼：《工业化阶段和类型》，曼彻斯特大学出版社1958年版。

霍夫曼认为，在工业化的第一阶段，消费资料工业在整个制造业中占有优势地位，其净产值平均为资本资料工业净产值的5倍，到了第四阶段，情况发生逆转，资本资料工业净产值开始大于消费资料工业净产值。

（三）库兹涅茨部门结构变动理论

美国经济学家库兹涅茨在继承克拉克研究成果的基础上，进一步收集和整理了20多个国家的庞大数据，据此，从国民收入和劳动力在产业间的分布这两个方面，对伴随经济发展的产业结构做了分析研究。库兹涅茨把第一、第二、第三产业分别称为农业部门（含农业、林业、渔业等）、工业部门（含矿业、制造业、建筑业、电力、煤气、供水、运输、邮电等）和服务部门（含商业、银行、保险、不动产业、政府机关、国防及其他服务产业）。他的产业结构变动理论的主要内容如下：①对于发达国家而言，国民生产总值在三次产业中的分布的趋势是类似的——农业部门的份额显著下降；工业部门的份额显著上升，服务部门的份额略微地而且不是始终如一地上升，但有少数国家（如法国和美国）

则例外地出现较明显的上升。②一般情况下，人均国内生产总值和总劳动力中所占的比重越低，工业部门和服务部门所占的比重越高，反之亦然。③人均国民收入水平越低的国家，农业部门与工业部门、服务部门的比较劳动生产率（即某一部门或产业的相对国民收入，等于该部门的国民收入的相对比重与该部门的劳动力的相对比重之比）差距越大。其原因是不发达国家多为农业国，农业劳动力比重大，发达国家多为工业国，农业劳动力比重小。因此，穷国变成富国，必须大力发展非农产业，并加速农业劳动力向非农领域转移。

（四）钱纳里的标准结构模式

钱纳里与塞尔昆对 101 个国家 1950~1970 年的统计资料进行分析，构造出世界发展模型，由发展模型整理出经济发展结构模型，即经济发展不同阶段产业结构的标准数值。钱纳里认为，在经济发展的不同阶段，存在着不同的经济结构与之相对应，如果不对应，则说明该国结构存在偏差。

二、产业结构优化

产业结构优化是指产业结构效率、产业结构水平、产业结构协调能力不断提高的过程。它包括产业结构高效化、产业结构高度化、产业结构合理化。

（一）产业结构高效化

产业结构高效化，是指在技术水平不变的条件下，通过资源配置优化，使低效率产业比重不断降低，高效率产业比重不断增大，以不断提高宏观经济效益水平的过程。

就经济活动的目的而言，产业结构优化的首要内容是产业结构高效化，因为产业结构优化的最终目标是提高宏观经济效益，而产业结构高度化和产业结构合理化都可以看做是提高宏观经济效益的途径。产业结构高效化是以产业结构高度化为前提的，产业结构高度化也会产生产业结构高效化，但两者并非等同，更非后者能包容前者。因为，在技术经济水平不变的前提下，通过调整产业结构以降低低效率产业比重和增加高效率产业比重，也能够实现产业结构高效化。产业结构高效化可以理解为由两个过程构成：一是低效率产业比重降低和高效率产业比重增大的过程，二是低技术产业比重不断降低和高技术产业比重不断提高的过程。

（二）产业结构高度化

产业结构高度化是指在技术进步作用下，产业结构系统由较低级形式向较高级形式演变的过程，也可称为产业结构升级。产业结构高度化包括以下基本内容：

从产业结构素质来看，新兴技术在各产业部门得到广泛的运用，社会有机构成得到进一步提高；产业的劳动者素质和企业家的管理水平不断上升；各产业的产出能力、产出效率不断提高；产业能适合经济发展阶段的需要升级换代，即落后的产业被淘汰，新兴产业兴起和壮大。

从结构发展方向来看，整个产业结构由第一次产业占优势顺次向第二次产业、第三次产业占优势的方向发展；在资源结构上，由劳动密集型占优势顺次向资金密集型、技术密集型占优势的方向发展；在加工工业中，由制造初级产品的产业占优势逐步向制造中间产品、最终产品占优势的方向发展。

从产业组织发展来看，竞争从分散的、小规模的竞争转向以联合或集团式的集中性大规模竞争的方向发展，规模经济的利用程度大大提高；产业间关系趋向复杂化，大中小型企业联系越来越密切，专业化协作越来越细，企业多角化经营范围越来越广。

从产业与国际市场的联系来看，产业结构高度化要求开放度不断提高，产业结构不再是自身封闭式地维持均衡发展，而是通过国际投资、国际贸易、技术引进等国际交流方式，实现与产业系统外的物质能量的交换，在更高的层次上实现结构的均衡协调发展，建立国际协调型的产业结构。

产业结构高度化也是一个相对概念，它是产业结构在需求牵引、科技推动等因素的作用下，在一定的经济阶段，针对现有的社会生产力水平尤其是科学技术发展水平而言的。

（三）产业结构合理化

产业结构合理化是指遵循再生产过程对比例性的要求，追求产业规模适度，增长速度均衡和产业联系协调的过程。它的基本内容包括：①产业结构具有相对完整性和独立性，以满足一个国家政治、经济、国防发展的需要。②产业之间发展速度具有相对均衡性，以满足产业之间的供给和要求。③产业结构应具有协调性，即产业之间要有较强的相互转换能力和互补关系。

第四节　知识经济与产业结构优化

一、从知识经济到创新经济

（一）知识经济与创新

随着知识技术信息作用的加强，知识经济对经济社会的影响日益显著。这种影响更多地体现在知识对经济增长的多层面作用上。许多发达国家的经济发展比以往任何时候都更加依赖于知识的生产、扩散和应用。知识经济时代的到来是社会发展的必然，这在很大程度上是基于知识创造、知识积累、技术学习的创新的作用，技术创新和科技进步对经济增长的影响越来越大。技术创新对经济增长的贡献率在农业经济时代不足10%，在工业经济后期达到40%以上，到知识经济时代将达80%以上。正是基于此，科学家和经济学家们都认为，如果说200年前工业经济开始替代农业经济，那么如今知识经济正开始替代工业经济，21世纪将是知识经济时代。① 然而，无论是实践上，还是理论上，就知识和技术而言，许多学者一致同意把两者看做知识经济增长的动力。这种动力效应的发挥，无外乎通过知识创新、技术创新和以信息技术为代表的高新技术及其产业化来实现的。例如，20 世纪经济增长的一个主要特征就是创新和发明所发挥的作用，其表现是建立了大量的工业研究实验室以推动技术革新，设立了许多研究性的大学以推动基础科学和应用科学的发展。② 彼得·德鲁克曾说："知识生产力已成为生产力、竞争力和经济成就的关键。知识已经成为首要产业。这种产业为经济提供必要的和重要的生产资源。"③

在 Solow（1956）和 Swan（1956）的新古典经济增长理论中，知识的增长是由经济系统之外的力量决定的，均衡的人均经济增长率等于外生的知识增长率。Arrow（1962）对外生知识的假设提出了批评，进而指出知识的增长是"干中学"的结果，是由经济系统所决定的，使得人们对知识及其与经济增长关系的认识前进了一步。后来的新经济增长理论认为，新知识的产生是追求利润最大化厂商 R&D 投入的结果，R&D 成本等会影响到知识增长的速度，从而导致了各国间经济增长速度的差异。此外，他们还非常强调知识溢出在经济增长中的作用。④ 如果从整个经济发展的历史来看，18 世纪以来出现的几乎所有的经济增长，最终都可以归功于创新。⑤

在新经济增长理论影响下，有人将知识经济称为"新经济"，但是其实质是一种创新经济，因为被创造出来的新财富的核心是创新带来的更大的变革加速度。而智力资本、不断进步的知识资源是创造新财富的核心。人造卫星、电信、生物技术、微芯片技术的进步、嵌入技术在生产中的应用、数字技术、光学技术以及可再生能源的重大突破都是这个迅速变化环境中的组成要素。在创新经济中，上述技术的迅速革新已经开始为那些已经适应市场迅速变化的商业企业和地区创造财富和经济优势了。这种现象或许就暗示着地区之间的经济优势和经济力量将会有革命性的转换。那些进入（也就是说，把在教育和人们的技能方面的投资当作财富的最大来源）创新经济的企业或地区将会繁荣起来。那些不开发人们智力资本的地区，例如拉美、阿拉伯中东和非洲，他们的政府机构、工业企业、大学以及非政府组织都存在功能障碍，这些地区将会继续衰落。⑥

---

① 杨崇俊：《知识经济与信息技术》，http: //159.226.117.45/Digitalearth/readingroom/primoriy/cjyang.htm。
② 参见世界银行：《1998/99 世界发展报告——知识与发展》，中国财政经济出版社 1999 年版。
③ 李啸虎：《知识经济：背景与前景》，载陈胜昌主编：《知识经济专家谈》，经济科学出版社 1998 年版。
④ 潘士远：《知识、R&D 与经济增长》，《浙江社会科学》，2003 年第 3 期。
⑤ ［美］威廉·鲍莫尔：《资本主义的增长奇迹》，中信出版社 2004 年版。
⑥ Jeff Saperstein Dr. Daniel Rouach：《区域财富：世界九大高科技园区的经验》，清华大学出版社 2003 年版。

（二）创新投资与创新经济

创新经济实质上就是创新和经济的聚合体，包括两个方面的内涵：创新的经济活动——创新经济，经济活动的创新——经济创新。创新的经济活动是指一种有价值的新的经济行为；经济活动的创新是指在现有经济活动中，进行新营运模式变革（新元素的加入），使其产生附加价值。然而，不论创新经济或是经济创新，均是以创造价值为目的，这两类活动都是经济发展所必需的。以现代服务业为例，其新增加值可以来源于两种渠道。一种渠道是发展新的服务业（创新服务业），如包括技术研发服务业、设计服务业或是智权服务业等。这些服务业类型都是过去服务业分类中所不曾出现的，因此在整体服务业产品生命周期曲线（PLC）中属于起步阶段。另一种渠道是服务业创新，即通过新科技与新营运模式，让传统服务业加值与提升竞争力，而所谓的传统服务业即是处于产品生命周期曲线（PLC）中成熟期或是衰退期之服务类型。[1]

创新经济的成长，在很大程度上是由创新信息技术的大规模投资驱动的。在新一轮经济发展与经济竞争中，研究开发与投资、技术发展和创新成为许多国家保持经济增长、维持其在知识经济中竞争力的重要因素。史无前例的科学技术进展正逐渐成为经济增长的基础，现代化将越来越依赖于信息和知识。美国重新夺回经济强国以及维持住领先地位，主要得益于信息技术的带动。例如，20世纪90年代中后期，网络经济的年均增长速度为213%，是同期GDP增长的60倍左右。创新技术的集合正在以前所未有的速度被世界各个地区引入并整合，这将使我们生活、工作以及与其他人相处的方式发生显著变化。它将使我们用新的方式创造地区财富提供机会，而我们却只是刚刚开始理解这种新的方式。近20年来，科技知识的知识产权通过专利、版权和其他一些新式法律保护形式，日益得到肯定和强化。[2]

（三）知识经济与经济增长

发达国家在历经了工业化、后工业化时代后，正在进入信息化、知识化时代，其经济结构尤其是产业结构出现了一些新变化，在传统三次产业的基础上形成了新的第四次产业——以信息技术为基础的高新技术产业为支柱的知识型产业。产业结构调整、优化与升级是经济转型、经济增长的重要途径和核心内容。

作为一种新型的经济形态，知识经济不过是初现端倪，人们对它的认识也将有一个逐步完善的过程。然而，不容置疑的是，知识经济对产业及其结构的影响是相当深远的。相对于工业经济时代的钢铁、汽车、纺织等资本、劳动密集性产业而言，知识经济时代的知识型产业则具有知识技术密集的特点，而且知识型产

---

① 资料来源：http://cdnet.stpi.org.tw/techroom/analysis/pat_A053.htm。
② 保罗·A.大卫、多米尼克·弗雷：《导论：知识社会的经济》，《国际社会科学杂志》，2003年第20~21期。

业的高增长性、高渗透性、高扩散性、高效益性以及高的产业关联性，正在成为工业经济时代向知识经济时代过渡或转变的产业动力：一方面，知识技术产业化的趋向增强，知识产业在经济社会中的地位和影响持续提高和增强，推动产业结构升级；另一方面，传统产业在吸收、利用知识技术产业化的溢出效应的同时，其自身的知识化趋向也不断增强，加速了传统产业的改造、升级与换代，不仅扩大了自身的生存发展空间，提高了产业附加价值比率，而且传统产业技术基础的改善以及它对知识型产业的巨大需求，客观上有力地支持了知识产业的发展。这样，在知识型产业与传统产业相互促进、相互渗透的过程中，国民经济的产业技术基础将发生急剧变革，从而影响着社会生产、交换、分配以及消费等各个环节，这将为工业经济社会向知识经济社会的转变奠定基础，并促进这种转变过程。

二、科技创新与产业结构优化升级

从新一轮科技革命浪潮看，以信息技术、生物技术、纳米技术等为代表的第三次科技革命方兴未艾，正在使人类的生产、生活方式乃至整个世界政治经济格局发生急剧的改变。发达国家在历经工业化、后工业化时代，正在进入信息化、知识化时代，其经济结构尤其是产业结构出现了一些新变化，在传统三次产业的基础上形成了新的第四次产业——以信息技术为基础的、高新技术产业为支柱的知识型产业。产业结构调整、优化与升级是经济转型、经济增长的重要途径和核心内容。

（一）科技创新：产业结构优化升级的动力

从农业经济到工业经济，再到正在兴起的知识经济，经济不断增长，社会财富持续增加，其实质是经济结构的升级和优化，更具体地讲，是产业结构的优化和升级。产业结构的优化和升级是指国民经济的产业构成发生根本性的改变，更加符合和促进生产力的高层次发展。具体而言，产业结构的优化和升级主要包括两个方面的内容：一是基于科学技术的新产业，以及最能吸收当代先进科学技术成果的产业发展速度快、牵动作用强、附加价值高，并能够广泛地在现有技术成果的基础上，不断创造性地对已有生产要素加以重组，形成新的生产函数，使经济的生产可能性边界向外移动，或使生产规模、质量在生产要素不变的情况下得以扩大、提高，从而在经济增长和社会发展中占据重要直至主导地位；二是在新兴主导产业形成的过程中，相对传统的产业既支撑新兴产业发展，又可以从新的主导产业发展中获得"溢出效应"，加速和实现传统产业的升级换代，即使其产业增长方式实现革命性转变——从粗放式向集约式转变。

在经济发展过程中，不同产业的增长速度和所处生命周期各不相同，总有一些产业衰退（渐渐退出市场），也总有一些产业不断发展壮大（逐渐占领或主导市场）。不同产业间此消彼长的"自然演化"过程，构成了产业结构变迁的主要内容，其中最直接的体现就是主导产业的更迭，而主导产业的变更又是产业结构变动的主要标志。一般认为，哪个产业或行业的技术创新活动（可用 R&D 强度或 R&D 活动来表示）越活跃，对创新成果的吸收和融合能力越强，创造能力越强，或者创新成果的商业化、产业化速度越快，周期越短，适应市场需求的能力越强，那么，这个产业的发展速度就可能更快，规模就可能更大，影响也就可能更广泛。如果这种产业又具有较强的关联性和波及效果，就可能会发生新一轮的产业变革甚至产业革命，进而导致产业结构突变——实现产业结构的根本性调整和升级，几次科技革命及随后的产业革命足可以证明这一点。

假设某个行业率先取得技术突破，或受科技创新的影响更大一些，那么该行业将进入快速增长时期和规模报酬递增阶段，而且由于科技创新的某种"偶然性"在不同行业中的分布是不均衡的，这就使不同行业有可能进入产业交替增长的"自然演化"过程。[1] 与此同时，科技创新在相关行业上的应用，以及通过前向、后向、旁侧的扩散和渗透效应，也可能形成一个新的主导产业群。W.W.罗斯托曾对此问题进行过精彩的刻画，他认为："任何一个时期，部门都是以不同的速度，或前进或后退。"这种速率大体上与上一次重大的（或根本的）技术突破（或技术创新）的时间有关，"此次突破使这些部门进入报酬递增的阶段。处于高增长率和报酬递增阶段的部门，向后与它们提供机器和原料的部门相联系；在横向上，它们促进它们所在城市和地区的发展；向前它们也有联系……用新的发明和革新是有利可图的"。另外，科技创新与某行业增长之间的关系，可能会受该行业的技术进步特点（或技术成熟程度）、"是否有一系列外生的创新机会"等因素的影响，而且也可能受该"行业的技术变化是否是累积的"的特性所制约（理查德·R.纳尔逊、悉尼·G.温特，1997）。很明显，这些因素在不同产业或行业中的分布是不相同的。这样，科技创新的行业差异，就会导致一定时空条件下的主导产业变更，从而使产业结构处于不断的调整或变革过程中。在其他条件不变的情况下，这是一种科技创新推动型的产业结构变革。当然，这种变革的范围、深度及速度最终还将受一个社会的需求情况的制约。在分析了科技创新与产业结构变迁的内在机制之后，我们又将面临另一个问题：这些机制是如何发挥作用的呢？事实上，这些机制的作用是通过多种途径来实现的。

（二）科技创新促进产业优化升级的具体途径

一般地，影响产业结构的因素主要有：国民产品的需求结构、消费倾向与消费结构、投资结构与消费和投资的比例、劳动力和资本禀赋情况、技术进步及技术结构、国际贸易以及产业政策和经济制度等，其中最主要的因素是技术和制度。这里仅从科技创新或技术创新角度来研究技术进步对产业结构调整的作用，

---

[1] 也就是说，技术革新或技术创新可能是"在个别或少数行业首先出现的，它的经济影响在实践过程中从某一生产分支逐步移至另一生产分支"。参见库兹涅茨：《各国的经济增长：总产值和生产结构》，商务印书馆 1999 年版。

并假定制度不变。技术进步主要是借助科技创新（技术创新是其主要内容），从供给和需求两个方面影响产业的投入产出状况或生产要素的配置和转换效率，进而推动产业结构变革。从供给方面看，科技创新对产业结构的影响，主要是通过提高劳动者素质，改善生产的物质技术基础，扩大劳动对象范围，提高管理水平等途径来实现的，对产业结构的影响具有直接性；从需求方面看，科技创新对产业结构的影响，则是通过创造和影响生产需求、消费需求以及出口需求，借助于需求结构这一变量来实现的，属于一种间接影响。在现实经济中，这两种影响常交织在一起，共同促进产业结构调整。

1. 科技创新促进了劳动分工，并改变劳动力就业结构

随着科技进步和分工不断精细化，体力劳动力和脑力劳动力的比例变化加大，从而改变了劳动力就业结构以及产业（工业）结构。例如，在机械化初期、半机械化自动化和自动化阶段，体力劳动力和脑力劳动力的比例分别为 9 : 1、6 : 4 和 1 : 9。又如，在高技术企业内部的员工结构中，研究开发人员、市场营销人员所占比例较高，现场作业人员所占比例较低，形成"哑铃型"就业模式。另外，科技创新既可以创造出一些新的职业，也可能使某些职业消失。例如，由于打字机的出现，曾使打字员这一职业风光无限，而程控交换机的问世则加速了话务员职业的消失。这是科技创新影响产业结构变动的基本途径，其他途径大多是这一途径的转化形式。

2. 科技创新使不同行业的劳动生产率出现差异

科技创新能够提高劳动生产率，正如马克思所说，"劳动生产力是随科学和技术的不断进步而不断发展的"，其根源在于劳动分工。如前所述，由于不同行业的经济技术基础和"技术机会"不同，科技创新的产生及其对行业的影响存在着很大差异，这种差异可以通过劳动生产率的差异反映出来。作为科技创新的结果，哪个行业的劳动生产率高，哪个行业的社会必要劳动时间就会低于整个社会的平均必要劳动时间（行业内的企业情况也是如此），就会获得更多的利润，从而导致生产要素在不同行业间流动，最终促使产业结构发生变化。一般地，相对于农业（生产经营的特殊性）而言，工业、服务业的劳动生产率上升得更快一些，这样，产业结构就可能呈现出"一、二、三"顺次演进趋势；在工业内部则表现出"轻工业化—重化工业化—高加工度化—技术集约化"的特征。

3. 科技创新通过影响需求结构来改变产业结构

科技创新与需求结构之间存在极强的互动关系，科技创新对产业结构的影响主要是以需求为媒介的，即"新知识和技术革新的这些影响是在增长进程中一层层地添加在先已存在的需求结构上的，它不论是对为了适应于改变了的生活条件还是为了对新产品做出反应，都会造成新的需求压力"（库兹涅茨，1999）。也就是说，科技创新的影响如下：其一，能满足消费需求，使居民用于文化娱乐、教

育培训等享受和发展需要上的支出比例上升，带动服务业发展；其二，能够满足生产需求升级，拉动固定资产投资，从而改变生产技术基础和生产结构；其三，可以改变出口需求结构，如由"进口替代"转向"出口替代"再到"出口导向"等。这样，需求结构的改变，必然带动产业结构调整。

4. 科技创新催生一批新产业，同时也削减一些旧产业

例如，第一次科技革命产生了现代纺织、炼焦和钢铁业，使人类社会进入机械时代。而第三次科技革命则催生出一大批以微电子等信息技术为核心的高技术产业，这些产业逐渐在经济中居于主导地位，从而引起新一轮主导产业的变更。与此同时，新材料、新能源、新工艺的开发与利用，又使得某些传统产业渐渐退出历史舞台，如利用高分子合成技术生产的化学合成纤维，就减少了纺织工业对农业的依赖，是基于农业的某些纺织业规模不断缩减，等等。这种新旧产业交替过程，一方面使农业、工业地位下降，使服务业地位上升；另一方面则使劳动密集型、资本密集型产业逐渐向知识技术集约化过渡。

5. 科技创新促进传统产业改造，并使产业出现融合趋势

这种现象在新的基于 ICT 的技术—经济范式下，表现得更为明显。如果说旧的技术—经济范式的特点是"用机器制造机器"，那么基于 ICT 的新范式则以"用芯片制造机器"及随后的"用机器创造芯片"为显著特征。这种现象一方面使产业结构出现"软化"，即高技术产业在整个国民经济中占有更为突出的地位；另一方面由于 ICT 的高渗透性和高扩散性，也使得某些传统产业不像传统产业了。电子系统现在占到一辆高级轿车总成本的70%，普通汽车的1/3，难怪世界贸易组织前总干事鲁杰罗感叹道，现在的汽车工业已不像是传统的制造业，更像是以知识为基础的工业。所以，科技创新不仅使产业结构呈现出知识技术集约化的趋势，而且也使得产业界限日趋模糊。这样，产业结构就会不断地向高级化、现代化阶段迈进。

（三）产业结构优化升级对科技创新的推动作用

科技创新与产业结构之间是相互影响、相互制约的。从本质上讲，产业结构变动对科技创新的影响也是通过需求这一媒介起作用的，即产业结构影响需求，需求拉动技术创新。这种过程与技术创新对产业结构的影响有些许相似，只不过它属于一种逆向关系而已。由于需求诱导，某一产业可能会出现快速增长的趋势，为了使整个产业的总产出水平能够保持适当的规模，为了提高或改善产品和服务的质量，再加上竞争影响，这一产业中的企业一定会加大技术投入，改善工艺流程，重新组合现有技术，并有可能掀起新一轮固定资产投资或更新高潮（也可能渊源于固定资产的无形损耗）。这种过程必将对科技创新形成强大的需求，从而推动科技创新。施穆克勒曾经对此做出以下解释：最主要的发明导致投资急剧膨胀，投资增加又促使产生更多改进的发明，而且需求力量促进了发明，即投资越多，就要有越来越多的发明来满足这些行业所需要的资本货币需求（F.M.谢

勒，2001）。相反，如果某个产业处于落后状态或进入衰退期，该产业将"自然"地选择（假设没有其他外力作用）退出或重生。很明显，前一种选择可能会延迟科技创新进程，因为它不会对科技创新构成需求或所形成的需求规模较小，而需求却是科学和发明之母。相比而言，后一种选择将促使这些"落后"产业积极应用新技术、新工艺、新方法进行重组和改造，这无疑会促进科技创新的发展。反过来讲，这也意味着对传统产业的改造将为技术创新提供更多的机会和更大的空间。因此，产业结构将对科技创新的方向、速度和规模产生很大影响。从这个意义上讲，产业结构将"内生"地决定着技术进步（当然，两者也将"内生"地决定于更基本的市场因素，如供给与需求的关系等），技术进步是产业结构变动的结果。

从新一轮科技革命浪潮看，以信息技术、生物技术、纳米技术等为代表的第三次科技革命方兴未艾，正在使人类的生产、生活方式乃至整个世界政治经济格局发生急剧的改变。这次革命的突出特点就是缩短了新技术从发明到商业化的周期，加快了信息技术产品更新换代的速度。[1] 在这种条件下，谁抓住了机遇，谁就获得了未来制胜的法宝。况且有些技术的跨越又比较容易实现，如生物技术等，这无疑为中国缩短与国外技术差距，实现生产力跨越式发展，促进产业结构升级提供了前所未有的有利时机。

三、基于知识的新一轮产业革命

知识经济时代的出现意味着一个新的经济发展周期。历史经验表明，每一次经济发展阶段的变化，都对应着一种新的科技基础和新的产业。进入 20 世纪以来，世界各国社会生产力和增长的差异，不再取决于其资源禀赋状况，而在于人力资本投资与积累，以及生产要素质量的提高。这标志着新一轮产业革命的酝酿与形成。新一轮产业革命是以生产、传播知识和信息的技术革命为初始基础。这些新技术最早出现于 20 世纪 50 年代，随着互联网的应用而迅速普及，潜力无穷。[2]

（一）现代技术发展日益重要

20 世纪中叶，信息通信技术（ICT）的重大突破、快速更新及其扩散成为经济社会发展的主导力量，使人类社会发展正在告别传统工业化阶段而步入信息化时代。以生产、传播知识和信息的技术革命成为新一轮产业革命的基础。计算机、网络与通信技术的发展及其融合，产生了以信息技术创新群以及信息技术为

---

[1] 如著名的摩尔定律就很好地描述了这种现象：从 20 世纪 60 年代开始，每个微处理器上的晶体管平均每 18~24 个月就会翻一番，而价格却急剧下降。

[2] 保罗·A.大卫、多米尼克·弗雷：《导论：知识社会的经济》，《国际社会科学杂志》，2003 年第 20~21 期。

主导的新产业群。在这场以信息技术为代表的技术创新推动下，灵活生产、清洁生产、电子商务、知识产权等新事物，深刻地影响着社会生产、交换、分配、消费等各个环节。信息革命引发的信息技术创新与扩散、发展与融合，为人类提供了社会和经济发展新的途径与技术范式。与此同时，整个世界也已经进入了新一轮经济发展周期，信息技术及其产业成为主导力量。经济史学家保罗·戴维发现，美国经济充分利用电气化的潜力整整花了 40 年（1880~1920 年），他认为信息技术"可能类似这么长久"。如果将信息技术的大规模使用界定在 20 世纪 90 年代，照此推算，新一轮产业革命至少还可以持续 20~30 年时间，潜力无穷。经过 20世纪 90 年代的辉煌发展后，目前信息技术正处于关键转折阶段，正在向更加成熟的发展阶段过渡，如何更有效地利用 ICT 或者促使 ICT 技术更大范围地扩散成为财富创造和社会发展的核心，这意味着地区之间的经济优势和经济力量将会有革命性的转换。那些能够重视知识资本战略价值并将它与本地经济有机结合的国家和地区将会繁荣起来，那些不开发人们智力资本的地区，则会向相反的方向发展。

（二）知识资本作用增强

在新一轮产业革命中，知识资本成为一种战略资源。纵观人类现代化文明进程，各种资源及其组合一直是其发展基础。在工业化时代之初，土地、劳动力和资本是社会生产力发展的三个动力。到工业化中后期阶段，科技成为推动经济发展的另一个新的动力源泉。随着信息革命影响的日益增大，教育、创新与软件等知识资本成为新一轮产业革命的重要基础性力量。世界各国社会生产力和增长的差异，不再取决于其资源禀赋状况，而在于人力资本投资与积累，以及生产要素质量的提高。正如诺贝尔经济学奖获得者贝克尔教授所指出的那样，当今社会进步主要"依赖于技术进步和知识的力量，但不是依赖人的数量，而是依赖人的知识水平，依赖高度专业化的人才"。所以，进入 20 世纪以来，教育、培训、研究开发、信息和协调等无形资本增长速度，健康投资增长速度明显加快。在多数OECD 国家，专业和技术人员在就业总人数中的比例在 20%~35%。20 世纪 70 年代之初，美国上述无形资本投资所占比重开始超过基础设施和设备、自然资源等有形资本份额。另一方面，社会生产与协作对劳动者的教育水平与技术熟练程度提出了更高要求，劳动者就业机会与其受教育程度密切相关。例如，在 OECD 国家的就业人口中，28.2%的就业者拥有高等教育学位，1997~2001 年高校毕业生的就业人数以年均 2%~6%的速度持续递增，其中受教育程度低的人平均失业率高达 10.5%，而受过高等教育的人的失业率只有 3.8%。

（三）知识型产业发展壮大

信息技术渗透国民经济各个部门，知识型产业成为国民经济的最重要构成部门之一。主导产业变化是国民经济社会发展的重要特点。在新一轮产业革命中，信息通信制造及软件等信息服务业，逐渐取代传统的钢铁、石油化工、汽车等成为主导和支柱产业，使得整个国民经济结构呈现出"资源耗费少、资源效率高和新型服务业发达"的新格局。一些发达国家的经济发展比以往任何时候都更加依赖知识的生产、扩散和应用，与其他知识含量低的其他部门相比，计算机、电子和航天等知识高度密集产业的产值和就业增加得最快。1970~1993年，OECD 国家的知识高度密集产品在制造业中份额翻了一番多，达到 20%~25%；而教育、通信、信息等知识密集型服务部门发展更为迅速。据估计，主要 OECD 国家 GDP 的 50% 以上是以知识为基础的。

（四）传统产业知识化

在新一轮产业革命中，知识型产业与传统产业融合，信息通信技术在变革前者的同时又催生出一批新兴产业，如光学电子、医疗电子器械、汽车电子、航空电子等。产业部门结构的变化，创造了更多的就业机会。2000 年，根据 21 个OECD 国家的统计，ICT 产业占全部就业量的 6.6%。1995~2000 年，OECD 国家的 ICT 产业新增就业岗位 300 多万个，平均年增长超过 4.3%，超过全部企业新增就业岗位的两倍多，ICT 服务是就业增长的主要动力，正在替代传统制造业成为创造新增就业机会的重要渠道。此外，在新一轮产业革命中，由于许多企业采用了网上销售方式，如网上购物、电子支付等，带来的便利和效率，既增加了价格信息透明度，又减少了信息搜寻成本，从而使得人们有更多的空闲时间用于学习与工作。

（五）政府积极推动

新一轮产业革命之所以能够发生于美国，政府发挥了积极作用。为了最大限度地利用信息技术，美国政府采取了一系列积极行动。1993 年美国政府制订并实施了"信息高速公路"计划，从宏观上勾画出美国信息技术产业发展的基本框架；1997 年克林顿签署了"全球电子商务框架"，明确了美国政府支持电子商务发展的原则和政策措施，并要求政府各部门在一年内制订相应的行动计划，从法律建设、市场开发、科技投入、人才引进等方面为互联网发展营造有利环境。美国重新夺回经济强国以及维持住领先地位，主要得益于信息技术的带动。例如，20 世纪 90 年代中后期，网络经济的年均增长速度为 213%，是同期 GDP 增长的60 倍左右。在美国信息产业发展的影响下，其他国家也在积极采取措施，以最大限度地利用新一轮产业革命所带来的新机会，抢占战略制高点。21 世纪初德国政府提出了"2006 年信息技术研究计划"，其目的是提高科学、研究和技术发展的质量，并拓展德国作为国际伙伴和竞争者在信息技术研究中的作用，为维持和创造工作岗位打下基础。爱尔兰在 2000~2006 年国家发展计划中明确指出，科研、技术发展和创新确是保持经济增长、维持其在知识经济中竞争力的重要因素。

专栏 7-1

以色列科技产业的繁荣之道

2005 年是自 2000 年互联网泡沫破裂以来，以色列高新技术产业发展最好的一年。世界最大的芯片生产商英特尔 2005 年 12 月宣布，将在以色列建造一家新工厂。目前，在纳斯达克上市的以色列公司有 70 多家，仅次于美国。以色列高新技术产业之所以大获成功，其原因有三：①军民两用技术协调发展。以色列的军队在采用新技术方面一直走在世界前列，并与民用工业有着密切的合作关系。例如，生产夜间观察设备的埃尔比特系统公司，其客户包括美国军队。②高素质人才。以色列无论男女都必须在中学毕业后服兵役。许多人由此了解了各种高技术系统，则直接影响到他们未来的职业。③与美国关系密切。这种特殊关系使得以色列新创办公司在寻找投资者、谋求股票上市时很自然地选择美国。此外，以色列政府一直努力利用高新技术产业带动某些区域发展。

资料来源：格雷格·迈尔：《以色列高科技产业从低迷走向繁荣》，美国《纽约时报》，2005 年 12 月 26 日，转引自《参考消息》，2005 年 12 月 28 日，第 4 版。

（六）亚洲地区孕育着巨大的成长机会

可以把基于 ICT 的新一轮产业革命大体区划为两个阶段。第一个阶段是在 20 世纪 90 年代之前，晶体管和微处理机是主导技术力量，产生了微电子、计算机、程控交换机、空间通信、移动通信、外部设备、多媒体、信息服务等产业。第二个阶段是 20 世纪 90 年代之后将进入以通信宽带（网络技术）和软件为主导技术的新一阶段。在第一个阶段基本上以美国为主导，第二个阶段多元化格局初步形成。美国、欧洲、亚洲一些国家的 ICT 产业实力日益接近，而且亚洲有可能成为 ICT 生产与应用的新中心。20 世纪 90 年代进入高潮的新一轮产业革命正在以前所未有的速度改变着整个世界的资源配置方式，并使我们生活、工作以及与其他人相处的方式发生着显著变化。史无前例的科学技术进展正逐渐成为经济增长的基础，现代化将越来越依赖于信息和知识。能否抓住机遇，实现一个民族的伟大繁荣与振兴，关键取决于能否制定一个充分利用新一轮产业革命机会的战略，取决于能否对下一轮产业革命科技基础的构建与强化。[1]

专栏 7-2

美国产业技术办公室战略计划

最近，美国能源部产业技术办公室（OIT）出台了专项科技计划，用以

① 王元、程家瑜、王伟光、孔欣欣：《科技部研究中心〈调研报告〉》，2005 年第 8 期。

支持高效利用能源的、具有竞争性以及对环境有利的产业技术的开发和利用。通过与其他产业部门合作，OIT 将鼓励和帮助产业通过发展技术来解决重大的能源和环境挑战。产业技术办公室的主要目标是：到 2010 年，能源效用提高 25%，工业排放减少 30%。到 2020 年，能源效用提高 35%，工业排放减少 50%。

OIT 的战略是针对市场、产业部门和整个国家的需求制定的，且与产业技术办公室的核心价值、运作原理保持一致。其战略要点是：重点在能源和对环境敏感的产业、与产业部门建立伙伴关系、推动国家未来发展战略的进程、运用未来产业战略整合产业和政府资源、利用综合小组完成项目目标、设计灵活和有针对性的计划、加强产业技术办公室人员的教育和培训、监督进展情况和运作情况、施行综合性计划以指导未来规划战略。

为实现其任务，OIT 通过调整改进实施产业未来的发展计划，对产业和消费者负责，成为合作关系的推动者，成为与政府、产业以及其他合作伙伴间平衡技术投资的领导者，成为在产业进程系统和技术方面知名联邦政府专家的重要权威来源。同时，OIT 也是支持产业技术办公室（OIT）任务的服务和资源网络的权威提供者，帮助美国其他政府机构采用产业技术办公室（OIT）未来发展模式的重要贡献者。

资料来源：中国科学技术信息研究所：《国外中长期科技规划翻译资料》（内部），2003 年第 7 期。

本章小结

产业分类是对构成国民经济的各种活动按一定的标准进行分解和组合，以形成多层次的产业门类的过程。产业结构，是指在社会再生产过程中，国民经济各产业之间的生产技术经济联系和数量比例关系。

产业间的基本结构形态包括产业间的社会再生产结构、产业间的需求结构、产业间的投资结构、产业间的就业结构、产业间的技术结构、产业间的区域配置关系、产业间的产出结构等。

克拉克提出，随着经济的发展，第一次产业的就业人口比重将不断减少，而第二次、第三次产业的就业人口比重增加。霍夫曼认为，衡量经济发展的标准是经济中制造业部门的若干产业的增长率之间的关系"，即"消费品部门与资本品部门之间净产值的比例（霍夫曼系数）"。

产业结构优化是指产业结构效率、产业结构水平、产业结构协调能力不断提高的过程。它包括产业结构高效化、产业结构高度化、产业结构合理化。产业结构高效化，是指在技术水平不变的条件下，通过资源配置优化，使低效率产业比重不断降低，高效率产业比重不断增大，以不断提高宏观经济效益水平的过程。

产业结构高度化是指在技术进步作用下，产业结构系统由较低级形式向较高级形式演变的过程，也可称其为产业结构升级。

产业结构合理化是指遵循再生产过程对比例性的要求，追求产业规模适度、增长速度均衡和产业联系协调的过程。

发达国家在历经工业化、后工业化时代后，正在进入信息化、知识化时代，其经济结构尤其是产业结构出现了一些新变化，在传统三次产业的基础上形成了新的第四次产业——以信息技术为基础的、高新技术产业为支柱的知识型产业。一般地，影响产业结构的因素主要有：国民产品的需求结构、消费倾向与消费结构、投资结构与消费和投资的比例、劳动力和资本禀赋情况、技术进步及技术结构、国际贸易以及产业政策和经济制度等，其中最主要的因素是技术和制度。新一轮产业革命是以生产、传播知识和信息的技术革命为初始基础。具体表现为以下几个特点：现代技术发展日益重要，知识资本作用增强，知识型产业发展壮大，传统产业知识化，政府积极推动，亚洲地区孕育着巨大成长机会。

关键术语

产业分类　产业结构　霍夫曼系数　克拉克定理　霍夫曼定理　产业结构优化　产业结构合理化　产业结构高级化　科技创新　知识经济　新产业革命

思考题

1. 如何理解产业分类？
2. 如何理解产业结构的基本内涵？
3. 试结合实例分析产业结构优化的基本内容。
4. 你是如何看待创新经济的？
5. 试结合现代技术发展，谈谈科技创新与产业结构优化升级的关系。

参考文献

1. 杨公朴、夏大慰：《产业经济学教程》，上海财经大学出版社 1998 年版。
2. 杨公朴、干春晖：《产业经济学》，复旦大学出版社 2005 年版。
3. 蒋昭侠：《产业结构问题研究》，中国经济出版社 2005 年版。
4. 臧旭恒：《产业经济学》，经济科学出版社 2005 年版。
5. 沃尔特·亚当斯等：《美国产业结构》，中国人民大学出版社 2003 年版。
6. 史忠良：《产业经济学》，经济管理出版社 1998 年版。
7. 刘伟：《工业化进程中的产业结构研究》，中国人民大学出版社 1995 年版。
8. 周振华：《产业政策的经济理论系统分析》，中国人民大学出版社 1991 年版。
9. 黄继忠等：《工业重构：调整与升级》，辽宁省教育出版社 1998 年版。
10. 王秋克：《产业经济学通论》，辽宁大学出版社 1993 年版。

11. 唐晓华：《产业经济学教程》，经济管理出版社 2007 年版。

12. Keith Drake. Industrial Competitiveness in the Knowledge-based Economy: the New Role of Govemment. In OECD Proceedings: Industrial Competitiveness in the Knowledge-based Economy, the New Role of Governments, 1997: 17-53.

13. S.I.Cohen. Microeconomic Policy, Routledge, London and New York, 2001.

14. 丹尼斯·卡尔顿、杰夫里·佩罗夫：现代产业组织，上海三联书店、上海人民出版社 1998 年版。

15. 约瑟夫·熊彼特：《经济发展理论》，商务印书馆 1990 年版。

16. 吉川弘之主编：《日本制造——日本制造业变革的方针》，上海远东出版社 1998 年版。

17. 周叔莲、王伟光：《科技创新与产业结构优化升级》，《经济要参》，2001 年第 40 期。

18. 陈胜昌主编：《知识经济专家谈》，经济科学出版社 1998 年版。

19. 董瑞华：《从马克思的“技术手稿”到知识经济》，《唯实》，1999 年第 5 期。

20. 胡志坚：《国家创新系统：理论分析与国际比较》，社会科学文献出版社 2000 年版。

21. 刘国新、李勃、陈遥：《知识经济与产业结构演变》，《经济学动态》，1998 年第 12 期。

22. 吴江：《知识经济的历史考察》，《中国经济史研究》，2000 年第 2 期。

23. 王志民：《知识经济革命对世界经济格局的影响》，《金融科学》，2000 年第 1 期。

24. OECD：《以知识为基础的经济》，机械工业出版社，1997 年版。

25. 保罗·A. 大卫、多米尼克·弗雷：《导论：知识社会的经济》，《国际社会科学杂志》，2003 年第 2 期。

26. 王伟光：《中国工业行业技术创新实证研究》，中国社会科学出版社 2003 年版。

27. 潘士远：《知识、R&D 与经济增长》，《浙江社会科学》，2003 年第 3 期。

28. Jeff Saperstein Dr. Daniel Rouach：《区域财富：世界九大高科技园区的经验》，清华大学出版社 2003 年版。

29. ［美］威廉·鲍莫尔：《资本主义的增长奇迹》，中信出版社 2004 年版。

30. ［日］竹内弘高、野中郁次郎著，李萌译：《知识创造的螺旋》，知识产权出版社 2006 年版。

31. ［瑞典］霍刚·吉吉斯著，安金辉、南南·伦丁译：《变化中的北欧国家创新体系》，知识产权出版社 2006 年版。

32. ［美］马克·赫德、拉尔斯·尼伯格：《信息整合的新竞争力》，中国劳动社会保障出版社 2005 年版。

33. 马克斯·H.博伊索特著，张群群、陈北译:《知识资产：在信息经济中赢得竞争优势》，上海世纪出版集团 2005 年版。

34. 冯斌星、何炼成、窦尔翔:《国家知识化经济发展战略：理论依据与构想设计》，《华东理工大学学报》，2005 年第 1 期。

35. 陈继勇、徐涛:《美国知识经济的发展对亚太经济格局的影响》，《世界经济研究》，2005 年第 1 期。

36. S.I.Cohen. Microeconomic Policy. Routledge，London and New York，2001.

37. Chris Freeman and Luc Soete. The Economics of Industrial Innovation，3rd ed，The MIT Press，Cambridge，Massachusetts，1997.

38. K.Pavitt. Patterns of Technical Change： Towards A Taxonomy and A Theory. Research Policy，1984，Vol.13，No.6.

第八章　产业关联

教学目的

本章应该掌握的知识点包括两个方面：一个方面是产业关联的内涵和基本思想、投入产出的思想以及产业关联的主要测度指标；另一个方面是价值链和全球价值链的概念以及全球价值链治理和升级的内涵。这些知识的掌握可以通过阅读相关案例加深理解。

章首案例

由美国次贷危机导致的全球性的金融危机，从 2008 年起，几乎波及了全球的各个角落。对中国经济的直接影响便是出口的大量萎缩和外向型企业陷入困境。根据《新安晚报》2008 年 11 月 10 日报道，2008 年上半年，中国共有 6.7 万家规模以上的中小企业倒闭。珠三角在 10 月上旬就有近 50 家香港企业申请破产清算。同时，大量农民工返乡的现象也进一步印证了金融危机已经严重影响了我国东南沿海地区。在一段时间内，各种媒体、专家学者都在分析金融危机对中国内地经济的影响，有相当多的人想当然地认为对内地经济的影响不大，主要的依据是内陆地区外向型企业少。然而，2009 年 2 月 18 日，《西海都市报》发布新闻，指出西宁市虽然对外向型经济的依存度较低，但金融危机带来的滞后效应开始显现；2009 年 6 月 17 日，新华网发布了标题为"金融危机对中国内陆城市影响显现"的文章，认为金融危机对中国内陆的影响远远滞后于沿海地区，而且仍在继续；2010 年 4 月 27 日，中国新闻网发布了标题为"甘肃省装备制造业出现金融危机滞后效应"的新闻；2010 年 12 月 7 日，《扬子晚报》发布了标题为"金融危机引发滞后效应，千万美元小芸豆出口遇阻"的新闻。根据经济学的常识可以知道，金融危机的传染效应是全方位的，它会使一个国家所有的主要行业受到不同程度的影响。

美国的次贷危机为什么会产生这么大的"蝴蝶效应"呢？为什么房地产行业或者金融行业的危机却能够蔓延到几乎所有的行业呢？这其中的一个重要的原因就是，各个产业之间存在着紧密的关系，也就是所谓的产业关联。具体来说，我们可以把金融危机传染机制分为贸易接触传染和金融接触传染。就贸易接触传染对中国的影响来说，传染机制可以这样描述："美国次贷危机—美国对进口商品需求减少—中国出口下降—出口企业效益降低—出口企业对相应的原材料、机器设备等的需求减少—出口企业的供应商效益降低—供应商对其上游厂商产品需求减少—相关互补品需求减少……"同时，企业效益的下降还会导致工人收入下降，进一步使消费需求减少，影响消费品生产企业的效益，如此下去，整个国家的各个部门都会受到影响。

第一节   产业关联基础知识

一、产业关联的含义

我国国民经济运行中各个部门之间以及成千上万种产品之间发生着多种多样的联系，这种联系有双向联系和单向联系、顺联系和逆联系、直接联系和间接联系。比如，煤炭部门和电力部门之间相互提供产品，是一种双向联系；生产资料部门为消费资料部门提供原料，是一种单向联系；铁矿石经过各道工序加工成钢铁，然后制造成为矿山机械，这是一种顺联系；矿山机械又成为矿石开采的工具，就是逆联系；一个部门对另一个部门产品的直接消耗是直接联系；通过中间环节进行的间接消耗就是间接联系。如果以再生产过程中的生产要素需求为纽带，则包括由于不同部门使用同样技术和能力的劳动力而形成的联系，生产不同产品的部门之间由于使用同样的原材料而形成的联系，以及由于技术关联性和技术进步而引起的部门间联系和动态变化等。

所以，产业关联就是指社会生产活动中各个产业之间存在的广泛而复杂的技术经济联系。这种经济联系的研究对于解决我国目前的许多现实问题具有重要的意义。比如，随着我国经济的发展，东、中、西部的差距在逐渐拉大，所以当前国家又提出了新一轮的西部大开发战略，这对以后地区经济布局的变化起着重要的作用。这些开发政策如何实施？不同地区之间发生着怎样的联系？这些问题都可以使用产业关联的相关理论进行分析。

专栏 8-1

旅游产业的关联性

旅游业是为旅游者提供各种满足旅游消费需求的服务和产品的行业。狭义的旅游业是指为旅游活动提供游览、住宿等服务的行业，包括旅行社、旅馆业、娱乐业等。广义的旅游业是为满足游客在旅游中对交通、通信、游览、娱乐、住宿、购物、生活服务等需要而提供服务或产品的行业，包括交通运输业、通信业、生活服务业（旅馆业、旅行社、文体康乐业）、饮食业、商业等行业中与旅游者的消费直接有关的部分。该行业的产业界限很模糊，这也决定了它与其他行业之间的关联效应很强。

研究发现，1998 年深圳旅行社狭义旅游业增加 1 万元增加值，能推动国内生产总值相应增加 4.44 万元。狭义旅游业增加值提高 10 个百分点，会推动 GDP 增长 0.8 个百分点。狭义旅游业 1 个人就业，可给三大产业提供 6.2 个人的就业机会，其中与狭义旅游业相关的 3.12 人，与交通业相关的 1.07 人，与邮电通信相关的 0.043 人，与饮食业相关的 0.51 人，与商业相关的 0.38 人，与农业相关的 0.37 人，与工业相关的 0.67 人。狭义旅游业每消费 1 万元，可带动 GDP 增长 2.2 万元，能带动 2 人就业。

资料来源：陈超美：《旅游产业的关联性及其协调发展》，《新经济》，2005 年第 8 期。

二、产业关联的思想基础

从经济学的角度来说，产业关联理论产生的思想基础主要源于三个递进的理论：一是魁奈的《经济表》，二是瓦尔拉斯的一般均衡理论，三是马克思的社会再生产理论。

（一）魁奈的《经济表》

魁奈是重农主义学派的领袖人物，他断言一切社会事物都由必然的规律联系在一起，还认为经济政策对经济增长的影响体现在政府政策对"收入支出循环流程"的作用。也就是说，有利于扩大这种"循环流程"的政策就是与经济增长一致的政策。这种"循环流程"可以从魁奈的《经济表》中得到体现。

《经济表》是重农学派经济学的核心和灵魂，描述了社会各个阶级之间总收入的流程。他把经济分为三个部门：作为生产阶级的农民，作为不生产阶级的商人，作为所有者阶级的地主和有头衔的人。《经济表》的思想可以用图 8-1 进行描述。

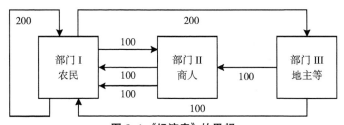

图 8-1 《经济表》的思想

假如农民生产农产品获得了 500 元的收入，自己消费 200 元，是一种自我循环；有 100 元用于购买商人的制造品或者服务；有 200 元以地租和税收的形式上交给地主。

地主获得了 200 元的收入，100 元用于购买商人的制造品或服务，100 元用于购买农民的产品。

商人从农民和地主那里分别获得 100 元的收入，总共 200 元。他也会把 200 元的收入花掉，100 元用于购买农民的食品，另外 100 元用于购买农民的原材料。

尽管魁奈的《经济表》强调了农业独有的生产能力，存在明显的缺陷，但其强调各个部门之间联系的思想对于后来产业关联理论的产生具有重要的启蒙意义。

(二) 瓦尔拉斯的一般均衡理论

瓦尔拉斯曾经是他生活的时代（19 世纪 30~90 年代）中欧洲大陆经济学家中的领导者。"他是一个孤独的、爱发脾气的博学者，经常处在窘迫的环境中，为疑病症和狂想症的情绪所困扰，顽强地跋涉于充满敌意的、未曾被探索的领域，去发现一个新的制高点，正是在这一基础上使得随后的几代经济学家才能开始他们的发现"。[①]

瓦尔拉斯对经济学最富有创造性的贡献就是他对一般均衡体系的数学证明。与局部均衡强调单一产品市场的均衡不同，一般均衡理论强调了现实经济中广泛的和错综复杂的相互联系。在均衡状态下，存在一组全部市场出清的价格（P_1，P_2，…，P_n），使全部市场达到均衡。

一般均衡理论之所以能够存在，主要在于各个产品市场之间都存在着直接或者间接的联系，因为每个产品都有其替代品、互补品、上游产品、下游产品等。进一步地，产品之间的联系将进一步导致产业之间的关联性。所以，一般均衡理论是产业关联理论的前期理论基础，它与产业关联理论的区别在于突出强调了价格的调节作用。

(三) 马克思的社会再生产理论

马克思的社会再生产理论也是在魁奈的《经济表》启发下形成的。马克思曾经说："魁奈的《经济表》用几根粗线条表明，国民生产的具有一定价值的年产品怎样通过流通进行分配，才能在其他各种条件不变的情况下，使它的简单再生产进行下去。上一年度的收获，当然构成生产期间的起点。无数的流通行为，从一开始就被综合成它们的具有社会特征的大量运动，也就是几个巨大的职能上确定的、经济的社会之间的流通。"根据马克思的社会再生产理论，按照产品的实用价值可以将社会总产品分为生产资料和消费资料两大部类，按照产品的价值又划分为转移价值和新创造价值。马克思的两部类再生产公式可以表述为式（8-1）和式（8-2）。

$$C_1 + V_1 + M_1 = X_1 \tag{8-1}$$

$$C_2 + V_2 + M_2 = X_2 \tag{8-2}$$

① 转引自小罗伯特·B. 埃克伦德、罗伯特·F. 赫伯特：《经济理论和方法史》，中国人民大学出版社 2001 年版。

X_1 代表生产资料生产部类，X_2 代表消费资料生产部类，C、V、M 分别代表转移价值、劳动力价值和剩余价值。可见，马克思关于两大部类的社会再生产的描述实际上是一个两部门的关联模型，给出了部门内部和部门之间的投入产出关系。

三、产业关联的分析工具

当前，产业关联的主要分析工具是投入产出分析方法。这种方法是由美国经济学家里昂惕夫（W.Leontief）于 1936 年在《经济学与统计评论》杂志上发表的著名论文《美国经济体系中投入产出的数量关系》中提出来的。产业关联的测度指标主要是由投入产出表延伸出来的各种指标，包括直接消耗系数、间接消耗系数、产业感应度系数和产业影响力系数等。这些指标从不同的角度测度了不同行业之间的关系。

专栏 8-2

里昂惕夫简介

里昂惕夫于 1906 年夏天生于彼得堡。1921 年，考入了彼得堡大学，专修社会学，1925 年取得了社会学硕士学位，这时，他年方 19 岁。毕业后被校方留任为助教。当苏维埃政权建立起来的时候，急需恢复和发展经济。里昂惕夫的父亲参加了编制《1923~1924 年苏联国民经济平衡表》的工作，社会与家庭各方面的影响和时代的需要，使这位还在攻读硕士学位的年轻人，对经济学问题产生了浓厚的兴趣，开始这方面的探索。他一边担负繁重的教学工作，一边阅读有关经济学理论的书籍。他于 1927 年来到马克思的故乡德国，进入柏林大学博士研究生班继续深造。1928 年，取得了柏林大学的博士学位。里昂惕夫在青年时期的研究工作就开始涉及投入产出分析法的内容。早在 1925 年，当他还在柏林大学读书时，曾在德国出版的《世界经济》杂志上发表了《俄国经济平衡——一个方法论的研究》的短文，第一次阐述了他的投入产出思想。1930 年，他移居美国后，正式从事投入产出方法的研究。

里昂惕夫的工作大体经过了三个阶段：第一阶段是 20 世纪三四十年代。他的工作重点是编制美国的投入产出表，并建立投入产出分析法的理论体系；第二阶段是 20 世纪五六十年代，把投入产出分析看做是经济分析的一个全能工具；第三阶段是 20 世纪 70 年代以后，投入产出学说的应用和更大发展。1973 年，里昂惕夫因发展了投入产出分析方法及这种方法在经济领域产生的重大作用，而备受西方经济学界的推崇并因此获得诺贝尔经济学奖。

资料来源：百度百科，http://baike.baidu.com/view/697896.htm。

（一）投入产出表概述

投入产出表是以整个国民经济为描述对象，反映某个时期内（通常为一年）各种产品或者部门之间内在的相互依赖联系。投入产出表的一般形式如表 8-1 所示。

表 8-1　投入产出表的一般样式

投入＼产出	中间产品 部门1 部门2 … 部门n	最终产品 出口 投资 消费	总产品
中间投入 部门1 部门2 ⋮ 部门n	Ⅰ	Ⅱ	
初始投入 折旧 劳酬 纯收入	Ⅲ		
总投入			

表 8-1 的纵向投入栏表示投入的来源，即每一个部门对各种投入要素的消耗使用；横向产出栏表示产出的去向，即产品生产出来以后的分配方向。中间产品栏和中间投入栏都有 n 个部门，它们相互交叉的部分为第Ⅰ象限，这是投入产出表的核心部分；最终产品栏和中间投入栏相交叉的部分为第Ⅱ象限，表示产品生产出来以后除了作为中间产品的部分以外的分配去向，主要包括消费、投资和出口；中间产品栏和初始投入栏交叉的部分为第Ⅲ象限，表现为投入要素的扩展，主要包括劳动力和固定资产等。

投入产出表有不同的分类。如果从时间的角度进行划分，有静态投入产出表和动态投入产出表；如果按照计量单位的不同进行分类，可以分为实物型投入产出表和价值型投入产出表。

1. 实物型投入产出表

实物型投入产出表是以实物单位来计量的投入产出表，是以实物形态来描述物质产品的生产和分配过程的，它是价值型投入产出表的有益补充。由于实物型投入产出表不受价格变动因素的影响，因此能够准确地反映国民经济的重要产品在生产过程中的技术经济联系。我国第一个公开出版的实物型投入产出表是在由计划经济向市场经济转变的背景下由国家统计局于 1992 年正式公布的。在计划经济时期，绝大多数产品的供需都是通过计划控制的，在市场经济条件下，这些供需关系将通过市场机制进行调控。所以，掌握关系国计民生的重要产品的生产和流通以及使用去向，研究它们之间的相互关系和发展规律，就变得非常重要。所以，1992 年实物型投入产出表的编制具有重要的现实意义。

具体来说，1992 年的实物型投入产出表包括 151 种产品。其中农业产品 12 种，工业产品 139 种。基本表式如表 8-2，第 I 象限和第 II 象限连在一起，反映了 151 种产品的分配使用去向。

表 8-2 1992 年的实物型投入产出表式

投入╲产出	计量单位	中间产品										最终产品								进口	总产品
		粮食	…	焦炭	…	半导体集成电路	农业未列名产品	工业未列名产品	建筑业	货运邮电业	商业	饮食业	中间产品合计	固定资产大修理	固定资产更新改造	基本建设	非农业居民消费	农业居民消费	集体消费	非物质生产部门消费	库存增加	出口	最终产品合计		
中间消耗	粮食 大豆 ⋮					第 I 象限											第 II 象限								

资料来源：国家统计局国民经济核算司编：《1992 年中国实物型投入产出表》，中国统计出版社 1996 年版。

2. 价值型投入产出表

价值型投入产出表是用货币计量的，在横行上记录了中间产品价值和最终产品价值，在纵列上记录了中间投入价值和毛附加值（表式见表 8-3）。价值型投入产出表是最常用的一种表格形式，是分析国民经济各部门之间关系的基础。价值型投入产出表见表 8-3。

表 8-3 价值型投入产出表

投入╲产出		中间产品				最终产品			总产品
		产业 1	产业 2	…	产业 n	小计	积累	净出口	消费	小计	
物质消耗	产业 1	X_{11}	x_{12}	…	x_{1n}					Y_1	X_1
	产业 2	X_{21}	x_{22}	…	x_{2n}					Y_2	X_2
	⋮	⋮	⋮		⋮					⋮	⋮
	产业 n	x_{n1}	x_{n2}	…	x_{nn}					Y_n	X_n
毛附加值	折旧	D_1	D_2	…	D_n						
	劳动报酬	V_1	V_2	…	V_n						
	社会纯收入	M_1	M_2	…	M_n						
总产值		X_1	X_2		X_n						

价值型投入产出表中从横行和纵列都满足基本的等量关系。从横行来看，基本等量关系为式（8-3）：

$$\sum_{j=1}^{n} X_{ij} + Y_i = X_i \ (i = 1, 2, \cdots, n) \tag{8-3}$$

从纵列来看，基本等量关系式为式（8-4）：

$$\sum_{j=1}^{n} X_{ji} + D_i + V_i + M_i = X_i \ (i = 1, 2, \cdots, n) \tag{8-4}$$

3. 实物型投入产出表与价值型投入产出表的关系

实物型投入产出表与价值型投入产出表的相同之处表现在两个方面：一是在结构上都存在中间使用、最终使用和中间投入；二是都可以计算直接消耗系数和完全消耗系数。不同之处表现在三个方面：一是计量单位不同；二是实物型投入产出表在列上不能相加，不存在增加值部分，价值型投入产出表则可以；三是两个表计算出来的完全消耗系数含义不同。价值表计算出来的完全消耗系数包括了国民经济所有部门之间的直接联系和间接联系，而实物表的完全消耗系数仅仅是表中所列产品之间的联系。[①]

（二）产业关联的测度

1. 产业间的直接消耗和完全消耗

（1）直接消耗系数。直接消耗系数是指生产一单位 j 产业部门产品所消耗 i 产业部门的产品量（或产品价值）。如果用 a_{ij} 表示第 j 产业产品对第 i 产业产品的直接消耗系数，那么就有：

$$a_{ij} = X_{ij}/X_j \tag{8-5}$$

根据直接消耗系数的公式，我们可以计算出所有产业间全部直接消耗系数，组成一个直接消耗系数矩阵 A。

$$A = \begin{pmatrix} a_{11} & a_{12} & \cdots & a_{1n} \\ a_{21} & a_{22} & \cdots & a_{2n} \\ \vdots & \vdots & & \vdots \\ a_{1n} & a_{2n} & \cdots & a_{nn} \end{pmatrix}$$

根据直接消耗系数公式表达的关系，代入投入产出表的横行基本等量关系式中，经过推导，可以得到里昂惕夫矩阵（I-A）和里昂惕夫逆矩阵 $(I-A)^{-1}$。这两个矩阵不仅描述了一个行业的产品与其他行业产品之间的消耗关系，而且在产业间的感应度分析、影响力分析以及波及效果分析中都具有重要作用。

（2）完全消耗系数。不同部门产品之间除了直接消耗以外，还有间接消耗。间接消耗是指一种产品通过某种中间产品对另一种产品的消耗。比如汽车生产对电力的消耗，称为直接消耗。由于汽车生产需要消耗钢材，消耗这部分钢材的生

---

① 国家统计局国民经济核算司编：《1992 年中国实物型投入产出表》，中国统计出版社 1996 年版。

产也需要消耗电力，则消耗的这部分电力称为汽车生产对电力的第一次间接消耗。进一步地，汽车生产消耗的钢材的生产需要消耗煤炭，而消耗的煤炭的生产又需要消耗电力，那么汽车生产消耗的钢材的生产消耗的煤炭的生产过程中消耗的电力则称为对电力的第二次间接消耗，以此类推，可以有无限次的间接消耗。

所以，完全消耗就是一种产品对另一种产品的直接消耗加上所有的间接消耗。完全消耗系数可以表示为式（8-6）：

$$b_{ij} = a_{ij} + \sum_{k=1}^{n} b_{ik} a_{kj} \quad (i, j = 1, 2, \cdots, n) \tag{8-6}$$

式（8-6）中，b_{ij} 为完全消耗系数，a_{ij} 是直接消耗系数，$b_{ik}a_{kj}$ 是一种产品通过中间产品 k（k = 1, 2, $\cdots$, n）对另一种产品的间接消耗。

与直接消耗系数一样，完全消耗系数组成的矩阵称为完全消耗矩阵，基本形式为：

$$B = (I - A)^{-1} - I \tag{8-7}$$

完全消耗系数能够全面地反映一个部门的生产与本部门和其他部门发生的经济技术联系，对于分析国民经济和产业结构内部的联系非常重要。

2. 产业间的结构效应

产业间的结构效应分析包括产业关联分析以及产业间需求和投入关系分析两个方面，二者分析的基本目标是一致的。

（1）前向关联和后向关联。前向关联和后向关联的程度可以用关联系数来表示。前向关联系数表示一个产业向所有其他产业提供的中间投入之和占本产业全部产出的比重。一般来说，比重越大，表示该产业前向关联效应越大。后向关联系数表示一个产业从所有其他产业获得的中间投入之和占该产业全部产出的比重。一般来说，该比重越大，表示产业后向关联效应越大。简单地说，前向关联效应大，就是对下游产业提供的中间产品多；后向关联效应大，就是需要上游产业的产品多。

（2）中间需求和中间投入。中间需求是指某产业的产品作为中间产品提供给其他产业（包括该产业本身），也就是其他产业对某产业的中间需求。中间投入是指某产业在经济活动中从其他产业（包括该产业本身）得到的投入之和。中间需求和中间投入程度的大小可以用中间需求率和中间投入率来表示。

中间需求率是指某产业的中间需求和总需求之比。中间需求率这一指标反映了各产业的产出中，有多少是作为中间产品（如作为原材料和燃料等）满足其他产业的。中间投入率是指某产业的中间投入与总投入之比。这一指标表示了各产业在各自的生产活动中，为生产单位产值的产出而需从其他产业购进的中间产品所占的比重。该比重越大，附加值率就越低。

（3）产业间结构效应分析的应用。上述前向关联和后向关联的分析与中间需求和中间投入的分析具有相似性。从各自的内涵可以看出，前向关联效应大的行业也就是中间需求率比较大的行业，后向关联效应大的行业也就是中间投入率比较大的行业。所以，我们可以对不同产业进行分类，具体见表8-4。

表 8-4　产业关联结构分析

	前向关联效应大（中间需求率大）	前向关联效应小（中间需求率小）
后向关联效应大（中间投入率大）	中间投入型制造业（钢铁业、纸及纸制品业、石油产品业、有色金属冶炼业、化学工业、煤炭加工业、橡胶制品业、纺织业以及印刷出版业）	最终需求型制造业（服装和日用品业、造船业、皮革及皮制品业、食品加工业、粮食加工业、运输设备制造业、机械工业、木材及木材制品业、非金属矿物制品业以及其他制造业）
后向关联效应小（中间投入率小）	中间投入型基础产业（农林业、煤炭业、金属采矿业、石油及天然气业、非金属采矿业以及电力业）	最终需求型基础产业（渔业、运输业、商业和服务业）

资料来源：本表分析来源于钱纳里和渡边经彦对美国、日本、挪威和意大利四国的29个产业部门的分析。转引自唐晓华等（2007）。

3. 产业间波及效应

简单地说，产业的波及效应是指某一产业的需求发生了或将要发生变化时对国民经济各产业活动发生了或将要发生的影响的大小。我们通常从两个方面考察产业的波及效应：第一个方面考察产业的影响力和感应度。产业影响力是指一个产业对其他产业的影响程度，可以用影响力系数来表示；产业感应度是指一个产业受其他产业影响的程度，可以用感应度系数来表示。第二个方面是考察最终需求对各个产业的影响程度。在投入产出表中的最终需求主要包括投资需求、消费需求和净出口。通过这些最终需求所诱发的各个产业生产额的分析，可以知道各个产业对最终需求的依赖程度，为制定相应的产业政策具有重要的意义。

第二节　基于 2002 年投入产出表的我国产业关联度分析[①]

在投入产出分析方法中，用感应度系数反映一个产业受其他产业的波及程度，用影响力系数反映一个产业影响其他产业的波及程度。一般说来，影响力系数较大的产业部门对社会生产具有较大的辐射能力，而感应度系数较大的产业部门对经济发展起着较大的制约作用，尤其是经济增长过快时，这些产业部门将先受到社会需求的巨大压力，造成供不应求的局面。当一个产业部门的影响力系数和感应度系数都较大时，则该产业部门在经济发展中具有举足轻重的地位。本节是中国投入产出学会课题组（2006）利用全国 2002 年的投入产出表进行的分析，主

---

① 中国投入产出学会课题组：《我国目前产业关联度分析：2002 年投入产出表系列分析报告之一》，《统计研究》，2006 年第 11 期。

要测算了我国目前的产业关联现状及其特点，并提出对我国产业结构调整的建议。

一、各部门影响力分析

影响力系数是反映国民经济某一部门增加一个单位最终使用时，对国民经济各部门所产生的需求波及程度。当某一部门影响力系数大于（小于）1时，表示该部门的生产对其他部门所产生的波及影响程度高于（低于）社会平均影响水平（即各部门所产生的波及影响的平均值）。影响力系数越大，该部门对其他部门的拉动作用越大。

根据影响力系数的公式，结合2002年投入产出表，计算得到的影响力系数如表8-5所示。

表8-5　2002年各产业部门影响力系数

编号	部　　门	影响力系数	位次
1	农业	0.784925	38
2	煤炭开采和洗选业	0.835837	34
3	石油和天然气开采业	0.691827	40
4	金属矿采选业	0.975729	23
5	非金属矿采选业	0.944697	26
6	食品制造和烟草加工业	1.014943	20
7	纺织业	1.198112	9
8	服装皮革羽绒及其制品制造业	1.230441	6
9	木材加工及家具制造业	1.152880	12
10	造纸印刷及文教用品业	1.085937	16
11	石油加工、炼焦及核燃料加工业	1.044642	18
12	化学工业	1.174847	10
13	非金属矿物制品业	1.073471	17
14	金属冶炼及延压加工业	1.174833	11
15	金属制品业	1.244545	5
16	通用专用设备制造业	1.208269	7
17	交通运输设备制造业	1.258270	4
18	电气机械及器材制造业	1.260780	3
19	通信设备、计算机及其他电子设备制造业	1.395393	1
20	仪器仪表及文化办公用机械制造业	1.284621	2
21	其他制造业	1.152825	13
22	废品与废料	0.396178	42
23	电力、热力的生产和供应业	0.873150	31
24	燃气生产和供应业	1.141467	14
25	水的生产和供应业	0.886014	30
26	建筑业	1.201123	8

编号	部　门	影响力系数	位次
27	交通运输及仓储业	0.917429	28
28	邮政业	1.026167	19
29	信息传输、计算机服务和软件业	0.903681	29
30	批发零售贸易业	0.854551	33
31	住宿和餐饮业	0.953644	25
32	金融保险业	0.732590	39
33	房地产业	0.656874	41
34	租赁和商务服务业	1.088372	15
35	旅游业	0.818691	36
36	科学研究业	1.006903	21
37	综合技术服务业	0.818829	35
38	其他社会服务业	0.977160	22
39	教育事业	0.796345	37
40	卫生社会保障和社会福利业	0.956884	24
41	文化体育和娱乐业	0.938451	27
42	公共管理和社会组织	0.867672	32

由表8-5可以看出，2002年我国影响力系数大于1的有21个部门，大多集中在第二产业，并且以制造业居多。位于前列的部门大多集中在机械设备制造部门，这些部门的技术含量高，且附加值大，属于高技术产业，它们的发展不但会产生较大的辐射作用，同时也有利于我国工业结构的升级和产业结构的优化；服装皮革羽绒及其制品业、纺织业、木材加工及家具制造业、造纸印刷及文教用品业、食品制造及烟草加工业等部门属于传统的轻工业部门，技术工艺相对简单，其产品具有最终消费的性质；金属制品业，其他制造业，金属冶炼及压延加工业，非金属矿物制品业和石油加工、炼焦及核燃料加工业等部门则属于传统的重工业部门，属于资本密集型产业，其产品具有中间产品和投资品的性质；第三产业中的邮政业、租赁和商务服务业的影响力系数也高于社会平均水平，属于与生产活动直接相关的服务部门。

影响力系数小于1的部门大多集中在第三产业、农业部门以及第二产业中的少数部门。其中影响力系数小于1的第二产业部门大多是能源部门，属于较传统的重工业部门，主要为其他部门提供原材料，属于整个产业链中的后向部门，因而对其他部门的影响辐射力较小。

二、各部门感应度分析

感应度系数是反映当国民经济各个部门均增加一个单位最终使用时，某一部门由此而受到的需求感应程度，也就是需要该部门为其他部门的生产而提供的产出量。

当某一部门感应度系数大于（小于）1时，表示该部门的感应程度高于（低于）社会平均感应度水平（即各部门的感应程度的平均值）。感应度系数越大，说明该部门对国民经济的推动作用越大。感应度系数越大的部门就越具有基础产业和"瓶颈"产业的属性。

根据感应度系数的计算公式和2002年投入产出表，得到42个行业的感应度系数如表8-6所示。

表8-6 2002年各产业部门感应度系数

编号	部　门	感应度系数	位次
1	农业	0.794170	29
2	煤炭开采和洗选业	1.347067	7
3	石油和天然气开采业	2.153738	1
4	金属矿采选业	2.140346	2
5	非金属矿采选业	1.194769	9
6	食品制造和烟草加工业	0.685700	34
7	纺织业	0.923200	25
8	服装皮革羽绒及其制品制造业	0.564008	37
9	木材加工及家具制造业	0.931701	24
10	造纸印刷及文教用品业	1.167383	11
11	石油加工、炼焦及核燃料加工业	1.459678	5
12	化学工业	1.420244	6
13	非金属矿物制品业	0.984372	22
14	金属冶炼及延压加工业	1.467899	4
15	金属制品业	1.097589	17
16	通用专用设备制造业	1.003653	19
17	交通运输设备制造业	0.990848	21
18	电气机械及器材制造业	1.077817	18
19	通信设备、计算机及其他电子设备制造业	1.162941	14
20	仪器仪表及文化办公用机械制造业	1.163306	13
21	其他制造业	0.798722	28
22	废品与废料	1.695624	3
23	电力、热力的生产和供应业	1.346341	8
24	燃气生产和供应业	0.877657	26
25	水的生产和供应业	1.165879	12
26	建筑业	0.412249	41
27	交通运输及仓储业	1.097791	16
28	邮政业	0.844440	27
29	信息传输、计算机服务和软件业	0.992769	20
30	批发零售贸易业	0.957591	23

编号	部　门	感应度系数	位次
31	住宿和餐饮业	0.755004	30
32	金融保险业	1.192993	10
33	房地产业	0.577610	35
34	租赁和商务服务业	1.154981	15
35	旅游业	0.471332	38
36	科学研究业	0.568842	36
37	综合技术服务业	0.742646	31
38	其他社会服务业	0.690492	33
39	教育事业	0.428055	40
40	卫生社会保障和社会福利业	0.437635	39
41	文化体育和娱乐业	0.695620	32
42	公共管理和社会组织	0.365294	42

由表 8-6 可以看出，2002 年我国感应度系数大于 1 的有 19 个部门，大多集中在原材料、能源和运输部门等基础产业和传统的加工制造业部门，其产品大多具有中间产品的性质，尤其是石油和天然气开采业及金属矿采选业这两个部门的感应度系数达到 2.10 以上，是社会平均值的 2 倍。这说明，这些部门对国民经济有较大的推动作用，在经济快速增长时，这些部门受到社会需求的压力最大，往往成为制约国民经济发展的"瓶颈"部门。近几年的油价上涨，油荒、电荒等现象都充分说明了能源的紧缺对国民经济的制约作用。此外，第三产业中的金融保险业、租赁和商务服务业、交通运输及仓储业的感应度也大于社会平均水平，这说明服务业对国民经济的推动作用在增强，同时也说明这些部门也易成为制约国民经济发展的"瓶颈"。

感应度系数低于社会平均水平的产业部门大多是第三产业部门和农业部门，也有少数劳动密集型产业部门。其中第三产业中的新兴产业部门诸如信息传输，计算机服务和软件业的感应度系数尽管略低，但其系数值接近社会平均水平。

三、各部门交叉关联分析

根据影响力系数和感应度系数对各部门进行分类，以社会平均值 1.0 为界，可以将"影响力系数—感应度系数"分割为四个象限，分布情况如图 8-2 所示。

处于第一象限的部门为影响力系数大于平均值 1 而感应度系数小于平均值 1 的部门，属于强辐射力弱制约力的部门。第一象限的部门包括：食品制造及烟草加工业、纺织业、服装皮革羽绒及其制品业、木材加工及家具制造业、交通运输设备制造业、非金属矿物制品业、其他制造业、燃气生产和供应业、建筑业、邮政业和科学研究业，共 11 个部门。从图 8-2 中可以看出，第一象限的部门一般

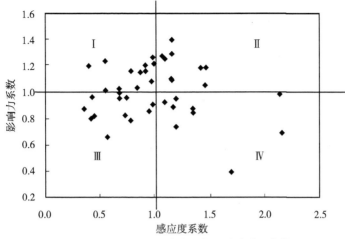

图 8-2 各部门"影响力系数—感应度系数"

是发展较为成熟的产业。

处于第二象限的部门为影响力系数和感应度系数均大于平均值 1 的部门，这些部门具有强辐射和强制约的双重性质。第二象限的部门包括：造纸印刷及文教用品制造业，石油加工、炼焦及核燃料加工业，化学工业，金属冶炼及压延加工业，金属制品业，通用、专用设备制造业，电气机械及器材制造业，通信设备、计算机及其他电子设备制造业，仪器仪表及文化办公用机械制造业，租赁和商务服务业，共 10 个部门。

第二象限中的部门的影响力系数和感应度系数都大于 1，这些部门是其他部门所消耗的中间产品的主要供应者。同时，在生产过程中又大量消耗其他部门的产品，具有较强的辐射作用，是拉动国民经济发展的重要支柱产业。

处于第三象限的部门为影响力系数小于社会平均值 1 而感应度系数大于社会平均值 1 的部门，属于弱辐射力强制约性的部门。第三象限的部门包括：煤炭开采和洗选业，石油和天然气开采业，金属矿采选业，非金属矿采选业，电力、热力的生产和供应业，水的生产和供应业，交通运输及仓储业，金融保险业，共 8个部门。第三象限中的部门大多为第二产业中的能源产业和原材料产业部门，对我国经济的发展有着较强的制约作用。考虑今后一定时期国民经济快速健康发展的需要，应加快这些部门的改革和发展步伐。

处于第四象限的部门为影响力系数和感应度系数均小于社会平均值 1 的部门，这些部门属于弱辐射力弱制约性的部门。第四象限的部门包括：农业，信息传输、计算机服务和软件业，批发和零售贸易业，住宿和餐饮业，房地产业，旅游业，综合技术服务业，其他社会服务业，教育事业，卫生、社会保障和社会福利业，文化、体育和娱乐业，公共管理和社会组织，共 12 个部门。第四象限中的部门以第三产业部门为主。信息传输、计算机服务和软件业的影响力系数和感应度系数值均在 0.9 以上，是新兴的产业部门；房地产业的影响力系数和感应度系数均不大，这表明其前向和后向关联程度均较弱。

四、2002 年和 1997 年主要产业的关联度比较分析

2002 年的投入产出表分为 42 个部门，1997 年的投入产出表共有 40 个部门，部门分类变动最大的是第三产业部门，第一产业和第二产业的部门变动不大。因此，虽然这两者之间的数值不具有直接可比性，但各自在当年排序的变化仍能反映出某部门在国民经济中地位的变化，以下是针对主要产业部门进行的关联度对比分析。

对比 1997 年和 2002 年影响力系数表（见表 8-7 和表 8-5）可以看出以下特征：

第一，高新技术产业部门位居前列，影响力系数排序略有上升。通用、专用设备制造业，交通运输设备制造业，电气机械及器材制造业，通信设备、计算机及其他电子设备制造业和仪器仪表及文化办公用机械制造业等高新技术产业部门的影响力系数在这两年中一直位居前列，且排序略有上升。由于这些部门的产业链比较长，对经济的辐射作用强，且其产品的技术含量高，有着较高的附加值。优先发展这些产业部门，不仅能够拉动其他部门的发展，还能加快产业结构升级的步伐。

表 8-7　1997 年各产业部门影响力系数

编号	部　　门	影响力系数	位次
1	农业	0.759292	36
2	煤炭开采和洗选业	0.894933	28
3	石油和天然气开采业	0.663549	38
4	金属矿采选业	1.060138	19
5	非金属矿采选业	0.937289	27
6	食品制造和烟草加工业	1.008017	22
7	纺织业	1.134003	11
8	服装皮革羽绒及其制品制造业	1.128247	12
9	木材加工及家具制造业	1.152796	9
10	造纸印刷及文教用品业	1.096861	15
11	石油加工、炼焦及核燃料加工业	0.992830	23
12	化学工业	1.160582	8
13	非金属矿物制品业	1.089871	16
14	金属冶炼及延压加工业	1.231119	5
15	金属制品业	1.253790	3
16	机械工业	1.139407	10
17	交通运输设备制造业	1.252206	4

编号	部　门	影响力系数	位次
18	电气机械及器材制造业	1.289751	1
19	电子及通信设备制造业	1.288785	2
20	仪器仪表及文化办公用机械制造业	1.182434	6
21	机械设备修理业	1.051998	20
22	其他制造业	1.101727	14
23	废品与废料	0.386687	40
24	电力、热力的生产和供应业	0.939364	26
25	燃气生产和供应业	1.086788	17
26	自来水的生产和供应业	0.887616	30
27	建筑业	1.161993	7
28	货物运输及仓储业	0.831571	34
29	邮电业	0.861454	33
30	商业	0.884109	31
31	饮食业	0.975100	24
32	旅客运输业	0.889605	29
33	金融保险业	0.754136	37
34	房地产业	0.628855	39
35	社会服务业	1.027889	21
36	卫生体育和社会福利业	1.114166	13
37	教育文化艺术及广播电影电视业	0.870981	32
38	科学研究事业	1.079231	18
39	综合技术服务业	0.809769	35
40	行政机关及其他行业	0.941062	25

第二，纺织业、服装皮革羽绒及其制品业影响力系数排序略有上升。纺织业、服装皮革羽绒及其制品业分别从1997年的第11、第12位上升为2002年的第9、第6位。纺织业、服装皮革羽绒及其制品业是传统的劳动密集型产业，对经济的拉动作用近几年有所上升，得益于近几年国家对这些传统轻工业产业部门进行结构调整，以及国际市场的拓展等因素。

第三，采掘业和其他能源产业部门的影响力系数排序略有下降。其中金属矿采选业由1997年的第19位下降到第23位，金属冶炼及压延加工业由1997年的第5位下降到2002年的第11位。这些部门大多是传统的基础产业部门，属于资本密集型产业，对这些部门来说，应加快企业生产设备更新换代，并加大研发经费的投入，提高竞争力。

对比1997~2002年的感应度系数表（见表8-8和表8-6）可以发现以下特征：

第一，能源部门的感应度系数值远远高于社会平均水平。从表8-8中可以看出石油和天然气开采业与金属矿采选业这两个部门的感应度系数值这两年都在

表 8-8　1997 年各产业部门感应度系数

编号	部　门	感应度系数	位次
1	农业	0.758253	30
2	煤炭开采和洗选业	1.482270	5
3	石油和天然气开采业	2.025611	2
4	金属矿采选业	2.060762	1
5	非金属矿采选业	1.233030	10
6	食品制造和烟草加工业	0.618904	33
7	纺织业	1.065152	15
8	服装皮革羽绒及其制品制造业	0.515412	36
9	木材加工及家具制造业	0.859286	27
10	造纸印刷及文教用品业	1.115578	12
11	石油加工、炼焦及核燃料加工业	1.424971	6
12	化学工业	1.338555	8
13	非金属矿物制品业	0.886189	24
14	金属冶炼及延压加工业	1.509736	4
15	金属制品业	1.008648	19
16	机械工业	1.014919	18
17	交通运输设备制造业	0.881017	25
18	电气机械及器材制造业	0.928783	23
19	电子及通信设备制造业	1.049604	16
20	仪器仪表及文化办公用机械制造业	1.095846	13
21	机械设备修理业	1.309538	9
22	其他制造业	0.951392	21
23	废品与废料	1.606530	3
24	电力、热力的生产和供应业	1.369383	7
25	燃气生产和供应业	0.754619	31
26	自来水的生产和供应业	1.035662	17
27	建筑业	0.387046	38
28	货物运输及仓储业	1.191408	11
29	邮电业	0.976787	20
30	商业	0.939289	22
31	饮食业	0.810721	28
32	旅客运输业	0.777634	29
33	金融保险业	1.067807	14
34	房地产业	0.614388	34
35	社会服务业	0.864367	26
36	卫生体育和社会福利业	0.381286	39
37	教育文化艺术及广播电影电视业	0.445129	37
38	科学研究事业	0.562353	35
39	综合技术服务业	0.738878	32
40	行政机关及其他行业	0.343256	40

2.0 以上,是社会平均水平的 2 倍以上,说明这两个部门对国民经济的制约作用越来越强;金属冶炼及延压加工业,石油加工、炼焦及核燃料加工业,化学工业,煤炭开采和洗选业,电力、热力的生产和供应业等能源部门的感应度系数值也都在社会平均水平的 30% 以上,表明随着我国国民经济规模的迅速扩大,能源部门对经济的发展具有较大的制约作用。近几年伴随着我国国民经济的高速增长尤其是工业部门的快速增长,而制造业又都属于能源消耗强度高的部门,产生了能源消费需求快速增长问题,另外工业化伴随着城市化的进程,居民生活水平逐渐提高,私家车和生活取暖等对能源消费的需求也逐步增长,这都导致能源的供应紧张,再加上最近的国际油价持续攀升,国内的成品油价也逐步上调,都进一步加剧了我国的能源供需矛盾。因此在今后较长的一段时期内,要保持国民经济的协调稳定发展,除进一步促进这些"瓶颈"部门发展外,还必须在提高能源使用效率、调整产业结构方面下工夫,从而有效地缓解供需矛盾。

第二,重工业部门的感应度系数高于轻工业和高技术产业部门。从表 8-8 中可以看出,重工业部门中的金属冶炼及压延加工业,石油加工、炼焦及核燃料加工业,化学工业的感应度系数高于食品制造及烟草加工业、服装皮革羽绒及其制品业等轻工业部门,同时也高于仪器仪表及文化办公用机械制造业,通信设备、计算机及其他电子设备制造业,电气机械及器材制造业等高技术产业部门。这一现象反映了我国的工业化已走出了以轻工业化为主导的阶段,正在进入以能源、原材料等基础工业为中心的重工业化阶段。

第三,金融保险业的感应度系数排序有所上升。金融保险业的感应度系数排序由第 14 位上升为第 10 位,这是因为金融保险业在经济生活中扮演越来越重要的角色,逐渐渗透到国民经济中的各个环节,对国民经济的发展起着越来越重要的作用,同时若不加大金融体制的改革力度,金融保险业必将制约整个国民经济的健康发展。

第四,高新技术产业部门的感应度系数和排序呈上升趋势。从表 8-8 中可以看出电气机械及器材制造业的感应度系数值由低于社会平均水平上升为高于社会平均水平,交通运输设备制造业,仪器仪表及文化办公用机械制造业和通信设备、计算机及其他电子设备制造业的感应度系数和排序也略有上升,这是因为随着信息技术的发展,这些部门的竞争优势显著增强,因此需大力发展高新技术产业,从而使产业结构向着技术密集型和知识密集型的方向发展。

第五,轻工业中除纺织业外,位次变动不大。食品制造及烟草加工业、服装皮革羽绒及其制品业、木材加工及家具制造业和造纸印刷及文教用品制造业的感应度系数排序变动不大。纺织业的感应度系数排序变化较大,由 1997 年的第 15 位下降到 2002 年的第 25 位。

五、对我国产业结构调整的建议

结合以上对当前我国国民经济的产业关联分析，对我国今后的产业结构调整有如下启示：首先，制造业成为我国国民经济的增长点，高新技术产业将成为我国经济发展的主导产业。制造业的影响力系数值和感应度系数值大多高于社会平均水平，并且呈上升趋势。如通用、专用设备制造业，电气机械及器材制造业，通信设备、计算机及其他电子设备制造业，仪器仪表及文化办公用机械制造业等高新技术产业属于知识密集型产业，它们的附加值高，产业链长，对经济的拉动作用大，应作为重点产业扶持。为此，首先要加快技术改造，促进技术进步，同时要加大研发力度，缩小与国际先进水平的差距，提高新兴主导产业的国际竞争力。其次，加强能源、原材料等基础工业部门和部分传统产业的发展。能源对经济发展的制约作用十分明显，应尽快改变这些部门设施落后的状况，制定相应的政策，鼓励能源企业使用新技术，同时宏观上要加强能源产品的优化控制，实施可持续能源发展战略，促进国民经济各部门的协调发展。最后，加快推进第三产业的发展，尤其是金融保险业，交通运输及仓储业，信息传输、计算机服务和软件业等新兴部门的发展。金融保险业和交通运输及仓储业对国民经济发展的制约作用已经显现，因此应依靠信息化技术加快这些产业部门的发展，同时带动推进整个第三产业的发展，并加快第三产业内部的结构优化。

第三节　全球价值链

在当今市场竞争非常激烈的情况下，任何一个企业要想长期生存下去，就必须有自己的竞争优势。竞争优势的类型有很多，比如确定企业价格领导地位或者实现产品的差异化等。价格的领导地位源于企业的低成本战略，产品的差异化则是通过产品的功能、服务和质量等方面的差异来实现的。不管企业选择了哪一种策略，价值链分析都有助于企业提升自己的竞争优势。价值链分析包括了两个方面：产业价值链和公司内部价值链。产业价值链包括了整个产业内部从原材料到最终产品的销售的所有价值创造活动。公司内部价值链则包括了公司内部的所有价值创造活动。本节主要从跨国角度分析全球价值链的内涵、治理与升级问题。

一、价值链、产业价值链和全球价值链

价值链的概念是由美国哈佛商学院的迈克尔·波特于1985年在其所著的《竞争优势》一书中首先提出的。他认为："每一个企业都是用来进行设计、生产、营销、交货等过程及对产品起辅助作用的各种相互分离的活动的集合。"这一系列相互联系的经济活动都是价值创造的活动，所以每一个产品的价值创造过程分

布于这些相互联系的经济活动的每一个环节，形成了一个价值链。虽然后来很多经济学家在波特的基础上进行了更广泛的研究，但价值链的本质是不变的，也就是说价值链是由一系列能够满足顾客需求的价值创造活动组成的，这些价值创造活动通过信息流、物流或资金流联系在一起。[1]

产业价值链是价值链在产业层面上的延伸，是多个企业价值链的整合，是产业中一个不断转移、创造价值的通道。在产业价值链中，每个节点都由若干同类企业组成，它们之间是竞争关系，与上、下游企业之间则是交易关系。产业价值链具有以下特征：[2] 第一，消费者需求是影响产业价值链形成与变化的决定因素。消费者需求是整个产业链运行的核心，也是其最终目标，没有消费者的需求，产业价值链就失去了目的性。当然，随着消费者需求的变化，产业价值链也会发生变化或者转移。第二，产业价值链的核心是价值创造。研究价值链的核心就是要研究其价值是如何创造出来的，也就是研究价值链的各个环节如何提高效率。第三，产业价值链中价值分布并不均匀。这就是说，在产业价值链中的不同价值单元，其创造的价值大小是不一样的。1992 年中国台湾宏基公司总裁曾经指出：近年来，产业中的价值分布发生了一些新的变化。销售和售后服务企业由于总量增加和缺乏个体特色而利润下降，掌握技术标准和生产关键标准模块的企业利润仍然较高。这一方面说明价值在产业链中的分布不均衡，另一方面也说明了价值分布的动态性。第四，产业价值链与产品的生命周期有关。在产品的创新期，产业链尚未形成，各个企业的价值链相互独立，结构松散。在产品的成熟期，企业已经被固定在产业的专业环节上，产业链则会通过企业内部价值链和企业间的关系而形成，并且非常紧密。

如果在全球范围内来观察一个产业的价值连接的话，就是全球价值链（GVC）的概念。[3] 从组织模式看，GVC 包括了某种产品生产、服务等活动的全部主体；从地理分布来看，GVC 具有全球性；从参与主体来看，有生产厂商、零售商、服务部门和厂商等。如果说价值链强调了商品从原材料到成品销售的价值增值的过程的话，GVC 则强调了在全球范围内某种产品或者某个行业的生产网络。

专栏 8-3

汽车产业全球价值链

20 世纪 90 年代后，随着生产和贸易全球化的不断深入，全球汽车产业价值创造体系出现了前所未有的垂直分离和重构。随着全球竞争的加剧，汽车和汽车零部件技术越来越复杂，推动了汽车制造商对内部组织结构进行重组，

---

① 唐晓华等编：《产业经济学教程》，经济管理出版社 2007 年版。
② 李平：《产业价值链模块化重构的价值决定研究》，《中国工业经济》，2006 年第 9 期。
③ 不同的研究者有不同的说法，也可以称为全球价值网络、全球生产网络、企业网络等。

把零部件部门从内部剥离出去,并把竞争力集中在车型设计、品牌、整车装配和市场方面,以便使运作体系更有效率。同时,汽车制造商之间在全球范围内发生了广泛的重组,形成了目前普遍认同的"6+4" MMC (跨国汽车公司) 体系。其中"6"是指通用系、福特系、戴姆勒—克莱斯勒系、大众系、丰田系和雷诺—日产系;"4"是指标致—雪铁龙系、本田系、宝马系和菲亚特系。每一个 MMC,通过股权投资或战略联盟的形式,控制着众多不同品牌的子公司,形成了 MMC 主导的 GVC 格局。

MMC 通过把生产环节分布到全球各个地区,加快了对新兴发展中国家汽车产业的整合,不同 MMC 主导的 GVC 在全球范围内展开不同链条间的竞争。为此,MMC 在同一研发平台上设计的车型在全球不同的国家和地区进行生产和销售,以便实现规模经济,降低研发成本。在零部件设计和采购方面,MMC出于对成本、质量、标准化、敏捷生产、技术保密的考虑,倾向于原配供应商设计和原配供应商采购。部分原配供应商在 MMC 的要求或鼓励下,跟随MMC 在世界不同的国家和地区进行投资建厂,实现全球化扩张,这进一步加快了供应商之间的重组,出现了全球垄断供应商。而世界不同国家和地区的本土供应商要么被兼并收购,纳入 MMC 主导的 GVC 体系,要么进入零部件二级市场或被边缘化,极少一部分能快速发展以实现经济规模。

资料来源:周煜:《全球价值链下的中国汽车产业升级研究》,《汽车科技》,2006 年第 11 期。

二、全球价值链治理

简单地说,"治理"就是协调利益各方之间的关系,以便达到一定的效率或者效益目标。所以,价值链治理就是对价值链中各个参与主体之间关系的协调与整合。价值链治理的前提是各参与主体之间存在某种权力关系。如果在价值链中利益各方的权力是不对称的,就会出现以权力较大的一方为主体的治理模式。GVC 的治理是分析价值链上不同参与者之间关系性质的核心,内容涉及产品生产的方式、时间、地点、数量以及如何定价等问题。这里的治理在本质上也是一种协调,是通过正常的市场连接或者非市场关系而产生的。市场连接源于市场的自组织特性,非市场关系则包括了正式网络、准层级结构和层级结构。Humphrey 和 Schmitz (2002) 提出了四种类型的 GVC 治理模式,分别为单纯市场关系、网络治理模式、准层级治理模式和层级治理模式;Gary Gereffi 等人(2005) 提出了 GVC 的五种治理模式,分别为市场治理模式、模块治理模式、关系治理模式、俘获治理模式和层级治理模式 (见图 8-3)。

在图 8-3 中,从权力不对称程度来看,从左到右权力不对称程度越来越高,市场型的治理模式是平等的,参与主体之间是一种完全的市场关系;层级型模式则是另一个极端,由于权力的极端不对称,以至于达到了一体化的程度。图中从

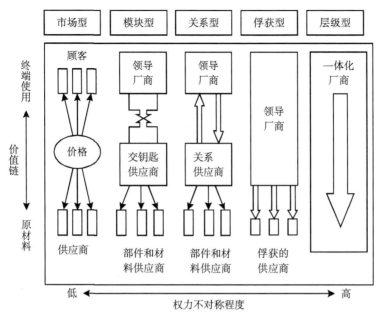

图 8-3 **Gereffi** 等人提出的 **GVC** 治理的五种模式

下到上，代表价值链的前端和末端，即从原材料到终端使用者。

三、全球价值链升级

价值链升级可以从企业和价值链两个角度进行分析。在企业角度的分析中，Hamel 和 Pralahad（1994）认为核心竞争力的提升是升级的关键。这种核心竞争力包括了三个方面：一是为消费者提供价值，二是核心竞争力的相对唯一性，三是核心能力的难以复制性。Leonard-Barton（1995）认为这种能力容易导致一种"刚性能力"，从而阻碍企业的进一步发展。Teece 和 Pisano（1994）提出了"动态能力"的概念，认为动态能力是获得租金的关键，能够长期维持下去。

如果从整个价值链的角度分析，则存在着四种依次递进的升级模式，即工艺升级、产品升级、功能升级和链条升级。工艺升级是指内部工艺效率的改进；产品升级是指新产品的开发或者旧产品的改进；功能升级则是在价值链上不同结点之间的重新组合与排列；[①] 链条升级是指原有价值链向新的价值链的移动。Raphael Kaplinsky 和 Mike Morris（2002）分析了这四种升级模式之间的递进关系（见图 8-4）。[②]

在价值链升级过程中，技术创新发挥着重要的作用。技术创新是价值链升级

---

① 比如，价值链中的企业由产品生产升级为产品设计，或者由产品销售升级为品牌塑造。
② 图 8-4 中英文大写字母的含义分别为：Original Equipment Assembly（OEA），Original Equipment Manufacture（OEM），Original Design Manufacture（ODM），Original Brand Manufacture（OBM）。

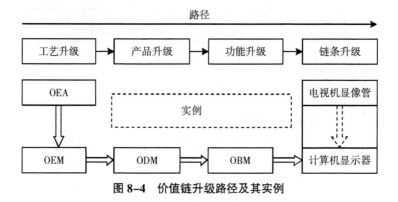

图 8-4 价值链升级路径及其实例

的基本动力，价值链升级是内部创新的外在表现。从图 8-4 中也可以看出，没有技术创新，厂商不可能实现从组装到制造再到设计的递进过程，也不可能实现从电视机显像管价值链向计算机显示器价值链的转移。

专栏 8-4

英特尔公司基于价值链的系列研发

1996 年，当美国电报电话公司和 IBM 公司相继减少对半导体技术研究的资金支持的时候，英特尔公司却获得很大的发展，这一切均源于其创新模式的改变。公司建立了基于价值链的分散化、分布式的研究模式。公司有三个实验室，分别是元件研究实验室（CRL）、微处理器研究实验室（MRL）和英特尔架构实验室（IAL）。元件研究实验室坐落在加利福尼亚的圣克拉拉，位于价值链的最底部；微处理器研究实验室也坐落于圣克拉拉，位于价值链的中部；英特尔架构实验室坐落在俄勒冈州的希尔巴罗，位于价值链的顶部，如下图 8-5 所示。

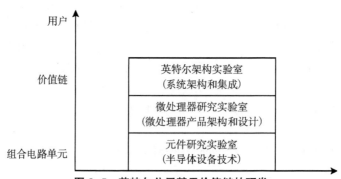

图 8-5 英特尔公司基于价值链的研发

资料来源：亨利·切萨布鲁夫著，金马译：《开放式创新：进行技术创新并从中赢利的新规则》，清华大学出版社 2005 年版。

GVC 升级是价值链升级在全球范围内的扩展，目前主要研究不同治理模式对不同升级类型的影响（如产品升级、工艺升级、功能升级以及跨部门升级等）。GVC 的升级超越了简单的对高生产效率的追求，考虑到了 GVC 各个环节的协调和动态发展。当前，各个行业都希望自己能在全球价值链中占有一席之地，并且逐渐向价值链的高端移动（即价值链升级）。

专栏 8-5

温州制鞋业在 GVC 中的地位与转型升级对策

据调查，温州现有 4500 多家制鞋企业，与制鞋业相关的鞋机、鞋材、皮革、合成革、皮革化工等企业 2500 多家，从业人员近 40 万，每年产量 10 多亿双，约占全国的 25%、全球的 1/8。2005~2007 年，温州制鞋业总产值、出口值和出口量保持快速增长。受国际金融危机的冲击，2008 年温州鞋产品出口受到一定程度的影响，但以内销为主的制鞋企业生产运行状况良好。但从总体上看，温州制鞋业缺乏国际知名品牌，多数企业以贴牌加工为主，在国际市场走低价格路线，在全球价值链中处于低附加值环节。

要实现企业的转型升级，需要做到两点：一是要把品牌建设嵌入全球价值链。世界知名跨国鞋企占据了价值链的高端环节，制鞋业的中高端品牌也主要垄断在它们手中。温州制鞋业的升级应注重品牌建设，对于奥康、康奈等国内知名品牌企业，要加强与国外高端营销渠道的合作，突破国际品牌垄断，实现在全球价值链上的提升；通过自主创建或收购国际品牌，摒弃单一的低价竞争手段，为温州本土鞋企打造国际知名品牌奠定基础。二是要以研发提升产业竞争力。研发能力的强弱决定了企业在全球价值链中的利润空间。温州制鞋企业必须加大研发投入，逐步走向价值链的高端，推动产业不断升级。最后就是政府和行业协会要制定出台有关政策和行业标准，保护企业的合法权益，规范企业间的竞争秩序，鼓励创新，引导制鞋业健康持续发展。

资料来源：张永凯、王钢：《基于全球价值链的温州制鞋产业转型与升级》，《浙江经济》，2009 年第 1 期。

本章小结

产业关联就是指社会生产活动中各个产业之间存在的广泛而复杂的技术经济联系。产业关联的测度指标主要是由投入产出表延伸出来的各种指标，包括直接消耗系数、间接消耗系数、产业感应度系数和产业影响力系数等。

投入产出表是指以整个国民经济为描述对象，反映某个时期内（通常为一年）各种产品或者部门之间内在的相互依赖联系；直接消耗系数是指生产一单位

j 产业部门产品所消耗 i 产业部门的产品量（或产品价值）；完全消耗就是一种产品对另一种产品的直接消耗加上所有的间接消耗；产业影响力系数是反映国民经济某一部门增加一个单位最终使用时，对国民经济各部门所产生的需求波及程度；感应度系数是反映当国民经济各个部门均增加一个单位最终使用时，某一部门由此而受到的需求感应程度，也就是需要该部门为其他部门的生产而提供的产出量。

GVC 是价值链的跨国延伸。如果说价值链强调了商品从原材料到成品销售的价值增值的过程的话，GVC 则强调了在全球范围内某种产品或者某个行业的生产网络。GVC 治理与升级是当前研究的热点问题。GVC 治理是分析价值链上不同参与者之间关系性质的核心，GVC 升级则超越了简单的对高生产效率的追求，需要考虑 GVC 各个环节的协调和动态发展。

关键术语

产业关联　经济表　一般均衡　直接消耗　间接消耗　完全消耗　投入产出表　实物型投入产出表　价值型投入产出表　前向关联　后向关联　波及效应　影响力系数　感应度系数　价值链　全球价值链

思考题

1. 结合实际谈一下什么是产业关联。
2. 产业关联的测度指标通常有哪些？如何理解？
3. 什么是产业价值链和全球价值链？
4. 选择一个行业，分析一下其价值链的地区分布状况。

参考文献

1. 戴伯勋、沈宏达等：《现代产业经济学》，经济管理出版社 2001 年版。
2. 唐晓华等：《产业经济学教程》，经济管理出版社 2007 年版。
3. 杨公朴、夏大慰、龚仰军：《产业经济学教程》，上海财经大学出版社 2008 年版。
4. 刘起运、陈璋、苏汝劼：《投入产出分析》，中国人民大学出版社2006 年版。
5. Wassily W. Leont. Input–Output Economics, Oxford University Press, USA Published: March 27, 1986.
6. Martin Christopher. Logistics & Supply Chain Management: Creating Value-adding Networks, Prentice Hall Press, 1998.
7. Gereffi. G. John Humphrey, Timothy Sturgeon. The Governance of Global Value Chains, Review of International Political Economy 12:1 February 2005: 78–104.

8. Humphrey, J. &Schmilz, H.How Does Insertion in Global Value Chains Affect Upgrading in Industrial Clusters? Regional Studies, 2002.

9. Raphael Kaplinsky and Mike Morris. A Handbook for Value Chain Research. Prepared for the IDRC, 2002.

10. Prahalad, C.K., and G. Hamel. Strategy as Field of Study: Why Search for A New Paradigm? Strategic Management Journal, 15, 1994.

11. Leonard –Barton. Wellsprings of Knowledge: Building and Sustaining the Sources of Innovation, Boston, Massachusetts, Havard Business School Press, 1995.

第九章 产业布局

教学目的

了解产业布局的区位论和区位指向规律，重点掌握区位论不同学派的代表性观点以及区位指向变化的趋势。

章首案例

核电站的选址要求非常高。选址问题是核电站建设可行性的关键。常规火电站所考虑的一些因素，诸如冷却水源、电力需求、电力输送、交通运输以及地质、气象、水文等，核电站选址时均需考虑。

根据国际上通行的关于核电站选址的技术经济、安全、环境和社会四项原则，要求厂址深部必须没有断裂带通过，而且要求核电站数千米范围内没有活动断裂，厂址100千米海域、50千米内陆历史上没有发生过6级以上地震，厂址区600年来也没有发生6级地震的构造背景。从核安全的角度来看，核电站选址必须考虑到公众和环境免受放射性事故释放所引起的过量辐射影响，同时要考虑到突发的自然事件或人为事件对核电厂的影响，所以，核电站必须选在人口密度低、易隔离的地区。

此外，核电站在运行过程中要产生巨大热量，需要大规模的冷却水，所以核电站的选址必须靠近水源，这也是大型核电站都建在海边的一个重要原因。从中国现阶段的核电分布情况看，目前运行的11台机组，分别位于江苏、浙江、广东三个东南沿海发达省份。拟建的28座核电站，12座位于内陆，16座位于沿海。

除了考虑核电选址国际四原则之外，以上地区是我国能源匮乏区域，而且多为人口密集、经济发达地区，是用电大户。在这些大中型城市建立核电站，不仅有利于缓解用电紧张局面，还将减少电力输送成本，降低企业和居民的用电资金。

资料来源：国家发展和改革委员会：《国家核电发展专题规划（2005~2020）》，商都网，http://cn.chinagate.com.cn/economics/2007-11/02/content_9164125.htm，2008年1月9日。

图 9-1   我国核电空间布局

第一节   产业布局的理论基础

一、 区位理论

区位理论产生于 19 世纪 20~30 年代，古典区位论一般是指从 19 世纪 20 年代到第二次世界大战之前产生的各种区位论。[①]

（一）古典区位论

1. 杜能的农业区位理论（孤立国圈层理论）

19 世纪末，由杜能创立的农业区位理论到韦伯的工业区位理论是区位理论发展的第一阶段——古典区位论。杜能的理论假定主要有：所分析的对象为一个简单的孤立国；唯一城市位于中央；农业土地经营方式与农业部门地域分布，随距离城市市场远近而变化，其变化取决于运费的大小；市场的农产品价格、农业劳动者工资、资本利息在孤立国中是均等的；交通费用与市场远近呈正比例。

"杜能圈"：杜能分析"孤立国"内，如何分布农业才能从一单位面积土地上获得最大利润？他认为，利润 π 是农产品价格（P）、农业生产成本（C）和农产品运往市场（T）的函数，即 $\pi = P(C + T)$。他用此公式计算出各种农作物组合的合理分界线，并将孤立国划分成 6 个围绕城市中心呈向心环带的农业圈层，每一圈都有特定的农作制度，即"杜能圈"（见图 9-2）。

---

① 李炯光：《古典区位论：区域经济研究的重要理论基础》，《求索》，2004 年第 1 期。

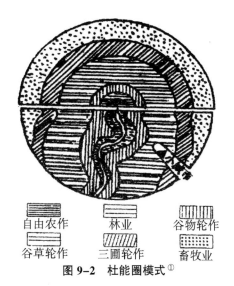

自由农作　　林业　　谷物轮作

谷草轮作　　三圃轮作　　畜牧业

图 9-2　杜能圈模式[1]

农业圈层是：①自由农作圈（提供鲜菜、牛奶等）；②林业圈（提供薪炭）；③谷物轮作圈（主要提供谷物，谷物与饲料作物轮作）；④谷草轮作圈（提供谷物为主、谷物、牧草和休闲地轮作，是圈层中面积最大的一个）；⑤三圃轮作圈（提供畜产品为主，1/3 土地种燕麦，1/3 土地种稞麦，1/3 土地休闲）；⑥畜牧业圈（大量土地牧放或种植牧草）。

2. 韦伯的工业区位理论

韦伯的工业区位理论假定所分析的对象是一个孤立的国家或特定的地区，对工业区位只探讨其经济因素，运输费用是重量和距离的函数。其理论核心是工业布局主要受到运费、劳动力费用和聚集力三个方面因素的影响，其中运费是起决定性作用的因素，工业部门生产成本的地区差别主要是运费造成的。[2]

运输区位法则：企业生产成本最低的地点，首先是运费最少（以吨公里计）的地点。为了寻求最小费用点，该法则将原料、燃料和消费地的分布作为决定工厂区位的基本图形。当多个原料、燃料产地和消费地不重合时，区位图形为一个多边形。据此多边形，可推求最小运费点 P(x, y)（见图 9-3）。[3]

假设原料、燃料和市场有 M_1, M_2, $\cdots$, M_n 个，运量分别为 m_1, m_2, $\cdots$, m_n，距最小运费点 P 的距离分别为 r_1, r_2, $\cdots$, r_n，总吨公里为 S，则总运费的计算方程为：

$$S = \sum_{i=1}^{n} m_i r_i = \sum_{i=1}^{n} m_i \sqrt{(X - X_i)^2 + (Y - Y_i)^2} \tag{9-1}$$

① 杨万忠：《经济地理学导论》，华东师范大学出版社 1999 年版。

② 刘继生、张文奎、张文忠：《区位论》，江苏教育出版社 1994 年版。

③ 唐晓华：《产业经济学教程》，经济管理出版社 2007 年版。

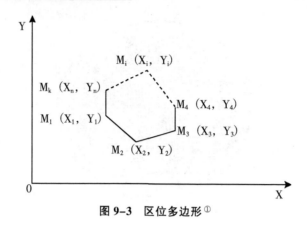

图9-3 区位多边形①

欲使S达到最小值，只需S对X和Y分别求导并令其等于0，通过求解方程组，求得最小运费点P。

劳动力区位法则：当原材料和成本的追加运费小于节省下来的劳动力费用时，可使一个工厂的区位选择离开或放弃运费最小的地点，转向有廉价劳动力的地区。

集聚法则：如果企业因集聚所节省的费用大于因离开运费最小或劳动力费用最小的位置需追加的费用，则其区位由集聚因素决定。

以上两个法则的运用均可用等费线方法进行分析。等费线是指单位原料或产品相等运费点的连线；决定等费线就是运费增加额与劳动力（集聚）节约额等同的相切线，在决定等费线内是工业最佳区位。

（二）近代区位论

1. 贸易边界区位理论

从费特的贸易边界区位理论开始，区位理论进入了发展的第二阶段——近代区位理论。费特认为，任何工业企业或贸易中心，其竞争力都取决于销售量，取决于消费者数量与市场区域的大小。但最根本的是，运输费用和生产费用决定企业竞争力的强弱。这两种费用的高低与市场区域大小呈反比。

费特假定有A、B两个生产地，利用等费线方法，可以得出两地贸易范围（见图9-4）。

Z_0线：A、B两地各自所需的生产费用和运费以及其他条件均相同时的贸易区边界。

2. 一般区位理论

俄林的一般区位理论认为，地区是分工和贸易的基本地域单位。从一国范围来看，国内各地区由于生产要素价格的差异，既导致区际贸易的开展，又决

—————————

① 陈才等：《区域经济地理学》，科学出版社2001年版。

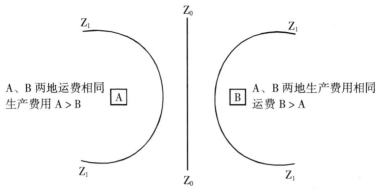

A、B两地运费相同
生产费用 A > B

A、B两地生产费用相同
运费 B > A

图9-4 费特的贸易区边界[1]

定国内工业区位的形成；从国际范围来看，各国生产要素价格的差异，既导致国际贸易的开展，又决定国际范围内工业区位的形成。在资本和劳动力可以在区际范围内自由流动的情况下，工业区位取决于产品运输的难易程度及其原料产地与市场之间距离的远近。在资本和劳动力不可能自由流动的情况下，工业区位取决于各地人口、工资水平、储蓄率和各地区价格比率变动等。人口增长率、储蓄率和各地区价格比率的变化会导致有差异的地区生产要素配置状况发生变化，引起工业区位的改变。工业区位的移动既与已经形成的资本和劳动力配置的历史格局有关，也是生产要素在各地区间重新配置和均衡关系变动的结果。

3. 中心地理论

克里斯泰勒、[2] 廖什[3] 分别创立了完整的中心地理论体系，贝利和加里森进一步发展了中心地理论。[4]

克里斯泰勒提出的中心地学说是近代区位理论的核心部分。该学说主要假定地域是一个均质平原，避开了自然地形和人工障碍影响，经济活动的移动可以常年在任何一个方向进行，居民及其购买力是连续的均匀分布，生产者和消费者都属于经济行为合理的人。

中心地等级序列：在某一区域内，城镇作为"中心地"向周围地区提供商品和服务。中心地的规模和级别与其服务半径呈正比，与其数量呈反比。规模大、级别高的中心地还含有多个较其低级的中心地。

中心地模式：理论模式是指在一个平原地区，各处自然条件、资源都一样，人口均匀分布，人们在生产技能和经济收入上均无差别，购物以最近为原则，

① 唐晓华：《产业经济学教程》，经济管理出版社 2007 年版。

② Christaller W.Central Places in Southern Germany. New Jersey：Prentice Hall, 1966.

③ 奥古斯特·廖什：《经济空间秩序——经济财货与地理间的关系》，商务印书馆 1995 年版。

④ Berry B. J. L., Garrison W.L.A Note on Central Place Theory and the Range of A Good. Economic Geography, 1958 (34)：304—311.

则这个平原上的中心地最初应是均匀地分布，每个中心地的理想服务是圆形服务面（见图9-5）。

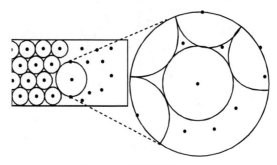

·中心地   ○服务范围

图9-5   中心地理论模式 [1]

变化模式：①在市场作用明显的地区，中心地分布要以最有利于物资销售为原则，即形成合理的市场区。一个高级中心地的服务能力可辐射到相邻6个次一级中心地，因而一个高级中心地所拥有的市场范围就是 $1 + 6 \times 1/3$ ，即相当于3个次一级中心地。假定上一级中心地所支配的下一级中心地市场范围的总个数为K，则在市场作用明显的地区，就构成了 $K = 3$ 系统中心地等级序列的空间模式。②在交通作用明显的地区（如交通枢纽区），中心地区分布应以便于交通为原则，即各级中心地均应分布在上一级中心地六边形市场区边界的中点处。一个高级中心地相当于4（ $1 + 6 \times 1/2$ ）个次一级中心地。因此，就构成了 $K = 4$ 系统中心地等级序列的空间模式。

4. 市场区位理论

廖什的市场区位理论是利用克氏的理论框架，把商业服务业的市场区位理论发展为产业的市场区位理论。[2] 他首先做了与克氏相似的假定。该理论认为，由于产品价格随距离增大而增大（产地价格加运费），造成需求量的递减，因而单个企业的市场区最初是以产地为圆心，最大销售距离为半径的圆形。通过自由竞争，圆形市场被挤压，最后形成了六边形产业市场区，构成整个区域以六边形地域细胞为单位的市场网络。

经济景观：上述网络在竞争中不断调整，会出现两种地域分异。

首先，在各种市场区的集结点，随着总需求的滚动增大，逐步成长为一个大城市，而且所有市场网又都交织在大城市周围（见图9-6）。

---

① 杨万忠：《经济地理学导论》，华东师范大学出版社1999年版。

② 方远平、闫小培：《服务业区位论：概念、理论及研究框架》，《人文地理》，2008年第5期。

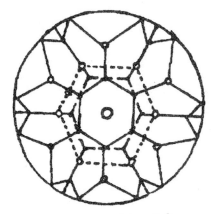

图 9-6　三层市场网络[1]

　　其次，大城市形成后，交通线将发挥重要作用。距离交通线近的扇面条件有利，距离交通线远的扇面不利，工商业配置大为减少，这就形成了近郊经济密度的稠密区和稀疏区，从而构成一个广阔的地域范围内经济景观（见图 9-7）。

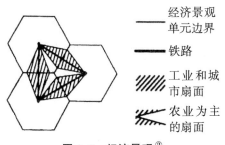

图 9-7　经济景观[2]

　　（三）现代区位论[3]

　　始于 20 世纪 70 年代的现代区位研究与古典阶段、近代阶段的区位研究相比，具有明显的特征。在研究内容上，现代区位研究在很大程度上改变了过去孤立地研究区位生产、价格和贸易的局面，将整个区位的生产、交换、价格、贸易融为一体进行研究，而且从以往的区域类型、区域划分的理论研究，转向以分析解决人类所面临的各种现实问题为主要方向，从注重区位的经济产出到以人的生存发展为目标，强调协调人与自然的关系。在研究对象上，从市场机制研究转向政府干预和计划调节机制的研究，从单个经济单位的区位研究走向区域总体的研究，将现代区位与区域开发问题的研究结合起来，如涉及对区域地理环境、经济

①　唐晓华：《产业经济学教程》，经济管理出版社 2007 年版。
②　杨万钟：《经济地理学导论》，华东师范大学出版社 1999 年版。
③　史忠良：《产业经济学》，经济管理出版社 2005 年版。

条件、自然条件、人口、教育、技术水平、消费水平、资本形成、经济政策和规划等各个方面的宏观的综合的分析研究。在研究方法上，也由静态空间区位选择转入区域各发展阶段空间经济分布和结构变化以及过程的动态研究，从纯理论假定的理论推导走向对实际的区域分析和应用模型的研究。区位论不同发展阶段，所拥有的特点各异，如表9-1所示。

表9-1　不同阶段区位论的各自特征一览[①]

	古典区位论	近代区位论	现代区位论
1. 起始时期	19世纪20年代	20世纪30年代	20世纪70年代
2. 涉及对象	第一、二产业	第二、三产业和城市	城市和区域
3. 追求目标	成本、运费最低	市场最优	地域经济活动的最优组织
4. 理论特色	微观的静态平衡	宏观的静态平衡	宏观的动态平衡

1. 成本—市场学派理论（代表人物：胡佛、艾萨德）

现代区位理论是从20世纪中叶由成本—市场学派发端的，该学派认为，产业区的确定应以最大利润为目标，以自然环境、运输成本、工资、地区居民购买力、工业品销售范围和渠道等因素为条件，综合生产、价格和贸易理论，对区位进行多种成本因素的综合分析，形成竞争配置模型。该学派综合韦伯以来工业区位理论的各种成果，系统地提出了选择工业厂址的七大指向，即原料指向、市场指向、动力燃料指向、劳动力指向、技术指向、资金供给指向和环境指向。[②] 这一学派不仅综合研究了成本和市场对产业布局的影响，而且拓宽了区位理论的研究领域。古典区位理论讨论的是微观布局问题，未涉及区位一般均衡问题。成本—市场学派建立了一般均衡理论，而且探讨了区域产业布局与总体产业布局问题。

2. 行为学派理论

普莱德行为学派理论认为，随着现代企业管理的发展和交通工具的现代化，人的地位和作用愈益成为区位分析的重要因素，而运输成本则将降为次要的地位。在现实生活中，既不存在行为完全理性的"经济人"，也难以做出最优的决策，人的区位行为必然受到实际获取信息和处理信息能力的限制。该学派强调，区位研究要利用信息论使之接近行为论，每次区位决策至少在理论上被看做是在不断变化的信息和能力条件下发生的，对所有选择具有完全知识的情况是不存在的，只要得到满意的结果就足够了。

3. 社会学派理论

社会学派认为，政府政策制定、国防军事原则、人口迁移、市场变化、居

---

① 杨吾扬：《区位论原理》，甘肃人民出版社1989年版。

② 阿尔弗雷德·韦伯编，李刚剑、陈志人、张英保译：《工业区位论》，商务印书馆1997年版。

民储蓄能力等因素都在不同程度上影响着区位的配置。而与其他因素相比，社会经济因素日益成为最重要的影响因素。20 世纪 50 年代以后，西方国家政府对经济生活的干预和调节日益加强，使区域经济政策的实行及其对区位趋势的影响成为区位研究的新课题。克拉克等经济学家就曾指出，政府可以通过向企业提供充分的信息而影响工厂的迁移，政府的影响还能使未来的工业布局比较接近区域规划目标。

4. 历史学派理论

历史学派的理论核心是强调空间区位发展的阶段性。历史学派认为，区域经济发展是以一定时期的生产力发展水平为基础的，有明显的时空结构特征。不同阶段空间经济分布和结构变化，是有其共同的特性和独特性的。20 世纪 50 年代以后，达恩等学者就曾提出了空间结构的概念，他们把区位理论与发展结合起来研究，分析论证了社会经济发展的各个阶段空间结构的一般特征，并从时间变化上考察了各种产业和各类企业在空间分布中的相互作用及相互关系，形成了历史的和动态的空间结构时空观。

5. 计量学派理论

计量学派的基本理论是，现代区位研究涉及内容多、范围广、数据繁，人工处理已逐渐显得无能为力，必须采用定量的方法，建立区域经济数学模型进行大量的数据处理和统计分析。同时，计算机、遥感分析等手段的发展也为区位研究提供了基础。

二、比较优势理论[①]

（一）亚当·斯密的绝对优势理论

绝对优势理论渊源于西方经济学之父，英国古典经济学家亚当·斯密的地域分工学说。斯密在 1776 年出版的《国民财富的性质和原因的研究》中提出了该理论。他论证了分工可以提高劳动生产率和增加社会财富。认为各国各地区分工的基础是有利的自然禀赋或后天的有利生产条件。不论是一国内的不同地区，还是不同国家之间，每一个国家或地区都有其绝对有利的适宜于某种特定产品的生产条件，如果每一个国家或地区都按其"绝对有利的生产条件"（指生产成本绝对低）进行专业化生产，然后彼此进行交换，这将使各国、各地区的资源、劳动力和资本得到有效利用，这对各国、各地区都有利。这就是绝对优势理论，也称绝对利益论或绝对成本学说。斯密的绝对优势理论因此也成为一国、一地区产业布局的理论依据。

（二）大卫·李嘉图的比较优势理论

大卫·李嘉图（D.Ricardo）在 1817 年出版的《政治经济学及赋税原理》中继

承和发展了斯密的绝对优势理论，提出了比较优势理论。[①]他证明了：决定国家（或区域）贸易的一般基础是比较利益，而非绝对利益。即使一个国家（或区域）与另一个国家（或区域）相比，其中的一个国家（或区域）在各个产业的产品生产上，其产品成本都优于另一个国家（或区域）的条件下，国际（或区际）分工和贸易仍可发生。两个国家（或区域）之间的贸易同样对双方有利。他认为，任何国家（或区域）都有其相对有利的生产条件，如果各国、各地区都把劳动用于最有利于生产和出口相对有利的商品，进口相对不利的商品，即"两优取重，两劣取轻"，或"优中选优，劣中选优"，这将使各国、各地区资源都得到有效利用，使贸易双方获得比较利益。这就是比较优势理论，也称比较成本学说。李嘉图的比较优势理论因此也成为一国、一地区产业布局的重要理论源泉。

（三）赫克歇尔—俄林（Heckscher-Ohlin）生产要素禀赋理论

1919 年，瑞典著名经济学家埃利·赫克歇尔（E.F.Heckscher）在解释李嘉图的比较优势理论时，首先提出了生产要素禀赋理论。他认为，产生比较成本差异必须具备两个条件，即两个国家生产要素禀赋不同，不同产品在生产过程中所使用的要素比例不同，否则两国间不能产生贸易。赫克歇尔的观点被他的学生贝蒂尔·俄林（B.Ohlin）接受，并于 1933 年出版了《地区间贸易和国际贸易》，创立了完整的生产要素禀赋理论。他因此获得了 1977 年度诺贝尔经济学奖。俄林认为，区域分工及区域贸易产生的主要原因是各地区生产要素禀赋上的差异。生产要素禀赋的差异具体体现在：土地及矿产的差异、资本的差异、劳动力素质和数量的差异、技术水平的差异、经营管理水平的差异。假设区域 A 资本丰富，生产资本密集型商品成本比较便宜，具有比较优势。

相反，区域 B 劳动力丰富，生产劳动密集型商品成本比较便宜，具有比较优势。那么在区域贸易体系中，每个区域都应该专门化于本区域相对丰裕和便宜的要素密集型商品，并用于出口，同时进口那些本区域相对稀缺和昂贵的要素密集型商品。区域就可专门化于生产资本密集型商品，并用于出口，同时进口区域的劳动密集型商品。区域 A 就可专门化于生产劳动密集型商品，并用于出口，同时进口区域 B 的资本密集型商品。区域 B 就可专门化于生产劳动密集型商品，并用于出口，同时进口区域 A 的资本密集型商品。

这就是用生产要素禀赋理论来说明不同地区之间的贸易。贸易产生的结果是逐渐消除不同区域之间的商品价格差异，进而使两区域生产要素价格趋于均等化。他认为，地区是分工和贸易的基本地域单位。从一国范围来看，国内各地区由于生产要素价格的差异，既导致区际贸易的开展，又决定国内工业区位的形成；从国际范围来看，各国生产要素价格的差异，既导致国际贸易的开展，又决

[①] 标准的比较优势理论最早是由李嘉图在亚当·斯密绝对优势理论的基础上发展起来的。他继承了亚当·斯密的自由竞争思想，并补充和完善了绝对成本优势理论（彭玉亮，2010）。

定国际范围内工业区位的形成。

三、均衡与非均衡理论①

（一）新古典均衡区域增长理论

以均衡概念为基础形成的新古典区域增长理论，在假定完全竞争、充分就业、技术进步、规模收益不变、要素在空间自由流动且不支付任何成本、生产要素仅包括资本和劳动力的情况下，乐观地认为，给定一个不均衡的区域经济状态，只要存在完全的竞争市场，仅依靠市场即可实现区域的共同增长。如区域 A 和区域 B，前者为发达地区，后者为欠发达地区，这意味着资本在地区 A 相对充裕，劳动力在地区 B 相对丰富。在完全竞争机制下，资本将从地区 A 流向地区 B，而劳动力将从地区 B 流向地区 A，从而在地区 A 实现了已有资本与流入廉价劳动力的结合，在地区 B 实现了流入的增量资本与相对低廉劳动力的结合，由此可促进区域的共同增长。这一理论给予产业布局的启示是：在发展初期，各地区的经济发展水平差异并不明显，那么可通过产业布局，扶持某个地区优先发展，使其成为发达地区，通过它来带动周边欠发达地区的发展。

（二）缪尔达尔的地理性二元结构理论

1957 年，瑞典经济学家缪尔达尔（G.Myrdal）在他的《经济理论和不发达地区》一书中提出了"地理性二元经济结构理论"。该理论利用"扩散效应"和"回流效应"两个概念，说明了经济发达地区优先发展对其他落后地区的促进作用和不利影响，提出了如何既充分发挥发达地区的带头作用，又采取适当的对策刺激落后地区的发展，以消除发达与落后并存的二元经济结构的政策主张。这一理论给予产业布局的启示是：①不发达地区在产业布局上应采取非均衡的发展战略。即通过鼓励和促进一部分地区经济优先增长的政策，以及差别性的产业布局政策和与此相关的财政政策等，引导生产要素向先行发展的地区转移，使其赶上国际经济发展步伐，促使这部分地区先富起来。②不发达地区经过一段时期的非均衡发展之后，一部分地区已经先富起来时，则应从控制全地区之间贫富差距、维护经济相对平衡发展出发，在产业布局上转而采取均衡发展战略，以鼓励不发达地区的快速发展，实现全地区共同富裕的目标。

（三）佩鲁的增长极理论

法国著名经济学家弗朗索瓦·佩鲁（Francois Perroux）1955 年在《略论"增长极"的概念》一文中首先提出了增长极理论。该理论的基本思想是：增长并非同时出现；在所有的地方，它以不同的强度首先出现于一些增长点或增长极上，然后通过不同的渠道向外扩散，并对整个经济产生不同的影响。增长极概念则是该理论的核心。佩鲁认为，它是由某些主导部门或有创新能力的企业或行业在某

---

① 王俊豪：《产业经济学》，高等教育出版社 2008 年版。

些地区或城市聚集而形成的经济中心，该经济中心资本与技术高度集中，具有规模经济效益，具有生产、贸易、金融、信息决策及运输等多种功能，并能够产生吸引或辐射作用，促进自身并推动其他部门和地区的增长。

因此，佩鲁主张政府应积极干预区域产业布局。这一理论给予产业布局的启示是：越是不发达的地区，越是要通过强有力的政府计划和财政支持，有选择地在特定地区或城市形成增长极，使其充分实现规模经济并确立在国家经济发展中的优势和中心地位。并凭借市场机制的引导，使得增长极的经济辐射作用得到充分发挥，并从邻近地区开始，逐步带动增长极外的地区经济的共同发展。

专栏 9-1

巴黎产业布局

巴黎的城市产业空间布局在城市化进程和郊区化进程中随着城市空间结构的变化而变化，其演变历程主要可分为两个阶段：20 世纪 60 年代以前，巴黎是典型的同心圆圈层结构，市中心集聚程度最高，商业、金融、行政和文化教育结构等都主要集中于市中心的核心区内，城市边缘区则为结构简单的住宅区。这种格局后来导致巴黎城市中心区过度集中和拥挤，使城市绿化面积剧减，城市环境污染，城市交通阻塞，给城市发展带来窒息的危险。

20 世纪 60 年代后，巴黎提出降低巴黎中心区密度，在城市边缘和郊区建设大型住宅区和卫星城，引导人口和产业向外疏散。1960 年制定的《巴黎地区国土开发与空间组织计划》首次提出在巴黎地区建设新城镇，将"中心多极化"作为分散巴黎中心区人口和工业活动的手段。此后，巴黎城市化进程进入郊区化阶段，巴黎大区开始采取多中心分散布局模式，引导产业和人口向郊区卫星城迁移。现阶段，在面积仅 78 平方公里的巴黎城周围，形成了约 2500 平方公里、人口约 880 万人的城市化郊区，近郊重点发展 9 座副中心，远郊沿南北轴线重点发展 5 座新城。

如今，巴黎大区形成了多中心的产业布局模式，巴黎市主要发展文化产业、旅游产业和金融业等现代服务业，巴黎郊区副中心和卫星新城成为巴黎工业的主要分布区域，而且还形成了明显的专业分工，如东郊的基础化学和制药工业、西郊的汽车工业、南郊的航空和电子工业等。值得注意的是，巴黎的多中心产业布局模式很注重区域整体性，新城并不是作为巴黎市的附属，在郊区新城内同样具有完善的基础配套设施，郊区的金融保险业、商业等服务业也相当发达，与巴黎市区构成了统一的城市产业布局体系。巴黎这种注重中心城区与卫星城产业布局平衡性的产业空间布局思想十分值得我们学习。

资料来源：邹欢：《巴黎大区总体规划》，《国外城市规划》，2000 年第 4 期。内容有删减。

第二节 产业布局的影响因素

影响产业布局的因素是多方面的，主要包括以下五个方面：

一、地理位置

地理位置是指某一事物与其他事物的空间关系。它是影响产业布局的因素之一。不同的地理位置，自然、经济、社会、环境和条件各不相同。地理位置对某些产业，如特色旅游产业、农业等这类对自然环境质量要求较高的产业的分布有明显的影响。产业通常也是优先布局在地理位置优越的地方，尤其是经济地理位置优越的地方。经济地理位置是指一个国家、一个地区或一个城市在国际、国内地域生产分工中的位置。① 经济地理位置的优劣则决定产业市场范围的大小，进而决定着产业集聚程度和分布状况。需要说明的是，随着科技的进步，社会生产力的发展，产业集聚与扩散规律的相互作用，地理位置对产业布局的影响有着弱化的趋势。

二、自然因素

自然因素包括自然条件和自然资源。自然条件是指人类赖以生存的自然环境。自然资源是指自然条件中被人类利用的部分。联合国将自然资源定义为：在一定时空和一定条件下，能产生经济效益，以提高人类当前和将来福利的自然因素和条件。自然条件和自然资源是生产的前提条件，也是产业布局的依据。自然条件和自然资源的存在状态及其变化对产业布局具有非常重要的基础性影响。它是一种重要的影响产业布局的因素，包括气候、土壤、植被、矿产原料、燃料、动力、水资源等，且各要素在地表的分布状况和组合特征差异显著。因而，自然因素对产业布局的影响，要针对各种不同的自然条件和自然资源，做具体分析。

（一）遍在性的自然条件和自然资源

这类因素主要有大气、水、土地，一般建筑材料如灰、沙、石、黏土等。这些条件和资源在地表陆地上比比皆是，只是个别地段出现短缺，或个别产业部门对其有特殊要求而出现质量性短缺。一般而言，它们对产业布局没有影响或影响不大。

（二）区域性的自然条件和自然资源

这是由于太阳能在地表的纬度性分布，以及海陆分布格局和陆地表面的垂直高度差异，即地球表面地带性和非地带性长期影响造成的地表自然资源和条件具

---

① 杨万钟：《经济地理学导论》，华东师范大学出版社 1999 年版。

有明显的区域分布的特点，形成了诸如地貌区、气候带、植被带、土壤区、水力资源富集区等自然地域。它们对产业布局有一定的影响。

（三）局限性的自然条件和自然资源

这类自然条件，如适宜于橡胶生产的环境，在世界上只限于一些特定地区；这类自然资源，如煤、石油、铁矿、有色金属矿等，它们在地表的分布很不平衡，并且同一种矿产资源在不同的产地，其储量、质量等也差异很大。它们的分布往往对产业布局有决定性的影响。在区位理论中，人们更多的是关注这类资源。

综合来看，自然因素对第一产业和第二产业中的采掘业、以农产品为原料的轻工业，以及第三产业中的旅游业等影响比较大。在某种程度上，自然条件和自然资源对采矿和农业产业布局仍然具有决定性的影响，地形、地质、气候、水文及河流则对工业布局、工厂选址产生很大影响。尽管如此，自然因素对产业布局的影响，绝不可能是决定性的因素。在不同的社会形态下，同样的自然因素对产业布局的影响也是不同的。随着人类认识和评价自然条件的深度以及开发和利用自然资源的方式的不同，自然因素对产业布局的影响也有很大差别。如同处在发展初级阶段的地区，产业布局必将优先考虑自然条件与自然资源有优势的地方。自然条件与自然资源优势对产业布局的影响，与地理位置对产业布局的影响一样，正随着科学技术的进步变得越来越小。

三、社会因素

（一）人口因素

人口数量、人口构成、人口分布和密度、人口增长、人口素质、人口迁移和流动，人口中的劳动力资源比重、分布、构成、素质、价格等构成人口因素的主要方面。它也是确定产业布局的一个重要因素。在人口众多、劳动力充裕的地区布局劳动密集型产业，如纺织、服装业等，可使劳动力充分就业；在人口稀少的地区布局一些有效利用当地自然条件、自然资源的优势产业，有利于提高劳动生产率；在人口素质、劳动力素质高的地区布局技术密集型和知识密集型的产业，能满足其对各类人才的需求，提高产品质量，增强竞争能力；在劳动力价格低廉的地区布局产业，可使劳动力费用在成本中所占的比重大大降低。如20世纪70年代以来，一些发达国家把初级产品的加工移向发展中国家，利用其廉价的劳动力获取了可观的利润。

（二）社会历史因素

历史继承性是产业布局的基本特征之一，同时历史上形成的产业基础始终是新的产业布局的出发点。不同经济体制传统对产业布局的合理性、盲目性、波动性或趋同性也有明显的影响。可见，社会历史因素也是影响产业布局的一个重要因素。社会历史因素主要包括历史上已经形成的社会基础、管理体制、国家宏观调控法律政策、国内外政治条件、国防、文化等因素。它们是超经济的，也是独立于自然地理环境之外的因素。其中最主要的是表现为政府通过政治、经济和法律的手段对产业布局进行干预和宏观调控。它对产业布局有不可忽视的影响。而且，特定的社会文化环境和法制环境对某些产业集中于特定地区有较大影响。如美国加利福尼亚"硅谷"的形成和中国北京中关村高新技术开发区的发展都是知识密集型产业集中于知识密集区的范例。

（三）行为因子

行为因子是指决策者、生产者和消费者在确定产业区位过程中的各种主观因素。行为因子往往使产业区位指向发生偏离。事实上，无论是我国还是世界上其他国家，许多产业并非建立在最优区位。这种偏离，行为因子起了关键作用，其中特别是决策者的行为影响极大。决策者的行为在产业区位选择过程中的作用不容忽视，它取决于决策者个人素质的高低。生产者、消费者的行为仅对产业区位指向产生一定的影响。就生产者的行为而言，选择最优区位时，考虑最多的是能否招收到足量的员工，以及稳定员工队伍。就消费者的行为而言，选择最优区位时，考虑最多的是与老百姓吃、穿、住、用、行相关的城市产业的定位问题。

四、经济因素[1][2]

（一）集聚因子

集聚与分散是产业空间分布的两个方面。产业布局在空间上是趋于集中还是分散，取决于集聚因子的作用。产业在区位上集中，通常产生不同的集聚效果。它主要通过规模经济和外部经济实现。①产业在区位上集中，可以减少前后关联产业的运输费用，从而降低成本。②产业在区位上集中，可以利用公共公用设施，从而减少相应的费用。③产业在区位上集中，便于相互交流科技成果和信息，提高产品质量和技术水平。④产业在区位上集中，可以利用已有市场区位，扩大市场服务范围等。[3] 然而，应该指出的是，产业在区位上集中，既产生各种不同类型的集聚经济，又会产生一种集聚不经济。集聚不经济与集聚程度密切相关，集聚程度越高，可能产生的集聚不经济就越大。在集聚不经济的条件下，产业在地域上呈分散化趋势。集聚经济与集聚不经济同时存在，相互制约共同决定产业布局。由于各地的集聚条件存在显著的差异，因此，在集聚经济作用下将会导致产业向某些集聚条件优越的区域集中。在集聚不经济作用下，将会导致产业由某些过度集聚的区域分散出去。

---

① 史忠良：《产业经济学》，经济管理出版社 2005 年版。
② 陈才等：《区域经济地理学》，科学出版社 2001 年版。
③ 中国区域的多重集聚现象表面上表现为各地产业集群的形成，实际上是劳动力、资本、技术和外商直接投资等要素向各地区投入的长期不均衡造成的。多种要素的集聚促使了产业集群的形成，而产业集群的形成反过来又加快了多种要素的集聚，在这种相互作用中产生了多重集聚效应，促进了地区经济的快速发展，也造成了区域经济发展的极端不平衡（李刚、贾威、潘浩敏，2010）。

(二) 基础设施条件

基础设施是指人类生产和发展所需的基本的人工物质载体。它包括的范围很广，不但包括为生产服务的生产性基础设施，也包括为人类生活和发展服务的非生产性基础设施，如交通运输设施、信息设施、能源设施、给排水设施、环境保护设施、生活服务设施等。这些基础设施条件，特别是其中的交通运输条件、信息条件对产业分布的影响很大。交通运输条件主要指交通线路、交通工具和港站、枢纽的设备状况，以及在运输过程中运输能力的大小、运费率的高低、送达速度的快慢、中转环节的多少等。它们综合反映人员往来和货物运送的便利程度。交通运输条件同产业区位的关系十分密切。产业区位在最初总是指向交通方便、运输速度快、中转环节少、运费率低的地点。交通运输条件对第一、第二产业的制约作用尤为突出，它深刻地影响着农矿资源开发的次序、规模和速度。我国克拉玛依油田的开发落后于东部各类油田的主要原因，就在于克拉玛依油田偏居新疆，远离市场，交通不便，区位条件差。近年来，随着交通技术的发展，运输成本的不断降低，出现了一些加工工业区位由原来的原料地、燃料地指向转向交通运输枢纽指向的倾向，交通运输条件对产业布局的影响与日俱增。信息条件主要指邮政、电信、广播电视、电脑网络等设施状况。通常，在市场经济条件下，灵通的信息有利于准确地掌握市场，正确地分析影响产业布局的条件，以达到合理布局的目的。

(三) 市场因子

市场有商品市场、资本市场等。商品市场泛指商品的销售场所，它不仅包括最终产品的消费地，也包括原材料或半成品的深加工地。它对产业布局的影响主要体现在以下四个方面：①市场与企业的相对位置。一般而言，在市场竞争的压力下，这一因素促使产业区位指向能使商品以最短路线、最少时间、最低花费进入市场的合理区位。②市场规模。即商品或服务的容量。它为产业区位的形成提供可行性。产业布局只有注重市场规模，才能生存和延续。否则，不研究市场需求量，盲目上马，只能导致市场供过于求、商品滞销、企业倒闭的恶果。③市场结构。即商品或服务的种类，反映市场的需求结构。从某种意义上讲，它是商品生产的"指挥棒"，将进一步引导产业区位指向最有利的地方。④市场竞争。市场竞争可以促进生产的专业化协作和产业的合理集聚，使产业布局趋向更有利于商品流通的合理区位。资本市场对产业布局的影响在现代社会表现得特别突出。资本市场发达、体系完善、融资渠道多样且畅通，尤其是产业投融资基金发达，产业布局就可以突破地域资本稀少的限制；相反，产业布局就会受到地域资本稀少的限制。

五、技术因素

科学技术是影响人们利用和改造自然的能力，是产业布局发展变化的一种推动力。技术水平的高低及不同地区技术水平的差异都将影响地区的产业布局。一是自然资源利用的深度和广度对产业布局的影响。技术进步不断地拓展人们开发利用自然资源的深度和广度，使自然资源不断获得新的经济意义。这有利于扩大产业布局的地域范围，使单一的产品生产区转变为多产品的综合生产区，扩大生产部门的布局。二是技术通过影响地区产业结构，从而对产业布局产生重大影响。特别是随着新技术的不断涌现，一系列新的产业部门诞生，三次产业结构将不断变化，人类生产和生活的地域及方式也随之发生改变，从而对产业布局产生重大影响。三是技术通过改变交通运输方式，影响产业布局。如"临海型"、"临空型"的产业布局。值得注意的是，产业布局往往受双重或多重因素的影响。不同的地区，不同的影响因素所施加的影响是不同的，有的表现为主导作用，有的表现为次要作用。在不同的经济发展阶段，上述影响因素对产业布局的影响也是不一样的，有的从原来的次要影响因素成为主要影响因素，有的则从原来的主要影响因素降为次要影响因素。这就要因时、因地、因产业做具体分析，从发展的角度评价各种因素在产业布局中的作用。①

专栏 9-2

世界钢铁产业布局演变过程

从资源依托型到临海港口型

随着工业化进程的深入，钢铁产品应用领域逐渐扩大，尤其是伴随着资源和产品市场的国际化，一些国家的钢铁工业在布局上开始向大型海洋港口附近集中。典型的如日本钢铁工业，最初是以原料地指向型为主的八幡、釜石、室兰，进而在作为钢铁产品主要消费地的工业带内的尼崎、广田、小仓、船町、京滨，而第二次世界大战后开始向大型海洋港口附近集中，这样既能充分利用钢铁生产所需的水资源，又能依靠海运条件进口铁矿和煤炭资源，产品出口也比较方便。经过多年的空间演化，日本的钢铁工业呈现出一种典型的临海型布局，绝大部分钢铁企业分布在面向太平洋的带状工业区内，形成长达近1000km、全世界最集中的沿海钢铁工业带。这个区域集中了日本85%左右的生产量和消费量。

从资源依托型到市场邻近型

市场邻近型的布局比较适合于国土面积较大、资源分布较为均匀的国家，这种布局有利于节约运输成本。美国的钢铁工业属于这种布局，钢铁厂多建在工业中心，形成钢铁及相关工业为主的综合性工业基地。美国钢铁工

---

① 我国的高技术产业呈现非均衡性发展，从地区来看，不论是研发投入还是产出，总体来讲呈现东强西弱局面，东部省市如广东、江苏、上海、浙江等的高技术产业集聚度不断提高，而中西部地区市场份额与竞争力则日益削弱（刘斯敖、鲁炎根，2010）。

业最集中的区域是大西洋沿岸的北段和五大湖南岸地区，这两个地区钢铁联合企业约占全美钢铁联合企业80%的炼钢能力。

值得注意的是，第二次世界大战后美国只新建了2个大型钢铁联合企业，以废钢为原料的短流程小钢厂（Mini-Mill）则迅猛发展。这些小钢厂选择靠近水源和废钢产地，大都兴建在有电力供应并能以合理的成本获得废钢的地区，并且接近消费区域，所以具有极大的成本优势。

世界钢铁工业布局演变分析

从世界钢铁产业发展看，全球钢铁产能并不集中于铁矿石富集的国家，而是集中于钢材消费大国。比如，澳大利亚、巴西、印度、南非都是铁矿石富集的国家，但它们都不是重要的钢铁生产国；而世界上所有工业发达国家，即便铁矿石资源贫乏甚至全部依赖进口，也基本都是钢铁生产大国和强国。

资料来源：杜立辉、聂秀峰、刘同合：《2000—2009年中国钢铁产业布局变化及国际比较》，《冶金经济与管理》，2010年第5期。内容有删减。

第三节　产业布局的一般规律和基本原则

一、产业布局的一般规律[①]

（一）生产力发展水平决定产业布局

生产力是个多因素、多层次的有机体系，它的组成要素（劳动者、劳动工具、劳动对象、科学技术等）在社会发展的不同阶段有不同的水平、内容和形式。这些要素在特定时间下的地域空间中的有机组合，形成特定历史时期的产业布局。有什么样的生产力发展水平，就有什么样的产业分布条件、内容、形式和特点。生产力发展水平决定产业布局的形式、特点和变化，这是在任何社会形态下都发生作用的普遍规律，它是产业布局的基石。不论是哪个国家、地区，无论是社会经济发展的哪个阶段，这一规律都能从产业布局的演化中反映出来（见表9-2）。纵观人类社会不同生产力发展阶段与产业布局的关系，我们可以看到，生产力发展是产业布局发生量的扩张和质的飞跃的原动力。在农业社会，生产工具经历了石器、铜器和铁器阶段。在这一漫长的历史进程中，产业布局的地域推进和演变是极其缓慢的，但产业布局仍发生了变化，部门分工和劳动地域分工逐渐形成，特别是在农业社会后期。但总的来说，这个时期的生产力水平低下，自

[①] 王俊豪：《产业经济学》，高等教育出版社2008年版。

然经济占主导地位,商品经济不发达;产业部门简单,农业占绝对优势,手工业和商业处于附属地位,交通运输不发达;人类对自然的依赖程度较大,自然条件与自然资源,尤其是农业自然资源直接影响产业分布的形式和内容,少数工场手工业主要分布在有水力和获取原料与销售产品方便的地方,产业布局呈现出与生产力水平相适应的分散性。

表 9-2 生产力发展水平与产业布局的关系

生产力发展阶段	能源动力	生产工具	交通工具	产业布局主要特点
农业社会	人力、兽力、水力	石器、铜器、铁器、手工机械	人力车、畜力车、风帆船	农业自然条件对产业布局起决定性作用,产业布局有明显的分散性
第一次科技革命(18世纪末至19世纪初)	蒸汽动力	蒸汽机械	蒸汽火车、蒸汽轮船	产业布局由分散走向集中,工业向动力基地(煤产地)和水陆运输枢纽集中
第二次科技革命(19世纪末至20世纪初)	电力、内燃动力	电力机械、内燃机械	内燃机车、电力机车、汽车、飞机、内燃机、船舶	产业布局进一步集中,交通、位置条件等在产业分布中的作用得到加强
第三次科技革命(第二次世界大战后)	原子能	电子计算机、机器人	航天飞机、宇宙飞船、高速车辆	懂科技、高技术的劳动力,快速、便捷的交通枢纽成为产业布局的重要条件,产业布局出现"临海型"、"临空型"等新的形式。未来产业布局将从过分集中走向适当分散

18世纪60年代,从英国开始的产业革命使人类社会发生了巨大历史变革,从而引发了产业布局的巨变。首先,蒸汽机的发明使煤炭代替水力跃居为主要动力,机器大生产代替了手工工场。在产业布局上则表现为工业由沿河流分散的带状分布发展到围绕煤炭产地和交通枢纽等地集中布局,并由此导致工业城市雨后春笋般地增加起来。之后,电力作为动力资源的普及,又使产业布局呈现出新的特点,进一步趋于集中。

在电气时代,不仅出现了大批新的产业部门,如石油与天然气工业、有色金属工业、机器制造工业、化学工业、电力工业等,而且各产业部门的布局范围显著扩大,人们在产业布局中获得更大的自由和主动。一是许多从前不能利用的资源可以得到利用,过去难以开发的地区得到开发,人类利用自然条件与自然资源的能力大为提高;二是区位、交通、信息条件等在产业布局中的作用大大增加;三是人口与劳动力条件在产业布局中的作用发生了变化,人口数量因素的作用在减弱,人口与劳动力素质的作用在增强,高素质的劳动力对现在及未来的产业分布的作用与日俱增;四是社会经济因素对产业布局的影响增加,管理体制、政策、法律、关税与国际环境等,无一不对产业分布产生强烈影响。产业布局的形式也发生了巨大变化：工业生产分布进一步走向集中，形成工业点、工业区、工业城市、工业枢纽、工业地区和工业地带等空间上的集中分布形式；农业逐渐工业化和现代化，农业地域专门化成为农业分布的重要地域形式；交通运输业逐渐现代化，综合运输与综合运输网成为交通运输业地域分布的重要形式；第三产业迅速发展，对产业布局的作用也日益明显；城市成为产业分布的集中点等。

以计算机、原子能为特征的第三次科技革命，则使社会经济向前迈进了一大步，产业布局条件也随之发生了明显的变化，懂科技、高技术的劳动力，以及快速、便捷的交通枢纽（如大的航空港、高速公路枢纽等）成为产业布局的重要条件，临海、临空地域等成为产业布局的重要地域。近些年来，在世界主要发达国家里，又开始酝酿一场新的科技革命浪潮。未来世界将进入智能社会，智力和科学技术将成为影响产业布局的重要因素，产业布局将从原来的过分集中走向适当分散，一些知识、技术密集型工业，如电子、激光、宇航、光导纤维、生物工程、新材料等新兴产业将得到蓬勃发展。

（二）劳动地域分工规律

地域分工是在人类社会发展过程中产生的。最早出现的是原始的自然分工，以后发展到劳动地域分工。即当一个地域为另一个地域劳动，为另一个地域生产产品，并以其产品与外区域实现产品交换时，劳动地域分工就产生了。劳动地域分工是各地区之间经济的分工协作、社会经济按比例发展的空间表现形式，是地区布局条件差异性的客观反映。通过劳动地域分工，各地区就可以充分发挥各自的优势，生产经济效益高的产品。相互之间就可以实现广泛的产品交换，从而促进商品经济的广泛发展，以取得巨大的宏观经济效果。在农业社会，由于自给自足的自然经济居于主导地位，产业布局分散，部门分工和地域分工还很不发达。直到人类社会进入18世纪下半叶，开始产业革命，才极大地促进了部门分工和地域分工。它不仅使劳动生产率成倍提高，使社会生产力大大增强，而且极大地促进了部门分工和地域专门化的形成与发展。地域分工的深化和社会生产力的提高相互促进，推动了产业布局形式由低级向高级不断演进和发展。合理的劳动地域分工不仅能发挥地区优势，促进商品流通，更重要的是能够形成合理的产业布局。产业合理布局的目的也就在于实现合理的地域分工与交换。遵循劳动地域分工规律，合理地进行地域分工，将始终是推动不同阶段的社会生产向前发展，不断提高社会劳动生产率，实现产业合理布局的强大手段。正是在劳动地域分工规律的作用下，世界各地区逐渐形成了分工协作的统一的世界经济系统。这就要求在考虑一个国家或地区的产业布局时，必须把它纳入更大范围的经济联系中去分析，才能使这一国家或地区的经济发展在劳动地域分工体系中形成自己的特色，产生巨大的经济效益和社会效益，才能做到产业的合理布局。

（三）产业布局"分散—集中—分散"螺旋式上升的规律

集中与分散是产业布局演变过程中相互交替的两个过程，是矛盾的两个对立面。集中实质上体现了经济活动在地域分布上的不平衡性，分散则意味着空间分布上的均衡性。工业、农业、交通运输等各产业部门在地域上的布局演变可以表示为"分散—集中—分散"，如此循环上升的链环，只是后一阶段的产业布局较前一阶段在内涵上更为丰富，形式上更为高级。这也是产业布局的一条客观规律。早在农业社会，社会分工不发达，产业布局具有明显的分散性，集中化的趋势不明显。产业革命才成为产业布局以分散为主转向以集中发展为主的开端，出现工业集中分布在矿产地、农业发达地区、交通枢纽、沿海沿河地区与大中城市，农业在自然条件优越的地区集中发展，交通运输业也主要分布在条件优越、经济发达地区等的局面。产业布局相对集中所带来的集聚效益非常明显。如在大中城市建立专业的或综合工业区，不仅可以充分利用城市中已有的道路、通信、管线等基础设施，节约厂区工程投资，更为重要的是可以促进工业区内各企业在技术生产中的协作，促进资源的综合利用，促进劳动生产率和技术水平的提高。而且加工工业在大中城市中的集聚有利于集中大量人口，为企业提供高素质的劳动力，同时又为服务性的生产部门提供大量消费者等。然而，在集中的主流下，近些年也伴随出现了分散的趋势，如特大城市和大城市周围出现了卫星城镇群，经济发展重心由发达地区向次发达地区推进。这是由于工业在城市中的过分集中，出现了一系列弊端，如交通拥挤、环境恶化，城市土地、水、原料、燃料、动力供应严重短缺，种种危机促使产业分布由集中向分散转化。如美国的产业布局由最初集中在大西洋沿岸东北部 13 个州，逐渐向西、向南扩张等。

（四）地区专门化与多样化相结合的规律

各国、各地区之间的自然条件和经济技术水平以及地理位置等的差异，构成了劳动地域分工的自然基础和经济基础。在经济利益的驱动下，各地根据自己的优势进行劳动地域分工，当地域分工达到一定规模时就出现了地区专门化部门。地区生产专门化是随着生产力发展逐步形成的一种生产形式。从历史发展看，地域分工的萌芽虽然出现较早，但广泛的世界规模的地域分工则是大机器工业的产物。在广阔的领域内实现生产专门化，是社会化大生产的客观要求。早在英国工业化初期，英格兰、澳大利亚、新西兰为满足纺织工业的需要，发展成为以养羊业为主的农业专门化地域。农业生产专门化在提高农产品产量、发挥机械化的效用、引进先进的耕作方式和管理制度、改进产品质量等方面的作用不能低估。农业生产专门化还可促进农产品加工和农副产品的综合利用，促进农村地区第三产业和社会化服务水平的提高。农业生产专门化所产生的经济、社会效益同自给自足的小农生产形成鲜明对比，优势显著。工业生产专门化则可以充分利用当地的技术优势、资源优势，提高设备利用率和劳动生产率，降低成本，提高质量和产量等。地区产业布局专门化所带来的规模效益是显而易见的。同时，我们也应该看到，地区专门化水平越高，对多样化的需求也越高。因为国民经济各部门是个有机整体，部门之间在纵向上有前后向的连锁关系，还存在着部门之间横向的经济关系。地区专门化的发展还需要以下各部门的大力配合与支撑，如为专门化部门进行生产配套的部门；对专门化部门的废物和副产品进行综合利用的部门；为生产提供服务的科研、银行、商业、信息咨询等部门；为生活提供服务的文教、卫生、旅游部门等。如此，又促进产业布局多样化的形成与发展。地区专门化与多样化相结合，是产业布局的又一条客观规律。

（五）非均衡规律

人类经济活动的空间表现向来就是不平衡的。一方面，就单个产业部门和企业而言，在特定生产力水平下，总是选择最有利的区位进行布点，以求获得最大的经济效益。在农业社会，产业主要分布在适于农业发展的大河流域。人类社会进入 20 世纪下半叶以后，产业布局采取了集中分布的形式，如工业集中分布在矿产地、农业发达区、交通方便的城市及沿江、沿海地区；农业则集中分布在农业自然资源优越的地方。任何一国或地区的产业布局均是如此，多是由点到面逐渐铺开的。以我国为例，我国在农业社会，产业布局的重心在中原一带，随着社会经济的发展，其重心则转向东南沿海，进而扩展到东部沿海，并逐渐向内地推移。另一方面，就某一地区产业布局而言，该地区的自然、社会、经济条件等不可能适合所有的产业发展，有的地区甚至只适合一种产业或一组产业的发展等。因此，产业分布不平衡是一个绝对规律。随着生产力的发展，人类也只能使这种不平衡接近相对平衡，使产业布局由低级的分散走向集中，再由集中走向适当分散，使产业分布逐渐扩展。但是，由于产业分布受诸多因素的制约，绝对的平衡是不可能达到的，只能是非均衡。

（六）产业布局与自然—社会—生态系统对立统一的规律

产业布局的目标是追求最大的经济效益。自然地域系统的目标则是要保持生态系统的生态平衡，从表面上看两系统目标之间存在矛盾，且实践中重视经济效益，忽视社会效益和生态效益，甚至破坏生态环境的现象时有发生。然而，从理论上讲，经济效益与社会效益、生态效益三者是统一的。因为只有保持生态系统良好的运行状态，才能使经济地域系统正常运转。一旦生态平衡被破坏，环境质量恶化，就会受到自然界的惩罚，造成巨大的经济损失。因此，人类在一定地域内的经济活动，必须要遵循自然生态规律。合理开发和利用自然资源，做到产业布局合理，不仅可以使自然—社会—生态系统保持平衡，而且可以促进经济的繁荣，使人们的生活、生产环境得以改善，达到社会、经济、生态三效益最优。

二、产业布局的基本原则[①]

（一）全局原则

国家的产业布局正如一盘棋，各地区恰似棋子，产业布局首先要贯彻全国一

---

① 徐晓梅：《产业布局学原理》，中国人民大学出版社 1977 年版。

盘棋的全局原则。一方面，国家可以根据各地区不同的条件，确定各地区的专业化方向，使不同地区在这盘棋中各占有不同的地位，并担负不同的任务；另一方面，国家可以根据各个时期经济建设的需要，确定若干个重点建设的地区，统一安排重点建设项目。在此前提下，各地区产业布局则应立足本区域，放眼全国，杜绝片面强调自身利益和发展不顾全国整体利益的割据式的诸侯经济格局的产生。国家非重点建设的地区只能统一于全国产业布局的总体要求，根据自身的需要与可能，布局好区内的生产建设。这是一条局部服从全局的原则。通过这一原则的贯彻，可以更好地发挥地区优势，避免布局中出现重复建设和盲目生产；可以确保国家重点项目的落实，促进区域经济的发展；也可以更好地实现地区专门化生产和多样化发展相结合，有利于逐步地在全国范围内实行产业布局的合理分工。

(二) 分工协作原则

产业布局的分工协作原则，主要体现在劳动地域分工与地区综合发展相结合上。地域分工和地区专门化的发展，不仅能充分发挥各地区优势，最大限度地节约社会劳动，促进商品的流通与交换，而且可以加速各地区经济一体化的进程，形成合理的地域经济综合体。衡量地域分工的深度或地区专门化的程度一般可采用以下指标：

1. 区位商

$$区位商 = \frac{某地区\,A\,部门就业人数}{某地区全部就业人数} \div \frac{全国\,A\,部门就业人数}{全国总就业人数} \tag{9-2}$$

2. 地区专业化指数或专业化率

$$地区专业化指数 = \frac{地区\,A\,工业部门占全国同类部门净产值比重}{地区全部工业净产值占全国全部工业净产值比重} \tag{9-3}$$

3. 产品商品率

$$区内商品率 = \frac{某地区\,A\,产品输出区外的数量}{区内\,A\,产品的总产量} \tag{9-4}$$

$$区际商品率 = \frac{某地区\,A\,产品输出区外的数量}{全国各地区\,A\,产品输出区外的总量} \tag{9-5}$$

上述各类指标中，核心指标是产品商品率。这个指标数值越大，表明地区专门化程度越高。然而，地区专门化程度越高，并不一定意味着区域产业布局的合理。专门化生产部门是地区生产的骨干部门，对地区经济的发展有着重要的作用。但是，只有专门化生产部门，没有综合发展部门相配合，也不能保证区域国民经济的互相协调与相互促进。地区专门化只有和地区综合发展相结合，才能形成合理的地区产业布局。因此，各地区的产业布局不仅应该在充分发挥地区优势的基础上，重点布局专门化生产部门，而且应该围绕专门化生产部门因地制宜地布局一些多样化部门，以保证本地区各产业协调增长，形成一个具有本地区特点的包括专门化生产部门、辅助性生产部门、自给性生产部门，以及公用工程和服务设施相结合的结构合理的地域生产综合体。当然，也反对那种盲目建立与本地区生产条件不相适应的各种形式的"大而全"、"小而全"的地区全能经济结构。

坚持地区生产专门化与综合发展相结合，贯彻分工协作的原则，是实现产业布局合理化，保障各地区经济健康发展的有效形式。

（三）集中与分散相结合的原则

产业在区位上相对集中，是社会化大生产的客观要求，也是扩大再生产、提高经济效益的有效组织形式。工业布局可以根据各地区的资源条件、位置和交通状况、人口与劳动力状况、社会经济因素等有选择地集中，如在能源与原材料富集地区，形成煤炭工业、钢铁工业、石油工业、森林工业基地等；在农业区形成农畜产品加工中心；在一些交通枢纽形成各种加工工业中心；在科教发达、工业基础好的地方形成高层次的加工工业中心等。农业布局也只有适当集中才能充分利用有利的自然条件和技术基础，迅速提高单位面积产量，降低生产成本，提高商品率，满足国家对大量优质农产品和出口换汇的需要。这也是农业生产专门化和区域化的客观要求。但是，产业集中不能无限制地进行下去。产业集中只有在合理限度之内，才能取得较好效益。超过合理限度，其效益就会减少，直至起反作用。产业过分集中就会出现一系列严重的社会问题，如许多工业企业过分集中在大城市和工业地带，由此带来城市地价飞涨，空间狭窄，水源不足，能源紧缺，交通拥挤，公害严重，燃料、原料、居民生活用品等成本大幅度增加，城市建设费用提高等问题，经济社会矛盾交织，使集聚带来的好处补偿不了它所造成的弊端。农业上过度的集中，也会导致片面专业化，降低土地肥力，影响农业的综合发展，引起生态平衡的失调。过分的集中也使分散的和少量的各种自然资源不能充分地加以利用。适当分散则可充分利用各地区的自然资源和劳动力资源，促进落后地区的经济发展，有利于产业的均衡布局。但产业过于分散将导致协作困难、间接投资大、职工生活不便、经济效益差等弊端。

总之，在产业布局中既要反对过分的集中，又要反对互不联系的过分分散两种偏向。

（四）经济效益原则

以最小的劳动消耗，争取最大的经济效益，是人类社会生产的基本要求，也是评价产业布局合理与否的最基本的标志。以经济效益为准则，农业布局首先就应在摸清区域农业资源的基础上，揭示农业发展的区域差异；其次，应根据区域的差异性，因地制宜地选择农、林、牧、副、渔最适宜发展的地区。通过挖掘农业生产潜力，增加自然投入，减少经济投入和生产成本，达到增加经济产出提高经济效益的目标。工业布局则应尽可能接近原料地、燃料地和消费地。这样，既可以减少和消除原料、半成品、成品的不合理运输，减少中间环节及运输投资的浪费，加速资金周转速度，节约社会劳动消耗，加快扩大再生产进程，又可以保证各地区工业的构成、品种、质量同当地资源及居民的需要取得最大的一致性。

然而，在现实中，原料、燃料产地与产品消费市场分布在一起的情况比较少见，多数情况是三者分离，这就要求产业布局应根据具体产业的技术经济特点，确定产业布局的趋向。比如，采掘、冶炼和金属加工在地区分布上宜采取成组布局的方式。因为就冶炼工业来说，采掘工业是它的原料供应者，金属加工工业是产品的消费者。一般来说，采掘工业产品比较笨重，长途运输是不经济的。金属加工工业在切削加工中，废材率可达 60%~70%。所以，最好将这些部门在一个地区进行成组布局。此外，随着科学技术的发展，工业布局接近原料地、燃料地和消费地的倾向也随之会发生变化，即便是同一工业部门也是如此。如炼铁工业，18世纪前，由于用木炭炼铁，其布局就接近有森林、铁矿的地区；18世纪后，焦炭代替了木炭，其布局就接近煤矿。后来，贫铁矿得到广泛运用，铁矿消耗量大于煤的消耗量，布局格局则由靠煤近铁转为靠铁近煤。如今，由于废金属成为生铁的替代品，以及海上运输的发展，又出现了接近消费区及沿海布局的趋势。事实告诉我们，从经济效益出发，择优选择产业区位，是我们在产业布局中应该贯彻的又一原则。

（五）可持续发展原则

过去，由于人们对于环境问题认识不足，人类的经济活动普遍采取先发展后治理环境的方式。在农业生产上，表现为对农业自然资源不合理的利用，如毁林开荒、毁草种粮、围湖造田等，严重破坏了自然生态，造成水土流失、土壤沙化、气候失调等不良后果。在工业生产上，表现为工业布点不重视环境因素，"三废"过量排放，造成废水、废气、废渣严重污染环境，对自然环境造成严重的破坏，给国民经济造成不应有的损失，也极大地影响了人类的身体健康。如果任其发展，后果不堪设想。走可持续发展之路，才是人类的正确抉择。产业布局只有贯彻可持续发展原则，才能达到经济效益、社会效益和生态效益的真正统一，实现产业的合理布局。产业布局不仅应追求经济效益最佳，而且还应重视对环境的保护，重视社会效益。为此，从可持续发展的原则出发，农业布局应宜农则农，宜林则林，宜牧则牧，宜渔则渔。工业布局则要求做到以下几点：①工业布局不宜过分集中，应适当分散。这有利于工业生产中产生的"三废"在自然界稀释、净化，也有利于就地处理。②工业企业的厂址选择要考虑环境因素。一是工矿企业选点要注重保护水源，对排放有毒物质和"三废"较多的企业不应摆在水源地或河流上游，以避免对水质的污染；二是工矿企业的选点要注重风向，对排放大量烟尘和有害气体的企业不应摆在生活区和工矿区的上风地带；三是工矿企业的布点也要防止对农业生产的污染，还应尽量少占农田。③建设新厂时，要实行污染处理设施与主体工程同时设计、同时施工、同时投产的办法，防止新污染源的产生。

上述五条原则是从不同侧面对产业布局提出的要求，每一条原则都不是孤立的，它们之间既有联系又有区别，其目的都在于实现产业的合理布局。

专栏 9-3

我国钢铁工业沿海布局的原因

首先，铁矿石进口量大，依托港口布局可节省运费。由于国内铁矿石产量及其品位（平均为 33%）难以满足钢铁生产需求，我国钢铁企业对进口铁矿石的依赖性越来越大。进入 21 世纪，随着我国钢铁工业的迅速发展，铁矿石进口量急剧增加。但同时，将进口铁矿石经水域和陆路转运至内陆钢铁企业大大增加了运输成本（原料取得费用），出于降低运费、节省成本的考虑，钢铁企业一般会采用临（海）港布局模式来消除转运进口铁矿石的费用。其中的道理可以用胡佛运输费用模式得以解释。

企业生产费用包括原材料取得费、生产加工费和产品销售费三个组成部分，其中原材料取得费和产品销售费都与运输费用有关。1948 年美国经济学家胡佛提出生产企业（使用一种原料、生产一种产品和销售一个市场）的最小费用模式。如果原材料取得费用曲线高于产品销售费用曲线，则原材料加工过程中是失重的，总费用曲线在原材料地最低，企业因此会选择原材料地布局；相反，若原材料在加工过程中增重，如酿酒业，总运费曲线在市场最低，市场就是企业最优区位。但总费用曲线是中间隆起，所以胡佛认为运输终端区位优于中间区位，为了避免转运带来的运费增加，港口、铁路枢纽是发展工业的理想区位。如图 9-8 所示，对于一个以进口铁矿石为主要原材料来源的钢铁企业，转运及装卸费用会形成沿海钢铁企业比内陆钢铁企业有较大的成本优势。

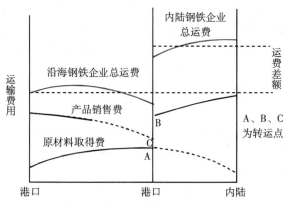

图 9-8　沿海钢铁企业与内陆钢铁企业总运费比较

作为大宗货物，铁矿石的运进一般货运码头难以承担，专业性矿石码头是临海钢铁企业所必需的运输条件，矿石船舶靠岸后经传送带直接将进口矿石输送到厂区的原料场进行冶炼，这既提高了钢铁生产效率又节省了二次运输的成本。因此，钢铁企业临海的厂址选择就成为建设专业性矿石码头的选址问题。目前，我国投产和重点建设的 20 万吨级以上专业性矿石码头位于大连、营口（鲅鱼圈）、天津、唐山（曹妃甸）、烟台、青岛、日照、连云港、宁波—舟山、湛江、防城港 11 个地点。

其次，沿海地区是钢铁产品主要消费市场。沿海地区是国家人口、产业、经济的集聚地区，也是钢铁产品主要消费地。出于对运输成本的节省，钢铁企业还要尽可能地接近消费市场，沿海布局钢铁企业也出于对这一因素的考虑，或就地销售或直接海运出口。在轿车用钢上，宝钢可以上海大众汽车公司为消费对象；首钢（曹妃甸）可以天津一汽丰田汽车有限公司为消费对象。

最后，海水可以作为钢铁生产冷却水源。2006 年，我国钢铁生产吨钢耗水量平均为 6.56 吨，相比发达国家的 4 吨仍然较高，钢铁工业用水量约占工业总用水量的 14%。作为一种非常规水源，海水替代淡水用于工业生产主要作为冷却水，利用海水具有这样几点优势：①水源稳定：海水自净能力强，水质比较稳定，采用量不受限制。②水温适宜：工业生产利用海水冷却，为的是带走生产过程中的多余热量。海水，尤其是深层海水的温度较低，且水温较稳定，如大连海域全年海水温度在 0~25℃。③动力消耗低：一般多采取近海取水，不需远距离输送。④设备投资少，占地面积小：与淡水循环冷却相比，可省去回水设备、凉水塔等装备。

资料来源：《"十二五"是中国钢铁产业布局调整"攻坚期"》，《铁合金》，2010 年第 6 期。

本章小结

产业布局是指产业在一国或一地区范围内的空间分布和组合。它主要研究在一定的生产力发展水平和一定的社会条件下，怎样在空间布局生产力诸要素，使产业活动取得预期的经济效果。产业布局的经济基础主要体现在两个方面：第一，各类生产部门和企业的需求也就造成了空间条件上的差异；第二，各特定地区所具备的空间条件在地域空间层面上的差异性。产业布局的基本特点包括客观性、变动性、继承性、战略性。

区位理论是产业布局基本的理论核心。区位理论，或称区位经济学、空间经济学，它的产生与社会分工和经济发展紧密相关。区位理论经历了古典、近代、现代三个阶段的演变。古典区位以德国经济学家杜能 1826 年创立的农业区位论、韦伯 1909 年创立的工业区位论为代表。近代区位论主要以费特的贸易边界区位理论、克里斯泰勒的中心地理论和廖什的市场区位理论为代表。现代区位理论产生于 20 世纪 60 年代以后，着眼于区域经济活动的最优组织。产业布局的比较优势理论主要包括亚当·斯密的绝对优势理论、大卫·李嘉图的比较优势理论、赫克歇尔—俄林的生产要素禀赋理论。产业布局的均衡与非均衡理论主要包括新古典均衡区域增长理论、缪尔达尔的地理性二元结构理论、佩鲁的增长极理论。

影响产业布局的因素是多方面的，主要包括地理位置、自然因素、社会因素、经济因素、技术因素五个方面。

产业布局的一般规律包括生产力发展水平决定产业布局、劳动地域分工规律、产业布局"分散—集中—分散"螺旋式上升的规律、地区专门化与多样化相结合的规律、非均衡规律、产业布局与自然—社会—生态系统对立统一的规律六个方面。产业布局的基本原则包括全局原则、分工协作原则、集中与分散相结合的原则、经济效益原则、可持续发展原则。上述五条原则是从不同侧面对产业布局提出的要求，每一条原则都不是孤立的，它们之间既有联系又有区别，其目的都在于实现产业的合理布局。

关键术语

产业布局　经济地理位置　区位　区位商　地区专业化指数　产品商品率增长极　演变规律

思考题

1. 古典区位论、近代区位论、现代区位论有何区别？
2. 克里斯泰勒中心地理论的主要内容有哪些？
3. 制约产业布局的因素主要有哪些？
4. 产业布局的一般规律有哪些？
5. 产业布局的基本原则有哪些？

参考文献

1. 国家发展和改革委员会：《国家核电发展专题规划（2005~2020)》，商都网，2008 年 1 月 9 日。

2. 李炯光：《古典区位论：区域经济研究的重要理论基础》，《求索》，2004 年第 1 期。

3. 刘继生、张文奎、张文忠：《区位论》，江苏教育出版社 1994 年版。

4. 唐晓华：《产业经济学教程》，经济管理出版社 2007 年版。

5. Christaller W.Central Places in Southern Germany.New Jersey：Prentice Hall，1966：1–3.

6. 奥古斯特·勒施：《经济空间秩序——经济财货与地理间的关系》，商务印书馆 1995 年版。

7. Berry B. J. L，Garrison W.L.A Note on Central Place Theory and The Range of A Good. Economic Geography，1958（34）：304–311.

8. 方远平、闫小培：《服务业区位论：概念、理论及研究框架》，《人文地理》，

2008 年第 5 期。

9. 史忠良：《产业经济学》，经济管理出版社 2005 年版。

10. 阿尔弗雷德·韦伯著，李刚剑、陈志人、张英保译：《工业区位论》，商务印书馆 1997 年版。

11. 彭玉亮：《比较优势与我国棉花生产布局变动研究》，《求索》，2010 年第 10 期。

12. 杨万钟：《经济地理学导论》，华东师范大学出版社 1999 年版。

13. 李刚、贾威、潘浩敏：《中国区域经济增长的多重集聚效应》，《经济纵横》，2010 年第 1 期。

14. 刘斯敖、鲁炎根：《高技术产业集聚效应与创新绩效分析》，《科技管理研究》，2010 年第 2 期。

15. 邹欢：《巴黎大区总体规划》，《国外城市规划》，2000 年第 4 期。

16. 杜立辉、聂秀峰、刘同合：《2000~2009 年中国钢铁产业布局变化及国际比较》，《冶金经济与管理》，2010 年第 5 期。

17.《"十二五"是中国钢铁产业布局调整"攻坚期"》，《铁合金》，2010 年第 6 期。

18. 王俊豪：《产业经济学》，高等教育出版社 2008 年版。

19. 陈才等：《区域经济地理学》，科学出版社 2001 年版。

20. 徐晓梅：《产业布局学原理》，中国人民大学出版社 1997 年版。

21. 杨吾扬：《区位论原理》，甘肃人民出版社 1989 年版。

22. ［美］胡佛：《区域经济学导论》，商务印书馆 1990 年版。

23. Harvey Armstrong and Jim Taylor. Regional Economics and Policy. Philip Allan，Publishers Limited，1985.

第十章 产业集群

教学目的

掌握产业集群的内涵，区分产业集中、产业集聚和产业集群，阐述产业集群的成长机理，认清中国产业集群的发展类型，了解英国、意大利、印度等国家产业集群的发展经验。

章首案例

在辽宁中部城市本溪，一个医药产业基地正初具雏形，包括修正药业、东北制药、大连美罗、美国开泰克斯、加拿大埃德蒙顿、日本池田制药等知名企业在内的 81 个生产类项目已经入驻这里，计划投资额 120 亿元，达产后每年可实现销售收入 322.4 亿元。如今，像本溪正在建设的"中国药都"这样的产业集群，已经成为辽宁老工业基地吸引投资和发展经济的重要方式。[①] 辽宁省政府提出，要在每个市都形成一个销售收入超千亿元的工业产业集群，在每个县和郊区都形成一个超百亿元的工业产业集群。作为省会城市的沈阳和东北对外开放前沿的大连，有着雄厚的产业基础，在产业集群建设方面也扮演着领跑者和示范者的角色。素有"东方鲁尔"之称的沈阳市铁西区，机床、汽车及零部件、现代建筑、电气、医药化工五大工业产业集群正在迅速壮大，按照当地政府的规划，到 2015 年，这五大产业集群的规模都将超千亿元。而在整个沈阳市，如今已有 35 个产业集群。大连则围绕优势突出的造船、装备制造、石化、电子信息产业，通过政府贴息等各种政策吸引企业入驻产业园区，产业的聚集度越来越高。在大连湾畔，集中了中远船务、中国一重、德国林德机械、德国米勒万家顿等国内外顶尖装备制造企业的"两区一带"，正在成为国际一流的装备制造业生产基地。以沈阳、大连为龙头，辽宁各地的产业集群蓬勃兴起。抚顺精细化工、锦州硅材料及太阳能电池等产业集群都已经形成了鲜明的产业特色，其中许多产业集群的规模在国内领先。同时，产业集群招商也已成为辽宁对外招商的主要方式，"产业集群"的集聚效应日益显现，有效地推进了辽宁产业结构的优化升级和产业竞争

[①] "辽宁本溪医药产业基地正初具规模"，http：//www.17ok.com，2009 年 11 月 30 日。

力的不断增强。

第一节　产业集群的界定及概念辨析

一、产业集群的发展背景

作为全球化框架下的一种新经济现象,产业集群在 20 世纪 80 年代就受到了广泛关注。现代经济环境的最大变化就是经济全球化的不断深化以及新经济的影响。经济全球化形成了更为开放的全球市场,生产要素在全球范围内流动,形成全球生产系统。跨国公司通过全球搜索、全球生产和全球供应,创立全球品牌,赢得全球竞争优势,国际劳动分工深化,形成了劳务、货币、金融、技术、信息等世界市场。新经济使得信息和知识以"比特"的速度在全球传播,加之更加快捷的交通和通信系统,让资本、信息和技术的获取更为便捷,从而导致生产方式由传统的标准化生产方式为主转向以柔性化生产方式为主,产品或企业的竞争以廉价的劳动力或者价格竞争为主转向以知识与技术或客户的竞争为主。不难看出,更为开放的全球市场和更加快捷的交通运输与通信系统在很大程度上削弱了地理位置在竞争中的作用。

然而,实际情况并非如此。随着全球化进程的加速,即使在发达和繁荣地区,处于同一产业或相关产业的地区性集群也在发挥着积极作用。20 世纪 90 年代中期,美国 380 个产业集群的产出达到美国总产出的近 60%。正如波特所分析的一样,在全球竞争时代,关于地理区位似乎存在一种悖论。全球经济以拥有快速的交通、高速的通信、市场进入无障碍为特征,人们期望区位的重要性本应有所减弱,但是相反的情况也存在。全球经济持久的竞争优势通常带有浓重的地方性色彩,它来自于高专业技能知识、机构、对手、相关业务和客户的集中。地理、文化、制度上的相似性将产生更亲密的关系,更好的信息、有力的激励措施、更高的生产率和创新优势都难以从远距离获得。大量的研究表明,在全球化的经济环境里,竞争不仅存在于企业之间或者供应链之间,更存在于不同地域的产业集群之间。

作为一种产业成长过程中的新型组织方式,产业集群的兴起、发展、成熟、衰退与区域经济发展的稳定、持续与波动周期存在很强的相关性,这意味着全球化和现代技术的发展为消除区域发展差异创造了条件。但是,更为重要的是它客观上强化了"距离"因素。毫无疑问,这种距离不仅仅是地理上的距离或接近,还包括内嵌于其中的文化相似与经济相似。这些因素决定了某些生产经营活动的区域集中态势。在经济体系中,产业集群大多是围绕着具有独特自然资源、市场需要以及技术的某些地区产生的。随着企业的发展而产生该领域的新产业,提供原料与服务的供应商也随之产生。伴随着工业的发展与知识的转移，新的工业区也将诞生。

专栏10-1

世界知名产业集群一览

国别或地区	所在区域	产业领域
美 国	硅 谷	微电子、生物技术、风险资本
美 国	好莱坞	影视娱乐业
美 国	纽 约	金融服务、广告、多媒体等
美 国	西雅图	飞机设备与设计、金属加工
美 国	底特律	汽车设备与零部件
德 国	慕尼黑	汽车业
德 国	法兰克福	化工业
意大利	伦巴底	丝织品
意大利	贝尔加莫	家具业
法 国	欧叶纳科斯	模具
法 国	昂蒂布	计算机及相关产品
瑞 士	制表区	钟表业
日 本	丰田城	汽车及零部件
日 本	大 田	机械和金属加工
中国台湾	新 竹	半导体硬件
印 度	班加罗尔	计算机软件

二、产业集群的界定

（一）定义

20世纪80年代以来，新经济理论构建的产业集群原理对于经济发展的重大意义得到了国内外各界的广泛重视。很多国家和地区根据国际经验，通过培育和发展本地产业集群并促使其升级，使本地生产系统和国际资源有效地结合起来，提高了区域竞争力。随着新的产业集群的形成与发展，其定义、内涵和称谓也不断完善。在各国研究文献以及有关集群战略的一些会议和政府文件中，对"产业集群"采用了多种称谓，诸如产业群、地方企业集群、地方生产系统、产业区等。

目前，学术界对产业集群概念较为认同的是迈克尔·波特的定义，他认为：产业集群是指某一特定产业内，大量联系紧密的企业以及相关的支撑机构在空间上的聚集，并形成了强劲、持续竞争优势的现象，是在某一特定领域内互相联系的、在地理位置上集中的公司和机构集合。产业集群经常向下延伸至销售渠道和客户，并侧面扩展到辅助性产品的制造商以及与技能技术或投入相关的产业公司。产业集群内部还包括诸如专业化培训、教育、信息研究和技术支持的政府机构及其他机构。

专栏 10-2

产业集群及相关概念一览

概念	主要内涵与特征
产业集群	一个由商业企业集团和非商业组织构成的集团，集团内的成员存在是其他成员企业的个体竞争力的一个重要因素。支撑集群集结的是"供销关系"，或共同的技术，共同的顾客或分销渠道，或共同的劳动力市场
区域产业集群	构成要素分享共同的区域位置的集群，这里的区域可以定义为都市圈、劳动力市场或其他功能的经济单元
潜在产业集群	相关的支撑性企业和组织，如果有额外的核心要素、企业间的相互联系或关键的联系部门，会获得一些以上各定义所具有的集群效应
价值链产业集群	通过扩大的"投入—产出"或"供销链"构成一个产业集群。链条上包括最终市场生产者以及第一、第二、第三直接或间接参与贸易的供应商，这是由多个产业部门构成的。而"产业集群"是一个"通过物资流和服务流连接的各产业子集，相互间的联系强于与国民经济中其他部门的联系"
企业集群	在某一特定产业形成相互联系的公司与机构在地理位置上的聚集
企业网络	与受制约的成员关系相联系的企业集团，该集团具有特定的商业目标，可能产生互惠的财务收益。网络成员根据多种原因而相互选择，他们明确同意通过某种方式合作，在一定程度上相互依赖。网络发展更倾向于集群内部，尤其是多个商业交易后已产生相似性并建立信任关系。典型的网络企业间的纽带比产业集群更正式
马歇尔产业区	一个高度地理集中的企业集群，任何工作直接或间接面向共同的最终市场，分享价值和知识已经成为一种文化环境，彼此联系的是复杂的竞争和合作混合关系。关键竞争源泉是企业间的诚信、团结和合作，这是经济、社会、社区关系密切缠绕的结果
产业综合体	通过重要的物资流和服务流连接的多个产业构成的集团，此外，在地域模式上表现出高度的相似性
创新环境	不是一个企业或区域集团，而是一个"能产生协同过程的综合体"；由经济或技术相互依存的一个组织或一个复合系统；在其边界内的生产系统、技术文化和各主体连接成为一个紧凑的整体
新产业区	大量专业化中小企业在聚集过程中生成的"柔性生产综合体"。其识别标志是区域网络和根植性

资料来源：隋映辉：《产业集群成长、竞争与战略》，青岛出版社 2005 年版。

（二）产业集中、产业集聚与产业集群[①]

产业集中、产业集聚和产业集群是分析产业成长过程中区域分布的几个重要

---

① 唐晓华：《产业经济学教程》，经济管理出版社 2007 年版。

概念，它们之间既相互联系又有一定区别。

产业集中是指国民经济部门中少数几个至关重要的产业所处的经济、社会地位，这种影响可以通过最大的几个产业在国民经济中所占的产值份额、就业份额等指标来反映，这些指标的数值越大，表明这些产业的地位越重要，影响也越大。通常，不平衡发展是一个国家或地区经济社会发展的常态，是实现均衡发展目标的重要途径。所以，在一定时期内，许多国家或地区的经济社会发展总是得益于几个产业的快速发展，也就是通过一定的产业集中实现的。当然，这种集中要通过一定的区域集中即少数几个产业集中在少数几个地区体现出来。

因此，产业集中有两个基本含义：一个是国民经济中的产业集中，另一个是这些产业的区域集中。对于后一个层面的集中，可以视为产业集聚——地理邻近的产业生产单位、服务单元，借助于劳动力市场、产品市场和专业化分工，实现规模经济和范围经济的一种经济现象。随着上述关系与集聚的交互影响，某一区域某一产业的横向、纵向分工将进一步深化，或者以该地该产业为主导力量，在全国、全球范围整合该产业价值链，或者为全国或全球产业中的主导企业提供高度"专业化"的配套产品或服务，并形成一种能够自我循环发展、自我强化发展的区域产业发展模式，这时的产业集聚就是产业集群。

产业集中、产业集聚和产业集群之间大体存在着顺次发展的过程，但三者之间的时间继承性可能不十分明显，也可能在同一时间发生。三者的共同点在于产生于同一空间区域。[①]

第二节 产业集群的成长机理

一、区位因素、外部经济与产业集群

(一) 区位因素

区位一方面指该事物的位置，另一方面指该事物与其他事物的空间联系。生产活动以及城市的形成和发展实际是综合了自然和社会经济两大要素的结果。要分析生产活动和城市的形成和发展的规律，就要从作用于生产活动和城市的自然和社会经济要素着手，即分析区位条件。

区域集中是产业集群的现象和主要特点，根据波特 (1998) 的定义，企业群是在一个特定区域内一群相互联系的公司和各种组织在地理上的集中。一个标准

---

① 多数学者认为，产业集群与聚集经济在概念上并无多大的区别。参见徐康宁：《当代西方产业集群理论的兴起、发展和启示》，《经济学动态》，2003 年第 3 期。在本书中，如果不特别说明，产业集聚、产业集群的意义大体相同，而产业集中则是产业集群和产业集聚的一种突出表现。

的企业群具有以下几个特点：空间上的接近——企业之间相距 1 公里（市中心）到 500 公里不等，平均每平方公里有 50 家企业左右；[1] 从事同一个产业的生产和经营活动，或者提供辅助性的生产和经营活动；横纵向分工发达，是一个密集的社会协作网络等。传统观点认为，包括运输费用、关税及非关税壁垒、生产标准、文化差异等在内的运输成本与经济活动的集聚程度之间存在着关系：运输成本低于某些临界值，集聚现象便会发生。[2]

马歇尔也提出，同类产业的生产集中的主要原因是：地理集中的产业能培育专业化供应商；同行业厂商的集聚有利于创造出一个稳定的劳动力蓄水池；地理上的接近有利于信息的传播。[3]

（二）外部经济

外部经济（External Economy）是指一些人的经济活动，如消费和生产某些产品会给不从事这种活动的另一些人带来收益或者是损失，同时也指当整个产业的产量（因企业数量的增加）扩大时（企业外部的因素），该产业各个企业的平均生产成本下降，因而有时也称为外部规模经济（External Economy of Scale）或范围经济（Economy of Scope）。

Krugman（1991）指出，生产区位地理集中的程度是由运输成本决定的。运输成本与运输的平均距离成反比变化，运输成本越高，生产的地理集中程度越低。类似地，依赖自然资源的产业，其生产区域地理集中，假设这与投入品的来源紧密相关。因为对自然资源高度依赖的产业倾向于将企业定位在接近自然资源的地方。所以产业中自然资源的投入比例越高，生产区位的地理集中趋势越强。此外，资本密集的产业也倾向于地理集中，因为生产主要集中在几个企业上。也就是说，随着资本密集程度和规模经济作用的加强，只有少数的几个大企业可以在最小有效规模（MES）上存活。[4]

生产的地区集中与区域经济特别是城市发展有很强的关系。Shahid Yusuf（2004）认为，通过各经济单位结成网络，产业集聚使城市集群效应得到深化和细化，而城市集群效应又与城市的生产力密切相关。经济集群效应主要表现在：不断增加的回报、通信方面的外部性、较低的交易和搜寻成本及更高的人力资本收益。而且，经济规模较大会使经济更趋稳定，交通成本也随之降低，这又极大地促进了集聚的形成，避免公司的分散。[5] Fujita 和 Thisse（2002）也认为，较低

---

① 范柏乃：《城市技术创新透视——区域技术创新研究的一个新视角》，机械工业出版社 2004 年版。
② 藤田昌久、雅克·弗朗克斯·蒂斯：《集聚经济学》，西南财经大学出版社 2004 年版。
③ 藤田昌久、保罗·克鲁格曼、安东尼·J.维纳布尔斯：《空间经济学——城市、区域与国际贸易》，中国人民大学出版社 2005 年版。
④ David B. Audretsch and Maryann P. Feldman. R&D Spillovers and the Geography of Innovation and Production. The American Economic Review, June 1996, Vol.86, No.3, 630-640.
⑤ Shahid Yusuf：《东亚创新未来增长》，中国财政经济出版社 2004 年版。

的交通成本、较大的产品差异性促使生产单位或经营机构趋向地理集中。其原因在于，产品差异性缓和了价格竞争，从而使得公司聚集在一起经营比单独经营能吸引更多的消费者，增加了消费的规模经济——任何一个用户都可以在同一个区域寻找到所需要的成本较低的商品或服务，既减少了搜寻成本，又可以清楚地甄别同类产品，更为重要的是大量同类产品的集聚，客观上可以降低采购的风险，①从而保证采购者生产与经营的连续性。生产或经营集中在某一个城市或区域，能够产生两个方面的经济效应：一个是"本地化经济效应"，是指在特定区域内由于公司集聚所带来的效率；另一个是"城市化经济效应"，是指在特定区域内由于许多不同种类的经济活动的集中所创造的效率。

二、基于信任的社会关系网络产业集群

作为一种产业空间组织形式，产业集群的成功在很大程度上可以归因为"产业区在企业之间和企业内部有效解决矛盾和合作问题的特殊能力"。② 包括企业网络在内的社会关系网络及其所具有的资产专用性，是构成这种特殊能力的基础性力量。产业集群的本地化基础在于内嵌其中的关系结构。这种关系结构能够提供更好、更有效的信息，创造信任环境，减少交易成本。其原因是网络中的信息廉价、可靠准确、易于重复交易，而且"除去纯粹的经济动机外，持续的经济关系常常被附上有着对信任和摒弃机会主义的强烈期望的社会内容"（Granovetter，1985）。③

社会关系网络是"由社会关系或某一特殊类型的链联系起来的一些节点和行为者（个人或组织）"。④ 任何一个社会，都是以经济、政治、社会文化等要素相互依赖、相互影响的有机系统，各要素之间存在着复杂的共生关系、协同关系。这些关系渗透于经济社会发展的各个环节与层面。有的关系是以某个单位为主体而成的，有的关系存在于某一特性区域，还有一些关系扎根于人们的一些日常行为规则中，这种关系就是一种根植于民间的网络资源。人们借助于他们共同的价值理念（主要是指那些不公开的某种共同思想、喜好、习惯，尽管在多数场合，无法使用明确的术语加以表达，也就是不可言传的一些东西）来进行自我调节、自我规范、自我激励。

信任是市场机制发挥作用的基础要素之一，而基于信任的社会关系网络为产

---

① 因为同一区域供给者同时破产或者存在其他问题的概率要相对小一些，即使出现了风险，区域内部的政府出于经济利益与信誉目的，势必要干预。

② 塞巴斯蒂安诺·布鲁斯科：《产业区的博弈规则》，载安娜·格兰多里：《企业网络：组织和产业竞争力》，中国人民大学出版社 2005 年版。

③ 奥利弗·E.威廉森：《治理机制》，中国社会科学出版社 2001 年版。

④ 埃米利奥·卡斯蒂拉：《硅谷社会关系网络》，李钟文、威廉·米勒、玛格丽特·韩柯克、亨利·罗文：《硅谷优势——创新与创业精神的栖息地》，人民出版社 2002 年版。

业集群或特定区域内的市场关系提供了一种行动准则。"现代市场是由行动者应用已定义的社会规则系统去构建和管理的一种社会组织。……在一定环境下，行为者的认知和策略、行为者对稀缺资源的价值取向和行为者对其他行动者所采取的行动之预测等都对市场行为的管理有影响。"[1] 例如，这种社会组织影响着市场的进入、交易和过程。"社会凝聚力的整合纽带在追求共同目标中加强了该群体。群体凝聚力促使人们对规范性标准形成一致意见并有效地实施这些共同的规范，因为伙伴关系的整合纽带增强了该群体的非正式惩罚（如非难和拒绝）对于它的每个成员的意义。"[2] 采取信任行为有以下几种动机：以回报为基础的信任——我采取信任行为是因为我相信你可能也这么做；诱导性的信任行为——通过自己采取信任行为，个体能够诱导他人也这么做；补偿性信任——个体愿意采取补偿性行动，来抵消在他们看来会威胁其稳定性或存在的他人行为；道德化的信任——不论群体中其他人做什么或不做什么，我都会以令人信任和值得信任的方式行动。[3]

由此可见，集群内的信任至关重要，这正是其内部能够在高度竞争条件下充分合作、默契运作、共享信息原因之所在。换言之，一个缺乏信任基础的区域内关系集合，既不能称为社会关系网络，更不能成为降低交易费用、补充市场机制和计划机制的中间力量，也就无法成为有竞争力的产业集群的动力了。

三、价值链、产业关联与产业集群

按照波特的观点，任何企业都是用来进行设计、生产、营销、交货以及对产品起辅助作用的各种活动的集合，与这些环节相关的各种活动构成了企业的价值增值链条。[4] 任何产品或服务都是上述复杂活动的阶段性结果，也是"无数的经济交易、供应商和顾客之间、雇员和管理者之间、技术专家和组织专家组成的团队之间的制度安排"。[5] 对于一个产业而言也是如此。产业价值链不仅包括产业内部的分工、上下游供需关系，如纵向关联和横向协作，还包括该产业与其他辅助支撑要素的诸多关系，如商业文化、基本政策环境、人才培养机制等。这些要素共同作用以及不同产业对这些要素与关系的利用程度，导致了不同类型的产业链。产业内不同企业处于社会化协作的不同环节与层面，每个企业依据其内部价值链构成及效果，来分享产业价值链，这种差异化的生产要素组合模式与效率，决定了不同企业、不同产业的竞争优势。有的产业链价值增值环节比较多，产品特性复杂；有的比较少，产品特性简单；另外一些则介于两者之间。基于以上产

---

① 汤姆·R.伯恩斯等：《结构主义的视野：经济与社会的变迁》，社会科学文献出版社 2004 年版。

② 彼得·布劳：《社会生活中的交换与权力》，华夏出版社 1988 年版。

③ 罗德里克·M.克雷默、汤姆·R.泰勒：《组织中的信任》，中国城市出版社 2003 年版。

④ 迈克尔·波特：《竞争优势》，华夏出版社 1997 年版。

⑤ 理查德·诺曼、拉费尔·纳米列兹：《从价值链到价值星座——设计交互式战略》，载迈克尔·波特等：《45 位战略家谈如何建立核心竞争力》，中国发展出版社 2002 年版。

业链分类的产业集群相应地会表现为不同的绩效。但是，究竟何种集群更好、更优，尚无统一判定标准。唯一可以确定的是，只要某个产业集群能够最大限度地发挥某个区域的专有优势，或者形成某些独特资产，成为某个区域的财富创造中心，这个集群就是有生命力的。

在本质上，价值链是企业内部以及企业间生产过程中所存在的正常的相互依赖关系，而这种关系导致了创新和交互式学习。OECD（经济合作与发展组织）的研究发现，创新网络建立了各种价值链集群联系的捷径，连接了可以共享同样的技术但在几个不同价值链上生产不同产品的企业。网络产生的创新可能累积在价值链集群中，为最终实现创新的商业化潜力创造了条件。[1] 价值链中推动创新的最重要的因素是同一价值链进行贸易的供货公司和客户关系。通常，已具备一定生产流程技术的公司日益依赖价值链关系以期获得进一步的技术创新，尤其是精益生产，需要控制生产过程的科技产业更是如此。高新技术企业或者其他企业购买供货方先进的技术设备，与供应链上的合作伙伴共同设计创新产品和必需的生产系统，技术供应链使供货经理和企业工程师在技术上密切联系起来，企业之间的技术合作逐渐成为该产业价值链的组成要素。[2] OECD 的研究认为，同一价值链机构的供应商或客户的相关性对各种产业集群的影响程度不尽相同，这种影响取决于价值链长度和集群之间关系的密切程度。价值链的长短与产业的技术属性存在负相关关系，即越是基于新技术的产业，其价值链越短，例如生物技术链主要决定于实验技术和创新，而那些成熟的产业集群，如建筑或资源性产业，其价值链就比较长。技术属性与价值链的关系，决定着不同产业集群的内合作层次、方式与程度各不相同。

第三节 中国产业集群的发展类型及形成机制

根据形成机制的不同，我国产业集群可以分为六种类型：资源驱动型产业集群、贸易驱动型产业集群、外商直接投资型产业集群、科技资源衍生型产业集群、大企业种子型产业集群和产业转移型产业集群。不同类型的产业集群其形成机制有本质上的差异。[3]

---

[1] OECD：《创新集群：国家创新体系的推动力》，科学技术文献出版社 2004 年版。

[2] Rutten, Roel. Innovation in regional supplier networks: the case of KIC. In F. Boekema, K. Morgan, S.Bakkers and R.Rutten（eds.）. Knowledge, Innovation and Economic Growth: The Theory and Practice of Learning Regions, Edward Elgar, Cheltenham, 2000. 转引自 OECD：《创新集群：国家创新体系的推动力》，科学技术文献出版社 2004 年版。

[3] 刘世锦：《中国产业集群发展报告》，中国发展出版社 2008 年版。

一、资源驱动型产业集群

资源驱动型产业集群是指凭借本地区独特的产业专业化条件、工商业传统和自然资源，依靠民间微观经济主体的自发创新，并在内生性民间资本积累的推动下和获得相对全国其他地区体制优势的情况下，借助市场力量逐渐生成的产业集群。此类产业集群包括社会资源驱动型和自然资源驱动型两类，前者主要分布在东南沿海地区，所凭借的是当地的工商业传统、文化等社会资源，后者主要分布在中西部地区，所凭借的是当地的矿产、农副产品等自然资源。

东南沿海地区，受到过去台海关系的影响，国家没有投资布局大型工业企业，当地工业经济发展水平非常有限。由于没有更多的资本，当地只好利用廉价的劳动力，发挥传统经商、手工业技术优势和部分自然资源，在改革开放后开始搞一些结合地方特色的中小企业，包括一些中小型的国有企业和门类众多的乡镇企业。伴随着这些企业的发展，一大批特色集镇竞相成长，成为发展地方经济的支柱，逐步形成了各具特色的产业集群。如江浙一带的纺织产业集群，广东的五金、家电等产业集群。

中西部地区的自然资源驱动型产业集群的形成主要是依赖于当地的自然资源优势和市场需求的扩大而形成的集群，如云南的烟草产业、山西的煤炭产业等。

专栏 10-3

辽宁大石桥镁质材料产业集群

镁质材料是国民经济发展不可缺少的重要材料之一，广泛应用于冶金、建材、化工、汽车、造纸、家电、农业。作为一种重要的战略物资，在电子、军工、航天、航空等高技术领域，镁质材料已经成为不可替代的新材料。大石桥市独特的镁质资源以及悠久的开发生产历史，是其产业集群快速成长的基础性条件。菱镁矿是我国的优势资源之一，储量及其制品的产量、出口量均居世界首位。据统计，大石桥市已探明矿藏有 25 种，镁、硼、白云石、滑石、黄金等都具有较大的储量，特别是镁质矿产资源十分丰富，是世界四大镁矿产地之一。资源储量大、产地集中、品位高是大石桥市镁质资源的显著特点。目前，大石桥镁质资源总探明储量为 44.56 亿吨，保有储量 43.63 亿吨，其中，菱镁矿、白云岩矿的探明储量和保有储量均位居全省第一。2004 年全市菱镁矿石开采量仅 500 万吨，镁制品产量达 700 万吨，占全省 71%，占全国 62%。

大石桥拥有采矿权的矿山主要有海城境内的桦子峪和青山怀镁矿，以及大石桥境内的圣水寺和高庄—平二房镁矿。总体上，这四个矿产集聚地的 MgO 含量、矿石级别都要高于省内其他主要镁矿。新中国成立后，特别是改革开放以来，为适应国民经济发展的要求，国家集中力量对该地的菱镁资源进行了大规模勘探、规划和开发，加大了对镁质材料产业的投资力度，建成了一大批矿山和加工企业，于 20 世纪 80 年代初组建了辽宁镁矿耐火材料公司，成为我国最大的镁质耐火材料生产基地。1995~1998 年，经过以明晰产权为核心内容的乡镇企业制度改革，大石桥镁质材料产业发展进入到了一个全新的发展阶段，初步形成了集勘察、开采、加工、销售于一体的产业体系，成为国内重要的镁质材料制品生产和出口基地。2005 年 4 月 25 日，由于大石桥市在我国耐火材料产业发展中发挥了重要作用，被中国耐火材料行业协会授予"全国镁质耐火材料生产和出口基地"称号。

　　资料来源：唐晓华：《产业集群：辽宁经济增长的路径选择》，经济管理出版社 2006 年版。

二、贸易驱动型产业集群

　　贸易驱动型产业集群是指以本土企业为主的国内贸易和出口贸易带动的产业集群。此类产业集群的起源往往是当地一些企业家在国内外市场中看到了商机，开始进行单个家庭或小规模企业的创业，成功之后迅速带动其他企业跟进，并有相应的配套企业共同成长，最终形成了面向全国和全球市场的产业集群。资源驱动型产业集群和贸易驱动型产业集群都是自发形成的，两者最大的区别是后者的发源地往往没有产业发展的基础，一般都经历了从无到有的发展历程。此类产业集群在我国现有的产业集群中占有很大的比例，广泛分布在纺织品、机电产品、家具等技术含量较低的日用消费品行业中。以浙江温州、广东中山等地的产业集群为典型。

专栏 10-4

温州打火机产业集群和中山古镇灯饰产业集群

　　改革开放以前，温州并没有打火机企业。20 世纪 80 年代中期，国内流入日本打火机，温州人从中看到了商机。而此时正好国内电容器技术获得了突破，打火机技术含量大大降低，短时间内，温州打火机生产厂便有好几百家。由于温州打火机成本低，中国香港及国外商人都纷纷到温州来进货。在经过手工作坊式的生产、机械模仿生产、自主设计生产的各个发展阶段以后，温州打火机产业在全球市场中树立了牢固的地位。目前，温州地区拥有打火机生产企业 500 多家，年产金属外壳打火机 6 亿多只，销量占世界市场份额的 80%以上。

　　中山古镇传统上并没有灯饰生产的基础，20 世纪 80 年代中期，经商意识强、头脑灵活的古镇海州村人在家电推销过程中，发现了灯饰行业投资少、效益优的特点。开始进行家庭作坊式的生产，并激发当地其他群众的创业热情，吸引了一批有知识、有胆识的原集体企业销售员和其他行业的经营者，纷纷兴办企业或转行进行灯饰生产，从简单的作坊式加工、组装转而利用毗邻港澳的优势，吸收、引用港澳地区的流行款式，通过引进设备进行模仿制造，再到自主设计、自主创新，造就了一批名牌、名标灯饰企业，最终形成了以室内装饰灯具为主，节能照明和户外灯具横向发展，注塑、电镀、水晶制作和照明工程设计与安装等上下游产业纵向延伸，集聚 2500 多家灯饰企业，灯饰产品销售额占国内民用灯饰市场 60% 以上的产业集群。

资料来源：王缉慈：《创新的空间：企业集群与区域发展》，北京大学出版社 2001 年版。

三、外商直接投资型产业集群

在我国对外开放过程中，一些地区凭借优越的地理位置、优惠的投资政策、丰富的土地资源和充足的廉价劳动力，在地方政府培育、企业创造性模仿和企业家精神等共同作用下形成了以外商直接投资为主的产业集群。外商直接投资型产业集群以 IT 产业为典型代表，其形成形式主要有两类：一是围绕个别外商投资的龙头企业形成众多企业配套的产业集群，如北京以诺基亚为龙头的移动通信产业集群；二是全球行业内的大企业和产业链上下游企业集聚的产业集群，如苏州昆山市目前共有外商投资企业 2583 家，在其笔记本电脑产业集群中，中国台湾十大笔记本厂商中有 6 家在昆山投资建厂。

外商直接投资型产业集群主要分布在长三角、珠三角和环渤海经济圈等地区。早期主要发生在广东一带，之后向上海、苏州、北京等地扩展，在 21 世纪初期达到了高峰。改革开放后，广东、福建沿海地区以优惠的投资政策、丰富且廉价的劳动力和土地资源的比较优势和邻近港澳地区的区位优势，通过"三来一补"，迅速发展成为中国台湾和中国香港制造业的"加工工厂"，加入到全球生产网络中来。

以东莞 IT 产业集群为例，该产业集群的形成可以分成两个阶段：第一阶段是 20 世纪 80 年代末~90 年代初，通过引进外资、吸收境外公司投资，形成 IT 产业"三来一补"的加工模式；第二阶段是 20 世纪 90 年代中期开始，随着台湾地区 IT 企业进行了组群式的大规模转移，东莞 IT 产业集群开始逐渐形成。1998 年，东莞电脑资讯业的投资来源中，84.3% 是外商投资企业，仅有 15.7% 是内资企业。显然，由外商直接投资带动产业集群形成的现象非常显著。

20 世纪末期以后，全球 IT 产业出现了大规模的全球性转移。以上海、苏州为核心的长江三角洲一带成为我国承接全球 IT 产业转移的要地，港澳台和外商直接投资大幅增长。以苏州为例，从 2000 年开始，苏州港澳台和外商直接投资企业的工业产值占工业总产值的比例日渐上升，而内资企业所占比例逐渐减少，外资企业最终成为推动苏州经济发展的最主要动力，苏州的产业集群也由原来的资源驱动和贸易驱动为主转向外商直接投资为主。

四、科技资源衍生型产业集群

中关村产业集群是科技资源衍生型产业集群的典型代表。中关村是我国教育和科研资源最为密集的区域，有以北大、清华为代表的 68 所著名大学和以中科院为代表的 270 家科研机构；国家重点实验室 51 个，占全国的 28%；国家工程研究中心 22 个，占全国的 22%；国家工程技术研究中心，占全国的 19.8%；国家级企业技术中心 13 个；国家级专业基地 11 个；还有跨国公司设立的研发中心 65 个。围绕着这些科研资源集聚和发展了众多企业，形成了以科研资源为依托、以科技创新为重点、以技术推广应用为内容的高新技术产业集群。1980 年中关村诞生了第一家高技术企业，到 1987 年底，中关村 10 平方公里的地面上聚集了 148 家高技术企业，其中 97 家为电子信息技术产业，占中关村企业总数的 66%。1988 年中关村被确定为"北京市高技术产业试验区"，区内高新技术企业数目迅速增长，到 1998 年增至 4500 家，2006 年底，中关村科技园共有企业 16000 家，大都是创新型的中小企业。目前，中关村已经形成了以信息产业为龙头，多个高技术产业蓬勃发展的局面，在软件、集成电路、网络通信、生物医药、环保新能源等重点产业形成了国内领先的产业集群。

五、大企业种子型产业集群

作为产业集群种子的大企业主要有两类：第一类是传统的国有大中型企业，它们是 20 世纪 50 年代实施的国土资源计划、60~70 年代的三线建设甚至是 80 年代的区域规划、产业布点的产物；第二类是市场竞争中逐步成长起来的大企业，在产权形式上可能是民营企业，也可能是国有企业。改革开放以来，传统国有大中型企业发展一般有两种结果：一是逐步走向衰落，最后经破产或改制消亡；二是通过体制和机制改革，适应市场经济发展，逐步做大做强，成为产业中的龙头企业。在第一种情形中，原国有大中型企业的裂变为该地区留下了相应的人才、技术、设备等产业基础，在其他推动因素如市场需求、外商投资等的推动下，逐步形成了以原国有大中型企业为基础的产业集群，此类产业集群也被称为大企业裂变型产业集群。大多数大企业种子型产业集群都是围绕着逐渐做大做强的传统国有大中型企业和在市场竞争中逐步壮大的其他大型企业发展起来的。随着企业间竞争的加剧和专业化分工的演进，很多大企业往往专注于某一环节的核心能力建设，而将其他业务外包出去，这样就吸引了众多的中小企业依附在周边，为大企业配套服务，从而形成了全产业链的产业集群。

这类产业集群主要集中在汽车、家电、通信设备制造等具有较高技术含量且产业链较长的产业中，东部沿海和中西部地区都有分布。如浙江萧山经济技术开发区，形成了以万向集团为核心大企业，带动 200 多个中小企业发展的汽车零部件产业集群。长春的汽车产业集群中，以一汽集团、一汽大众为核心，众多汽车零部件生产企业和机械研究机构等围绕它们形成产值达到 800 亿元的产业集群。再如青岛家电产业集群，该产业集群中的海尔、海信、澳柯玛三大龙头企业带动了 800 多家配套企业的发展，日本三洋、广州冷机、中国台湾瑞智等企业前来建立了压缩机总装厂，一大批零部件厂和原材料加工厂也追随而来，海尔工业园由此形成了一个以知名品牌为核心的大企业主导的全产业链产业集群。

专栏 10-5

沈阳汽车产业集群

沈阳是我国东北的市场中心，也是东北亚地区的一个大都市，综合经济实力在逐年上升，而且拥有雄厚的装备制造业基础，有极强的市场集散功能和广泛的经济辐射作用。近几年来，通过不断完善投资软、硬环境，沈阳正逐步成为既适宜创业发展，又适宜生活居住的国际化大都市，成为外商最愿意投资的地区之一。

沈阳具有形成一个新的汽车产业集群的环境优势：沈阳可以充分发挥后发优势，发挥自身的装备和制造优势。让汽车成为拉动全市工业的火车头。从宏观上看，汽车产业可以带动交通、钢铁、电子等行业；从微观上看，宝马等项目落户沈阳，意味着沈阳汽车工业的一场质变，从全力塑造自主品牌的中华轿车，也可以看出沈阳对汽车工业的一个清醒感悟。沈阳的汽车产业既瞄准像塔尖"宝马"这样可以提供纯粹驾驶乐趣的豪华车市场，同时又把握了象征民族汽车工业荣誉的"中华"，以及产销量及市场占有率一直稳居全国轻型客车排头的"金杯海狮"这种稳固塔身的市场。目前，宝马项目带动大量国际其他著名汽车企业不断进入，使沈阳汽车工业的实力大大增强；在国际汽车产业势力的参与下，中国汽车工业正在重组，后劲很足的沈阳号召力很强。现在，沈阳共有华晨金杯、华晨宝马、沈阳中顺等 7 家整车制造企业，主导产品包括宝马轿车、中华轿车、海狮系列轻型客车、金杯阁瑞斯高档商务车、中顺世纪轻型客车等产品；还有 18 家专用改装车生产企业，主导产品包括厢式货车、冷藏车、保温车、炊事车、运钞车、中巴车、车辆运输车、半挂车等。此外，航天三菱、航天新光 4 家发动机生产企业，生产产品为三菱 4G6 系列发动机、491Q 发动机、471 发动机；华晨金杯 E2 发动机项目正在建设之中；其他零部件及相关配套产品生产企业近 90 家。正是在这一时代和产业背景下，沈阳已初步确定了具有特色的汽车及零部件产业集群格局。

资料来源：唐晓华：《产业集群：辽宁经济增长的路径选择》，经济管理出版社 2006 年版。

六、产业转移型产业集群

此类产业集群主要存在于中西部地区。相比东部沿海地区，中西部地区在资金、技术、市场、人才、对外贸易等方面处于弱势，但在劳动力、土地、自然资源等方面具有优势。近几年，随着东部沿海地区产业容量的缩小，产业北移与西进的转移态势十分明显，中西部地区在承接东部沿海地区的产业转移过程中逐步形成了产业集群，以劳动密集型、土地等资源依赖型的产业集群为主。产业转移型产业集群的形成一般依赖于当地已有的产业条件，很多情况是该地区本身已经形成了一定规模的企业集聚，具有承接东部产业转移的基础，进一步的产业转移使得集群快速形成和发展。

第四节 产业集群发展的国际经验[①]

一、英国产业集群及其支撑因素

早在前工业化时期英国就已经出现了大量的中小企业集聚现象，而在工业化时期，这种趋势就更加明显。英国早期的企业集群，也就是马歇尔所描述的制造业企业集群，如英国斯塔福德郡的陶器生产、贝德福德郡的草帽生产、白金汉郡的椅子生产和设菲尔德的刀具生产等，主要分布在英格兰北部和苏格兰南部等地区，表现为大量的中小企业专业化分工和空间集聚。由于劳动力成本上升、企业研究开发力度不够、人才结构不合理、劳资纠纷严重、严格管制的产业政策等，食品加工和皮鞋制造业等产业集群逐渐走向衰退。但是，奢侈品、休闲、娱乐等相关领域的产业集群仍然保持着较强的生命力。20世纪末，英国企业集群又呈现新的发展态势，金融、生物技术、IT企业集群蓬勃发展，形成了150多个产业集群。[②]

产业集群的多样性以及它们之间的相互补充和依存，使得集群在区域经济发展中具有重要作用。伦敦附近的金融、高新技术等12个产业集群的就业人数占整个伦敦就业人数的43%。21世纪初，英国生物技术发展及其企业集群正在成为其经济发展的主要力量。英国生物技术处于欧洲领先地位，在全世界仅次于美国。英国目前已拥有各种生物技术公司460家，占欧洲生物技术中小企业总量的68.1%，占世界生物技术产品的12.5%。英国生物技术企业大多以集群的形式分

① 唐晓华：《产业集群：辽宁经济增长的路径选择》，经济管理出版社2006年版。
② 池仁勇、王会龙、葛传斌：《英国企业集群的演进及分布特征》，《外国经济与管理》，2004年第2期。

布，主要集中在东安格利尔地区的剑桥、英格兰东南部的牛津郡和萨里，以及苏格兰中部地区。[①]英国生物技术企业集群之所以能够迅速发展并取得骄人成绩，是因为本地形成了一种比较好的集群支撑体系，包括发达的基础研究、良好的创新文化、合理的企业组织结构、完善的中介服务体系等。

二、意大利产业集群及其支撑因素

意大利是一个资源匮乏、以中小企业为主体的国家，但其经济总量却排名世界第七，这主要应归功于其特有的产业集群优势。意大利中小企业的特色是地域同业型中小企业集群，被称为"第三意大利"现象。根据意大利统计局的评判标准，全意大利专业集群地有 199 个，分布在 15 个州，集群地的产品主要是日用品。其中，纺织品集群地有 69 个，占 34.7%；皮鞋集群 27 个，占 27.3%；家具39 个，占 19.6%；机械 32 个，占 16.5%；食品 17 个，占 8.6%。此外，还有金属制品集群地 1 个、化学制品集群地 4 个、造纸与印刷集群地 6 个和首饰集群地4 个。意大利的经济实力和国家竞争力是由这些企业集群支撑的。例如，意大利的纺织品出口主要来自产业集群地区；意大利瓷砖产品的 80%（世界产量的18%）产于萨索洛和斐瑞拿两个地区，产量占全球总数的 30%，出口量占全球的60%。[②]

专栏 10-6

意大利威尼托地区布伦塔河岸制鞋企业集群

皮尔蒙特、伦巴底和威尼托地区，是意大利产业集群最为发达、最为集中的地区，意大利也因此被称为"中小企业的王国"。布伦塔河地区的制鞋业有着悠久的历史，1268 年建立了制鞋业协会，1898 年设立了第一家机械制鞋厂，1923 年建立了第一所制鞋业学校。布伦塔河的制鞋业目前有生产企业 444 家，雇用人员 8000 人，如果包括相关产业，则有 866 家企业，雇佣员工达 14000 人。皮鞋产业在布伦塔河地区具有重要地位，占本地区企业总数的 63%，占雇用总人数的 42%。目前，布伦塔河地区的皮鞋产量为 2000万双，其中 87% 是出口的，年销售收入 16 亿美元。

布伦塔河制鞋业成功的秘密是什么？这引起了许多人的好奇。是不是布伦塔河的制鞋业拥有许多知名品牌，或者有知名的跨国公司？答案却是否定的。布伦塔河企业的平均人数不足 20 人，100 人以上的企业就是特大型企业。企业之间的分工非常细致，一双皮鞋一般要经过 10 多家工厂的联合加工才能完成。但凡是世界顶级品牌，一般都在布伦塔河"OEM"，而布伦塔

---

① 池仁勇、王会龙、葛传斌：《英国企业集群的演进及分布特征》，《外国经济与管理》，2004 年第 2 期。
② 李平：《意大利的产业集群状况及启示》，http://www.cass.net.cn。

河企业本身并没有顶级品牌，换句话说，布伦塔河是世界名牌皮鞋的贴牌生产中心、设计中心、信息中心，更直接地说是"制造中心"。当然，最值钱的品牌可能就是"布伦塔河制造"。

布伦塔河1268年便建立了制鞋业协会，这里的历史和文化底蕴不言而喻。1923年建立的制鞋学校是布伦塔河之谜的答案之一。该校校长说，这是一所职业学校，是欧洲和世界上最重要的制鞋技术学校，但2001年才被国家定为学历学校，至今还没有正式给学生授予学位。2003年，布伦塔河制鞋学校共开设了120个培训班，第一种形式是面向企业中的设计人员在职学习，一般学制三年；第二种形式是欧盟资助的专业化培训，获得资助的必须是有威尼托户口的人员，培训的内容主要是皮鞋的制作、经营、管理等；第三种形式是面向高中学生的，一般培训期限为5个月左右，毕业后从事皮鞋生产。当然，由于皮鞋产业是当地的支柱产业，学校的教育甚至还延伸到中小学，制鞋学校为附近学校开设皮鞋相关知识的课程，从小培养制鞋产业的接班人。目前，布伦塔河有80个皮鞋设计工作室，约有各类设计人员400余人，这是布伦塔制鞋业最重要的财富。浓厚的文化氛围、高水平设计师、高超技艺的工人是布伦塔河制鞋业立于不败之地的法宝。

资料来源：顾强：《意大利威尼托地区布伦塔河岸制鞋企业集群考察记》，http://www.tt91.com/overseas。

三、印度产业集群及其支撑因素①

中小企业产业集群在印度已经发展了几十年，大约有350个城市和2000个村落产业集群，生产领域涉及最终消费品、资本品和中间产品等8000个门类。目前比较典型的中小企业产业集群主要有汽车及配件集群，纺织集群，泵业、发动机和铸造业集群等。拉贾斯坦邦的手工印花纺织、印度南部泰米尔纳德邦的针织、朋扎的毛织业和食品加工等产业集群的成长主要得益于印度政府的大力支持。Dhawal、Mehta、V.P.Kharbanda和Dietrich Brandt（1999）在对印度与德国、意大利等国家产业集群进行比较研究的过程中，认为印度产业集群的发展与政府的支持分不开，政府的系统支持首先对这些集群都经过了仔细的筛选，并针对不同的产业集群有具体远景规划要求。

---

① 佘明龙、任选锋：《中印中小企业产业集群发展的比较制度分析》，《南亚研究季刊》，2004年第3期。

专栏 10-7

印度班加罗尔产业园

班加罗尔位于印度南部，是卡拉塔纳邦的首府，班加罗尔软件园辉煌的发展历程与印度政府在软件方面的宏观经济政策是分不开的。近十年来，印度软件业以平均每年 30.88% 的速度增长，软件出口则以平均每年 34.09% 的速度增长，明显快于世界平均 15% 的增长速度。在技术方面，印度有 170 多家软件企业获得了 ISO9000 质量认证，是世界上软件企业获得该质量认证最多的国家。在全球 71 家达到"计算机软件成熟度模型 CE-CMM"五级标准的企业中有近一半落户班加罗尔。

班加罗尔软件园的成功主要源于以下几个因素：

第一，印度的高等教育发达，每年向软件产业输送大量高素质的软件工程师，为软件产业的腾飞准备了丰富的人力资源。软件业发展关键靠人才，它是个人才密集的行业，而固定资产的投资需求则相对较少。班加罗尔是印度高等学校和科研机构的集中地，共有 7 所大学、292 所高等专科学校和高等职业学校，其中印度理学院历史悠久，创办于 1898 年，现在是一所只招收硕士和博士的研究生院，班加罗尔大学、农业科技大学、印度管理学院和拉杰夫·甘地医科大学以计算机专业为主。此外，还有 28 个国家或邦级的高水平的研究机构落户班加罗尔。

第二，印度政府积极的政策支持。为支持软件产业的发展，印度政府先后成立了国家信息技术与软件发展委员会和信息产业部，制定了《计算机软件出口、开发和培训政策》和《印度 IT 行动计划》。在税收、财政、贷款、进出口以及基础设施方面提供了特殊的优惠，比如企业开始经营的头 5 年免去企业所得税，园区内软件企业进口硬件和软件免税，并且可以申请快速通关的"绿卡"，取消了进口许可证制度，以减免资助者的税收。为鼓励社会与科研机构合作，还以优惠价格提供厂房、办公楼、水、电、气和通信等基础设施。

第三，创造合适的法律环境，保护软件知识产权。为了保护软件业的发展，印度十分重视该行业的知识产权保护，为此制定和修改了一系列的法律法规，这些法律法规主要涉及《版权法》和《信息技术法》。

第四，班加罗尔软件园具有很强的自主创新能力，获得了大量的知识产权。班加罗尔共有 928 家软件公司，它们与 CISCOC、IBM、Motorola、Lucent Technologies、Texas Instruments、Sun Microsystems 等世界级大公司聚集在一起，产生了族群效应，使得族群中单个主体在相互之间的作用中对人才、科技成果和资金等要素重新进行优化组合配置，提高了整个族群的创新能力。仅 Texas Instruments 在班加罗尔就获得了 10 项专利，CISCOC 和 IBM

则获得了 75 项专利。

第五，印度全国软件和服务公司协会 NASSCOM 和电子与计算机软件出口促进会 ESC 为班加罗尔软件产业的发展做出了重大的贡献。NASSCOM 成立于 1988 年，现有成员近 500 个，占印度软件业总收入的 95% 以上。NASSCOM 在印度具有很大的影响力，在印度政府制定软件发展战略和各种优惠政策中发挥了不可替代的作用，它还主持各种高层次的会议和研究计划，与政府协商，并且利用 Internet 和各种形式的贸易展示会向全世界宣传和推介印度软件企业。印度 ESC 到现在为止共有 18 个，是中介组织，不但扮演着企业与政府之间沟通桥梁的角色，而且还从事软件市场的信息收集、分析和研究工作，为政府和企业提供市场信息与建议，帮助企业开拓国内外市场。

资料来源：曹志勇、曾林阳：《印度班加罗尔软件园成功之路》，《价格月刊》，2004 年第 1 期。

本章小结

产业集群是指某一特定产业内，大量联系紧密的企业以及相关的支撑机构在空间上的聚集，并形成了强劲、持续竞争优势的现象，是在某一特定领域内互相联系的、在地理位置上集中的公司和机构集合。产业集群经常向下延伸至销售渠道和客户，并侧面扩展到辅助性产品的制造商以及与技能技术或投入相关的产业公司。产业集群包括专业化培训、教育、信息研究和技术支持的政府和其他结构。

产业集群的成长机理与区位因素、外部经济、基于信任机制的社会关系网络以及价值链和产业关联等因素有关。

根据形成机制的不同，我国产业集群可以分为六种类型：资源驱动型产业集群、贸易驱动型产业集群、外商直接投资型产业集群、科技资源衍生型产业集群、大企业种子型产业集群和产业转移型产业集群。不同类型产业集群的形成机制有本质上的差异。

关键术语

产业集群　产业集中　产业集聚　区位因素　外部经济　信任机制　社会关系网络　价值链　资源驱动型产业集群　贸易驱动型产业集群　外商直接投资型产业集群　科技资源衍生型产业集群　大企业种子型产业集群　产业转移型产业集群

思考题

1. 产业集中、产业集聚和产业集群三者之间的关系是怎样的？
2. 影响产业集群成长机制的因素有哪些？

3. 我国产业集群的分类有哪些?

4. 产业集群的国际经验给了我们哪些启示?

参考文献

1. 王缉慈等:《创新的空间:企业集群与区域发展》,北京大学出版社 2001年版。

2. 隋映辉:《产业集群:成长、竞争与战略》,青岛出版社 2005 年版。

3. 唐晓华:《产业经济学教程》,经济管理出版社 2007 年版。

4. 唐晓华:《产业集群:辽宁经济增长的路径选择》,经济管理出版社 2006年版。

5. 刘世锦:《中国产业集群发展报告》,中国发展出版社 2008 年版。

6. 李兵:《大唐袜业的产业集群》,《企业改革与管理》,2009 年第 4 期。

7. 曹志勇、曾林阳:《印度班加罗尔软件园成功之路》,《价格月刊》,2004 年第 1 期。

8. 聂鸣、李俊、骆静:《OECD 国家产业集群政策分析和对我国的启示》,《中国地质大学学报》(社科版),2002 年第 1 期。

9. 迈克尔·E. 波特著,郑海燕译:《族群与新竞争经济学》,《经济社会体制比较》,2002 年第 2 期。

10. 徐康宁:《当代西方产业集群理论的兴起、发展和启示》,《经济学动态》,2003 年第 3 期。

11. 李宁、杨蕙馨:《集群剩余与企业集群内部协调机制》,《南开管理评论》,2005 年第 2 期。

12. Mark Dodgson,Roy Rothwell:《创新聚集——产业创新手册》,清华大学出版社 2002 年版。

13. 经济合作与发展组织:《创新集群:国家创新体系的推动力》,科学技术文献出版社 2004 年版。

14. 池仁勇、王会龙、葛传斌:《英国企业集群的演进及分布特征》,《外国经济与管理》,2004 年第 2 期。

15. 李平:《意大利的产业集群状况及启示》,http://www.cass.net.cn。

16. 佘明龙、任选锋:《中印中小企业产业集群发展的比较制度分析》,《南亚研究季刊》,2004 年第 3 期。

17. 李小建:《经济地理学》,高等教育出版社 1999 年版。

18. 许庆瑞、毛凯军:《试论企业集群形成的条件》,《科研管理》,2003 年第 1 期。

19. 仇保兴:《小企业集群研究》,复旦大学出版社 1999 年版。

20. 朱华友:《我国产业集群研究现状及理论述评》,《资源开发与市场》,2004

年第 2 期。

21. 陈佳贵、王钦:《中国产业集群可持续发展与公共政策选择》,《中国工业经济》,2005 年第 9 期。

22. 吴利学、魏后凯:《产业集群研究的最新进展及理论前沿》,《上海行政学院学报》,2004 年第 3 期。

23. 孙沛东、徐建牛:《国外产业集群技术创新研究综述》,《广州大学学报》,2004 年第 7 期。

24. 王必达:《经济发展的一个理论演变:一个文献综述》,《兰州大学学报》,2004 年第 3 期。

25. 中国社会科学院财贸所:《2005 年城市竞争力蓝皮书:中国城市竞争力报告》,社会科学文献出版社 2005 年版。

26. 陈剑锋、唐振鹏:《国外产业集群研究综述》,《外国经济与管理》,2002 年第 8 期。

27. Peter Knorringga, Jorg Meyer Stamer. New Dimensions in Enterprise Cooperation and Development: From Clusters to Industrial Districts, 1998 (10).

28. Asheim T. Interactive, Innovation System and SME Policy. Paper Present on the EGU Commission on the Organization of Industrial Space Residential Conference, Gothenburg, Sweden, August, 1998.

29. Hohenberg P. and L.H. Lees. The Making of Urbal Europe (1000—1950). Cambridge (MA), Harvard University Press, 1985.

30. Martin, P. and G. Ottaviano. Growth and Agglomeration. International Economic Review 2001, Vol 42, No.4, 947-968.

31. Baldwin, R. E. and R. Forslid. The Core-Periphery Model and Endogenous Growth. Economica, 2000, (67): 307-324.

32. Fujita M. and J.F. Thisse. Does Geographical Agglomeration Foster Economic Growth? And Who gains and Looses from It? Mimeo, 2001.

第十一章 产业基地

教学目的

产业基地是新出现的区域经济发展组织形态，通过本章的学习，使学生了解产业基地内涵、发展模式及产业基地成长的内部机理，了解政府在产业基地发展中的重要作用。

章首案例

昆山曾是苏州市所属各县中经济总量最小的县，改革开放之前，一直偏于一隅，默默无闻。改革开放 30 年发生巨变，昆山一跃而成为全国经济实力百强县的首位。昆山的发展，是一条以外向为特征的独特道路。大体分四个阶段：20世纪 80 年代初为奠基阶段，实现"农转工"的历史跨越，1983 年开始发展乡镇企业，1984 年自费办开发区，探索工业发展之路；90 年代初为开创阶段，实现"内转外"发展格局转变，外资开始成为昆山经济增长的主要动力；90 年代末为拓展阶段，实现"散转聚"的变化，步入电子信息、精密机械制造等高新技术产业发展领域；进入 21 世纪为提升阶段，相继建立了昆山模具、昆山电路板、昆山可再生能源等国家火炬计划特色产业基地，并取得明显绩效。自昆山传感器产业基地建设以来，通过政府的合理规划和政策支持、引导及本地独特的地缘优势，内部高效的运作机制和外部良好的环境吸引，带动产业基地的飞速发展。自2000 年被国家科技部批准为高新技术产业基地，借助中科院综合优势，引进国内外智力资金，至今已累计引进投资 28 亿元，引进入驻了双桥测控、昆山尼赛拉电子、钜亮光电、诺金传感等以生产各类传感器为主体的高新企业 48 家。借助中科院上海几个所的力量和吸引国内外传感器研发人才到昆山创业，形成了压力传感器、气敏传感器、超声波传感器、红外传感器、霍尔效应传感器、光电传感器的产业集群，产生了很强的市场集聚效应。基地目前规模已形成年产红外、光电、霍尔、热敏、超声波、压力、气敏、图像、光纤、湿敏十大类传感器，达到 5.3 亿只的规模，形成倾角数显水平仪、智能开关、红外报警器、光纤连接器等传感器相关应用产品 600 万套的生产能力，传感器产品远销美国、欧洲以及东南亚国家和地区。销量占国际市场的 30%，可见由于产品特色与产业基地的发展形成的巨大的专业产品竞争能力。

产业基地在快速发展的同时，坚持高水平、高标准，坚持科学发展、创新发展、和谐发展，以技术创新推动产业升级；创造"零障碍、低成本、高效率"的创新创业环境，形成"亲商、安商、富商"的浓厚氛围；坚持以人为本，建立产业富民、创业富民、就业富民、事业富民、保障富民等推进机制；注重生态环境，积极促进城乡统筹发展。昆山经验证明，产业基地高速度发展更应保持高水平、高质量，保持良好的生态环境，不断提高城乡人民的生活水平，带来了良好的社会效益。

由昆山特色产业基地建设发展的案例我们可以看到，特色产业基地建设作为我国促进经济增长、实现区域经济发展方式转变的重要举措，对吸引资源资本流动、特色产业的形成和发展起到重要作用。但是究竟什么是产业基地，产业基地与我们提到的产业集群之间具有哪些关联，产业基地对区域的经济促进效应如何发挥，政府在产业基地发展中的职能作用又该如何界定呢？

资料来源：李莉：《昆山特色产业基地报道》的相关内容改写，http://ksbbs.soufun.com/1823665338~2~466/8061479_8061482.htm。

第一节　产业基地的基本内涵

一、产业基地的概念

高新技术产业基地是国家科技部继建设高新技术产业开发区（园）之后，在加快推进高新技术发展及产业化方面的又一重大举措。科技部在《国家高新技术产业区十五和 2010 年发展规划纲要》中提出，各地高新区的建设中一项很重要的任务是在政策和市场的引导下，形成具有地区特色的、具有市场竞争力的特色产业。从 1993 年科技部认定第一个特色产业基地，到 2010 年国家火炬计划特色产业基地已达 238 家，初步形成了一批以电子信息、生物医药、新材料、新能源、汽车关键零部件、先进装备制造等新兴技术领域为专业特色的高新技术产业集群，促进了区域优势产业的聚集，形成了网络化的联盟体系和产业链，在引导地方高新技术发展、培育地方特色高新技术产业集群、发展高新技术区域优势产业方面起到了积极的推动作用。经过 15 年的建设与发展，火炬特色产业基地已基本完成从低成本优势的产业集群向创新型产业集群的过渡和战略转变，成为区域经济发展和创新体系建设的重要力量。

虽然实践中产业基地已经在我国各地蓬勃发展，但当前我国对于产业基地的研究还停留在零散、粗浅层次状态，更多的是具体案例的现象分析、经验总结，还没有形成系统的、具有普遍性的深度研究。理论上还没有关于产业基地的明确概念界定，对于产业基地与产业集群的概念没有明确的划分，而且我们经常混淆产业集群、特色产业基地和高新园区的概念，认为彼此没有差异。我们认为产业集群是基于同类产业的空间集聚现象，从经济学的角度，产业集群强调同类企业的集聚和组织形式；而特色产业基地涉及的主体更多，内部机制、外部动力等诸多方面都存在差异，但是产业基地的发展也要依靠产业集群效应的发挥，可以说产业集群是产业基地的实现形式；工业园区是政府通过行政或者市场化等手段，划出一个区域，通过优化经济发展大的软、硬环境，提供优惠的政策支持，吸引鼓励企业入驻和发展，使之成为产业集约化程度高、产业特色鲜明、集群优势明显、功能布局完整的现代化产业分工协作区。在实际工作中产业基地与工业园区常被人们作为一个通用性概念混用，但实际上二者是有区别的。

首先，通常将公司与机构集聚的特定领域或地理区域称为园区；将有产业发展配套环境，布局相对集中的企业聚集区域称为产业基地。其次，基地与园区的区别在于，基地通常更具有规模性，并且一般是针对功能专门化、产品生产专门化的区域而言的，如专业化的建材基地、电子元器件基地、功能专门化的孵化基地、创业基地、培育新技术和新产业成长的摇篮；园区则多数都是综合型的，并且在规模方面灵活性较大。最后，筹建工业园区的主要意图是集约化使用土地、节约公共设施投入成本、提高资源使用效率等。但综合型工业园区在形成产业集聚效应方面不及专门化的基地效果更为明显。因此，这三个概念之间存在着差异但有相互联系，因此有必要对产业基地从理论上加以区分和系统化。

关于产业基地的概念，柴松岳（2002）认为产业基地是指在市场经济条件下，依据产业布局现状和未来发展战略目标，通过政府引导、政策扶持和市场运作，在一些有基础和条件的区域，利用经济区域优势，逐步打破行政区划限制，按产业链或产品类别建立的、在国际上有一定地位、具有综合性功能的开发型经济区块。[①] 李立（2003）认为产业基地通常指的是相互有联系的公司及机构集聚的特定领域，或在一定区域内建立的具有配套环境、布局相对集中的企业集群地带。[②] 可以看出，产业基地带有比较强的政府引导甚至规划的色彩。我们认为产业基地是根据地区禀赋和产业优势，依靠政府规划引导与市场机制作用的结合，在以优势产品为中心形成具有全国甚至全球较高的市场占有率和影响力的区域条块经济组织形式。与产业集群、高新技术区相比，产业基地一般集中在比较窄的特色产品的培育，强调产业规划和区域布局，而且多以工业园区的形态存在。

产业基地模式既涵盖了集群经济的整体效应，具有整体的组织性和协调性；同时又弥补了工业园区式的产业混杂发展的缺点，通过政府的力量进行更为科学的规划。因此，产业基地融合了工业园区和产业集群的优点，是一种全新的区域

---

① 柴松岳：《政府改革：地方政府职能和运行机制转变研究》，浙江人民出版社 2002 年版。
② 李立：《新型产业基地的含义、发展模式和对策建议》，《科技进步与对策》，2003 年第 3 期。

表 11-1 产业基地、产业集群和高新技术园区比较

	形成机制	生产网络	价值链	内部企业特征	政府作用	典型案例
产业基地	特色产品 政府规划 市场行为	联系紧密	价值链完整，横向纵向分工明显	围绕较窄产品类别的相关企业	规划、引导、环境营造、政策制定	昆山传感器产业基地
产业集群	市场行为 基于利益的分工与合作	联系紧密	价值链完整，纵向分工明显	较为宽泛产品的完整的企业及配套企业	政府引导政策制定	东莞电子集群
高新技术园区	政府规划 政策吸引	联系松散	价值链不完整，分工松散	关联度较低的高技术企业	规划扶持政策管理	天津滨海高新区

资料来源：作者整理。

经济发展模式。一方面，产业基地强调产业关联和基地内部产业链的完整性；另一方面，又强调单个企业依托产业网络的专业化分工和企业之间的协同竞争，同时还关注整个基地内部发展模式的整体协调性。产业基地注重的是要素集聚，具有综合功能，不是单纯的生产基地。产业基地的发展目标是建成在行业内有一定地位的、特色产业的制造中心、产品创新研发中心、人才交流中心、价格形成中心、信息中心和物流中心的综合经济体。

二、产业基地的类型

（一）按照产业基地发展路径和支撑要素划分

从我国的实际情况来看，按照产业基地发展的路径与支撑的禀赋要素可分为高新技术先导型产业基地、特色生产型产业基地和政府主导推动型产业基地等几种类型。

1. 高新技术先导型产业基地

这类产业基地以某一领域内具有相当智力知识资源或技术优势的高等院校、科研院所为基础，依托其专业人才、试验设施和高技术汇集创新能力独立完成新技术开发，并在科技成果产业化过程中逐渐形成的中小科技型企业的集群。此类产业基地是以研究开发为依托的带有开发特性的产业化基地，多集中在以高新技术为主体的非制造行业，如我国批准认定的 35 个软件产业基地多属于该种类型，这些高新技术产业基地依托于当地的科技基础、技术能力和政府引导规划而形成的高新技术区。

2. 依托优势资源而形成的特色生产型产业基地

这类产业基地依托本地特有的资源禀赋和传统产业基础，以一家或几家相似的生产企业在地域的集聚而分享企业分散布局所难以达到的互动性、交融性等方面的利益而形成的集群，这是一类按照经济合理性要求而形成的生产集聚型的产业化基地，如江苏东海硅产业基地，依托于当地的原材料的资源优势和传统生产基础，已初步形成高品质石英玻璃制品及石英玻璃原料、高纯石英粉体材料、新

型电光源及其关键材料、高纯压电晶体及元器件、半导体及集成电路支撑配套材料、太阳能光伏材料六大产业集群体系。

3. 政府主导推动型产业基地

这类产业基地发展中政府起到了非常重要的作用，根据整个区域的发展规划，进行资源的条块整合，通过厂区地理位置的置换等形式，促进形成相关联产业工业区域的聚集，或者通过对资源衰竭型老工业城市通过注入新兴产业的方式形成新的区域经济增长极，促进经济的发展和转型。沈阳铁西装备制造业产业基地和阜新液压产业基地都是典型的政府主导推动型产业基地。

专栏11—1

沈阳市铁西装备制造业产业基地的发展史

沈阳作为中国重工业基地，在新中国成立后曾为我国经济建设做出突出贡献，但改革开放之后，由于计划经济向市场经济转型过程中，传统计划体制及生产技术落后等问题凸显，铁西区作为东北工业最集中的地区成了"东北现象"的典型代表。到 20 世纪 90 年代，铁西区 95% 以上企业亏损，国有资产负债率超过 90%，90% 的企业处于停产半停产状态。2002 年铁西区与沈阳经济技术开发区联合办公，政府通过行政引导和政策扶持，推动 183 家大中型企业通过土地置换等形式从老城区搬迁到开发区，为铁西新区装备制造产业基地的形成和发展提供了外部条件。在政府的大力扶持和引导下，短期内把原本松散的各类企业聚集在一起，形成企业间的协调合作和规模扩张。沈阳装备制造业产业基地已经在产品规模、自主创新能力等诸多方面实现了重大突破，在短期内迅速形成在国内、国际市场的影响力，形成了沈阳机床集团、沈阳鼓风机集团、特变电工等年销售额超百亿元的骨干企业，成为全国装备制造产业的排头兵。2009 年《铁西装备制造业集聚区产业发展规划》获得国家发改委正式批准，对外影响力进一步增强。

资料来源：黄速建等：《中国产业集群创新发展报告 2010~2011》，经济管理出版社 2010 年版。

（二）按照产业基地内部的企业组织结构划分

1. 中心—卫星式产业基地

所谓"中心—卫星模式"产业基地是指一个或少数几个大型龙头企业为支撑，在大企业周围围绕着众多的中小企业与之配套，通过企业间紧密的分工形成分工优势和成本优势。龙头企业通过最终产品占领市场，并且通过对前瞻性、关键性技术的研发引导整个产业基地升级。这类产业基地模式多出现在诸如汽车、飞机等复杂的产品生产中。沈阳市的装备制造业基地和辽阳、抚顺的石化深加工产业园等产业基地都属于该类型，此类产业基地内部存在着产业内知名的大型龙头企业，依靠几个大型龙头企业的前后向影响构建产业基地组织。此类产业基地有些是从产业集群逐步发展演化而形成的。

2. 网络式产业基地

网络式是指依靠产业链的分工，在不同的产业链环节分布着不同的、大量的中小企业，共同构建起地域空间集聚的生产网络。这种产业基地模式不同于中心—卫星模式，在产业基地内部没有起到核心带动作用的龙头企业，各类企业所处行业具有差异性，但规模相当，各个中小企业只是所处的生产环节不同，在同一环节又存在大量的同类企业竞争，企业间不存在支配和被支配的关系，通过产业链发生业务关系，或者是依靠类似的技术集聚在一起。在此类产业基地中，非正式组织、企业间的竞争与合作、技术的学习和扩散机制发挥充分，通过紧密细致的分工实现整体的规模经济和分工效率，企业衍生和消亡速度快。这类产业集群多出现在高技术产业之中。如典型的昆山的传感器高技术产业基地、软件产业基地大致属于该种类型。

三、产业基地的基本特征

（一）以高新技术产业为主体

产业基地政策制定的初衷是通过产业基地这种新的形式，加强国家科技部与地方政府的互动作用，依靠地区的优势产业，促进地区技术发展和创新效率的提高，因此，产业基地多依托当地特色资源和技术优势，明确锁定于高新技术新兴产业领域，并且强调创新驱动是产业基地发展之路。从产业基地发展的侧重点看，产业基地多以高新技术产业为主体，以原有的高新区为依托，有些产业基地即使以传统产业为主，但是发展中非常注重传统产业与高新技术的结合，运用高新技术对传统产业进行改造升级。产业基地始终强调提升产业基地的自我创新能力水平，着力建设服务于产业基地自主创新能力培育的公共研发中心和各类孵化器，优先部署、重点安排科技创新体系建设，并将技术创新和科技成果转化作为产业基地建设的主要内容之一。

专栏 11-2

科技要素在辽宁省产业基地建设中的作用

辽宁省特色产业基地的一大特色是充分发挥科技要素对产业基地发展的导向性作用，以科技要素推动各类资源和生产要素向产业基地内集聚，形成了以科技资源为引领的集群式产业基地发展模式。本溪生物医药产业、抚顺先进能源装备制造业、朝阳新能源电器产业、阜新液压特色产业、葫芦岛万家数字技术产业五大特色产业基地的共同特色就是，突出科技创新，围绕产业链配置科技资源，集全省之力，引导各类创新要素在产业基地集聚，重视发展高技术产业集群，把科研基地和服务体系作为产业基地建设的基础性工作，提高持续创新能力。辽宁省科技厅协同有关部门与地方政府配合，营造有利于企业和产业发展的良好环境，充分发挥土地政策、财税政策、融资政策，吸引人才、资本等各类创新要素快速向产业基地集聚。

（二）产业基地的主导产品具有较高的市场规模和较强的竞争力

表11-2 辽宁省特色产业基地名录

产业基地名称	批准时间
国家火炬计划软件产业基地（东大软件园）	1995.10
国家火炬计划软件产业基地（大连软件园）	1999.07
营口国家镁质材料产业基地	2002.12
大连国家半导体照明工程产业基地	2004.08
国家火炬计划大连双D港生物医药产业基地	2005.09
国家火炬计划锦州硅材料及太阳能电池产业基地	2007.08
抚顺精细化工产业基地	2007.12
鞍山柔性输配电及冶金自动化装备产业基地	2008.05
辽宁（万家）数字技术产业基地	2009.04
辽宁（朝阳）新能源电器（超级电容器）产业基地	2009.07
国家火炬计划盘锦石油装备制造特色产业基地	2009.09
辽阳国家芳烃及精细化工高技术产业基地	2010.01
大连国家新能源高新技术产业化基地	2010.01
大连国家数控机床高技术产业化基地	2010.01
沈阳国家集成电路装备高新技术产业基地	2010.01
阜新国家液压设备高新技术产业基地	2010.01
抚顺国家先进能源装备高新技术产业基地	2010.01
国家辽宁（本溪）生物医药科技产业基地	2010.01

资料来源：笔者根据相关资料整理。

产业基地多为某类产品的集聚，通过主导产品的规模形成规模效应和市场影响力，主要体现在以下几个方面：其一，相关项目高度集中形成产业体系，可以在较大范围内占据市场优势，形成规模效应。如昆山传感器械产业基地，红外传感器销量占世界同类产品60%以上的市场份额，光电传感器、霍尔传感器分别占世界同类产品市场的20%和15%左右份额，在本产业中具有明显的规模优势和市场影响力。其二，企业高度集中，对内可以形成强大的凝聚力和辐射力，对外可有效利用广泛的外部资源。其三，既可以带动地区经济普遍繁荣，还可以提高本地产业的创新与抗风险能力，使地区经济实现可持续发展。

（三）基地内部具有完整的产业体系

产业基地内部以主导企业为中心，多类型企业聚合，有利于形成一个有特色的产业体系，并凭借其产业吸引力成为经济热点区域，完成区域经济发展的特殊职能。产业基地的构建强化了企业集群的整体效应。分散的企业按照专业分工的高度化和集中化原则，向特定的区域集中，形成"集群结构"，这种结构实际上是一种网络结构，它符合未来产业发展的趋势，因此极具竞争力。产业基地注重的是要素的集聚，具有综合功能，不是单纯的生产基地。其发展目标是建成国际上有一定地位的同类产业制造中心、产品创新研发中心、人才交流中心、价格形成中心、信息中心和物流中心，因而在功能上有别于目前的开发区（柴松岳，2002）。

第二节　产业基地的发展模式选择

一、影响产业基地模式选择的因素

产业基地的发展需要多方面的条件，具有一定的规律性，产业基地的发展模式选择需要考虑多方面的因素，主要包括以下几个方面。

（一）自然资源

产业基地的发展模式选择，首先要考虑区域的资源禀赋。这个资源禀赋是一个范围比较大的概念，包括地区的自然资源、人力资源、区位优势、地区传统文化等多方面的结合体。产业基地首先是特定产业内相关企业的集聚共生，而产业特别是以资源为依托的产生、壮大与资源禀赋密不可分。依托于区域优势的自然资源，在地方政府的政策引导下，充分发挥当地的各类资源优势，以地方优势资源开发和利用为牵引，借助高新技术开发高附加值的新产品，从而不断吸聚企业在该区域集中而逐渐发育、形成的特色产业基地。如营口铝镁产业基地，就是依靠当地丰富的铝镁资源发展演化而来的。本溪生物医药产业基地之所以能够迅速发展，除了政策环境的扶持外，本地独特的气候、地貌和中药材生产的资源优势，为医药产业基地的发展提供了独特的资源优势。

（二）区位优势

与产业集群相比，产业基地一般都强调产业规划和区域布局，产业基地对地理位置存在较为明显的依赖性。独特的地缘优势、便利的交通、与市场联系紧密的地理位置会对产业基地的发展产生重要影响。地理位置可以决定和影响产业的分布，交通便利的地理位置会为产业基地的发展提供低成本、丰富的信息资源等优势，有利于产业基地的形成。从当前我国已有的产业基地发展看，现有产业基地都具有比较明确的园区地域界线而且无一例外地强调地理位置、交通条件和基础设施建设等外在的自然条件。

专栏 11-3

苏州产业基地发展概况

苏州汽车零部件产业基地是以汽车零部件生产为主体的产业基地。苏州地处长江三角洲经济圈中心地带，是全国经济发展最快的地区之一，同时依托于与上海天然的地位优势，成为与上海汽车产业配套的绝好生产基地。这类产业基地发展依托于原有的产业基础及区位上的优势，选择符合自身发展的产业，进而形成产业基地。另外在区位优势明显的地域，产业基础和市场环境较好，原有的产业发展成熟，依托主导的产业基础，衍生前后向关联产业的成功概率更大，会带动产业基地群的出现。

自 1995 年科技部批准江苏省建设全国第一家高新技术特色产业基地——海门新材料产业基地以来，江苏省已累计建设了扬州电力电器产业基地、连云港新医药产业基地、江阴新材料产业基地、吴江光电缆产业基地、常州新型涂料产业基地等以发展高新技术特色产业为主导，集研究开发、生产制造、创新服务于一体的产业基地。截至 2005 年，江苏省经科技部批准建设的国家级高新技术特色产业基地已达 40 家，基地数量占全国总数的 1/3，总量居全国首位。可见区域优势和经济发展状况成为产业基地规划发展的重要促进因素。

资料来源：作者根据苏州市政府相关报告整理，http://www.szxc.gov.cn/new/node674/node1468/node1483/node1486/userobject8ai3618.html。

（三）人力资源和技术积累

人力资源作为重要的产业发展支撑，在产业基地的产生和发展中起到重要作用。聚集的高端技术人才、成熟而充足的产业工人都成为产业基地发展模式选择的重要考虑要素。产业基地的规划多集中在高新技术产业范围，丰富的高端人才成为这些产业基地发展的决定要素。如北京，作为我国政治、文化、教育中心，集聚着全国最为密集的高校、科研院所，每年提供大量高层次的各类人才，同时作为国家的首都，每年吸引大量的其他地区的高端人才流入，成为我国知识和人才的高地，这也是北京软件产业基地能够出现和发展的重要支持要素。再如深圳的软件产业基地也是属于此类。同时，地区的产业传统所积累下的成熟的产业工人、相关的技术积累，也会对产业基地的选择产生影响。如辽宁省作为我国最大的老工业基地，积累了冶金、装备制造、石油化工等产业丰富的产业工人和大量的技术积累，因此可以迅速组织资源、人员形成相关的产业基地，并迅速进入发展轨道。沈阳的装备制造业产业基地、抚顺的精细化工产业基地等，依托原有的骨干企业，迅速形成了相关产业的集聚，形成了产业基地。

（四）地方政府的政策导向

产业基地发展最初源于国家政策导向，1988 年 8 月经国务院批准，由科技部组织实施旨在发展中国高新技术产业的火炬计划正式实施，并且在全国范围内迅速推广。作为国家火炬计划支持高技术产业和区域经济发展的重要举措，产业基地开始进入科技部的政策体系建设视线。一些产业集群的产生和发展是完全的市场资源流动、市场竞争的结果，但产业基地除了具备产业集群的一定的功能外，还承载着促进区域技术创新的导向功能。在产业基地发展中政府通过行政力量，对区域的经济发展进行长远规划，避免纯粹市场机制短期行为的盲目性。结合未来产业、技术发展的未来趋势，通过政府的力量对区域内的资源进行整合，划分条块化的产业基地发展模式，减少市场行为中资源整合的成本，抓住经济发展的制高点。从我国现在产业基地的发展情况来看，产业基地发展都不同程度地受政府干预的影响。政府可以通过优惠的产业政策，产生"洼地效应"，短时间内吸引资源的聚集。同时政府也会通过制定和实施有助于促进集群孕育和发展的公共政策，打造内外部的产业基地发展的软硬件环境，降低基地内部企业的各类成本，促进产业基地的有序、健康发展。

二、产业基地发展模式选择

从我国现有的产业基地现状看，大多数特色产业基地基本上都是以工业园区的形态存在，经过一段时间的培育和发展，很多特色产业基地也具备了比较明显的产业集群属性。区域原有产业形态、企业规模、企业间关联度、技术知识积累等因素不同会形成不同的产业基地模式。根据对产业基地特征的分析，可以分为以下几类特色产业基地模式。

（一）中心—卫星发展模式

这类产业基地模式多出现在诸如汽车、飞机等复杂的产品生产中，这类产业中多以大型产出品企业为核心，围绕核心产品拥有数量众多的各类配套企业。日本的丰田汽车周围就分布着数以千计的配套企业，这些企业通过与丰田公司细致的分工和及时的配套供给，带动了丰田公司整体产品的竞争力提升。我国南方一些轻纺产业基地、皮革鞋帽的日常消费品也可以归结为此类，如浙江虎门的服装、温州的打火机等产业基地也是如此。沈阳市的装备制造业基地、大连的软件产业，辽阳、抚顺的石化深加工产业园都是产业基地，在当地集聚着在全国具有影响力的大型骨干企业，可以考虑以这些大型骨干企业为依托、中小企业为配套的中心—卫星发展模式。

（二）资源—路径依赖模式

特定性的知识、资源具有不可复制性，主要源于独特的区域资源和知识及人力资源的长期积累。资源分布具有非均衡性和不可再生性，而特定产业知识需要长时间的积累、沉淀的过程，大量隐性知识的存在并与当地的文化等软环境结合，使得特定知识很难复制模仿。如辽宁省是重要的老工业基地，自然资源得天独厚，在发展过程中围绕着资源形成了具有特色的优势产业、优势企业，并积累了大量相关的技术知识、产业工人，这些不可复制的因素成为构建特色产业基地的重要资源。吉林通化依托长白山药材开发形成的中药产业基地，辽宁省营口的镁材料基地发展的基础依托于当地丰富的镁矿资源。天然的资源禀赋优势赋予产业基地式发展其他地区所不具有的资源能力，短期内集聚了大量的以特色资源为核心的相关产业。因此，地区在选择产业基地发展方向时，要充分考虑本地区的自然资源等优势，这样才能构建起产业基地的竞争力。

（三）空降式发展模式

空降式发展模式是发展与原来产业基础关联弱的特色产业基地。一些地区经济发展的产业结构单一，对自然资源过度依赖而形成诸如阜新这样的资源枯竭型地区。原有产业衰退，又没有接续产业，造成区域经济发展的停滞。还有一些落后地区因为种种原因没有形成产业基础，经济落后，不具备经济快速发展的基础和能力。这样的地区要实现经济跨越式发展，就必须要引入、扶持具有发展潜力的产业，通过政府的力量构建产业基地。空降式发展模式不同于其他模式，没有资源禀赋的优势，也不具备产业、技术知识、人才的积累，如何选择具有发展潜力的产业、如何构建产业基地，其难度要远远超过其他模式。沈阳市法库瓷器产业基地的建设和发展就是很好的发展案例。而对于像阜新这样的资源枯竭型城市，通过高新产业基地建设，实现区域经济转型，推动经济持续健康发展，具有重要的现实意义。

专栏 11-4

本溪医药产业基地建设的资源条件分析

本溪市是我国著名的传统老工业基地城市，新中国成立以来，钢铁冶炼一直是本溪市的支柱产业，重化工业的产业格局特征明显。冶金行业以传统的初级钢材加工为主，规模大但产品竞争力相对弱，产业发展以大规模资源投入为基础，资源枯竭带来的发展压力越来越大，同时也给城市带来了严重的环境污染。高能耗、高污染的发展被证明是无法持续发展的，必须寻找可替代的后续发展产业。2003 年 12 月，本溪明确提出了在做强做大钢铁支柱产业的同时，加快培育发展医药、旅游和钢铁深加工三大接续产业的经济发展和产业结构调整的发展战略。2006 年 11 月，本溪医药产业基地获批为国家火炬计划医药特色产业基地。2008 年，提出打造辽宁（本溪）生物医药产业基地，打造"中国北方药谷"；2008 年 9 月，经辽宁省发改委批准为辽宁（本溪）生物医药产业省级高技术产业基地；2010 年 1 月 5 日，经国家科技部批准为国家辽宁（本溪）生物医药科技产业基地。

本溪医药产业基地之所以能够快速发展起来，得益于以下几个重要条件的支撑。

区位优势：本溪经济开发区距母城本溪21公里，距省会沈阳43公里，通过沈丹高速、沈丹铁路和304国道三条交通动脉和省会沈阳、母城本溪紧密相连。距大连港360公里、丹东港210公里、营口港200公里，距离桃仙国际机场31公里，海陆空交通十分便捷。并且贯穿开发区全境的沈本产业大道和沈本城市高速铁路正在建设之中，海陆空立体交通网络完备，与周边城市及全国其他城市紧密相连，交通发达，为产业基地发展提供了良好的交通条件基础。

资源禀赋：本溪市地处长白山余脉，境内山峦起伏，80%的山地面积，72%的森林覆盖率。全年雨量充沛，四季分明，独特的自然环境条件，孕育了丰富的中药材资源，使之成为中国中药材的主产区之一，药材品种和产量均居辽宁首位，中药材的生产一直是本溪市的一个具有特色的产业。其地产药材有人参、辽五味、细辛、哈士蟆、关白附、关木通、威灵仙、玉竹、黄精、黄柏、马兜铃、白蔹、白鲜皮、苍术、淫羊藿、贯众等，在国内外久负盛名，人参、辽五味、细辛更是享有"辽药三宝"之美誉。本溪地区有各类中药材1117种，其中植物类114科974种、动物类67科105种、矿物及其他类38种。中药材自然蕴藏量2200万公斤。全市适合中药材种植的山地面积300万亩以上。全市中药材种植业现已形成规模，共有中药材种植超200亩示范园20多个，各类中药材示范园40多个。

政策优势：本溪医药产业基地借助优越的经济地理位置，成为沈阳和本溪城市融合的节点，推动沈本一体化进程。随着沈阳经济区一体化发展战略的实施，辽宁省委、省政府统筹安排重大基础设施项目建设和调整产业布局，有利于基地迅速整合区域产业资源，拓展新的发展空间。行政资源助推产业经济发展。基地作为政府主导型的专业化产业园区，以省科技厅科技管理体系为代表的行政资源，按照"整合、集成、共享、提升"的思路，通过科技资源、政策资源、人力资源、项目资源、信息资源等产业发展要素的区域性集中配置，对基地实现快速发展起到关键性作用。

资料来源：笔者根据本溪经济开发区网站的相关资料整理，http://www.betda.gov.cn/templet/tem1_view.asp? BID=5&B=1。

三、产业基地成长机制

产业基地作为新时期区域经济发展的重要组织形式，在推动地区经济转型、发展方式转变和竞争能力提升方面起到重要作用。产业基地作为新的经济组织，实现了资源、技术的整合，产业基地的内部机制及成长机理包括以下几个方面。

（一）产业基地内部竞争机制

通过市场作用自发形成的产业基地主要是企业基于收益递增和成本降低目的的自由的资本流动，并通过累积产生比较优势的扩大，进一步推动产业的集聚和产业竞争力的提升。产业基地内部大量同类企业的存在导致竞争更为直接和激烈，竞争压力带来持续创新动力，推动了产业基地整体的水平的提高；大量企业集聚又为企业间技术转移、知识扩散提供了空间上的条件。相近的文化环境和共享的服务体系又进一步支持企业的创新行为。

（二）产业基地内部主体间的协同机制

完整的产业基地内部存在企业、公共部门、服务平台、科研机构等不同的组织。而协作机制是基地内部主体之间在信任的基础上的接触与合作。通过正式或非正式接触合作，形成相互信任机制和信息共享机制等。基地内企业间接触频繁，联系密切，在长期的相互交往合作中为了彼此长远的利益会选择彼此合作和信任而不是欺骗。

知识分为显性知识和隐性知识，在当今技术创新中隐性知识越来越重要，但隐性知识很难通过语言表述，而产业基地地域集中、相似的文化制度背景和相互的信任为企业间直面交流、接触提供了条件，促进了知识在基地内部的扩散和传播。产业基地的内部网络特征也促使技术创新行为在企业间横向和纵向的影响，公共信息平台、共享平台等服务系统又成为知识、技术扩散的加速器。

（三）产业基地内部技术创新和成果转化机制

产业基地的明显优势在于知识、技术在产业基地内部创造、存储、扩散和转化的优势。竞争压力推动企业创新，而某项创新成果的运用又会通过传导机制带动上游、下游产业的创新。下游产品生产中新技术的运用会促使上游企业的创新，市场需求推动型创新和技术拉动型创新都会在产业基地内部框架内有效实现。同时产业基地内部相关科研机构、公共研发平台、信息交流中介又为产学研合作提供了机会，企业和科研机构基于彼此利益的合作会有效开展，使得前沿技术成果能够更快速地转化为产品，获取竞争优势和超额利润。同时企业间的协同效应也会促使企业间的技术创新合作联盟，通过共同研发降低风险，缩短创新时间，节约投入成本避免重复的研发投入行为。

（四）产业基地的演进机制

任何事物都有其演进周期和规律，产业基地也不例外。依靠市场机制自发形成和依赖政府扶持的两类产业基地的演进机制会有差异。在产业基地发展初期，企业规模小，技术能力、产品竞争力有限，企业对当地原有资源、政府扶持政策的依赖强。在此阶段政府起到重要作用，优惠的产业政策可能成为外部企业进入的直接原因（我国很多地区的招商都是如此）。此阶段劳动力供给充足、地租价格低廉，基地内企业间的协同效应不明显。随着产业基地的发展，企业间竞争的优胜劣汰，企业规模扩大，技术能力提高，产品质量增强。产业基地的影响力和辐射范围不断扩展，企业竞争中的技术因素取代了初级资料要素，成为获取竞争力和利润的主要来源，基地内部组织间合作稳定、联系紧密，并在长期的合作中形成相互信任的氛围和彼此的依赖，内部协同、共享的效果明显。由于产业基地规模扩张，对劳动力的需求膨胀，劳动力成本上升，供应紧张。进一步的扩张带动基地进入成熟期，此时产业技术稳步提高，产业内企业数量稳定，完善的内部网络形成，产业基地的影响力进一步扩展，从而介入全国甚至全球的产业价值链。外部中介机构、研发机构、服务平台等相关服务产业快速发展，内部协同制度稳定而高效。人才特别是高端人才聚集，成为全国重要的产业技术研发中心。发展到成熟后期，市场需求萎缩，新的替代产业出现，产业也会出现衰退迹象，企业可以转产或向外部转移，政府引导产业基地向更具前景的产业过渡。

（五）产业基地发展扩张机制和模式

特色产业基地基于产品的规模、技术创新、成本以及整体品牌等方面的优势，体现出市场上的竞争优势，而竞争优势能带动区域产业规模的横向扩张，并且会形成持续强化的过程。另外，区域特色产业规模的横向扩张进一步推动了产业链的延伸，带动产品种类的增加，同时吸引更多的上、下游配套企业的进入和规模扩大，体现为产业基地的纵向扩张。两种扩张模式会相互交织、相互作用。此时政府的作用在弱化，基地内部运作主要通过市场机制支配。

专栏 11-5

法库陶瓷产业基地的发展

沈阳市法库县原为沈阳北部的一个贫困县，多年以来法库一直以农业为主，工业基础薄弱，经济发展缓慢，如何发展经济一直是困扰法库发展的一个大问题。2001 年法库县政府根据当地自然资源的特点，结合未来产业发展的方向，决定把陶瓷产业作为未来法库发展的重点产业，并对陶瓷产业基地进行周密规划，制定了优惠的政策吸引外部投资的进入。沈阳法库陶瓷产业基地位于沈阳法库经济开发区内，规划区面积 1 万亩。陶瓷基地以高新技术为先导，以现代陶瓷为主体，以利用当地陶瓷资源为依托，是集科研、开发、生产、销售于一体的现代化、开放型陶瓷工业园区。法库陶瓷产业从无到有、从少到多的事实仅仅用了三年多的时间，这不啻是个奇迹。

从 2002 年第一条陶瓷生产线落地至今，法库县陶瓷产业基地共引进企业 145 家，安排就业 3 万余人，年产值实现 200 亿元，陶瓷产业已经成为拉动法库县域经济发展的重要引擎。现在法库已经成为远近闻名的"东北瓷都"，目前可生产 12 大类陶瓷产品，包括各种建筑陶瓷、日用瓷、艺术瓷、工业和卫生洁具，以及各种中高档釉面砖、耐磨砖、玻化砖、抛光砖和微晶瓷砖等，其销售网络已经覆盖东北三省及内蒙古自治区，部分产品现已出口到俄罗斯、美国、朝鲜、韩国等 13 个国家。

同时，为了实现产业基地生态、绿色的目标，为把陶瓷产业排出的污染物有效运用起来，法库陶瓷产业基地引进了以工业垃圾为原料的新型建材有限公司。该类公司以陶瓷生产中产生的煤灰、陶瓷废泥、陶瓷产品中的破碎残次品以及煤矸石等废料为原料生产建筑用空心砖，目前投入资金3600万元的两条生产线已经投产，全部达产后，可年处理12万吨的固体垃圾和16万吨的煤矸石，年产值超亿元。2009年，循环经济为陶瓷产业基地增加经济效益2600万元。为减少污染，法库县先后引进了多家燃气公司，从项目起步阶段就用清洁能源——煤层气替代了传统的燃煤。目前，已经有8家企业使用煤层气，日用量在14万~16万立方米。法库县为煤层气这一前景广阔的清洁能源已投入资金4.7亿元，完成了一期工程，可以供应20条陶瓷生产线生产。

资料来源：沈阳法库：《循环经济带动陶瓷产业基地》，《经济日报》，2007年8月2日。有改动。

第三节　产业基地与区域经济发展

产业基地是带动区域经济发展，进行资源整合的重要组织模式。产业基地以其鲜明的产业选择性和空间上的相对开放性、企业及产业发展的有效集聚性，已成为一些地方政府集成优势资源、发展特色产业的重要载体；已经成为促进区域经济持续发展的重要发展模式，在地方经济中扮演着越来越重要的角色，成为推动区域经济持续发展的增长极。正如原科技部部长徐冠华所说的："……火炬计划特色产业基地在推动特色产业的集聚、提高产业技术水平、促进地方经济发展和产业结构调整等方面具有重要作用，已经成为区域经济持续发展的助推器和促进科技与经济结合、加快科技成果转化、推动产业技术创新的重要基地。"产业基地对于区域经济发展的作用，主要体现在以下几个方面。

一、产业基地与区域经济持续发展

按照佩鲁的增长极理论，任何一个区域经济的快速增长都需要具有一个或几个能够打破原有产业结构，形成新的经济增长点，以带动整个区域进一步升级的增长极。产业基地以新兴产业为导向，注重结合未来的技术、经济发展趋势，选择发展的产业多为未来具有广阔发展前景的新兴产业，通过行政规划和市场的共同作用，打破原有的产业布局，形成新的经济增长点，同时带动整个区域的经济增长质量和产业结构的升级。产业基地本身又是具有一定特色的区域产业体系和创新体系，可以在产业基地内部孕育出新技术的创新源头，构建起高层次的技术创新源和活跃的创新环境，并不断向产业基地内部其他企业渗透和扩散。产业基地的建设与发展，正是以新兴战略产业为主导的产业集群化发展的重要阵地，科技驱动产业发展的理念正在逐步释放强大的能量，为区域产业结构的调整、升级发挥着重要的作用。如 2009 年在国际金融危机的不利形势下，仅辽宁省科技厅主抓的五大特色产业基地建设已拉动固定资产投资 330 亿元。预计到 2015 年，五个基地都将实现销售收入超过 1000 亿元，将给辽宁增加 5000 亿元的增量，占全省工业经济总量的 1/10。其中，阜新和朝阳两市产业基地的工业产值将占全市工业经济总量的一半以上。可见，通过产业基地的发展会在短期内形成资源、企业集聚，带来区域跨越式发展。

同时以产业基地为载体和依托，以新城区的建设为产业基地提供完善的城市功能，已经成为地区借助产业基地推进城市化的重要举措，城市化与工业化协同发展的局面已经形成。通过产业基地的合理规划，实现城市产业布局地理上的扩展，完善城市功能和产业布局。有些产业基地成为不同城市间推动经济一体化的先导区域，如本溪将在沈本两市的中心点建起一座面积为 60 平方公里、人口达50 万人的生态新城，实现沈本一体化，从长远来看具有重大的经济、战略意义。

二、产业基地与区域产业结构优化升级

地区的产业结构在某个特定时点上是固定的，但长远来看却是动态变化的，经济发展、新产业的出现、新旧产业的此消彼长推动着产业结构不断升级。产业基地成为地方产业结构调整和优化的助推器。在产业基地建设过程中，各地根据具体情况和资源优势，通过统一规划和资源集成，规划发展具有潜力的新兴产业，以发展高新技术产业为目标，努力实现高起点、高水平、高效益，坚持发展高新技术产业与改造提升传统产业并举，促进产品结构和组织结构的优化和升级。产业基地本身又是有一定特色的区域产业体系和创新体系，依托新兴产业和多样的形式与组织，实现持续的技术创新，并不断向产业基地周边渗透和扩散，进而带动整个区域经济质的飞跃。同时在产业基地建设过程中，科技主管部门利用基地工作平台，通过有效整合各类资源，集成国家、省、市各类科技计划，把基地作为各类科技计划优先支持的载体，显著提高了基地企业的自主创新能力和综合竞争能力。因此，产业基地作为新型的区域发展模式，对于推动高新技术产业化、提高产业自主创新能力、促进产业结构优化升级和发展方式转变具有重要作用，成为地区技术经济发展的有力推进器。

三、产业基地与区域竞争力提升

产业基地发展中非常注重内部科技资源和平台的打造，通过构建公共研发中心、引进国内外研发机构和团队、建立产业技术创新战略联盟、建设孵化器等多种手段，形成一整套的科技支撑体系。尽管这些科技要素在产业基地发展初期并没有完全发挥作用，但是随着基地的进一步发展，企业逐步达产，科技驱动产业发展的态势将越发明显，企业和基地的发展将得到越来越多的科技支撑，可持续发展的能力将进一步得到体现。同时，按照产业链和集约化的发展理念统筹基地建设，在基地构建产业群体、研究开发、孵化创新、教育培训、技术服务、风险投资等比较完整的产业链和产业网络。产业基地对构建高端产业主体，降低区域经济发展对资源过度依赖，实现从低成本产业集群向创新集群、从投资驱动向创新驱动的转变，实现区域和谐和可持续发展具有重要意义。

四、产业基地与产业高技术化发展

产业基地发展政策最初是作为国家科技创新体系政策提出的，目的是通过高新技术产业基地的建设推动我国各地区的技术创新和高技术产业的发展。随着我国经济的快速发展，能源依赖、环境污染、可持续发展等众多社会问题困扰着经济发展。知识经济的到来，注定了在未来经济发展中，高技术产业是发展方向，高技术产业将成为经济发展方式转变、拓展地区经济发展空间的必然选择。产业基地作为地区产业高技术化的重要载体，在调整经济结构、保障经济可持续发展、引导产业高级化等方面起到重要作用。从我国各地产业基地发展现状看，产业基地内部主导产业和产品选择多集中在高技术的新兴产业，或利用高新技术对传统产业进行改造升级，集中区域资源投入和政策、服务的扶持，推动地区以高技术新兴产业的超常规的发展，占领发展先机，开发未来地区经济发展的潜力。

第四节　产业基地发展中的政府作用

根据《国家火炬计划特色产业基地认定条件和办法》，产业基地的重要作用在于加强科技部与地方政府的合作，进一步发挥火炬计划对高新技术产业发展的引导示范作用，调动社会各界力量，集成优势资源，培育区域优势产业。由此可见，产业基地与产业集群一个很重要的差异在于政府在产业基地中有重要的干预作用，因此，特色产业基地除了主导产品符合国家产业发展政策、有较好的产业基础之外，还应该具备两个重要条件：一是地方政府已经制定切实可行的特色产业基地发展规划方案，并有相配套的具体政策措施；二是地方政府成立基地组织机构，具体负责日常管理服务工作。由此来看，中央和地方政府在产业基地建设过程中发挥着重要作用。

中央政府的作用主要是在全国范围内更好地规划产业布局及相关产业、科技政策的制定，地方政府的一个核心作用是引导区域经济快速、稳定、持续发展，而特色产业基地已经成为发展地方高新技术产业和区域优势产业的重要载体，是促进区域经济持续发展的增长点，是加快地方产业结构调整和优化的助推器，是推动科技创新和科技成果转化的重要基地，必然引起地方政府的高度重视和大力支持，地方政府在产业基地成长中的作用越来越显著。

2010 年 3 月 19 日，在科技部火炬中心召开的"推动产业基地建设，加强基层科技工作"座谈会上，科技部火炬中心产业促进处处长赵传超表示，火炬特色产业基地建设需要进一步发挥地方政府的主导作用，地方政府要从体制机制、政策、资金等方面给予支持。①科技部相关部门也表示，当前产业基地是地方发展特色优势产业的重要载体，科技部火炬中心将积极配合地方政府，为地方经济发展提供科技和产业支撑。由此可见，地方政府在特色产业基地建设中发挥着重要作用是毋庸置疑的。

一、政府在产业基地发展中的基本职能

在产业基地发展过程中，地方政府应该如何发挥其主导作用，应该形成怎样的运作模式是值得我们认真深入探讨和研究的问题。我们认为，地方政府在促进产业基地发展中应当做好以下几个方面的工作。

（一）明确地方政府在区域产业基地建设中的定位

建设产业基地的关键就是引导、示范、集聚、创新，切实抓好自主创新这个中心环节，使产业基地成为"发展区域优势产业，提升自主创新能力"的重要基地，为促进经济结构的调整和优化，推动经济和社会健康发展做出新的、更大的贡献。建设产业基地的总要求是以发展区域特色优势产业为宗旨，以自主创新能力建设统领特色产业基地工作。为此，地方政府应该在国家实施自主创新战略的大背景下，推动特色产业基地建设以促进区域特色优势产业发展为宗旨，遵循区域协调发展的要求，着力提高特色产业基地竞争力，全面推进特色产业基地快速、健康发展。而政府的引导作用首先是要充分考虑到本地区的资源、产业基础等条件，结合未来经济发展的方向，选择产业基地具体的主导产业和未来的定位，制定好地方特色产业基地发展规划，做到思路明确、重点突出、布局合理、统筹安排，充分利用政府的引导作用，在基地招商时，注意引入企业与基地发展重点产业间的关联和配套性。

（二）建立健全基地技术创新服务体系

围绕产业链和产业联盟建设，通过建立基地公共技术服务平台，支持创新网络发展，促进创新集群的整体技术升级。鼓励企业提高科技投入，提高创新能力，培育创新型基地。对基地发展有重大影响的产品、技术要组织联合攻关，务求突破，以增强基地的整体竞争能力。通过政府引导，鼓励在基地内筹建公共技术开发平台、公共检测平台和信息共享服务平台，在相关产业领域建立一批工程技术中心和重点实验室，对于行业共性关键技术，通过政府参与招投标的形式，

---

① 科技部：《推动产业基地建设，加强基层科技工作》，http://www.chinahightech.com/views_news.asp?Newsid=738323938333。

鼓励企业加大科技投入，实现重点突破，提高自主创新能力。进一步加强中介服务体系建设，满足特色产业基地企业发展的需要。在基地内重点扶持一批专业性生产力促进中心、技术产权交易服务机构、科技企业孵化机构、中小企业技术服务机构、企业信用担保融资平台以及与风险投资相关的中介机构，包括风险投资、融资担保体系及政府的开发补贴等，为企业发展提供技术、资本信息、人才等专业化服务，尤其是要重点推进科技中介机构在中小企业直接融资、技术咨询和市场调查方面的专业性服务。同时提供特色产业基地企业发展需要的外围支持系统，包括电子政务、法律服务、政策信息等。

（三）积极探索产业基地技术支持系统的运作模式

在共性技术研究开发中采取政府指导下的市场化运作模式。政府可发挥资源配置、组织协调等方面的优势，支持和引导共性技术的研究开发，使之符合政府的产业政策从而促进特色产业的发展。一方面，政府要增加对共性技术研究开发的投入。对共性技术研究开发的投入将成为政府支持产业发展的重要手段。另一方面，政府的职责是要从特色产业整体发展的高度把握技术发展方向，制定相关政策，选择和培育开发机构给予资金支持，并进行必要的协调和督促，具体技术开发的事项全权交由企业化运作的开发或生产机构负责，政府不直接参与管理。

专栏11-6

辽宁万家数字技术产业基地的政府政策扶持

万家数字技术产业基地位于绥中滨海经济区西部，辽宁沿海经济带西端起点，是由省科技厅牵头和地方政府共同规划建设的5个国家级特色产业基地之一。基地规划面积15平方公里，重点发展以电子信息、新能源与新材料、生物医药、节能环保等高新技术为主的数字技术产业。该基地是典型的政府规划型的产业基地，在原绥中并不具备数字技术的产业基础，完全是凭借着区位优势和政府的规划扶持而形成和发展起来的。基地全力打造"服务高地"、"政策洼地"，建立健全了一站式审批、一条龙服务的企业入驻服务体系，制定完善了招商引资、财政金融支持、税费减免、人才引进等一系列优惠政策，具有独特的政策优势。

政策支持。万家基地努力打造一流的"政策洼地"，相继出台了《绥中滨海经济区招商引资优惠政策》《绥中滨海经济区吸引海外学子创业优惠政策》等政策措施。入驻企业除享受国家振兴东北老工业基地和辽宁沿海经济带战略等政策外，还享受绥中县及绥中滨海经济区制定的产业用地、税费减免、资金扶持、人才引进等相关政策，激发了优质企业和优秀人才入驻基地创业兴业的热情。如对于投资额超过5000万元的投资企业实行税收、高管个人所得税的减免，进行科技投入的配套、低息的贷款支持等。

强化服务。在招商引资工作中，基地从项目对接、落地、开工到建成投产，采取全程跟踪的方式为企业提供优质、高效的服务，努力营造"亲商、安商、扶商"的发展环境，打造全国一流的"服务高地"。在办理注册上，经济区协调工商、财政、质监、税务等部门，集中一处，现场办公，与企业逐个对接，查找并解决企业建设过程中存在的问题。同时，积极帮助高新技术企业向省科技厅申报项目材料，争取科技资金支持，目前经济区已经有25家企业获得了省科技厅共计2850万元的科技扶持资金，对万家基地创业中心下拨了1030万元的科技专项扶持资金，用于创新服务平台的建设。为改善基地技术研发条件，整合国内外电子信息技术研发资源，满足入驻园区IT企业对技术的需求，于2010年4月底开工建设了设计面积达5万平方米的创业大厦，基地投资环境将得到进一步优化。

资料来源：辽宁省委政策研究室：《万家数字技术产业基地调研报告》，2010年9月。

（四）加强资源整合，加速各类科技资源向相关特色产业基地集中

围绕相关产业，地方政府要探索建立科研设备、科技资源、科学数据等资源的共享机制，引导不同组织间资源、技术、人才的整合，各类科技计划资金逐步向基地公共技术创新平台建设倾斜。充分发挥政府在资源调配上的主导优势，加强集成，突出集聚，重点突破相关特色产业中的共性关键技术。进一步加强原始创新，使企业真正成为技术创新的主体。采取切实可行的措施，鼓励和促进企业加强与大专院校、科研机构的产学研合作，努力提高自主创新能力。同时，引导技术和资金向基地聚集，探索人才流动机制，建立有利于产学研联合的人才使用机制，加大人才引进与培训力度。

表 11-3　产业基地中的政府作用

政府作用	具体的手段
产业基地规划	园区规划、园区硬环境完善、相关部门协调
财政税收政策	财政补贴、税收减免、贷款、担保等
科技政策	科技资金投入、产学研合作、创新体系建设、高端人才的吸引政策、科技平台建设等
配套软环境服务	简化审批程序，提高政府效率，营造良好的商业，文化、制度环境，吸引相关配套企业、科研机构进入等

资料来源：笔者根据相关资料整理。

二、产业基地动态演进过程中的政府职能定位

产业基地发展中企业间的关联、企业的技术创新等成为产业基地不同发展阶段划分的依据，按照产业基地内部技术创新的特征可以把产业基地的发展过程分为创新缺乏期、创新效仿期和创新常态期三个阶段，在产业基地发展的不同阶

段，政府作用的发挥和角色扮演是不同的。

（一）缺乏期：政府主导，举地区之力发展产业基地创新

产业基地是政府依据当地的要素禀赋优势，以培养区域核心竞争力为目的建立起来的特色产业集群。产业基地建立之初，并不具备快速发展的多方面要素优势，规模和影响力度较小，自主创新能力以及核心竞争能力尚未形成，处于区域经济发展的低梯度区域，需要政府的大力扶持来培育竞争优势，举地区之力，推动各种要素从高梯度区域向低梯度地区流动。这一时期，特色产业基地对区域经济的产业结构并未产生重大的影响。特色产业基地创新缺乏期，基地内部的企业数量较少，企业规模不大，缺乏自主研发能力和从事创新活动所必需的资金支持；企业之间协作竞争的合作伙伴关系初步建立，基地内部产业链尚未完善，企业多处于产业价值链的低端，生产的产品附加值低；相关的经济要素、社会要素和人力资源要素并不充分，这一时期的制度因素是特色产业基地发展最大的比较优势。地方政府出台的相关优惠政策可以吸引各种要素资源从高梯度地区向低梯度地区转移，十分有助于推动特色产业基地的发展。

政府对产业基地发展的主导作用体现为集体性、协调性和积累性三个基本原则。集体性强调政策是面向企业群体的，而非单个企业，以降低集群内部的交易成本。协调性强调政府对基地发展模式进行规划，形成最具优势的内部结构。积累性强调政府为企业的技术能力、创新能力的积累提供一些硬件条件，并创造良好的交互学习合作环境。

（二）创新效仿期：政府协调，关注区域产业结构调整

政府通过强化产业基地"特色"，优化基地内部的产业链，吸引区域经济内的资源要素流动等政策手段和措施，推动产业基地按照政府主导的发展模式快速扩张。各种新企业不断进入产业基地，使基地的聚集效应更加明显，产业链进行横向和纵向的扩张，并且逐步完善。企业充分利用政府建立的公共技术平台和公共服务平台，提高了企业技术水平，推动了产业基地的品牌建设和声誉的培育。大学、企业和研发机构之间的交互合作学习更加紧密，使企业内部的技术能力积累由量变转向质变，一部分企业逐步开发一些新技术并获得成功，形成初级的专利体系。各种知识和技术在基地内部的流动也推动了基地核心竞争力的形成。基地内部的企业逐步开发一些具有高附加值的产品。特色产业基地正在以其规模和产量的扩大，对区域的产业结构进行影响。区域经济内部各种产业之间的力量对比正在发生变化。政府对产业基地的作用也由创新缺乏期的政府主导发展转变为政府协调发展。

在产业基地的创新效仿期，政府的协调作用主要体现在稳定性和持续性两个方面。稳定性强调由政府主导发展模式向基地自主管理发展的平稳过渡。持续性强调政府推动产业基地的凝聚力、持续的吸引力和创新能力的建设，为产业基地的可持续发展创造条件。

（三）创新常态期：政府淡出，产业基地自我协调发展

随着产业基地的规模和产量不断扩大，品牌成熟和声誉的提高，产业基地的发展进入创新常态期，基地内部的企业形成了"特色"核心竞争力和技术创新能力，开发具有高附加值的产品；由最初的满足市场需求转变为控制市场。基地内部非政府组织对集聚企业的协调作用越来越大，企业之间的合作以及企业、大学、科研机构之间的合作关系更为密切，基地内部产业链明晰、组织有序，基地发展成为具有较强自组织能力的有机体。产业基地发展成为区域经济中的高梯度地区，能够对其他地区进行资源和要素的外溢，带动区域经济的发展。进入创新常态期的特色产业基地，转变了原有区域产业体系内的力量对比，成为区域经济发展的主导力量，推动了区域产业体系的发展和完善。政府逐渐淡出特色产业基地的发展，改由基地内部的非政府组织对基地进行自组织管理。政府在基地对区域经济发展的带动作用方面发挥更大的作用。

产业基地的发展进入创新常态期，政府逐渐淡出基地的发展，转向通过政策加强特色产业基地对区域经济发展的带动和主导作用。这一时期，政府的作用体现在对产业基地"无为而治"，对区域产业体系深化调整。"无为而治"强调政府弱化对产业基地的协调作用，充当特色产业基地发展的"守夜人"，强化非政府组织对基地内部企业的自组织管理。政府只是专注各种相关政策、法规的完善，规范企业行为，为基地和企业的发展创造公平、公正的环境；同时，继续进行相关的公共设施项目的建设和投资，以弥补私人企业的投资不足。政府对基地促进区域产业体系深化调整的作用表现为政府通过相关的优惠政策，鼓励基地对上、下游产业以及低梯度地区的产业进行技术、资源、人才的外溢，鼓励有实力的大企业在低梯度地区建立分公司，带动区域经济的发展。

本章小结

产业基地是在我国新的科技、产业发展战略指引之下的新的地区经济发展方式。一般来说，产业基地多由产业集群或工业园区转化升级而来。按照不同的划分标准，产业基地会有不同分类。按照资源依赖划分可分为高技术先导型产业基地、政府扶持推动型等；按照产业基地内部组织模式可分为"中心—卫星式"产业基地、"网络式"产业基地等。产业基地发展模式各不相同，对于产业基地的具体发展模式选择，要考虑到地区所拥有的资源、条件等，资源禀赋、区位优势、人力资源、技术积累以及政府政策导向等都是要考虑的要素。

产业基地作为新时期区域经济发展的重要组织形式，之所以成为地区经济发展的重要带动载体，源于产业基地内部机制的发挥，包括内部的企业竞争机制、技术创新的内部转化机制、内部主体间的协同机制等。政府在产业基地的发展中起到不可替代的重要作用，并且产业基地发展也是具有阶段性的，在不同阶段具有不同的发展特征和政策需要，政府在产业基地的扶持中，政策手段的运用具有

差异性。

关键术语

产业基地 政府作用 网络模式 内部机制 产业基地生命周期 发展模式 成长机理 协同效应 资源禀赋

思考题

1. 产业基地与工业园区、产业集群之间具有哪些差异?

2. 产业基地的效益如何发挥?

3. 论述地方政府在产业基地发展中作用的发挥。如何平衡政府职能与市场机制之间的关系?

4. 产业基地发展的模式和路径有哪些?

5. 具体论述产业基地对地区经济发展的带动作用如何体现。

参考文献

1. 迈克尔·波特:《国家竞争优势》,华夏出版社 2002 年版。

2. Krugman.Geography and Trade.Cambridge,MA:MITPres,1991.

3. Krugman. Inereasing Returns and Economie Geography. Journal of Politieal Economy,1991.

4. Puga D.&Venable.A.J.Agglomeration and Eeonomie Development:Import Substitutionvs. Trade Liberalization. The Economic Journal,1999,Vol. 109:292 – 311.

5. 藤田昌久、雅克·弗朗克斯·蒂斯:《集聚经济学》,西南财经大学出版社 2004 年版。

6. 王缉慈:《创新的空间——企业集群与区域发展》,北京大学出版社 2001 年版。

7. 隋映辉:《产业集群:成长、竞争与战略》,青岛出版社 2005 年版。

8. 唐晓华等:《产业集群——辽宁经济增长路径选择》,经济管理出版社 2006 年版。

9. 仇保兴:《小企业集群研究》,复旦大学出版社 1999 年版。

10. 马克·道格森、罗艾·劳斯韦尔:《创新聚集——产业创新手册》,清华大学出版社 2000 年版。

11. 范柏乃:《城市技术创新透视——区域技术创新研究的一个新视角》,机械工业出版社 2004 年版。

12. 齐建珍:《抚顺创建国家级精细化工特色产业基地的建议》,《决策咨询通讯》,2007 年第 5 期。

13. 柴松岳：《政府改革：地方政府职能和运行机制转变研究》，浙江人民出版社 2002 年版。

14. 李立：《新型产业基地的含义、发展模式和对策建议》，《科技进步与对策》，2003 年第 3 期。

15. 黄速建等：《中国产业集群创新发展报告 2010~2011》，经济管理出版社 2010 年版。

16. 周盼：《强化集群优势，建设家电产业配套创新基地》，《广东科技》，2007 年第 6 期。

17. 苏科：《加快特色产业基地建设，推动高新技术产业发展——江苏高技术特色产业基地建设调查和分析》，《江苏科技信息》，2003 年第 7 期。

18. 李具恒、李国平：《区域经济发展理论的整合与创新》，《陕西师范大学学报》，2004 年第 7 期。

19. 付丹：《区域创新系统与高新技术产业集群互动机制研究》，《哈尔滨工程大学学报》，2008 年第 5 期。

第十二章　产业政策

教学目的

理解和掌握产业政策的内涵及其基本特征，重点把握产业政策的理论基础，掌握产业组织政策、产业结构政策、产业布局政策以及产业技术政策的基本内容和目标，了解当前国际产业政策的新发展及发达国家的生物技术产业政策。

章首案例

2010年9月8日，国务院召开常务会议，审议并原则通过了《国务院关于加快培育和发展战略性新兴产业的决定》（以下简称《决定》），确定战略性新兴产业将成为我国国民经济的先导产业和支柱产业，节能环保、新一代信息技术、生物、高端装备制造、新能源、新材料和新能源汽车七个产业将被重点培育，加快推进。《决定》提出，对七大产业加大财税金融等政策扶持力度，引导和鼓励社会资金投入，并设立战略性新兴产业发展专项资金。

战略性新兴产业被称作"下一个'四万亿'"投资刺激计划，在后金融危机时代被寄予了"救市"的厚望。目前，在市场热点显得难以为继的背景下，七大产业无疑将成为新兴奋点，其细分领域的上百家上市公司有望受益。然而，必须注意的是，若不从整体加以规范，任由各地一拥而上，会酿成严重的后果。在这股热潮中，有的地方政府能够保持冷静的态度，在项目上马之前进行科学论证；但也不乏一些地方政府未经充分论证，仅凭一时冲动就推动项目开展，结果造成重复建设和产能过剩，阻碍整个产业的良性发展。呼吁发挥市场机制作用，也不是说政府完全"撒手不管"。从国际经验看，政府对战略性新兴产业的推动作用无可比拟，关键是清晰政府发挥作用的定位。

资料来源：魏梦杰、吴琼、李雁争等：《国务院确定新能源汽车等七大战略新兴产业》，东方网，2010年9月9日。内容有增减。

第一节 产业政策的内涵及理论基础

一、产业政策的内涵

20 世纪 70 年代以来，产业政策一词在许多国家开始成为流行的经济用语，这与当时日本大量使用产业政策促使经济快速发展有很大关系。从那时起，各国政府和经济理论界对产业政策有了更多的关注。但是，时至今日，经济理论界对产业政策的概念还没有达成共识。

（一）产业政策是政府有关产业的一切政策总和

英国学者阿格拉认为，产业政策是与产业有关的一切国家的法令和政策。[①] 日本经济学家下河边淳和菅家茂在主编的《现代日本经济事典》中认为："产业政策是国家或政府为了实现某种经济和社会目的，以全产业为直接对象，通过对全产业的保护、扶植、调整和完善，积极或消极参与某个产业或企业的生产、营业、交易活动，以及直接或间接干预商品、服务、金融等市场形成和市场机制的政策总称。"[②]

（二）产业政策就是计划，是政府对未来产业结构变动方向的干预

美国社会学家阿密塔伊·艾特伊奥利认为，"产业政策就是计划"。又如，美国的玛格里特·迪瓦尔说："部门政策——鼓励向一些行业或部门投资和不鼓励向其他行业或部门投资——仍然是产业政策讨论中心。"[③]

（三）产业政策主要是为了弥补市场机制所可能造成的失灵，而由政府采取的一些补救政策

日本经济学家小宫隆太郎认为，产业政策（狭义的）的中心课题，就是针对在资源分配方面出现的"市场失灵"[④] 采取对策。可以将产业政策的中心部分理解为，"在价格机制下，针对资源分配方面出现的市场失灵而进行的政策性干预"。[⑤]

（四）产业政策是后进国家在努力赶超发达国家时所采取的政策总称

日本经济学家井水信义指出，产业政策就是当一国的产业处于比其他国家落后的状态，或者有可能落后于其他国家时，为了加强本国产业所采取的各种政策。

---

① 阿格拉：《欧洲共同体经济学》，上海译文出版社 1985 年版。
② 下河边淳、菅家茂：《现代日本经济事典》，中国社会科学出版社 1982 年版。
③ 玛格里特·迪瓦尔：《工业生机：采用国家产业政策》，玻格曼出版社 1982 年版。
④ 市场失灵是指对于非公共物品而言，由于市场垄断和价格扭曲，或对于公共物品而言由于信息不对称和外部性等原因，导致资源配置无效或低效，从而不能实现资源配置零机会成本的资源配置状态。
⑤ 小宫隆太郎：《日本的产业政策》，国际文化出版社 1988 年版。

（五）产业政策就是为了加强本国产品的国际竞争力的政策

美国学者查默斯·约翰逊认为："产业政策是政府为了取得在全球的竞争能力，打算在国内发展或限制各种产业的有关活动的概括。作为一个政策体系，产业政策是经济政策三角形的第三条边，它是对货币政策和财政政策的补充。"①

（六）产业政策是促进资源配置结构优化，寻求最大限度的经济增长和经济发展的经济政策

杨治在其所著的《产业政策与结构优化》一书中，提出："产业政策是遵照经济发展中资源配置结构进化的客观规律，依据本国的国情及其经济发展的阶段，以市场经济在国民经济的资源配置中起基础性作用为前提，由政府对国民经济的资源配置结构及其形成过程，进行科学的、必要的、适度和适时的引导和调控，从而通过资源配置结构的不断优化，达到持续提高国民经济整体效益的目的，并寻求最大限度的经济增长和经济发展的经济政策。"②

上述看法明显地形成了宽和窄的两派。按照以第一种看法为代表的宽派的看法，没有哪一个国家是没有产业政策的。正如 1983 年时日本的通产省③ 大臣定则山中所说的："国家最重要的职能是促进经济发展和提供公共福利。产业政策是国家经济发展的基石，尽管各国赋予其不同的名称和内容，各国却都实践着各种各样的产业政策。"

中国学者吕政（2004）也对产业政策进行了广义和狭义的划分。④ 实际上，吕政的划分与上述的宽派和窄派之分基本上是相对应的。国内相对权威的产业政策界定来自中国《90 年代国家产业纲要》。该纲要指出，产业政策由产业结构政策、产业组织政策、产业技术政策、产业布局政策以及其他对产业发展有重大影响的政策和法规组成。⑤

专栏 12-1

上海出台新能源汽车产业发展政策

为优化上海新能源产业的创新和发展环境，增强上海新能源产业的创新能力和产业竞争力，推动上海新能源产业成为支撑和拉动经济发展的重点领域，上海市政府于 2009 年 12 月 9 日出台了《关于促进上海新能源产业发展

---

① 查默斯·约翰逊：《产业政策争论》，美国当代研究所 1984 年版。
② 杨治：《产业政策与结构优化》，新华出版社 1999 年版。
③ 通产省是日本政府干预经济的综合性职能机构。通产省不但制定对外贸易政策，而且还负责协调国内产业政策与对外贸易政策之间的关系，把对外贸易管理作为政府干预经济活动的一个重要组成部分。通产省负责对外贸易事业的机构是通商政策局和通商振兴局。通商政策局制定对外贸易的政策与方针；通商振兴局则根据已确定的对外贸易政策具体制定进出口对策与方案，同时负责调整进出口商品的品种、管理贸易外汇、执行出口检查等。
④ 吕政：《完善我国产业政策需要明确的问题》，《中国社会科学院院报》，2004 年第 6 期。
⑤ 学术界对产业政策的内容和如此分类有不同意见。

的若干规定》。

据了解,《规定》不仅从大方向上明确了上海市新能源汽车产业发展的总体目标、主攻方向和市场目标,而且规定要加大新能源汽车的政府采购力度,对纳入《上海市自主创新产品目录》的新能源汽车,同时纳入《上海市政府采购自主创新产品目录》,实施政府优先采购,并逐年扩大采购规模。

根据《规定》,上海新能源汽车产业发展的总体目标是以混合动力汽车、纯电动汽车为主攻方向,以电池、电机、电控关键零部件为突破口,同步支持燃料电池汽车等新能源汽车降低成本、提高性能,加快抢占技术制高点和市场增长点,形成国内领先、具有国际竞争能力的自主产业体系和产业集群。

今后,上海不但将全面扶持新能源汽车产业发展,还将加大新能源汽车采购、示范、应用的范围,根据计划,未来3年内,上海将有4000~5000辆各类新能源汽车服务于公共领域。为此,《规定》在新能源汽车的技术研发和产业化方面采取了七项支持措施,在新能源汽车的应用推广方面采取了四项支持措施,包括鼓励和支持国有企业等企事业单位和个人购买和使用新能源汽车,并积极支持公交、出租、公务、环卫和邮政等公共服务领域的单位申请国家节能与新能源汽车示范推广财政补助资金。此外,上海还计划在新能源汽车产业基地、检测服务、金融和人才等方面都采取相应的扶持措施。《规定》出台后,有专家表示,《规定》的出台和落实将加快提升上海新能源汽车产业的自主创新能力和产业竞争力,优化新能源汽车产业的创新发展环境,对上海经济发展将起到重要的支撑作用。

资料来源:梁爽:《上海出台新能源汽车产业发展政策　要求加大政采力度》,http://www.sina.com.cn。内容有增减。

二、产业政策的起源

20世纪50年代末60年代初,欧美一些国家虽然已在运用经济政策和其他手段来进行产业管理,但是产业政策这个概念却始终没有独立,而是体现在相关的财政政策、货币政策、收入分配政策、国际贸易政策、反垄断政策、农业政策、劳动政策等具体的经济政策中。

把产业政策这个概念推向世界是在第二次世界大战之后的日本。日本虽是产业政策概念的发源地,但对这个词汇究竟是何年出现的、在何时成为流行词汇的,许多日本经济学家也说不清楚。[①] 随着日本进行产业管理所创造的经济增长奇迹受到世界各国的瞩目,产业政策这个词也就逐渐跨出了国界。1970~1972年,经济合作与发展组织(OECD)编写了其中14个成员国有关产业政策的一系

[①] 日本学者小宫隆太郎认为,即使是日本通产省,也是从1970年前后才开始使用产业政策这一词汇。

列调研报告。1980 年以后，世界各国政府的产业主管当局、经济理论界对产业政策的关注程度与日俱增，其背景是欧美发达国家由市场调节的经济增长率低落，但对经济采取干预的供给调节政策奏效；各发展中国家以实现发展战略为目的的产业政策取得了较大的成功。1985 年 5~6 月，包括东南亚各国、大洋洲、中南美、北美、中国及日本的 50 位学者，在东京召开了第 15 届太平洋贸易开发会议。此会议的议题即"环太平洋区域经济成长及产业政策问题"，这意味着产业政策概念已正式走向世界。

三、产业政策的一般特征

一般而言，产业政策主要具有以下特征。[1]

（一）产业政策具有明确的指导性

产业政策作为旨在促进和加快发展的政策体系，一方面给企业指明了宏观经济环境的变化方向，明示企业哪些产业是具有发展前途的，哪些产业是面临衰落的，企业可以在相同的环境中比较有把握地做出自己的决策选择；另一方面财政部门、银行部门、外贸部门、法律部门等也可以根据这种产业政策的指导，来正确决定各种经济杠杆和法律措施对各类不同产业和企业的差别强度。

（二）产业政策具有时序性和动态性

由于收入水平随着经济增长呈现出从低到高的时序性，需求结构、生产结构和就业结构的变化也都呈现出一定的时序性，相应的产业政策因而也具有时序性。这种时序性从产业政策的本身来说，其内容和形式会随着经济的发展和世界经济环境的变化而变化，不同国家或同一国家不同发展阶段的产业政策可能存在根本性的区别。如日本在第二次世界大战后首先采取重点生产方式，复兴电力、钢铁、煤炭、化肥等基础产业；20 世纪 50 年代中期为了扩大生产、增加收入，对汽车、石油化学、机械、电子、飞机等工业实行扶植和合理化政策；1963 年，根据收入弹性基准和生产率上升基准，选择了重化工业化的发展方向；20 世纪 70 年代石油危机后，又增加了过密环境基准和劳动内容基准，促进加快发展技术密集型和知识密集型产业；[2] 20 世纪 80 年代中期，日本提出要把它的经济从出口主导型转变为内需主导型。

专栏 12-2

日本产业政策的演变与主要经验

第二次世界大战后，由于基础产业尚未恢复，国内供给不足，外汇、资金、原材料等战略资源严重短缺。因此，日本制定了以复兴经济和实现经济

---

① 杨沐：《产业政策研究（第一版）》，上海三联书店 1989 年版。
② 下河边淳、菅家茂：《现代日本经济事典》，中国社会科学出版社 1982 年版。

自立为主要目标的产业政策,包括机械工业振兴临时措施法、产业合理化计划、物资统制、倾斜生产方式、输出振兴法等。鉴于当时市场机制还不完善,这些产业政策均是以政府行政指令为特征的。日本经济进入高速增长时期,开始实施经济起飞、赶超欧美的工业化发展战略。1963 年日本政府发表了《关于产业结构的长期展望》,把发展重化学工业、提高产业的竞争能力作为实施产业政策的重要目标。由于重化学工业的迅速发展,产业的公害和环境问题越来越严重,为此,日本政府提出要把产业结构由当前重化学工业转换为知识密集型工业结构,提出了"知识密集型"的产业政策,包括改变能源及资源结构、调整结构性萧条产业、支持民间企业的研发活动。

在不同的经济发展阶段,日本采取了对尚处于弱小阶段的、有望成为未来栋梁之才的产业给予重点支持政策。即用有限的政策资源,培育未来"主角"的倾斜政策一直贯彻至今。

日本在第二次世界大战后复兴时期,在外汇、能源等战略性资源严重短缺的情况下,实施了基础产业倾斜发展的产业政策,采取了以煤炭、钢铁及电力为中心的"倾斜生产方式",满足了经济对能源和基础原材料的需求,从而带动了遭受战争重创的工农业生产的恢复与增长。

在 20 世纪 50 年代开始的经济起飞阶段,日本按照"需求的收入弹性标准"和"劳动生产率增长率标准",确立汽车、电子计算机、家电等产业作为主导产业,并且采取了一系列倾斜发展政策,实现了产业结构的高度化,国家竞争力得到很大提升,成为第二大经济强国。

在工业化任务完成之后,日本 70 年代提出了"知识密集型"的产业政策,促进产业结构由重化学工业化转为知识密集型工业。进入 21 世纪,随着全球经济一体化的发展,在新的国际产业分工合作与竞争格局的大背景下,日本从国家战略高度,由日本产业结构审议会把发展半导体、生物工程、纳米新材料、宇航领域、海洋开发等 15 个经济增长新领域发展纳入新世纪产业政策框架。

资料来源:王元京:《日本实施产业政策的主要经验》,中国经济信息网,2007 年 12 月 11 日。内容有增减。

产业政策还具有体系的协调性。由于产业和产业之间存在着各种投入产出关系,每一项生产活动又总是和流通、消费、分配、技术进步等其他经济技术活动形成一定的相关关系,因此,各项产业政策之间都是相互关联的。一个有效的产业政策体系本身应该是互相协调的。除此之外,国家的经济政策不仅有产业政策,还包括财政政策、金融政策等,产业政策和其他经济政策之间也是一个协调一致、互相促进、相辅相成,而不是互相抵消力量的问题。

四、产业政策的理论基础

产业政策的本质是一种政府行为，是一种非市场性质的经济调控手段，是政府管理经济的基本工具。制定和推行产业政策是政府经济职能的重要实现形式。各国学者对产业政策的理论认识，归纳起来，主要包括以下三种。

（一）市场失灵理论

亚当·斯密的经济理论系统地阐述了在完全的市场竞争条件下，市场这只"看不见的手"能优化社会资源配置，使社会资源的使用效益达到最高。但现实经济却并不是纯粹的完全市场竞争。当存在外部经济、垄断、公共物品生产等各种情况时，市场对资源的分配并不总是有效的，即存在市场失灵。

市场失灵是产业政策的主要理论依据，因为产业政策的作用就在于纠正市场失灵。"要理解'市场失灵'的最好办法是先理解'市场成功'——极具理想化的竞争市场使资源均衡配置达到帕累托（Pareto）最优状态的能力。"[1] 这就是说，所谓市场失灵，就是指市场机制本身对于解决资源配置这一问题是缺乏效率的，正如曼昆所说："经济学家用市场失灵这个词来指市场本身不能有效配置资源的情况。"[2] 另外，萨缪尔森和诺德豪斯认为，即使市场本身是有效的，它也可能导致令人"难以接受的收入和财富的不平等"，而且还会产生商业周期（高通货膨胀和失业）和低经济增长等宏观经济问题，他们将这两种现象也称为市场失灵。[3] 显然，他们所说的这种市场失灵所涉及的问题已经不是市场机制本身缺乏效率的问题，而是市场机制自身无法解决的问题。

可见，市场失灵可以界定为两层含义：第一，市场机制本身对于资源配置可能是缺乏效率的，这是本来意义上的市场失灵，被称为狭义的市场失灵；第二，市场机制有其自身无法解决的问题，这是被扩展了的市场失灵，被称为广义的市场失灵。

关于市场失灵的主要表现，西方主流经济学家萨缪尔森和非主流经济学家加尔布雷斯的观点几乎是完全一致的：萨缪尔森和诺德豪斯将市场失灵分为缺乏效率、不平等和宏观经济问题；加尔布雷斯则把市场失灵分为宏观经济不稳定性、微观经济无效率和社会不公平。这三种主要表现或基本内容也就是科勒所概括的：无效率、不公平和不稳定。[4] 前一种属于狭义的市场失灵，后两种则属于广义的市场失灵。

产业政策是弥补市场缺陷、完善资源配置机制的需要。由于公共产品、外部

①约翰·Q.莱迪亚德：《市场失灵》，载约翰·伊特韦尔等：《新帕尔格雷夫经济学大辞典》（第3卷），经济科学出版社1992年版。

②曼昆：《经济学原理》，三联书店、北京大学出版社1999年版。

③萨缪尔森、诺德豪斯：《经济学》，人民邮电出版社2004年版。

④吴易风：《从西方市场经济理论和政策看我国需求不足的问题》，《宏观经济研究》，2003年第2期。

性、规模经济等"市场失灵"领域的存在，仅仅依靠市场机制不可能实现产业资源的最优配置。于是，运用产业政策这一非市场调节的手段、发挥政府经济职能去弥补市场机制的缺陷便成为必要。"市场失灵说"对产业政策在发达市场经济国家兴起和存续具有显著的理论解释力，只要"市场失灵"现象存在，产业政策所承担的现实功能仍然符合经济发展和社会进步的需要，且不能被其他政策所取代。那么，作为一种有效的制度安排，它的存在基础便是牢靠的，不可能轻易退出历史舞台。

(二) 后发优势理论

该理论强调产业政策是政府在市场机制基础上更有效地实施"赶超战略"的需要。它是总结后发国家实现赶超目标的成功经验所得出的理论认识，因而较好地揭示了"为什么后发国家在实现赶超目标的过程中比发达国家更多地运用产业政策"的奥秘。事实证明，由于"后发优势"的存在，发展中国家完全可能通过制定和推行合理的产业政策来实现经济的超常规发展，缩短追赶先进国家所需的时间。

后发优势理论是学者们在李斯特动态比较成本理论的基础上提出的。他们认为，后来者能够在经济发展中具有比先行者更有利的条件和地位，这种条件和地位就称为"后发优势"。[1] 后发国可以直接吸收和引进先进国家的技术，技术成本要比最初开发的国家低得多；在同样的资金、资源、技术成本条件下，还具有劳动力成本便宜的优势；只要在国家的保护与扶持下达到规模经济阶段，就可能发展出新的优势产业，与先进国家在其传统的资本或技术领域进行竞争。

后发优势理论为后发国家实现赶超的产业政策提供了理论依据。发展中国家作为后发国家，必须充分利用保护本国幼稚产业的权利，力求改变自己的比较优势，不断发展高收入弹性的、市场广阔的、资本及技术含量高的产业和产品，挤入国际水平分工。如果后发国家不采取任何政策措施，听任自由竞争，则在国际市场上必然会落后于发达国家。在这种情况下，后发国家的先进工业部门就很难发展。从历史上看，英国赶超荷兰时期、美国和德国赶超英国时期、日本赶超美国时期，都一度实行保护国内幼稚企业的政策。

此外，对于后发国家来说，市场机制刚刚建立，生产资料市场、资本市场、外汇市场、劳动力市场等都很不健全，要通过市场的随机竞争，逐步实现资源的优化分配将是旷日持久的。在面临国内收入增长欲望和国际竞争压力的情况下，后发国家能否花这么长时间来等待资源的优化配置是值得怀疑的，而正确的产业政策可以利用后发优势，加快后发国家资源配置的优化过程。从历史上看，美国、德国、日本和当前的韩国都曾经通过产业政策手段有效地利用了后发优势。

---

① 杨公朴：《产业经济学》，复旦大学出版社 2005 年版。

（三）产业国际竞争力理论

产业国际竞争力理论认为产业政策是当今世界各国更好地参与国际竞争的需要，这是世纪之交各国普遍兴起的理论主张，其基本共识是支持产业政策存续和适度强化。

产业国际竞争力研究是国际竞争力研究领域的一个重要分支。当前，学术界对产业国际竞争力的概念还处在不断争论当中，其中较具代表性的是波特对产业国际竞争力的定义。他指出产业国际竞争力是在国际间自由贸易条件下（在排除了贸易壁垒因素的假设条件下），一国特定产业以其相对于其他国家更高的生产力向国际市场提供符合消费者（包括生产性消费）或购买者需要的更多的产品，并持续获得盈利的能力。根据这一定义，我们可以把产业国际竞争力理解为在排除了贸易壁垒障碍的情况下产业持续获利的能力。[①]

一个国家的产业竞争力和它在世界市场上的参与度是相辅相成的，没有竞争力的提高，参与国际贸易的程度不可能迅速提高，没有先进技术、原材料、元器件的引进，出口竞争力也很难提高。要加快它们之间的良性循环，重要的是要有和外贸政策相协调的产业政策，在利用现有比较优势的基础上，积极地不断形成一些具有新的比较优势的出口产业。同时，促使本国企业成长为能和世界一流企业相竞争的国际企业。日本和一些新兴工业国或地区的成功经验已明显地证明了这一点。

随着经济全球化趋势的出现，国际经济关系和国际分工体系正在经历前所未有的变化，各国经济都面临着新的机遇和挑战。在这种形势下，无论是发达国家还是发展中国家，都迫切需要以产业政策为基本工具，审时度势，充分发挥政府的经济职能，增强本国产业的国际竞争力，从而维持或争取本国产业在经济全球化过程中的优势地位。产业国际竞争力理论不仅有助于了解和把握一国产业参与国际竞争的实力和潜能，调控和指导产业参与国际经济技术交流和国际分工合作，而且有助于深刻认识产业发展的国际差距和竞争态势，及时调整产业发展方向和产业发展重点，为政府制定产业政策、贸易政策及外交政策提供科学的决策依据。同时，这一理论较好地解释了当今发达国家和发展中国家都在致力于推行不同形式的产业政策的深层原因。可以预见，在 21 世纪，产业政策仍将作为各国最基本的经济政策之一长期存在下去。

第二节　产业政策的内容

从各国所实行的产业政策看，产业政策的主要内容包括产业组织政策、产业

---

①李创：《产业国际竞争力理论模型研究》，《当代经济管理》，2006 年第 4 期。

结构政策、产业布局政策、产业技术政策等。这些政策往往是相互交叉、相互联系的，它们之间只有大致的分类，没有十分明确的界限。在各个国家和同一国家的不同发展时期，产业政策所强调的政策重点往往有明显不同。

一、产业组织政策

（一）产业组织政策的含义

所谓产业组织政策，是指为了获得理想的市场效果，由政府制定的干预市场结构和市场行为、调节企业间关系的公共政策。[①]作为政府的一项公共政策，产业组织政策概念的形成和规范定义要远远落后于其在实践中的运用。

产业组织政策是市场经济实践的产物，其产生的依据在于：市场力量本身并不能自发地避免过度竞争，也不能防止大规模企业凭借其垄断地位，采用串谋、卡特尔和价格歧视等不正当手段来获取高额利润、抑制竞争。在这种情况下，政府有必要以立法形式制定市场规则，规范企业的市场行为，提高市场效果。

产业组织政策的核心，是通过协调竞争与规模经济的关系，缓解垄断对市场经济运行造成的危害，还要保持一定的规模经济水平，进而达到有效竞争的状态。贝恩在其《产业组织》一书中提出，产业组织政策的具体目标主要应包括以下六个方面：[②]第一，企业应能达到并有效地利用经济规模，市场的供给主要应由达到经济规模的企业承担，同时企业应有较高的开工率；第二，不应出现某些产业或企业长期获得超额利润或长期亏损的情况，从较长的时间看，产业的资本利润率应是比较均等的；第三，较快的进步，主要指技术和产品的开发、革新等活动有效而比较充分；第四，不存在过多的销售费；第五，产品的质量和服务水平较高，并具有多样性，以适应提高大众福利和消费水平的要求；第六，能够有效地利用自然资源。

（二）产业组织政策的内容

由于各国在不同时期的经济发展水平和产业的具体特点不同，不同国家或一个国家在不同时期所采取的产业组织政策的侧重点往往也不同。但总体来讲，可以根据政策取向和政策对象的不同，对产业组织政策进行分类。

根据产业组织政策的内在含义，产业组织政策既要促进企业间的相互分工与协作，促进企业联合，使企业获得规模经济的利益；又要保护企业的竞争活力，防止企业因过度追求规模经济而形成垄断。从这一基本原则出发，产业组织政策可分为两大类：一类是鼓励竞争、限制垄断的竞争促进政策，如反垄断、反托拉斯和反不正当竞争行为的政策，主要着眼于维持正常的市场秩序；另一类是鼓励专业化和规模经济的产业合理化政策，它着眼于限制过度竞争，如出于资源的稀

---

① 苏东水：《产业经济学（第二版）》，高等教育出版社 2005 年版。
② 夏大慰：《产业组织学》，复旦大学出版社 1994 年版。

缺性或公共利益的原因而对某些产业（供水、供电、市内交通等）予以专营权的政策。这两类政策虽然取向不同，但它们都有法律依据，且在法理上是相容的。例如，一般产业的产业合理化政策须符合《反垄断法》的原则精神，而自然垄断产业中的限制竞争政策则是适用《反垄断法》的"例外原则"范围的。两者并不存在法律上的冲突。

上述分类是产业组织政策的主要分类方法，从这一分类意义上来说，产业组织政策作为试图缓和解决"马歇尔冲突"的一项经济政策，并不存在适合于任何产业的相同政策方案，只有根据不同产业的技术经济特点，形成不同的政策导向。这种政策导向上的现实性和灵活性正是其最重要的特色所在。[①]

从政策手段来看，产业组织政策可分为市场结构控制政策和市场行为控制政策两大类。前者是从市场结构方面禁止或限制垄断的政策，如降低市场进入壁垒、控制市场集中度等；后者是从市场行为角度控制各种妨碍竞争和不公正交易行为的发生，又称为产业竞争政策。

根据上述的分析，产业组织政策体系如图 12-1 所示。

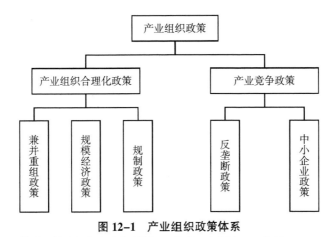

图 12-1 产业组织政策体系

资料来源：丁敬平：《产业组织与政府政策》，经济管理出版社 1991 年版。

（三）产业组织合理化政策

产业组织合理化政策是旨在促进规模经济形成、改善产业组织结构、建立大批量生产方式和增加产业利润、实现产业振兴的产业政策。产业组织合理化集中表现为产业组织的合理化和高效化，其基础是流通过程的改组，促进产品的规格化、标准化、定型化，以及加工的专业化。[②] 产业组织合理化政策不仅在一些工业化国家发挥过重要作用，更是广大后发国家实施赶超战略必不可少的基本政策

[①] 夏大慰：《产业组织学》，复旦大学出版社 1994 年版。
[②] 杨公朴：《产业经济学》，复旦大学出版社 2005 年版。

之一。

日本政府曾在石化、汽车、钢铁、造船和海运业都推行过旨在追求规模效益的产业合理化政策。通过引导和支持这些产业的骨干企业改组、联合和协作，扩大了生产规模，加强了专业化与协作的程度，从而增强了这些产业的国际竞争力。中国《国民经济和社会发展第十个五年计划纲要》中也包含了产业合理化政策，即要按照专业化分工协作和规模经济原则，依靠优胜劣汰的市场机制和宏观调控，形成产业内适度集中、企业间充分竞争，大企业为主导、大中小企业协调发展的格局。通过上市、兼并、联合、重组等形式，形成一批拥有著名品牌和自主知识产权、主业突出、核心能力强的大公司和企业集团，提高产业集中度和产品开发能力。实践表明，产业之间总是相互关联、相互制约、相互依存的。任何产业都不可能脱离其他产业的支持而得到持续稳定的发展。上述"产业合理化"政策虽然主要属于产业组织政策，但它离不开"产业结构合理化"政策的支持和配合。

二、产业结构政策

(一) 产业结构政策的内涵和起源

产业结构政策是产业政策最基本的组成部分之一，是指政府制定的通过影响与推动产业结构的调整和优化来促进经济增长的产业政策。多年来，世界各国的发展实践证明，产业结构政策不仅是现代经济增长的内在要求，又是各国经济发展战略的体现。积极制定和实施产业结构政策，不仅是发展中国家实现赶超目标的必由之路，而且也是发达国家保持自身优势地位的重要手段。

产业政策的由来要追溯到20世纪50年代的日本，1955年前后，日本迎来了一个转折时期，工农业生产全面恢复到日本经济发展史上的最高水平，基本上摆脱了第二次世界大战后日本经济所处的窘境。当时，日本经济面临着如何选择经济发展战略的课题。自明治维新以来，以追赶欧美发达的工业国为国策的日本，怎样才能加快经济增长的步伐，实现赶超战略呢？产业结构政策便是这一问题的答案。产业结构的转换能力不仅对于后发国家重要，同样对发达国家也是重要的。20世纪20年代的黑暗英国便是这一论断的典型事例。曾横行全球的世界第一强国——英国，在20世纪20年代开始沉沦，经济长期陷入了停滞状态，造成这种停滞状态的原因是英国受到了后起的德国、日本及其他国家迅速追赶的威胁。特别是英国的纺织工业，甚至受到印度纺织品的挑战。如果英国当机立断将产业结构的重心迅速移向德国、日本等后起国家尚处于落后状态的重工业，特别是机械工业上，是有可能阻止经济增长率下降的趋势的。然而，由于顽固和保守，英国没有能够顺利地实现这个转换。一个国家要具有较强的产业结构转换能力，重点是政府要制定正确的强有力的产业结构政策。没有国家对经济的有效干预，没有国家对幼小产业的扶植和保护，产业结构的转换只能放任自流，难以迅速实现。

（二）产业结构政策的基本内容

产业结构政策的宗旨是以技术进步来不断促进产业结构的优化。尽管产业结构政策的形式多种多样，但大致可以归纳为产业调整政策和产业援助政策两种基本类型。前者的目标是产业结构合理化，后者的目标是产业结构高度化。产业结构合理化是产业结构高度化的基础，而产业结构高度化又是产业结构合理化的高级表现形式。

各国产业发展的经验表明，技术创新是产业结构优化的根本动力。无论合理化还是高度化，都离不开技术创新的支持。没有持续的技术创新，产业结构的合理化和高度化就会失去动力和物质基础。因此，产业结构政策的核心和焦点无疑应当是推动技术创新。从具体内容看，产业结构政策通常包括：幼小产业保护政策、主导产业选择政策、战略产业扶植政策和衰退产业调整政策等。其中，战略产业扶植政策和衰退产业调整政策是最基本的产业结构政策内容。

三、产业布局政策

（一）产业布局政策的含义

产业布局政策一般指政府机构根据产业的经济技术特性、国情国力状况和各类地区的综合条件，对若干重要产业的空间分布进行科学引导和合理调整的意图及其相关措施。从本质上讲，产业布局合理化的过程也就是建立合理的地区分工关系的过程，两者分别从纵向和横向角度考察同一事物（产业空间分布）的两个具体方面。产业布局政策具有地域性、层次性、综合性等特点。需要特别指出的是，产业布局政策既是产业政策体系中不可或缺的重要内容，同时又是区域政策体系中非常重要的组成部分，而且后者更加侧重于建立和完善地区间的产业分工关系。

（二）产业布局政策的目标和内容

从根本上讲，产业布局政策目标可分为两大类：效率目标和公平目标。前者要求产业布局以追求最大效率地配置使用现有资源，并在一定时期内获得尽可能高的整体经济增长速度和效益为目的；后者要求产业布局以追求资源的配置有利于尽快缩小地区间经济发展的差距为目的。这两个目标之间既存在矛盾，又是统一的，协调好两者的关系，是成功实施产业布局政策的关键环节。

从产业布局政策的目标来看，产业布局政策往往与特定的国家经济发展程度相关联。也就是说，在经济不发达阶段，政府通常更强调产业布局的非均衡性，即强调优先发展某些地区，通过这些地区经济的超常规增长，带动其他地区以及整个国家经济的增长。并且，政府也往往倾向于以建立开发区或在某些地区实行特殊政策的方式，将某些在政府经济发展战略中负有重要功能的产业（如出口加工业）和高新技术产业相对集中，以令其有较快的增长，进而提高其对经济增长的贡献度。而当经济较为发达之后，政府则从维护经济公平和社会稳定等目标出发，偏重于强调地区经济的均衡性。在此阶段，除了个别特殊产业（如对环境保护有较大妨碍的产业）之外，政府已不倾向于通过重点扶持某一地区的经济发展来带动国民经济增长，而往往对不发达地区经济给予较多的支持，甚至在某些经济发达地区或产业高度集中地区实行一定程度的限制进入政策。

产业布局政策主要包括地区发展重点的选择和产业集中发展战略的制定，具体为：制定区域发展规划；对重点地区实行倾斜，寻求聚集效应和高效率；通过提供财政援助和税收优惠等，发展基础设施，改善地区的经济发展条件，促进落后地区的发展等。如日本在实施其产业布局的几十年中，不仅在不同的阶段都有明确的目标，而且制定了详尽的发展规划以保证目标的实现。第二次世界大战后到 20 世纪 80 年代，为了实现充分发挥沿海地带区位条件和促进国民经济高速发展的目标，通过"太平洋狭长地带区"的计划及必要的财政、金融措施，使其沿太平洋狭长带很快成为世界上最为重要的重化工业带之一，为日本经济的高速增长做出了贡献。[①] 20 世纪 80 年代以后，为解决工业布局过密、过疏的不协调问题，日本先后制定了四个全国性的综合开发计划，而且后一个计划主要是针对前一个计划执行过程中出现的问题以及不同的发展阶段产生的问题而制定的，使得区域政策具有连贯性和针对性，能够顺利地达到预期目标。

专栏 12-3

发改委编制重点产业布局规划

2011 年 1 月，国家发改委编制的"十二五"重点产业生产力布局和调整规划将形成规划初稿，该规划涉及钢铁、石化等九个重点行业。该规划对这些行业的布局导向和结构调整将进行部署。除了炼化一体化项目主要集中在沿海外，钢铁、有色金属等产业布局也会给予说明。比如钢铁企业未来将实现以沿海为主、沿江适度发展的态势，这些会使得全国的产业布局发生重大变化。

国家发改委将根据各地上报的项目，重点布局一批产业基地、重大工程和项目，并在"十二五"期间给予重点支持。国家发改委产业协调司正司级巡视员熊必琳此前对此指出，重大项目是结合生产力布局来考虑的，像钢铁、石化、有色金属、造船这些重大产业项目在生产力布局中要充分考虑产业基地的建设。

这些重大项目对资源、能源供给等外部条件都有一定要求，比如钢铁，有一半以上铁矿石是依赖进口的，因此布局上要充分考虑这些产业对能源、资源需求的要求和特点。

---

① 苏东水：《产业经济学（第二版）》，高等教育出版社 2005 年版。

今后五年对钢铁行业已经提出加快沿海基地建设、优化生产力布局的要求，具体是"加快沿海、沿江适度、内陆转移"。受上述规划编制的影响，部分行业的布局或将面临洗牌。

至于有色金属领域，国家此前的振兴规划已经提出，在能源丰富的中西部，特别是具有水电优势的地区，推进铝电联营方式；在资源、能源和环境容量好的地区经核准建设铝工业基地。对此一位冶金专家指出，目前像新疆、云南的煤炭和水能都很丰富，在这些地区建设电解铝等项目比较合适。以前的山东、山西、广西、河南、贵州作为铝业基地的提法，实际上已经难以符合实际。"目前内蒙古、青海、宁夏都在大力发展铝业，因为有能源，并不为错。未来新疆、云南加入进来，使得西部成为铝业基地，将是不争的事实。"

资料来源：林州网，2011 年 1 月 7 日。内容有增减。

（三）产业布局政策的实施手段

从产业布局政策的实施手段上看，产业布局政策主要是规划性的，同时也包括一定意义上的政府直接干预。在地区发展重点的选择上，产业布局手段主要有：制定国家产业布局战略、规定战略期内国家重点支持发展的地区，同时设计重点发展地区的经济发展模式和基本思路；以国家直接投资方式，支持重点发展地区的交通、能源和通信等基础设施，及直接投资介入当地有关产业的发展；利用各种经济杠杆形式，对重点地区的发展进行刺激，以加强该地区经济自我积累的能力；通过差别性的地区经济政策，使重点发展地区的投资环境显示出一定的优越性，进而引导更多的资金和劳动力等生产要素投入到该地区的发展中去。

在产业集中发展战略方面，可供采用的产业布局政策手段大致包括：通过政府规制的形式，确立有关具体产业的集中布局区域，以推动产业的地区分工，并在一定意义上发挥由产业集中所导致的集聚经济效益；建立有关产业开发区，将产业结构政策重点发展的产业集中于开发区，既使其取得规模集聚效益，又方便政府扶持政策的执行。

四、产业技术政策

（一）产业技术政策的内涵和起源

产业技术政策是指国家对产业技术发展实施指导、选择、促进与控制的政策综合。它以产业技术为直接的政策对象，是保障产业技术适度和有效发展的重要手段。产业技术政策是适应经济发展对技术进步的要求而产生的，技术的进步又不断对产业政策提出新的要求。20 世纪 90 年代以来，各国产业技术政策总体上出现了三大趋势：一是政策的目标体系越来越丰富、完善；二是政策措施和手段越来越具体、务实；三是突出了增强产业国际竞争力的重要性。

根据日本产业技术政策问题专家吉海正宪的考证，人类历史上技术与政策最早的结合源于古代统治者炫耀实力、开发兵器、积累财富等动机。与早期个别自发产生的技术不同，现代技术的发展主要是有组织开发的结果。18世纪首先发生在英国的产业革命，充分展示了技术对经济和社会的巨大影响力，并从质和量两方面给人类带来了划时代的变化。此后，政府对技术的直接和间接介入的机会大幅度增加，政策与技术的结合越来越密切，产业技术政策就是在这种背景下出现的。

此外，两次世界大战使各国当政者认识到了国家有组织地开发兵器的重要性，美国原子弹的问世，便是国家政策介入技术开发的典型例证。20世纪70年代的石油危机之后，西方各国普遍推行了以降低能耗、提高产品附加值为目标的高新技术开发政策。

（二）产业技术政策的内容和手段

一般而言，产业技术政策应当包括两方面的内容：一是确定产业技术的发展目标和具体计划，包括制定各种具体的技术标准、技术发展规划，公布重点发展的核心技术和限期淘汰的落后技术项目清单；二是技术进步促进政策，包括技术引进政策、技术扩散政策、技术开发扶植政策。技术引进政策是使后发国家通过直接引进别国成熟技术赢得后发优势的重要手段。但仅有引进技术是不足以摆脱技术落后状况的，必须在鼓励技术引进的同时，重视对引进技术的消化、吸收和再创新，这是日本的基本经验。

产业技术政策的手段可分为直接干预手段和间接干预手段两大类。直接干预包括政府依据有关产业技术进步的各种法规所实施的行政干预，如政府对引进技术实施管制、直接投资于产业技术开发和应用推广、主持和参与特定产业技术开发项目等。间接干预主要是政府对产业技术的发展前景、战略目标、项目重点等提供指导，以及对产业技术开发提供补助金、税制优惠和融资支持。

第三节　产业政策的新发展

一、产业政策的趋同化[①②]

产业政策同一切经济政策一样，政策目标具有时效性，经济条件、发展阶段不同，产业政策的政策目标也就不同，其政策的导向、实施力度、实现机制和手段也不同。但西方发达国家和新兴工业化国家与地区产业政策的实践及20世

---

① 何映昆：《关于产业政策的研究与思考》，《经济研究》，2002年第9期。
② 苏东水：《产业经济学（第二版）》，高等教育出版社2005年版。

90 年代以来的政策取向，却使产业政策表现出趋同的趋势。

第一，产业政策的实现机制的趋同。平等交换、等价交换的市场经济原则和优胜劣汰的市场竞争规律，将超越各国的具体经济制度条件，政府"有所不为"的经济政策开始成为市场经济国家的基本准则。在此前提下，各国产业政策的实现机制将趋于一致——以"市场机制"为主导、政府宏观调控相结合。根据产业政策的实现机制标准来划分的产业政策模式将变得模糊起来，产业政策模式将日益趋同。

第二，产业政策的功能的趋同。长期以来，如何认识产业政策的必要性和必然性，一直众说纷纭，莫衷一是。主要有"市场失灵说"、"后发优势说"和"产业国际竞争力说"等，基于政府"有所为"是政策、"有所不为"也是政策的经济含义，产业政策的功能将会趋同，主要表现在：资源配置的导向功能、经济运行态势的协调功能以及经济运行机制的整合功能。

第三，产业政策的政策目标与手段的趋同。主要表现在发达国家的产业政策都不约而同地以维护本国的经济利益、促进资源配置的优化、实现产业结构的高度化以及增强本国产业在国际市场上的竞争力为基本目标。为了实现这些目标，发达国家会纷纷采取大致相同的经济、法律乃至行政手段。随着经济全球化进程的展开，产业政策与手段的趋同程度将进一步加深。

第四，产业政策对象的趋同。从 20 世纪 80 年代中期开始，发达国家劳动密集型产业向发展中国家转移速度加快，产业结构经过不断升级后，日渐趋同。现在，虽然日本和欧盟发达国家在以 IT 产业为核心的高新技术产业方面落后于美国，但正在努力追赶，可以预期在不远的将来，高新技术产业将成为发达国家的主导产业。加之发达国家的主流企业，无论其所有制基础如何，都是具有"两权分离"特征的现代企业制度，企业的行为规范彼此接近，相同的政策干预可能引起大致相同的反应。因此，产业政策的对象——资源配置的结构（产业结构和部门结构）——将趋同。

第五，产业政策内容重点的趋同。过去，发达国家产业政策的重点并不相同。例如，长期以来，日本、德国产业政策的重点依次为产业结构政策—产业组织政策—产业技术政策，法国为产业组织政策—产业结构政策—产业技术政策，而美国则为产业技术政策—产业组织政策—产业结构政策。一方面，随着经济的日益信息化和高科技的冲击，产业技术政策将成为各发达国家产业政策的重点或核心内容。另一方面，随着经济全球化进程的加快，那些在地缘、语言和文化传统等方面彼此相近和利害关系彼此一致的发达国家，会在产业政策方面制定符合参与方共同利益的政策。

需要说明的是，产业政策的趋同趋势只是表明各国产业政策中的共同因素有扩大的趋势，并不意味着将来各国的产业政策完全一致。只要各国的主权性质不变，行政疆界存在，国情和国家利益的差异没有消失，世界各国的产业政策就会永远带有民族差异性的特征。例如，在世界经济日益全球化、国际竞争日益激烈的条件下，产业政策仍将是保护国家安全、维护民族利益的基本工具，与民族和国家利益相脱节的产业政策是不存在的。即使是全新的世界性贸易规则，也都只有当它符合所有成员国的利益时，才可能转变为各国的自觉行动。另外，各国决策者的偏好、利益集团的力量对比关系等国情因素都会对产业政策的制定和执行产生影响。产业政策的民族差异性就要求各国产业政策的目标和手段必须同自身的经济发展阶段相适应，产业政策的内容和效果也总受到各国具体国情的制约。

二、产业政策与竞争政策

关于竞争政策的内涵，国内学术界也同样存在广义和狭义之分。广义的竞争政策指一切有利于竞争的政策，包括反垄断政策、政府对国有企业的私有化政策、放松规制、政府削减对企业的补贴、减少不利于外国产品和外国生产者的政策等。[①] 而狭义的竞争政策仅指鼓励竞争、限制垄断的反垄断政策，它作为对竞争结果的"事后调节"措施，通常以法律形式出现。[②] 竞争政策实施的目标是消除或减少企业的经济垄断行为、企业的不正当竞争行为以及政府的行政垄断行为。

专栏 12-4

《反垄断法》使铁路、电信等 5 大行业受到冲击

2008 年 8 月 1 日，从立法研究到最终通过经历了近 14 年时间的《反垄断法》正式实施。企业"利用市场支配地位"或者"滥用行政权力"来限制竞争的行为将从此被视为违法。国内公认垄断嫌疑最大的铁路、电信、石油、汽车和软件 5 大行业将首当其冲。

《反垄断法》第六章第三十七条规定："行政机关不得滥用行政权力，制定含有排除、限制竞争内容的规定。"法律专家表示，由于铁路完全实行国营，因此铁路行业的垄断嫌疑的关键并不在于其"滥用市场支配地位"，争议在于是否具有"行政垄断"的嫌疑。不过，"铁老大"很有可能打出"关系国民经济命脉和国家安全的行业"的王牌，从而超脱于《反垄断法》之外。

《反垄断法》第三章第十九条规定："有下列情形之一的，可以推定经营者具有市场支配地位：一个经营者在相关市场的市场份额达到二分之一的；两个经营者在相关市场的市场份额合计达到三分之二的；三个经营者在相关市场的市场份额合计达到四分之三的。"显然，中国电信、中国移动乃至中国联通都属于"具有市场支配地位"的嫌疑对象。如果能够打破，对于用户

---

① 李向阳：《国际经济规则与企业竞争方式的变化——兼评全球竞争政策和竞争方式的发展方向》，《国际经济评论》，2000 年第 11 期。

② 赵伟：《干预市场——当代发达市场经济政府主要经济政策》，经济科学出版社 1999 年版。

而言，最直接的变化就是各种资费的降低甚至减免。

除了《反垄断法》第三章第十九条外，该法第十八条也明确规定：将视"其他经营者对该经营者在交易上的依赖程度"来"认定经营者具有市场支配地位"。据统计，眼下民营石油企业已由 1998 年全盛时期的 3340 家下降到不到 300 家，民营加油站也由 5.63 万家下降至 4.5 万家。显然，由于对国内原油的资源和销路的控制，不是民营油企不愿意供油，而是没有进油的渠道，中石油、中石化始终处于两家独大的状态，尤其是囤油待涨的现象严重。

《反垄断法》第二章第十四条规定："禁止经营者与交易相对人达成下列垄断协议：固定向第三人转售商品的价格；限定向第三人转售商品的最低价格。"第五章中也明确规定：禁止"妨碍商品在地区之间自由流通的其他行为"。由此来看，汽车厂商对经销商所设的最低限价和限区销售的规定，触犯了"禁令"。

《反垄断法》第三章第十七条规定："禁止……没有正当理由搭售商品，或者在交易时附加其他不合理的交易条件。"微软利用操作系统的优势，捆绑办公软件、多媒体软件或者 MSN 的不当行为，在国内形成"全民都用Windows"的垄断局面。业内人士认为，如果微软被列为中国《反垄断法》实行后的第一个被告，将对业界有很强的象征性意义，以警示国际公司凭借技术和市场双重优势在国内形成的垄断局面。

资料来源：《重庆晚报》，2008 年 8 月 1 日，内容有增减。

应该说，产业政策与竞争政策是一国的两大基本经济政策。市场经济条件下，很多战略和政策都是以此为基点而展开的。虽然产业政策和竞争政策目标一致，都是为推动本国经济发展，但是产业政策与竞争政策的实施方式和侧重点却不相同。产业政策注重产业结构的合理化，其实际是通过对产业或企业采取鼓励或限制的方式，集中配置资源，以提高其竞争力，达到拉动经济发展的目的。而竞争政策则注重监视市场结构，通过打击不正当竞争和限制竞争行为，维护公平、合理、有序的竞争环境，以优化资源配置，推动经济发展。

随着经济的进一步发展、经济体制改革的不断深化，以及全球化和一体化趋势的不断加强，产业政策与竞争政策的冲突和矛盾日益凸显。因此，如何搭配竞争政策与产业政策，制定合理的战略框架将是各国政策制定的重点和难点。

三、产业政策的国际化

自 20 世纪 90 年代以来，经济全球化进程显著加快，国际直接投资迅猛发展，促使国与国之间的经济联系与相互依存空前加强。在普遍存在政策外部性溢出的客观环境下，只有通过国际协调才能实现互利和获得预期政策效果，这已越来越成为世界各国的共识。为了继续赢得在国际竞争中的主动权，获取最大的国家战略利益，以西方发达国家为主的有关各国已立足全球视角来重新审视当代产业政策的目标及其政策体系等，力求从全球范围来解决资源在部门间和部门内配置的效率问题。正是在这样一个新的时代背景下，当代产业政策出现了转型，由原来仅局限于本国产业范围的传统产业政策，转向以全球为视角的国际产业政策。

尽管"国际产业政策"这一概念目前在先进工业化国家已被广泛接受，但对其含义，目前国内外学者有不同的解释。其中，日本学者深尾京司和细谷佑二（1999）的观点较具代表性，他们从传统单一国家视角和全球视角两个角度来考察国际产业政策，认为"国际产业政策"包含两方面的含义：从传统方面看，指一国国际经济政策中相当于产业政策的那一部分内容，如基于战略贸易理论而制定的国际经济政策等，这样的国际产业政策事实上已存在了很久；从经济全球化方面理解，指基于单一国家视角的产业政策及其作用，在空间外延上超越国界之后形成的"新"产业政策。[①]

政策溢出效应是形成国际产业政策的一个重要原因。McDonald 等人（1999）以欧盟产业政策为例证，认为产业政策外部性引起的溢出效应是欧盟产业政策存在的最重要原因。溢出效应的存在说明，各国可以通过产业政策协调来分享合作体系带来的福利增进。[②] Johan 等人（1999）在分析欧洲共同产业政策的必要性时指出，如果没有欧盟范围内对各国产业政策的协调，各国产业政策之间可能会相互阻碍，结果弊大于利。虽然一国产业政策对其国内产业发展有益，但却会在欧盟内部市场造成新的市场扭曲。[③] 因此，有必要引入全球性思维，在欧盟产业政策的框架下协调各成员国的产业政策。

Flockton 和 Heidi 等人从另外两个角度提供了国际产业政策转向的解释：[④]①市场失灵具有跨国传播的先天特性。随着经济全球化的发展，市场在全球范围配置资源的同时也将市场的外部性、信息不充分等缺陷跨国传递。因此，产业政策功能必须突破一国国界，在多国间纠正市场失灵。②产业的最小最佳规模超越国界。如果某国一企业或产业的最小最佳规模尚大于该国的总需求，该市场必将超越一国国界，继而产生对国际产业政策的需求。Flockton 和 Heidi 等人的观点在解释国际产业政策形成的合理性方面更具有普遍性意义。因为即使不存在欧盟这样一体化程度较高的区域组织，在全球范围或其他区域、国与国之间的政策协调也是普遍存在和必需的，而且客观上在经济全球化条件下资源配置已超越国

---

① 深尾京司、细谷佑二：《国际产业政策与跨国公司》，《经济研究》（日本），1999 年第 50 期。

② McDonald, Frank and Stephen Dearden. European Economic Integration.Pearson Education, Harlow, 1999.

③ Johan Lindegue, Daniel Roskas. European Industrial Policy: An Overview and Comparison.WHV, 1999.

④ 汪斌：《国际产业政策：产业政策研究的新领域》，《财贸经济》，2005 年第 7 期。

界，就必然产生对国际产业政策的需求，也必然要求原有传统产业政策转型。

深尾京司等人（1999）从国际分工角度，总结了国际产业政策形成的必然性。他们认为，随着国际间资本流动的加快，国际区域内的分工结构日益复杂化和精细化，各国间相互依存关系不断加深，以一国范围为对象的"封闭型产业政策"，必然转型为以更广阔的地域空间范围为对象的、外延扩大了的国际产业政策。

尽管，学者们对国际产业政策存在的合理性进行了一定的探讨，但其他相关问题（内容和手段等）的研究还处于起步阶段，这与现实经济中资源配置跨越国界、产业运行全球化要求还存在一定的落差。因此，如何依据当代世界产业发展的新趋势，对国际产业政策进行深入研究；如何把握国际产业政策独特的内容体系和实施方式，包括国别产业政策间相互作用机制和协调过程等，是摆在研究工作者面前的一项重要任务。

专栏 12-5

美国高管盯上中国产业政策

《华盛顿邮报》5 月 7 日发表文章称，驻华美国企业本周将派出企业高管代表团，返回华盛顿说服美国政府和国会向中国产业政策"动刀"。文章称，美国高管认为，美国国会和奥巴马政府此前过多拿人民币汇率做文章，其实根本问题在于改变中国"扭曲市场"政策。

美国商会希望华盛顿能够把焦点从人民币汇率转向中国产业政策。在他们看来，中国产业政策比汇率更加损害到美国的长期利益。比如，前段时间，中国试图制定规则在中国政府采购中排除美国商品，加上中国出台电信和其他领域的新标准，阻止本国企业购买西方产品，这些新规则要求，西方企业放弃技术机密才能进入中国市场。举个例子，过去，中国将近100%进口风力发电涡轮机。其中有75%的涡轮机在中国销售。中国企业尚未开发风力涡轮机技术；他们只是要求外国企业向中国转让出售技术，现在他们的企业开始低成本生产涡轮机。

美国商会会长孟克文（Christian Murck）表示："多年来，中国政府承诺，逐步向外国企业开放市场，但现在，各个领域出现越来越多的贸易保护主义。"孟克文希望，美国各方能够协调合作，尽快采取措施遏制中国限购美国商品的行为。"中国政府更加乐意关注人民币汇率，因为这不是问题所在，"孟克文代表团的成员说，"根本问题在于中国的产业政策，而我们对此却无能为力。"孟克文认为，如果奥巴马政府真的希望在未来5年出口翻番，那就要加紧对中国采取措施。10年来，中国一直是美国对外出口增长最快的国家。2009年，美国企业对中国出口总额接近800亿美元。这个问题比中国汇率更为复杂。因为这等于在要求美国贸易政策机构，如商务部、财政部和美国贸易代表部门必须配合工作。孟克文认为，另一个问题是西方商人

正试图说服中国开放市场——而不是贸易保护主义——从长远角度来看，当
"西方经济模式的公信力"处于最低谷的时候，这将有益于中国。

　　　　资料来源：《华盛顿邮报》，内容有增减。

第四节　发达国家生物技术产业政策 ①②

　　生物技术产业是 21 世纪的新兴产业。近 30 年来，美国、欧盟和日本以分子
生物学为基础，将生物技术引入传统产业。例如，化学产业在 21 世纪转为生物
技术化学品产业，食品产业也引入生物技术而迈入机能性食品产业。其他受影响
的产业还有医药、农业、石油、电力、制纸、纤维、信息，以及诊断分析仪器产
业等。鉴于生物技术产业的重要性，世界各国掀起了一股支持该产业发展的热潮。

一、美国生物技术产业政策

（一）制定生物技术发展计划

　　美国联邦政府针对不同的成长阶段推出行动计划。2004 年，联邦政府制定、
实施了"分子生命过程研究计划"，包括"国家植物基因组计划"、"国内动物基
因组计划"和正在实施的"微生物工程计划"。此外，政府还大力扶植人类胚胎
干细胞基础研究。美国国立卫生研究院（NJH）2003 年 9 月宣布，它将为 3 家研
究机构提供拨款，资助它们进行人类胚胎干细胞的基础生物学研究。

（二）重视基础研究

　　2000 年，联邦政府用于基础研究的支出比 1993 年增长了 45%；2002 年美
国国立卫生研究院的预算比上一年增加了 28 亿美元，为 231 亿美元。2003 年，
美国国立卫生研究院院长 Elias Zerhouni 发起了《医学研究路线图计划》，这个计
划 2004 年的投入达到 1.28 亿美元，2005 年达到 2.37 亿美元。

（三）设立生物技术产业园

　　生物技术产业的崛起与高校、研究机构高水平的基础研究密不可分，美国在
实力雄厚的大学和研究机构聚集的地区，目前已经设立了五大生物产业园区。

（四）放宽生物药品管理

　　美国食品药品管理局（FDA）对于采用生物技术方法生产出来的药品与传统
药品给予平等待遇。其中规定全美生物技术公司、新办生物技术产品制造厂不再

---

① 朱信凯、涂圣伟、杨顺江：《国际生物技术产业政策评论及对我国的启示》，《中国软科学》，2005
年第 11 期。
② 王明明、李静潭：《美国、欧盟和日本生物技术产业政策研究》，《生产力研究》，2006 年第 10 期。

需要申请特别许可证；不再要求在新药品上市前对每批药物进行检验；生物技术专利保护期限从 17 年延长为 20 年，且于专利申请接受后立即生效。美国食品药品管理局承诺加快药物的审批速度，正在制订一项计划以帮助创新性医药技术更快投入应用，并在降低医药产品开发费用的同时保持食品药品管理局一贯的高标准。

二、欧盟生物技术产业政策

（一）重视生物技术发展战略

欧盟（EU）第六个科研计划框架中，把"生命科学、有利于人类健康的基因组技术和生物技术"确定为 7 个优先发展领域之一，并放在了首要的位置上。2002 年，欧洲发表了一份《生命科学与生物技术：欧洲的发展战略》研究报告。该报告包括一项推荐给各成员国、地方当局、产业界和股票持有者们的行动计划。

（二）确定生物技术研发重点

例如，法国 2004 年启动新的生物技术研究项目，一是针对生活的生命科学研究；二是基因组学，短期内的重点是生物信息支撑系统和由基因组学（主要是基因测序）提供的数据的开发利用；三是扩大对癌症的研究，涉及生物学上游领域的研究、临床研究和人文社会科学方面相关的研究；四是传染疾病；五是再现生理学的核心作用，研究活动围绕生理学、发育生物学和神经科学的某些部分进行。近期，英国生物技术研究的重点是后基因组学和蛋白质组学，在 2003~2006 年，基因组研究计划继续实施并扩大为包括蛋白质组学的研究，研究经费增长至 3.82 亿英镑。

（三）加大生物技术研究投资

欧盟在 2010 年以前将科研方面的投入增加到 3%，提供总额达 87 亿欧元的投资，其中至少 15% 的投资将分配到中小型公司，22.5 亿欧元的投资被指定用于生物技术研究方面。在过去 10 年中，法国政府用于生物技术的资金增加了 10 倍。2000 年，政府对生物技术研究开发的总投入为 2.15 亿法郎，2001 年的总投入为 2.5 亿法郎。2001 年法国政府正式公布《2002 年生物技术发展计划》，决定使生物技术创新企业得到至少 5 亿欧元的资助，法国的这项新的政策使法国在生物技术领域的投资在 2006 年达到第一位。

（四）设立政府专管部门

英国政府相继设立了"生物技术协调指导委员会"、"生物技术及生物科学研究理事会"、"医学研究理事会"、"贸工部"的生物技术处等专管部门。现已有 25 个由科研机构与企业共同合作进行有关生物技术的联系计划（LINK），获研究经费为 1.3 亿英镑，75 个以上新生物技术公司得到中小企业奖励计划（SMART）的资助。

（五）改革税收制度

英国为了进一步鼓励风险投资，政府将对小型高技术企业的投资减免 20%

的公司税。小公司的职员可以用税前工资购买公司的股权，政府还将考虑简化对知识产权的税收管理。英国政府还将引入针对中小企业（年研究开发投入超过5万英镑以上）的研究开发税务信贷，这些企业可以享受150%的研究开发费用免税。这一新政策同样适用于尚未盈利的高技术企业。对于那些研究开发投入很大且又没有盈利的新企业，研究开发投入的80%作为信贷累积，一旦企业盈利之后再从利润中扣除，减免税收。

（六）专利技术保护

在德国，专利可为技术成果的产业化提供20年的法律保护。从发明人申请专利当日算起，18个月以后，发明人应公布其发明，以达到学术普及的目的。在专利有效期之内，第三方可与专利所有者协商以许可证的形式使用发明成果。

（七）生物技术产业孵化器

法国生物技术产业有一个不同于欧洲其他国家和美国的显著特点，那就是法国生物技术公司开发产品相对不多。多数公司更注重技术平台开发和生产工艺，法国政府在31个高新技术产业孵化器中，利用10多个专门或部分孵化器致力于生物技术的研究开发。在巴黎以南30公里处创建的"基因谷"聚集着法国最有潜力的新兴生物技术公司，1998年以来这里已有15个研究实验室和27家企业。其他法国城市也正在仿照"基因谷"建立自己的生物科技园区。

三、日本生物技术产业政策

近十年来在全球不景气的浪潮下，日本经济泡沫化，各项产业发展跌至谷底，只有生物技术产业仍持续成长。这是由于日本在迈入21世纪之后，以建立生物技术产业的竞争力为目标，陆续推出各项支援方案，建构了整体产业发展环境。

（一）制定生物技术战略

日本政府认为21世纪是生命科学的世纪，因此制定了《生物技术战略大纲》，提出实现跨越式发展的三大战略：大力充实研究开发、从根本上加速产业化进程、加深国民对科技的理解。实施生物技术战略的总体目标是实现健康和长寿（到2010年癌症治愈率提高20%），提高食品的安全性和功能性（粮食自给率从2001年的40%提高到2010年的45%），实现可持续的舒适社会（到2010年生物能源的利用应相当于替代原油约110亿升/年）。

（二）改革国家科学与技术体系

日本的国家研究院正在改革。截止到2001年4月，59个国家研究院已经转变成为独立管理的机构。政府科技改革的另一个特点是加强资金体系的竞争性。决策者们更多地关注研究目的的创新性和原创性，而年轻研究者将有更多的机会获得独立的资金支持。

（三）加大重点项目资金资助

日本政府把遗传学研究作为其八项千年计划之一。2001 年生物技术产业的预算增加了 4.8%，生命科学研究部分的预定经费为 5.35 亿美元，比 2000 年增加了约 28%，其重点用于基因的研究，希望通过人类基因的解析，有助于对糖尿病、癌症等疾病的治疗，其中大约有 8800 万美元用于 3000 多种蛋白质的结构分析。此外，约有 44 亿美元用于新成立的机构。政府还拨款 5300 万美元支持大学实验室设备，希望提升政府与大学之间的合作。

（四）推行药物试验改革

在日本，企业开发的新药难以找到愿意参加药物试验的病人及医生，使临床试验进行困难，相关法令的限制曾阻碍了生物医药产业的发展。政府从制度指定上促进药物获得临床试验使用许可，从而加速了日本药厂的新药开发。为协助增进本地药厂的全球竞争力，日本行政院筹措了 8200 万美元，为药物开发设立临床试验中心，同时这笔基金也用于资助国立大学医院研究癌症、中风等疾病的临床实验。此外，该计划提供灵活的资金运用，使得雇用协助临床实验人员的经费更充裕。

（五）积极取得国际专利

日本为确保在后基因时代的竞争优势，2002 年初，教育、文化、运动及科技等部的官员宣布组成一个专家团队，由有相关技术的研究员及熟悉知识产权和国际专利事务的律师组成，协助他们取得蛋白质研究与特定新药开发专利。依据日本专利厅发表的《2000 年版专利行政年度报告》，1995 年日本籍的申请人只占生物技术专利总申请数的 36%，到 1999 年这一比例上升至 45%。1997~1998 年8 月的生物技术应用三大领域，医药约占 34%，其次是分析诊断专利（24%）及基因工程基础技术（19%）。

本章小结

产业政策是依据经济发展中资源配置结构进化的客观规律，依据本国的国情及其经济发展的阶段，以市场经济在国民经济的资源配置中起基础性作用为前提，由政府对国民经济的资源配置结构及其形成过程进行科学的、必要的、适度和适时的引导和调控，从而通过资源配置结构的不断优化，达到持续提高国民经济整体效益的目的，并寻求最大限度的经济增长和经济发展的经济政策。

产业政策具有明确的指导性、时序性和动态性以及体系的协调性。

产业政策的理论基础包括市场失灵理论、后发优势理论、产业国际竞争力理论。

产业组织政策是指为了获得理想的市场效果，由政府制定的干预市场结构和市场行为，调节企业间关系的公共政策。产业组织政策是市场经济实践的产物。产业组织政策的核心，是通过协调竞争与规模经济的关系，缓解垄断对市场经济运行造成的危害，还要保持一定的规模经济水平，进而达到有效竞争的状态。

产业结构政策是产业政策最基本的组成部分之一，是指政府制定的通过影响与推动产业结构的调整和优化来促进经济增长的产业政策。产业结构政策的宗旨是以技术进步来不断促进产业结构的优化。

产业布局政策一般指政府机构根据产业的经济技术特性、国情国力状况和各类地区的综合条件，对若干重要产业的空间分布进行科学引导和合理调整的意图及其相关措施。产业布局政策目标可分为两大类：效率目标和公平目标。从产业布局政策的目标来看，产业布局政策往往与特定的国家经济发展程度相关联。产业布局政策主要包括地区发展重点的选择和产业集中发展战略的制定。

产业技术政策是指国家对产业技术发展实施指导、选择、促进与控制的政策综合。它以产业技术为直接的政策对象，是保障产业技术适度和有效发展的重要手段。产业技术政策是适应经济发展对技术进步的要求而产生的，技术的进步又不断对产业政策提出新的要求。产业技术政策包括确定产业技术的发展目标、具体计划和技术进步促进政策。

产业政策的新发展主要体现在产业政策的实现机制的趋同、产业政策的功能的趋同、产业政策的政策目标与手段的趋同、产业政策对象的趋同、产业政策内容重点的趋同。

关键术语

产业组织政策　产业结构政策　产业布局政策　产业技术政策　市场失灵理论　后发优势理论　产业国际竞争力理论　产业组织合理化政策　产业政策的趋同化　产业政策的国际化　生物技术产业

思考题

1. 如何理解产业政策？产业政策的特征是什么？
2. 产业政策的理论基础是什么？
3. 产业组织政策的含义、目标及内容是什么？
4. 产业结构政策的目标和内容是什么？
5. 产业布局政策与产业技术政策的内容和实施手段是什么？
6. 如何把握产业政策的发展趋势？

参考文献

1. 阿格拉：《欧洲共同体经济学》，上海译文出版社 1985 年版。
2. 下河边淳、菅家茂：《现代日本经济事典》，中国社会科学出版社 1982 年版。
3. 玛格里特·迪瓦尔：《工业生机：采用国家产业政策》，玻格曼出版社 1982 年版。

4. 小宫隆太郎：《日本的产业政策》，国际文化出版社 1988 年版。

5. 查默斯·约翰逊：《产业政策争论》，美国当代研究所 1984 年版。

6. 杨治：《产业政策与结构优化》，新华出版社 1999 年版。

7. 吕政：《完善我国产业政策需要明确的问题》，《中国社会科学院院报》，2004 年第 6 期。

8. 杨沐：《产业政策研究（第一版）》，上海三联书店 1989 年版。

9. 约翰·Q.莱迪亚德：《市场失灵》，载约翰·伊特韦尔等：《新帕尔格雷夫经济学大辞典》（第 3 卷），经济科学出版社 1992 年版。

10. 曼昆：《经济学原理》，三联书店、北京大学出版社 1999 年版。

11. 萨缪尔森、诺德豪斯：《经济学》，人民邮电出版社 2004 年版。

12. 夏大慰：《产业组织学》，复旦大学出版社 1994 年版。

13. 吴易风：《从西方市场经济理论和政策看我国需求不足的问题》，《宏观经济研究》，2003 年第 2 期。

14. 李创：《产业国际竞争力理论模型研究》，《当代经济管理》，2006 年第4期。

15. 苏东水：《产业经济学（第二版）》，高等教育出版社 2005 年版。

16. 杨公朴：《产业经济学》，复旦大学出版社 2005 年版。

17. 丁敬平：《产业组织与政府政策》，经济管理出版社 1991 年版。

18. 刘志彪：《现代产业经济分析》，南京大学出版社 2001 年版。

19. 代永华：《中国产业结构政策：绩效分析与方向选择》，《东南学术》2002 年第 4 期。

20. 江小涓：《经济转轨时期的产业政策》，上海三联出版社、上海人民出版社 1996 年版。

21. 郭克莎：《"九五"期间产业结构调整的进展分析》，《中国工业经济》，2001 年第 7 期。

22. 黄辉：《从我国产业布局政策的演变看西部开发》，《西北工业大学学报》（社会科学版），2001 年第 4 期。

23. 陈栋生：《论我国产业布局政策和区域政策》，《地理学与国土研究》，1989 年第 3 期。

24. 何映昆：《关于产业政策的研究与思考》，《经济研究》，2002 年第 9 期。

25. 李向阳：《国际经济规则与企业竞争方式的变化——兼评全球竞争政策和竞争方式的发展方向》，《国际经济评论》，2000 年第 11 期。

26. 赵伟：《干预市场——当代发达市场经济政府主要经济政策》，经济科学出版社 1999 年版。

27. 朱信凯、涂圣伟、杨顺江：《国际生物技术产业政策评论及对我国的启示》，《中国软科学》，2005 年第 11 期。

28. 深尾京司、细谷佑二：《国际产业政策与跨国公司》，《经济研究》（日本），

1999 年第 50 期。

29. 汪斌:《国际产业政策：产业政策研究的新领域》,《财贸经济》, 2005 年第 7 期。

30. McDonald, Frank and Stephen Dearden. European Economic Integration. Pearson Education, Harlow, 1999.

后 记

本教材是辽宁大学商学院"211工程"三期建设项目"管理创新与大企业竞争力"系列教材之一。

我们编写本教材的目的就是为了提供一部涵盖产业经济学基本理论知识、基本分析方法和基本框架体系的产业经济学教材，以便更好地传播产业经济学知识。本教材作为产业经济学初级读本，主要适用对象是经济管理类本科生，同时，也可作为非经济管理类本科生的参考教材。

在本教材的编写过程中我们力求体现以下几个特点：

（1）知识体系上力求简洁，着力基础训练。为适应各类教育对象，在保持产业经济学基本知识体系的基础上，尽量缩减篇幅，突出基础知识的阐释，而在相关知识的阐述方面则只作适度展开。

（2）教学内容设计相对灵活，强调教学互动。在保持产业经济学理论体系完整、结构合理的前提下，跟踪学术前沿，引入最新的知识和发展动态，以灵活的表现方式激发学生的融入激情，便于进行深入的研讨。

（3）适度引入案例和专栏，重在能力培养。在各章章首都有一个简短的案例，引导学生一开始就进入一种思考状态。每章都设有若干专栏，增强学生对此问题的关切。这样做既有利于学生对知识的理解，更益于学生分析问题和解决问题能力的提升。

（4）写作体例有所创新，便于全面掌握。在各章的开头都有一个"教学目的"，旨在使学生能够提纲挈领地了解本章所涉猎的主要内容。同时，在章后都安排了一个"本章小结"，以便帮助学生比较准确地掌握知识要点，培养知识学习与运用能力。

本教材由唐晓华教授提出编写思路与写作的基本体例，并与王伟光教授共同草拟写作框架和组织写作团队，最后由唐晓华教授和王伟光教授负责统撰。本教材是团队集体合作的结果。本教材具体写作分工如下：引论，唐晓华；第一章，杨隆华；第二章、第三章，赵丰义；第四章、第七章，王伟光；第五章、第十章，张丹宁；第六章、第十一章，夏茂森；第八章，张保胜；第九章，王跃伟；第十二章，李绍东。

在本教材的写作过程中，我们参考和汲取了国内外同行的大量研究成果，在此深表谢意。感谢经济管理出版社张永美编辑的出色工作，使得本教材得以顺利出版。

产业经济学是一门不断发展的学科，本教材的付梓出版是我们长久以来教学与科研工作的一种体验和总结。由于编者能力所限，书中还有值得进一步完善的地方，望专家、读者批评指正。

唐晓华

2011 年元月

于蒲河校区